Vahlens Handbücher
der Wirtschafts- und Sozialwissenschaften

Öffentliches Recht

Grundriss für das Studium der Rechts- und Wirtschaftswissenschaft

von

Dr. Hans-Wolfgang Arndt

em. o. Professor an der Universität Mannheim

und

Dr. Thomas Fetzer

o. Professor an der Universität Mannheim

16., überarbeitete Auflage

Verlag Franz Vahlen München

www.vahlen.de

ISBN 978 3 8006 4193 2

Wilhelmstraße 9, 80801 München
Druck: fgb · freiburger graphische betriebe
Bebelstraße 11, 79108 Freiburg

Satz: Druckerei C. H. Beck, Nördlingen

Gedruckt auf säurefreiem, alterungsbeständigem Papier
(hergestellt aus chlorfrei gebleichtem Zellstoff)

Vorwort zur 16. Auflage

Die ersten 15 Auflagen erschienen im Abstand von etwa 18 Monaten. Zwischen der 15. und der 16. Auflage liegen sechs Jahre. Walter Rudolf, Hans-Wolfgang Arndt und Thomas Fetzer verkörpern drei Generationen Staatsrechtslehrer. Walter Rudolf hat sich als ältester Mitautor zurückgezogen.

Trotz dieser personellen Veränderungen hat sich am Konzept des Buches nichts geändert. Im Gegenteil: Das Konzept wurde mit der 16. Auflage noch stringenter umgesetzt. Betrug der Umfang der 15. Auflage noch 260 Seiten, so wurde dieser in der 16. Auflage noch einmal gekürzt. Die Kürzung beruht auf dem Grund, dass allein die Fokussierung auf das unabdingbar notwendige juristische Wissen Studierenden die Möglichkeit eröffnet, selbstständig vertretbar zu argumentieren ohne sich im vergänglichen Detailwissen zu verlieren. Die Autoren hoffen, dass dieses Vorhaben, die Studierenden nicht mit Stofffülle zu erdrücken, sondern sie zu eigenständigem Mitdenken zu animieren, gelungen ist.

Wir danken Frau Gertrud Bruck und Frau Karoline Schwarz für die geduldige und zuverlässige Betreuung des Manuskripts.

Für Anregungen aus dem Leserkreis sind wir dankbar.

Mannheim, im Februar 2013

Hans-Wolfgang Arndt
Thomas Fetzer

Aus dem Vorwort zur 15. Auflage

Zwischen der 14. Und der 15. Auflage hat sich, soweit es um die Ausbildung in den Wirtschafts- und Gesellschaftswissenschaften geht, eine „Revolution“ an Deutschlands Universitäten und Fachhochschulen ereignet.

Aufgrund des „Bologna Prozesses“ haben die meisten Hochschulen ihre Ausbildungsgänge inzwischen auf den dreijährigen Bachelor-Studiengang und den zweijährigen Master-Studiengang umgestellt. Den fünf Jahre dauernden Diplom-Studiengang gibt es kaum noch.

Bereits im Bachelor werden in der Regel Grundkenntnisse des öffentlichen Rechts verlangt. Diese mussten früher im Diplomstudiengang nachgewiesen werden. Die verkürzte Studiendauer darf weder von der Ausbildung in der Hochschule noch von der dafür konzipierten Ausbildungsliteratur unberücksichtigt bleiben. Wir haben uns deshalb mit der 15. Auflage die mühevolle Arbeit auferlegt, jeden Satz auf seine Unabdingbarkeit zu überprüfen. Entgegen dem allgemeinen Lehrbuchtrend ist es uns dabei gelungen, den Umfang gegenüber den Vorauflagen beträchtlich zu verringern.

Hans-Wolfgang Arndt
Walter Rudolf

Inhaltsverzeichnis

2. Teil: Die Grundrechte

3. Teil: Die Bundesrepublik Deutschland als Mitglied der Europäischen Union

5. Teil: Hinweise für die Anfertigung öffentlich-rechtlicher Arbeiten

Abkürzungsverzeichnis

Abs.	Absatz
AEUV	Vertrag über die Arbeitsweise der Europäischen Union
a. F.	alte Fassung
AG	Amtsgericht; Aktiengesellschaft
AO	Abgabenordnung
ArbG	Arbeitsgericht
Art.	Artikel
BAföG	Bundesausbildungsförderungsgesetz
BAG	Bundesarbeitsgericht
BAGE	Entscheidungen des Bundesarbeitsgerichts
BauGB	Baugesetzbuch
BB	Betriebs-Berater
BBG	Bundesbeamtengesetz
Bd.	Band
BFH	Bundesfinanzhof
BGB	Bürgerliches Gesetzbuch
BGBl.	Bundesgesetzblatt
BGH	Bundesgerichtshof
BGHZ	Entscheidungen des Bundesgerichtshofs in Zivilsachen
BHO	Bundeshaushaltsordnung
BImSchG	Bundes-Immissionsschutzgesetz
BImSchV	Verordnung zur Durchführung des Bundes-Immissionsschutzgesetzes
BRAO	Bundesrechtsanwaltsordnung
Bsp.	Beispiel
BVerfG	Bundesverfassungsgericht
BVerfGE	Entscheidungen des Bundesverfassungsgerichts
BVerfGG	Gesetz über das Bundesverfassungsgericht
BVerwG	Bundesverwaltungsgericht
BVerwGE	Entscheidungen des Bundesverwaltungsgerichts
BVwVG	Bundesverwaltungsvollstreckungsgesetz
BWG	Bundeswahlgesetz
bzw.	beziehungsweise
d. h.	das heißt
DÖV	Die Öffentliche Verwaltung
DVBl.	Deutsches Verwaltungsblatt
EAG	Europäische Atomgemeinschaft
EG	Europäische Gemeinschaften; Vertrag über die Europäischen Gemeinschaft
EGGVG	Einführungsgesetz zum Gerichtsverfassungsgesetz
EGKS	Europäische Gemeinschaft für Kohle und Stahl

EGGVG	Einführungsgesetz zum Gerichtsverfassungsgesetz
EMRK	Europäische Konvention zum Schutz der Menschenrechte und Grundfreiheiten
EP	Europäisches Parlament
EStG	Einkommensteuergesetz
etc.	et cetera
EU	Europäische Union
EuG	Europäisches Gericht erster Instanz
EuGH	Gerichtshof der Europäischen Gemeinschaften
Euratom	Europäische Atomgemeinschaft
EUV	Vertrag über die Europäische Union
EuZW	Europäische Zeitschrift für Wirtschaftsrecht
EWG	Europäische Wirtschaftsgemeinschaft
EZB	Europäische Zentralbank
f.	folgend
FinG	Finanzgericht
GASP	Gemeinsame Außen- und Sicherheitspolitik
GATS	Allgemeines Dienstleistungshandelsabkommen (General Agreement on Trade in Services)
GATT	Allgemeines Zoll- und Handelsabkommen (General Agreement on Tariffs and Trade)
GBl.	Gesetzblatt
GewO	Gewerbeordnung
GG	Grundgesetz
ggf.	gegebenenfalls
GmbH	Gesellschaft mit beschränkter Haftung
GMBl.	Gemeinsames Ministerialblatt
GrCh	Grundrechte-Charta
GVG	Gerichtsverfassungsgesetz
GWB	Gesetz gegen Wettbewerbsbeschränkungen
HGB	Handelsgesetzbuch
h. M.	herrschende Meinung
Hrsg.	Herausgeber
HwO	Handwerksordnung
i. d. F.	in der Fassung
i. d. R.	in der Regel
IHKG	Gesetz zur vorläufigen Regelung des Rechts der Industrie- und Handelskammern
i. S. d.	im Sinne des
i. V. m.	in Verbindung mit
JA	Juristische Arbeitsblätter
JR	Juristische Rundschau
Jura	Juristische Ausbildung
JuS	Juristische Schulung
JZ	Juristenzeitung
KG	Kammergericht (OLG Berlin); Kommanditgesellschaft
KPD	Kommunistische Partei Deutschlands
KrW-/AbfG	Kreislaufwirtschafts- und Abfallgesetz

KStG	Körperschaftsteuergesetz
KWG	Gesetz über das Kreditwesen
LAG	Landesarbeitsgericht
LFGB	Gesetz über dem Verkehr mit Lebensmitteln, Tabakerzeugnissen, kosmetischen Mitteln und sonstigen Bedarfsgegenständen
LG	Landgericht
LMBG	Gesetz über dem Verkehr mit Lebensmitteln, Tabakerzeugnissen, kosmetischen Mitteln und sonstigen Bedarfsgegenständen
LKV	Landes- und Kommunalverwaltung
LSG	Landessozialgericht
m. w. N.	mit weiteren Nachweisen
NJW	Neue Juristische Wochenschrift
NVwZ	Neue Zeitschrift für Verwaltungsrecht
o. g.	oben genannt
OHG	Offene Handelsgesellschaft
OLG	Oberlandesgericht
OVG	Oberverwaltungsgericht
RL	Richtlinie
S.	Seite
SG	Sozialgericht
SGG	Sozialgerichtsgesetz
Slg.	Sammlung
s. o.	siehe oben
sog.	sogenannte
SPD	Sozialdemokratische Partei Deutschlands
SRP	Sozialistische Reichspartei
StabG	Gesetz zur Förderung der Stabilität und des Wachstums der Wirtschaft
StGB	Strafgesetzbuch
StPO	Strafprozessordnung
TA	Technische Anleitung
TRIPS	Trade-Related Aspects of Intellectual Property Rights
TVG	Tarifvertragsgesetz
UrhG	Gesetz über Urheberrecht und verwandte Schutzrechte
UStG	Umsatzsteuergesetz
u. U.	unter Umständen
UWG	Gesetz gegen den unlauteren Wettbewerb
VersG	Versammlungsgesetz
VG	Verwaltungsgericht
VGH	Verwaltungsgerichtshof
VgV	Vergabeverordnung
VO	Verordnung
VOB	Verdingungsordnung für Bauleistungen
VOL	Verdingungsordnung für sonstige Leistungen
VwGO	Verwaltungsgerichtsordnung

VwVG	Verwaltungs-Vollstreckungsgesetz
VwVfG	Verwaltungsverfahrensgesetz
WEU	Westeuropäische Union
WRV	Weimarer Reichsverfassung
WTO	Welthandelsorganisation (World Trade Organization)
z. B.	zum Beispiel
ZPO	Zivilprozessordnung

EINLEITUNG
DAS ÖFFENTLICHE RECHT

Kapitel 1: Hilfsmittel zur Einführung in das öffentliche Recht

Das vorhandene Lehrmaterial ist kaum noch überschaubar. Zur Orientierung werden hier die Bücher kurz vorgestellt, die auch für Studierende der Wirtschaftswissenschaften zur Vertiefung des Stoffes brauchbar sind. Juristische Bücher veralten schnell. Sie erscheinen in kurzen Zeitabständen in veränderten Neuauflagen. Man sollte in der Bibliothek darauf achten, dass man die neueste Auflage in den Händen hält. 1

Gesetzestexte

Ein Blick in das Gesetz erleichtert die Rechtsfindung. Dieser zugegeben banale Satz gehört zu den Klassikern jedes Juristen. Klar ist: Juristische Arbeit ist Arbeit an und mit Rechtsnormen. Mithin ist in einer Studienarbeit jede Begründung, die nicht auf das Gesetz gestützt werden kann, wertlos. Daher muss man sich einige Gesetzestexte anschaffen. Allerdings wäre es unnütz, gleich die „roten Ordner" zu kaufen, die zum „Markenzeichen der Juristen" geworden sind. Diese Loseblattsammlungen sind für den Anfang zu umfangreich und zu teuer. Nur wer sich für das öffentliche Recht als Wahlfach in der Hauptprüfung entscheidet, kommt letztlich nicht um die umfangreiche Sammlung „Sartorius I, Verfassungs- und Verwaltungsgesetze der Bundesrepublik Deutschland, Verlag C.H. Beck" herum. Die Beck-Texte in der dtv-Ausgabe genügen für den Anfang völlig. 2

Für das öffentliche Recht empfiehlt sich die Ausgabe „Basistexte Öffentliches Recht" des Beck-Verlages als dtv-Ausgabe (Nr. 5756). Dort sind die wichtigsten Gesetze zum Staatsrecht, zum Verwaltungsrecht und zum Europarecht aufgenommen. 3

Eine gute Alternative hierzu bilden die Gesetzessammlungen aus dem Nomos Verlag: In Kombination sind die Sammlungen Öffentliches Recht und Wirtschaftsrecht zu empfehlen. Damit erhält man auch die wichtigsten Gesetze des Privatrechts. 4

Literatur zum Staats- und Verwaltungsrecht

Zu den **Standardlehrbüchern des Staatsrechts** zählen: 5
Degenhart, Christoph, Staatsrecht I, Verlag C. F. Müller, 28. Auflage 2012;
Gersdorf, Hubertus, Verfassungsprozessrecht und Verhältnismäßigkeitsprüfung, Verlag C.F. Müller, 3. Auflage 2010;
Katz, Alfred, Staatsrecht, Verlag C.F. Müller, 18. Auflage 2010;

Pieroth, Bodo/Schlink, Bernhard, Staatsrecht II, Verlag C. F. Müller, 28. Auflage 2012.

Das Lehrbuch von *Katz* ist gut konzipiert und strukturiert. Es eignet sich als Einstiegs- und Vertiefungsbuch für Studenten der Rechtswissenschaften. Das Standardlehrbuch für Grundrechte ist das Werk von *Pieroth/Schlink.* Für einen Wahlfachstudenten ist es aber zu ausladend. Gleiches gilt für das Buch zum Staatsorganisationsrecht von *Degenhart. Gersdorfs* Buch bietet wertvolle Ausführungen zur Fallbearbeitung im Staatsrecht.

6 Einzelproblemen kann mit **Kommentaren** nachgegangen werden.

Zur ersten Orientierung bietet sich an:
Jarass, Hans D./Pieroth, Bodo, Grundgesetz für die Bundesrepublik Deutschland, Verlag C. H. Beck, 12. Auflage 2012.

Zur weiteren Vertiefung eignet sich:
Maunz, Theodor/Dürig, Günter/Herzog, Roman/Scholz, Rupert, Grundgesetz, Loseblattausgabe, Verlag C. H. Beck, der durch seine plastisch-bildhafte Sprache vermittelt, dass es sich beim Staatsrecht um eine lebendige Materie handelt.

7 Zum **Allgemeinen Verwaltungsrecht** zu empfehlen sind besonders:
Maurer, Hartmut, Allgemeines Verwaltungsrecht, Verlag C. H. Beck, 18. Auflage 2011; oder
Detterbeck, Steffen, Allgemeines Verwaltungsrecht mit Verwaltungsprozessrecht, Verlag C. H. Beck, 11. Auflage 2012.

8 Eine ausführliche Darstellung des **Verwaltungsprozessrechts** bietet:
Schenke, Wolf-Rüdiger, Verwaltungsprozessrecht, Verlag C. F. Müller, 13. Auflage 2012.

Lehrbücher für Öffentliches Wirtschaftsrecht

9 Über den Sinn einer Begriffsbildung wie „Wirtschaftsverwaltungsrecht" und „Wirtschaftsverfassungsrecht" kann man durchaus geteilter Meinung sein. Dennoch sind einige Teilgebiete des öffentlichen Rechts von besonderer Relevanz für die Wirtschaftsunternehmen. Diese Bereiche behandeln die Lehrbücher von:
Arndt, Hans-Wolfgang/Fetzer, Thomas, Wirtschaftsverwaltungsrecht, in: *Steiner, Udo* (Hrsg.), Besonderes Verwaltungsrecht, Verlag C. F. Müller, 8. Auflage 2006;
Ruthig, Josef/Storr, Stefan, Öffentliches Wirtschaftsrecht, Verlag C. F. Müller, 3. Auflage 2011.

Lehrbücher des Europarechts

10 Das Europarecht ist mittlerweile fest mit dem nationalen Wirtschaftsverwaltungsrecht verbunden. Für Studenten geeignete Lehrbücher sind:
Arndt, Hans-Wolfgang/Fischer, Kristian/Fetzer, Thomas, Europarecht, Verlag C. F. Müller, 10. Auflage 2010;

Schweitzer, Michael, Staatsrecht III – Staatsrecht, Völkerrecht, Europarecht, Verlag C.F. Müller, 10. Auflage 2010.

Die wichtigsten Zeitschriften

11 Vornehmlich an den **juristischen Praktiker** wendet sich die Neue Juristische Wochenschrift (NJW). Sie enthält vor allem eine umfangreiche Sammlung aktueller Gerichtsentscheidungen.

Ausbildungszeitschriften für Jura-Studenten sind:
Juristische Arbeitsblätter (JA), Juristische Schulung (JuS) und Juristische Ausbildung (Jura).
Weiter sind für den **Wirtschaftswissenschaftler** relevant:
Der Betriebs-Berater (BB) und Der Betrieb (DB). Dabei handelt es sich um praxisorientierte Zeitschriften, die über die gesamte für die Unternehmen relevante Rechtsentwicklung informieren und in keinem großen Anwaltsbüro fehlen.

Entscheidungssammlungen

12 Alle obersten Bundesgerichte geben amtliche Sammlungen heraus, in die sie ihre wichtigsten Entscheidungen aufnehmen. Entscheidungssammlungen sind Nachschlagewerke und daher nicht als zusammenhängende Lektüre gedacht. Bei den Entscheidungen, die in diesem Buch zitiert sind, handelt es sich um die wichtigsten des öffentlichen Rechts. Auch ein Student der Wirtschaftswissenschaften muss sie kennen.

Elektronische Informationsquellen

13 Auch in der Rechtswissenschaft nimmt die Bedeutung elektronischer Medien stetig zu. Um dieser Entwicklung Rechnung zu tragen, werden Fundstellen für juristische Informationen im Internet angegeben. Der Einsatz des Internet kann jedoch den Gang in die Bibliotheken nicht ersetzen, da beispielsweise für die Zitierung von Gerichtsentscheidungen in Hausarbeiten weiterhin auf die amtlichen Sammlungen der obersten Gerichte zurückgegriffen werden muss.

Die obersten Bundesgerichte sind im Internet mit einer eigenen Seite vertreten. Neben Informationen zu Aufbau und Organisation des jeweiligen Gerichtes werden dort auch aktuelle Entscheidungen veröffentlicht:

Bundesverfassungsgericht:	http://www.bverfg.de
Bundesgerichtshof:	http://www.bundesgerichtshof.de
Bundesverwaltungsgericht:	http://www.bverwg.de

Auch die Europäische Union hat eine Internetseite, auf der sämtliche Organe, so auch der Europäische Gerichtshof, zu finden sind:

Europäische Union:	http://europa.eu
Europäischer Gerichtshof:	http://curia.eu.int

Die juristischen Fakultäten der Universitäten haben ebenfalls eigene Internetseiten. Dort ist zumeist auch ein Hinweis auf Datenbanken im Internet zu finden, wo man Aufsätze und Entscheidungen nachlesen kann.

Kapitel 2: Das öffentliche Recht in der Rechtsordnung

Das Recht wird in drei Hauptgebiete gegliedert: in das **bürgerliche Recht** (auch Privat- oder Zivilrecht genannt), in das **Strafrecht** und in das **öffentliche Recht.** Jedes dieser Gebiete hat zusätzlich sein eigenes **Prozessrecht.** Von diesen drei Hauptgebieten des Rechts sind für das wirtschaftswissenschaftliche Studium nur das bürgerliche und das öffentliche Recht bedeutsam. Straf- und Prozessrecht, die selbst Teilgebiete des öffentlichen Rechts darstellen, können weitgehend außer Betracht bleiben. 14

Das **bürgerliche Recht** regelt die **Rechtsbeziehungen** von Privatpersonen untereinander. 15

Wenn A von B einen Pkw kauft, der die versprochenen Eigenschaften nicht besitzt, etwa weil es sich um einen Unfallwagen handelt, und A deshalb den Kauf rückabwickeln möchte, richten sich seine Ansprüche gegen den B nach bürgerlichem Recht. 16

Kennzeichnend für das bürgerliche Recht ist insbesondere, dass es die Rechtsbeziehungen auf der Ebene der **Gleichordnung** regelt. Im Privatrecht ist niemand befugt, dem anderen gegen dessen Willen etwas zu befehlen und diesen Befehl mit Gewalt durchzusetzen. Ob A und B einen Vertrag schließen, ist dem freien Willen beider Seiten überlassen. Meint E, ein Buch, das F sein Eigentum nennt, gehöre ihm, dem E, so darf er es dem F dennoch nicht gegen dessen Willen wegnehmen. Diese Art von „Selbsthilfe" kennt das bürgerliche Recht nur in wenigen Ausnahmefällen. Es würde zu chaotischen Zuständen führen, wenn der Einzelne befugt wäre, seine subjektiven Rechtsvorstellungen mit Gewalt durchzusetzen. Zur Durchsetzung seines Rechts ist E daher auf die Hilfe staatlicher Instanzen angewiesen. Ihm bleibt nur, den F vor staatlichen Gerichten auf Herausgabe des Buches zu verklagen. Gibt ihm das Gericht Recht, muss er einen Gerichtsvollzieher beauftragen, der aufgrund des Urteils berechtigt ist, dem F auch gegen dessen Willen das Buch wegzunehmen und es dem E auszuhändigen. Klage und Vollstreckungshandlung des Gerichtsvollziehers als Teile des Prozessrechts und damit des öffentlichen Rechts leiten über zum öffentlichen Recht. 17

Im Gegensatz zum bürgerlichen Recht ist nämlich für das **öffentliche Recht** kennzeichnend, dass jemand befugt ist, dem anderen auch gegen dessen Willen etwas zu befehlen; diesen Befehl kann er zudem mit Machtmitteln durchsetzen. Der Befehlende ist dabei der Staat, der als gesetzgebende, rechtsprechende oder vollziehende Gewalt auftritt. 18

Ob A freiwillig bereit ist, Einkommensteuer zu zahlen oder nicht, kann der Finanzverwaltung recht gleichgültig sein; reagiert er auf den Steuerbescheid nicht, wird der Vollstreckungsbeamte in seiner Wohnung erscheinen, um einen Teil seines Vermögens zu pfänden. 19

Nicht derjenige, der sich schon dreimal in der gleichen Gaststätte an verdorbenen Lebensmitteln eine Magenverstimmung zugezogen hat, ist befugt, dem Gastwirt die Ausübung seines Gewerbes zu untersagen. Dies darf nur eine staatliche Behörde, das Gewerbeaufsichtsamt. Denn Gast und Gastwirt sind gleichgeordnet, sie können sich nichts befehlen. Dagegen kann das Gewerbeaufsichtsamt dem Gastwirt Befehle erteilen.

20 Normen des öffentlichen Rechts geben dem Staat mithin die Befugnis, einseitig gegen den Bürger vorzugehen, d. h. in seine Freiheit und sein Eigentum einzugreifen, ohne den entgegenstehenden Willen beachten zu müssen. Diese Machtbefugnisse des Staates sind freilich nicht unbegrenzt:

„Die Gesetzgebung ist an die verfassungsmäßige Ordnung, die vollziehende Gewalt und die Rechtsprechung sind an Gesetz und Recht gebunden" (Art. 20 Abs. 3 GG).

21 Nach dieser Fundamentalnorm des Grundgesetzes darf der Staat nur dann in Freiheit und Eigentum eingreifen, wenn ihn ein Gesetz dazu ermächtigt. Man spricht insoweit vom Prinzip des **Vorbehalts des Gesetzes.** Staatlichen Maßnahmen ist damit eine erste Grenze gezogen. Art. 1 Abs. 3 GG legt eine weitere bedeutsame Grenze staatlicher Eingriffsbefugnisse fest. Jede staatliche Maßnahme muss demnach im Einklang mit den im Grundgesetz garantierten Grundrechten stehen, denn:

„Die nachfolgenden Grundrechte binden Gesetzgebung, vollziehende Gewalt und Rechtsprechung als unmittelbar geltendes Recht."

22 Das öffentliche Recht bestimmt aber nicht nur das Verhältnis des Staates zu den Bürgern. Daneben regelt es auch die Organisation der einzelnen Staatsorgane, ihre Aufgaben und Befugnisse und ihr Zusammenspiel untereinander.

23 Die Frage beispielsweise, wie ein Gesetz zustande kommt, betrifft das Staat-Bürger-Verhältnis nicht. Wenn die Bundesregierung angesichts der schlechten Finanzlage der öffentlichen Hand die Absicht hat, den Umsatzsteuersatz um 3% zu erhöhen, sind für die Durchführung dieses Vorhabens vielerlei Normen zu beachten: Wegen des Prinzips des Vorbehalts des Gesetzes bedarf eine solche zusätzliche steuerliche Belastung eines Gesetzes. Die Bundesregierung wird daher nach Art. 76 Abs. 1 GG eine Gesetzesvorlage beim Bundestag einbringen, nachdem sie zuvor geprüft hat, ob der Bund überhaupt die Gesetzgebungszuständigkeit auf dem Gebiet der Umsatzsteuer besitzt und diese nicht etwa bei den einzelnen Bundesländern liegt (Art. 105 GG). Alsdann werden Bundestag und Bundesrat sowie der Bundespräsident und ein gegenzeichnendes Mitglied der Bundesregierung nach den Vorschriften der Art. 77, 78, 82 GG und den Geschäftsordnungen des Bundestages und des Bundesrates beim förmlichen Gesetzgebungsverfahren zusammenwirken.

24 Derjenige Bereich des öffentlichen Rechts, der das Zusammenspiel der Träger der Staatsgewalt untereinander regelt, wird als **Staatsorganisationsrecht** bezeichnet. Das öffentliche Recht umfasst also einerseits alle Normen, die das Staat-Bürger-Verhältnis berühren und andererseits die staatsorganisationsrechtlichen Normen.

25 Das öffentliche Recht lässt sich daneben (abgesehen von dem hier nicht zu berücksichtigenden Prozessrecht) in drei große Teilbereiche gliedern, das **Verfassungsrecht**, das **Verwaltungsrecht** und das **Strafrecht.**

26 Als **Verfassungsrecht** im formellen Sinne werden das Grundgesetz und die Verfassungen der Länder bezeichnet. Dieses Verfassungsrecht hat einen höheren Rang als das übrige Recht. Das Grundgesetz ist also dem Verwaltungsrecht des Bundes und der Länder, die Landesverfassungen sind dem Verwaltungsrecht der Länder übergeordnet. Verwaltungsrecht muss im Einklang mit dem Verfassungsrecht stehen, ansonsten ist es nichtig. Der höhere Rang des Grundgesetzes wird durch Art. 20 Abs. 3 GG festgelegt

und ist von der Gesetzgebung stets zu beachten. Eine Änderung des Grundgesetzes bedarf der Zustimmung von zwei Dritteln der Mitglieder des Bundestages und zwei Dritteln der Stimmen des Bundesrates (Art. 79 Abs. 2 GG), während für eine Änderung von sonstigen Gesetzen des Zivil-, Straf- oder sonstigen öffentlichen Rechts die einfache Mehrheit genügt. Die materielle Berechtigung dieser Differenzierung liegt auf der Hand: Normen des Grundgesetzes sind Fundamentalnormen unseres Staates. Verfassungsrecht gibt die allgemeine Richtung vor, konstituiert die Grundordnung, während sich die übrigen Normen an diesen Grundentscheidungen der Verfassung auszurichten haben.

Zum **Verwaltungsrecht** zählen alle übrigen Gebiete des öffentlichen Rechts; 27
zusammen genommen eine Unzahl von Normen, die zumeist entweder Eingriffsbefugnisse des Staates in die Sphäre der Bürger (z. B. Polizeirecht, Steuerrecht) oder aber Ansprüche der Bürger gegen den Staat (z. B. Bundesausbildungsförderungsgesetz, Sozialhilferecht) regeln.

Falsch wäre es, im Verwaltungsrecht das Verfassungsrecht außer Acht zu 28
lassen. Die Normen des Grundgesetzes, insbesondere die Grundrechte, konkretisieren sich für den Bürger im Verwaltungsrecht. Die Grundrechte sind immer bei Verwaltungsentscheidungen zu berücksichtigen.

Möchte beispielweise eine Religionsgemeinschaft in der Fußgängerzone werben, so ist 29
bei der Verwaltungsentscheidung, ob der Gemeinschaft eine straßenrechtliche Sondernutzungserlaubnis erteilt wird, das Grundrecht auf freie Ausübung der Religion nach Art. 4 GG zu berücksichtigen.

Die **Unterscheidung zwischen Privatrecht und öffentlichem Recht** ist 30
nicht selbstverständlich und für Deutschland in erster Linie historisch zu erklären. Öffentliches Recht betraf immer Angelegenheiten, an denen der Staat als organisierte Gemeinschaft mit Zwangsgewalt beteiligt war. Privatrecht regelte schon immer die Beziehungen im nicht staatlich organisierten Bereich. Neben der Ordnungsfunktion, die Übersicht über den Gesamtkomplex „Recht" zu erleichtern, hat die Unterscheidung zwischen öffentlichem und privatem Recht im deutschen Recht heute vor allem Bedeutung für den Rechtsweg. Für öffentlich-rechtliche Streitigkeiten sind grundsätzlich die Verwaltungsgerichte, für besondere verwaltungsrechtliche Angelegenheiten die Sozialgerichte und die Finanzgerichte zuständig, für bürgerlichrechtliche Streitigkeiten dagegen die Zivilgerichte. Daneben gibt es für Streitigkeiten zwischen Arbeitgebern und Arbeitnehmern die Arbeitsgerichte sowie für Familiensachen die Familiengerichte.

Aus der Beteiligung staatlicher Organe kann aber nicht immer auf öffent- 31
liches Recht geschlossen werden. Bei der Ausübung der Staatsgewalt wird der Staat hoheitlich, also in der Form des öffentlichen Rechts tätig. Der Staat handelt jedoch oft nicht in hoheitlicher Form, sondern bedient sich zur Erfüllung seiner Zwecke und Aufgaben des Privatrechts, etwa wenn die Verwaltung Papier und Bleistifte als Bürobedarf kauft. In solchen Fällen tritt der Staat gleichberechtigt mit jeder anderen Privatperson auf, er schließt Verträge mit privatrechtlichen Unternehmen. Privatrechtlich handelt der Staat auch dann, wenn er erwerbswirtschaftlich tätig wird. Wenn er

Werften, Domänen, Forste und Brauereien besitzt, tritt er mit deren Erzeugnissen wie jeder andere Unternehmer in den Privatrechtsverkehr. Dieses Auftreten des Staates, das sich in rein zivilrechtlichen Formen vollzieht, wird **fiskalisches Handeln** genannt.

32 Eine Besonderheit ist das Handeln des Staates durch **„Verwaltungsprivatrecht“**. Ein Hoheitsträger nimmt dabei eine öffentliche Aufgabe wahr. Dies betrifft insbesondere den Bereich der Daseinvorsorge z. B. durch Bereitstellung von öffentlichen Einrichtungen wie Theatern, Schwimmbädern oder Kongresshallen. Jedoch gestaltet der Hoheitsträger die Benutzung, indem er auf das Zivilrecht über Vertragsbeziehungen zurückgreift.

33 Was macht nun den Unterschied zwischen privatrechtlichem und öffentlich-rechtlichem Handeln des Staates aus?

34 Bedient sich der Staat des Zivilrechts, dann kann er niemanden gegen dessen Willen rechtlich verpflichten. Ein Tiefbauunternehmen kann frei entscheiden, ob es ein Vertragsangebot des Staates zum Ausbau einer Straße annehmen will oder nicht. Handelt der Staat dagegen hoheitlich, so ist es ihm möglich, andere auch gegen ihren Willen rechtlich zu verpflichten. Auch derjenige Unternehmer, der Umweltschutz für kostspieligen Luxus hält, ist an die Vorschriften des Bundes-Immissionsschutzgesetzes gebunden. Auch derjenige, der es eilig hat, muss die zulässige Höchstgeschwindigkeit beachten.

35 Manchmal ist es schwierig festzustellen, ob der Staat hoheitlich, d. h. in Ausübung einer seiner drei Gewalten, oder privatrechtlich handelt. Zweifelsfälle ergeben sich besonders häufig dann, wenn der Staat nicht einseitig verpflichtend in Freiheit und Eigentum seiner Bürger eingreift (sog. **Eingriffsverwaltung**), sondern wenn er dem Bürger Dienstleistungen erbringt (sog. **Leistungsverwaltung**), denn wie oben festgestellt kann sich der Staat zur Erfüllung seiner Aufgaben neben öffentlich-rechtlichen Handlungsformen hier auch des Privatrechts bedienen. Die Handlungsform des Staates könnte dahinstehen, wenn sich daraus keine Folgen ergäben. Jedoch ist die Unterscheidung zwischen öffentlichem Recht und Privatrecht in vielen Fällen bedeutsam. Beispielhaft genannt sei hier nur die Anwendbarkeit des Verwaltungsverfahrensgesetzes, das nur bei „öffentlich-rechtlicher Verwaltungstätigkeit“ von Behörden gilt (§ 1 Abs. 1 VwVfG). Des Weiteren ist der Rechtsweg verschieden: Gemäß § 40 Abs. 1 VwGO sind die Verwaltungsgerichte zur Entscheidung öffentlich-rechtlicher Streitigkeiten nicht-verfassungsrechtlicher Art zuständig, zivilrechtliche Streitigkeiten dagegen gehören gemäß § 13 GVG vor die ordentlichen Gerichte. Schließlich ist es, wie noch genauer dargestellt wird, umstritten, ob der Staat auch bei privatrechtlichem Handeln an die Grundrechte gebunden ist. Liegt hoheitliches Handeln vor, so sind solche Zweifel durch Art. 1 Abs. 3 GG ausgeschlossen.

36 Zur Abgrenzung von öffentlichem Recht und Privatrecht sind viele Theorien entwickelt worden, von denen hier die zwei wichtigsten genannt werden. Im Zweifel helfen sie festzustellen, ob öffentlich-rechtliches oder zivilrechtliches Handeln des Staates vorliegt.

37 Nach der **Subjektionstheorie oder Subordinationstheorie** liegt eine öffentlich-rechtliche Tätigkeit vor, wenn zwischen dem Hoheitsträger und

dem Bürger ein Über- und Unterordnungsverhältnis besteht. Demgegenüber handelt es sich um Privatrecht, wenn die Beteiligten rechtlich gleichgeordnet sind. Es trifft zu, dass bei vielen öffentlich-rechtlichen Rechtsverhältnissen, namentlich im Bereich der Eingriffsverwaltung (Steuerrecht, Polizeirecht), ein solches Über- und Unterordnungsverhältnis besteht. Jedoch hilft diese Theorie wenig, wenn sich nicht genau feststellen lässt, ob Staat und Bürger sich gleichgeordnet gegenüberstehen oder nicht. Die Zugehörigkeit des Staatsorganisationsrechts zum öffentlichen Recht vermag diese Theorie genauso wenig zu erklären wie den öffentlich-rechtlichen Vertrag. Mit letzterem begibt sich der Hoheitsträger auf die Ebene der Gleichordnung. Alleine nach dem Über-/Unterordnungsverhältnis kann also eine Abgrenzung vom bürgerlichen zum öffentlichen Recht nicht erfolgen.

Eine bessere Unterscheidung ermöglicht die **modifizierte Subjektstheorie.** 38
Die Abgrenzung erfolgt hier nach dem Adressaten der Norm. Fast jede Rechtsnorm hat einen Berechtigten und einen Verpflichteten. Ist Berechtigter oder Verpflichteter einer Norm notwendigerweise ein Träger öffentlicher Gewalt, so handelt es sich um öffentliches Recht. Öffentliches Recht ist somit der Inbegriff der Rechtssätze, bei denen ein Zuordnungssubjekt ausschließlich ein Träger hoheitlicher Gewalt ist.

Hierzu zwei Beispiele: 39

Gemäß § 13 Abs. 1 KrW-/AbfG haben die Erzeuger und Besitzer die Abfälle grundsätzlich den öffentlich-rechtlichen Entsorgungsträgern zu überlassen. Diese sind nach § 15 Abs. 1 KrW-/AbfG verpflichtet, die in ihrem Gebiet angefallenen und überlassenen Abfälle zu entsorgen. Nach § 15 Abs. 1 KrW-/AbfG ist demnach ein Träger öffentlicher Gewalt zur Abfallbeseitigung verpflichtet. § 15 Abs. 1 KrW-/AbfG ist somit eine öffentlich-rechtliche Norm, die aus ihr resultierenden Rechtsbeziehungen sind in der Regel öffentlich-rechtlich.

Ebenso berechtigt § 24 BImSchG ausschließlich die Immissionsschutzbehörde zu Eingriffen, wenn schädliche Umwelteinwirkungen von einer nicht genehmigungsbedürftigen Anlage ausgehen, vgl. § 22 Abs. 1 Satz 1 Nr. 1 BImSchG. Es liegt damit eine öffentlich-rechtliche Regelung vor.

Bei einer praktischen Falllösung ist es meist nicht erforderlich, auf diese 40
Theorien einzugehen, da in der Regel deutlich ist, ob eine öffentlich-rechtliche oder privatrechtliche Beziehung besteht. Es sollte im Zweifel kurz die Einordnung nach der modifizierten Subjektstheorie dargestellt werden.

Das dritte Hauptgebiet des gesamten Rechtsstoffs ist das **Strafrecht.** Es 41
steht in seiner praktischen Bedeutung weit hinter dem zivilen Privat- und dem öffentlichen Recht zurück. Jeder sieht sich nahezu täglich mit diesen beiden Rechtsgebieten konfrontiert. Privatrechtliche Vertragsbeziehungen liegen dem allmorgendlichen Brötchenkauf und sogar dem Öffnen des Wasserhahns zugrunde. Öffentliches Recht begegnet einem schon immer dann, wenn man auf einer Straße läuft, sie also gemäß der öffentlich-rechtlichen Widmung nutzt. Die Mehrheit der Bevölkerung kommt mit dem Strafrecht nie in Kontakt. Weder begeht sie noch wird sie Opfer von Straftaten. Sowohl nach der modifizierten Subjekts- als auch nach der Subjektionstheorie handelt es sich beim Strafrecht um ein Teilgebiet des öffentlichen Rechts. Das Strafrecht ist jedoch traditionell vom übrigen öffentlichen Recht so verselbstständigt, dass seine Einordnung als selbstständige Rechtsmaterie

gerechtfertigt ist. Vor allem geschieht dies an den Universitäten aus didaktischen Gründen.

42 In Lehrbüchern und Prüfungsordnungen gleichermaßen finden sich schließlich noch die Begriffe **Wirtschaftsverfassungsrecht** und **Wirtschaftsverwaltungsrecht.** Unter Wirtschaftsverfassungsrecht werden diejenigen Bestimmungen des Grundgesetzes verstanden, die sich auf die Wirtschaft beziehen, unter Wirtschaftsverwaltungsrecht diejenigen Gesetze des Verwaltungsrechts, die das Verhältnis des Staates zur Wirtschaft betreffen. Diese Begriffe haben juristisch keine eigenständige Bedeutung. Sie erfüllen weder eine Ordnungsfunktion, noch sind sie von irgendeiner Relevanz für die Auslegung oder die Rechtsfolgen von Normen. Ob Normen des öffentlichen Rechts wirtschaftliche Belange in größerem oder geringerem Umfang berühren, spielt bei ihrer Auslegung keine Rolle.

43 Irgendeine Auswirkung auf die Wirtschaft haben letztlich alle Normen des öffentlichen Rechts. Wer beispielweise einen Gewerbebetrieb zu gründen beabsichtigt, hat eine Unzahl von Normen des öffentlichen Rechts zu beachten: Er muss das Gewerbe anmelden, vielleicht sogar genehmigen lassen, alle Bauten einschließlich der An- und Umbauten bedürfen einer baurechtlichen Genehmigung, die Sozialversicherungsbeiträge der Arbeitnehmer müssen abgeführt werden. Diese Aufzählung ließe sich beinahe beliebig verlängern. Dennoch werden das Bau-, das Sozial- und das Steuerrecht in diesem Buch nicht behandelt. Das geschieht nicht etwa deshalb, weil sie für die Mehrzahl der Gewerbetreibenden weniger wichtig sind als beispielsweise die Gewerbeordnung. Sie bleiben vielmehr deshalb ausgeklammert, weil ein Buch, das darauf angelegt ist, in begrenzter Zeit und in begrenztem Umfang Studenten der Wirtschaftswissenschaften die Einwirkung öffentlich-rechtlicher Normen auf das Wirtschaftsgeschehen verständlich zu machen, wegen der Komplexität der Materie zwangsläufig eine punktuelle Auswahl zu treffen hat. Außerdem sind die hier behandelten Rechtsgebiete diejenigen, die typischerweise in einer Wahlfachklausur abgefragt werden.

Übungsfälle

44 **1. Fall:** Die Kosmetikfirma X stellt ein Produkt her, das laut Reklame bei regelmäßiger Anwendung Falten, Runzeln usw. verschwinden lässt. Sie stützt sich dabei auf ein (in der Reklame allerdings unerwähntes) wissenschaftliches Gutachten, wonach tatsächlich in nur 3% aller untersuchten Fälle eine Hautverjüngung festzustellen war. Wer kann
a) nach bürgerlichem Recht und
b) nach öffentlichem Recht
gegen die Firma vorgehen? Wann und unter welchen Voraussetzungen wird das Vorgehen Erfolg haben?

45 (a) Nach bürgerlichem Recht wird eine enttäuschte Kundin vorgehen müssen, deren Gesicht unverschönt geblieben ist. Indem sie das Mittel bei der Firma bestellte, machte sie dieser ein Angebot zum Abschluss eines Kaufvertrages. Die Firma nahm dieses Angebot an. Damit ist der Kaufvertrag zustande gekommen. Über Streitigkeiten aus diesem Kaufvertrag entscheidet das Amtsgericht, solange der Streitwert 5000 € nicht übersteigt, ansonsten das Landgericht. Im Beispiel wird das Amtsgericht zu entschei-

den haben, ob die Kundin einen Anspruch auf Rückzahlung des Kaufpreises hat. Dies hängt zum einen von der Auslegung der Vorschriften des BGB und zum anderen von dem konkreten Inhalt des zwischen den Parteien geschlossenen Kaufvertrages ab, beispielsweise davon, ob mit ihm eine Erfolgsgarantie verbunden war oder nicht.

Auch der bürgerlich-rechtliche Unterlassungsanspruch von Mitbewerbern und Verbraucherverbänden wegen irreführender Werbung aufgrund der §§ 3, 13 UWG ist im Klageweg vor den Zivilgerichten zu verfolgen. 46

(b) Erfreulich wäre es aber, wenn das Gewerbeaufsichtsamt aufgrund einer öffentlich-rechtlichen Rechtsvorschrift befugt wäre, der Firma X die irreführende Reklame zu untersagen, ohne den langwierigen Klageweg beschreiten zu müssen. Eine Privatperson wäre dazu niemals berechtigt. Sie muss für diesen Zweck immer die Gerichte in Anspruch nehmen, da eine einseitig belastende Untersagungsverfügung gegen den Willen des Betroffenen nicht unter rechtlich Gleichgeordneten ergehen kann, sondern ein Über- und Unterordnungsverhältnis voraussetzt. Der staatliche Hoheitsträger in Gestalt des Gewerbeaufsichtsamtes darf eine Untersagungsverfügung nur dann vornehmen, wenn ihn ein Gesetz zu einem solchen Eingriff ermächtigt (sog. Prinzip des **Vorbehalts des Gesetzes**). Gegen irreführende Reklame konnte der Staat lange Zeit nichts unternehmen. Diese Situation hat sich durch das Gesetz über den Verkehr mit Lebensmitteln, Tabakerzeugnissen, kosmetischen Mitteln und sonstigen Bedarfsgegenständen (LMBG) vom 15. 8. 1974 geändert. Heute ist dieses Gesetz in dem „Lebensmittel-, Bedarfsgegenstände- und Futtermittelgesetzbuch (LFGB)“ aufgegangen. § 27 Abs. 1 dieses Gesetzes lautet: 47

„§ 27 Vorschriften zum Schutz vor Täuschung 48
(1) Es ist verboten, kosmetische Mittel unter irreführender Bezeichnung, Angabe oder Aufmachung gewerbsmäßig in den Verkehr zu bringen oder für kosmetische Mittel allgemein oder im Einzelfall mit irreführenden Darstellungen oder sonstigen Aussagen zu werben. Eine Irreführung liegt insbesondere dann vor, wenn

1. einem kosmetischen Mittel Wirkungen beigelegt werden, die ihm nach den Erkenntnissen der Wissenschaft nicht zukommen oder die wissenschaftlich nicht hinreichend gesichert sind,
2. durch die Bezeichnung, Angabe, Aufmachung, Darstellung oder sonstige Aussage fälschlich der Eindruck erweckt wird, dass ein Erfolg mit Sicherheit erwartet werden kann,
3. (...).“

Die zweite Alternative trifft bei der Werbung der Firma X zu. Das Gewerbeaufsichtsamt ist zum Erlass einer Untersagungsverfügung berechtigt, da es gemäß § 39 Abs. 2 LFGB dazu ermächtigt ist, die Einhaltung der Verbotsvorschrift des § 27 Abs. 1 LFGB zu überwachen. 49

Oftmals kommt es vor, dass eine Behörde meint, sie sei zum Einschreiten befugt, wohingegen der betroffene Bürger ihr dieses Recht abspricht. Da beide am Rechtsstreit beteiligt sind, bedarf es einer unabhängigen neutralen Instanz, diesen Streit zu schlichten. 50

Art. 19 Abs. 4 GG garantiert daher: 51

„Wird jemand durch die öffentliche Gewalt in seinen Rechten verletzt, so steht ihm der Rechtsweg offen.“

Der Rechtsweg in öffentlich-rechtlichen Streitigkeiten führt im Regelfall vor die Verwaltungsgerichte. Die Firma X hat daher das Recht, die Unter- 52 sagungsverfügung vor dem Verwaltungsgericht anzufechten. Ihre Klage dürfte allerdings keinen Erfolg versprechen, weil die Eingriffsvoraussetzungen vorliegen.

53 **2. Fall:** Sämtliche Zementhersteller in Süddeutschland schließen einen Vertrag, demzufolge sie sich gegenseitig verpflichten, für ihren Zement den gleichen Preis zu verlangen. Zweck dieses Vertrags ist es, dem „ruinösen Wettbewerb" ein Ende zu bereiten und allen Produzenten eine „angemessene" Gewinnspanne zu sichern. Das Bundeskartellamt erhält Kenntnis von dem Vertrag. Es untersagt den Herstellern die Durchführung und belegt jeden von ihnen mit einer Geldbuße von 100.000 €. Zu Recht? Wie können sich die Hersteller wehren?

54 Der bürgerlich-rechtliche Vertrag zwischen den Zementherstellern bezweckt, zum Nachteil der Verbraucher den Wettbewerb auszuschalten. § 1 GWB bestimmt:

55 „§ 1 Verbot wettbewerbsbeschränkender Vereinbarungen
Vereinbarungen zwischen Unternehmen, Beschlüsse von Unternehmensvereinigungen und aufeinander abgestimmte Verhaltensweisen, die eine Verhinderung, Einschränkung oder Verfälschung des Wettbewerbs bezwecken oder bewirken, sind verboten."

56 Aufgabe des Gesetzes gegen Wettbewerbsbeschränkungen ist es, Vereinbarungen im Wirtschaftsleben zu verhindern, durch die Monopolstellungen begründet werden, die den Wettbewerb ausschalten und deshalb mit dem marktwirtschaftlichen Prinzip nicht zu vereinbaren sind. Die Rechtsfigur, derer sich das Gesetz zur Erreichung dieses Ziels bedient, ist das **Verbot mit Erlaubnisvorbehalt.** Grundsätzlich verbietet § 1 GWB wettbewerbsbeschränkende Vereinbarungen. Es gibt in den folgenden Paragraphen einige Ausnahmen von diesem Grundsatz, beispielsweise für Spezialisierungskartelle, Mittelstandskooperationen und Rabattvereinbarungen. Diese im Prinzip zulässigen Kartellvereinbarungen sind jedoch nicht von vornherein gültig, es bedarf dazu vielmehr einer Erlaubnis der Kartellbehörde, die in das Kartellregister eingetragen wird.

57 Im Beispielsfall handelt es sich daher in jedem Fall um einen unzulässigen Kartellvertrag. Erfährt die Kartellbehörde – meist durch Anzeige eines Konkurrenten – von einer unzulässigen wettbewerbsbeschränkenden Vereinbarung, leitet sie ein Kartellverfahren ein, das Klarheit über die fragliche Vereinbarung schafft. In diesem Verfahren kann die Kartellbehörde die Herausgabe von Akten, Büchern und Korrespondenzen verlangen sowie Zeugen und Sachverständige vernehmen.

58 Fraglich ist, ob die Maßnahmen der Kartellbehörde gegen die Zementhersteller vom Gesetz gedeckt sind. Wegen des Grundsatzes vom Vorbehalt des Gesetzes bedarf jeder Eingriff in die Freiheit des Bürgers einer gesetzlichen Ermächtigung. Nach § 32 GWB kann die Kartellbehörde ein Verhalten untersagen, das durch § 1 GWB verboten ist. Nach § 81 GWB handelt ordnungswidrig, wer sich über das Verbot des § 1 GWB hinwegsetzt.

59 Die §§ 32ff. GWB geben dem Bundeskartellamt die Befugnis, gegen den wettbewerbsbeschränkenden Vertrag vorzugehen. Nach der modifizierten Subjektstheorie handelt es sich dabei um öffentlich-rechtliche Eingriffsbefugnisse. Es ist ausschließlich ein Träger hoheitlicher Gewalt, die Kartellbehörde, befugt, gegen Kartellverträge mit Untersagungsverfügungen und Geldbußen vorzugehen.

Da es sich um die Maßnahme eines Trägers der öffentlichen Gewalt handelt, können die betroffenen Unternehmen dagegen gemäß Art. 19 Abs. 4 GG den Rechtsweg beschreiten. Entgegen der Regel sind, obgleich es sich um eine öffentlich-rechtliche Streitigkeit handelt, nicht die Verwaltungsgerichte zuständig. Über die Rechtmäßigkeit von Maßnahmen des Bundeskartellamts entscheidet ein Zivilgericht, das OLG in Düsseldorf, §§ 51, 63 Abs. 4 GWB; letzte Instanz ist der BGH in Karlsruhe. 60

3. Fall: A und B sind die einzigen Gesellschafter einer OHG, die sie gegründet und zu beträchtlichem wirtschaftlichen Erfolg geführt haben. Nach § 1 des Gesellschaftsvertrages hat jeder Gesellschafter seine gesamte Arbeitskraft dem Geschäft zu widmen. Gegen den Willen des B kandidiert A 2009 für den Bundestag und wird als Abgeordneter gewählt. In den folgenden sechs Monaten kommt es zu empfindlichen Geschäftseinbußen, da sich A kaum noch um die OHG kümmert. B fragt Sie, vor welchem Gericht und mit welchen Erfolgsaussichten er gegen A vorgehen kann. 61

Der Gesellschaftsvertrag zwischen A und B ist ein bürgerlich-rechtlicher Vertrag. Über Streitigkeiten aus diesem Vertrag entscheiden die Zivilgerichte. Eine strikte Trennung zwischen Zivil- und öffentlichem Recht in dem Sinne, dass die Zivilgerichte nur bürgerliches Recht anwenden, gibt es aber nicht. Beide Rechtsmaterien sind oft untrennbar miteinander verbunden, so dass auch öffentlich-rechtliche Normen berücksichtigt werden müssen. Dafür ist der vorliegende Fall ein gutes Beispiel. Bei der Entscheidung dieses Streitfalles haben die Zivilgerichte auch Art. 48 Abs. 2 GG zu beachten: 62

„Niemand darf gehindert werden, das Amt eines Abgeordneten zu übernehmen und auszuüben. Eine Kündigung oder Entlassung aus diesem Grund ist unzulässig."

Diese Verfassungsnorm spricht für A, obgleich das Rechtsgefühl es nahelegt, dem B, dem A ja vertraglich den Einsatz seiner gesamten Arbeitskraft zugesichert hat, einen Schadensersatzanspruch zuzugestehen. Der BGH hatte diesen Rechtsstreit in letzter Instanz zu entscheiden. Er urteilte damals folgendermaßen: 63

„Die Parteien haben zwar vereinbart, ihre Arbeitskraft ausschließlich der Geschäftsführung zu widmen. Gleichviel, ob daran gedacht war, dadurch die Übernahme eines Bundestagsmandats auszuschließen, so konnte dies jedenfalls nicht Inhalt einer wirksamen Verpflichtung des Beklagten werden. Art. 48 Abs. 2 Satz 1 GG geht jeder vertraglichen Bindung vor. Die Vereinbarungen der Parteien sind durch das Gebot dieser Bestimmung begrenzt. Es kommt deshalb weder darauf an, dass die Abrede, die gesamte Arbeitskraft dem Unternehmen zu widmen, auf eine Anregung des Beklagten zurückgeht, noch darauf, dass er das Bundestagsmandat unter dem ausdrücklichen Widerspruch des Klägers und, ohne die übrigen Gesellschafter zu fragen, übernommen hat. Art. 48 Abs. 2 Satz 1 GG verfolgt den Zweck, die ungestörte Übernahme und Ausübung des Bundestagsmandats sicherzustellen. Das Merkmal ‚gehindert werden' umfasst jedes Androhen oder in Aussichtstellen irgendwelcher Nachteile, seien sie wirtschaftlicher, beruflicher, gesellschaftlicher oder sonstiger Art (...). Dieser umfassende Schutz führt notwendigerweise zu unmittelbaren Rechtsfolgen auch zivilrechtlicher Natur. Denn Art. 48 Abs. 2 Satz 1 GG ist ein gesetzliches Verbot, das uneingeschränkt in allen Bereichen des Rechtslebens gilt. Nachteile dürfen einem Abgeordneten auch dann nicht in Aussicht gestellt oder angedroht werden, wenn er infolge der Ausübung des Mandats eine vertraglich übernommene Leistung nicht mehr erbringen kann. Eine privatrechtliche Verpflichtung, die den Vertragspartner berechtigt, den Abgeordneten irgendwie in der Ausübung des Mandats zu hindern, ist nach § 134 BGB nichtig. Daraus folgt, dass der Gesellschaftsvertrag für den Beklagten insoweit unverbindlich ist, als er ihm für die Dauer seiner Zugehörigkeit zum Deutschen Bundestag die Verpflichtung auferlegt, seine gesamte Arbeitskraft der Geschäftsführung zu widmen" (BGHZ 43, 384, 386 f.; die Rechtsprechung hat sich jedoch seit BGHZ 94, 248, 254 geändert). 64

65 Auf die Frage, ob diese Auslegung des Art. 48 Abs. 2 GG zwingend ist oder ob es noch andere, entgegengesetzte, Möglichkeiten der Interpretation dieser Norm gibt, wird im nächsten Kapitel einzugehen sein, das von der Auslegung von Rechtsnormen handelt.

Kapitel 3: Zur Auslegung von Rechtsnormen

Gesetzesanwendung und Gesetzesauslegung bestimmen den Tätigkeitsbereich des Juristen, gleichgültig, ob er z. B. als Richter, Verwaltungsbeamter oder Rechtsanwalt tätig ist. Anwendung und Auslegung sind untrennbar verbunden. Die Vorstellung zur Zeit der Aufklärung, man könne Gesetze schaffen, die aus sich selbst heraus so verständlich sind, dass sie nicht ausgelegt, sondern nur angewendet zu werden brauchen – Montesquieu hatte hierfür das plastische Bild vom Richter, der nichts weiter sei als „der Mund des Gesetzes" – ist längst als Illusion erkannt worden. Im Folgenden geht es daher um eine Einführung in das „tägliche Brot" der Juristen: die Technik der Gesetzesauslegung. Ohne deren Grundkenntnisse bleibt der Zugang zum Verfassungs- und Verwaltungsrecht – ja zum Recht allgemein – verschlossen. 66

Als Beispiel bietet sich der aus Kapitel 2, Fall 3, bereits bekannte Art. 48 Abs. 2 Satz 1 GG an. Nach der früheren Rechtsprechung des Bundesgerichtshofs verbot diese Vorschrift jede vertragliche Vereinbarung, durch die die Übernahme eines Abgeordnetenmandats erschwert werden kann. Diese Auslegung ist nicht unproblematisch. Angesichts des Satzes „eine Kündigung oder Entlassung aus diesem Grunde ist unzulässig" stellt sich nämlich die Frage, ob der Schutz, den Art. 48 Abs. 2 GG gewährt, nur abhängig beschäftigten Arbeitnehmern zukommen soll, nicht jedoch anderen Privatpersonen, die sich zur gemeinsamen Berufsausübung durch Gesellschaftsvertrag verpflichtet haben. Diese Auslegung liegt deshalb nahe, weil eine Kündigung oder Entlassung nur abhängig beschäftigte Arbeitnehmer treffen kann. Zur Ermittlung der „richtigen" Norminterpretation bieten sich verschiedene Methoden an: 67

1. Zunächst kann man auf die **Wortinterpretation**, auch grammatikalische Auslegung genannt, des Art. 48 Abs. 2 Satz 1 GG abstellen. Bei isolierter Betrachtung dieses Wortlautes erscheint der Schutz jedes Abgeordneten vor allen Nachteilen überzeugend. Die Wortinterpretation ist Ausgangspunkt jeglicher Auslegung. Der Wortlaut bestimmt die Grenzen zulässiger Auslegung; eine Auslegung gegen den Wortlaut ist grundsätzlich unzulässig. In einer Vielzahl der Fälle ist der Wortlaut jedoch nicht so bestimmt, dass er nur eine einzige Auslegung als richtig zulässt. 68

2. Die Wortinterpretation berücksichtigt darüber hinaus nicht genügend, dass jede Norm in einem **systematischen Zusammenhang** mit den sie umgebenden Vorschriften steht (Kontext). Nach Art. 48 Abs. 1 GG hat derjenige, der sich um einen Sitz im Bundestag bewirbt, Anspruch auf den zu seiner Wahlvorbereitung erforderlichen Urlaub. Bereits die systematische Analyse des Art. 48 Abs. 1 und Abs. 2 GG weckt Zweifel. Art. 48 Abs. 2 Satz 1 GG wird nämlich von zwei deutlich arbeitsrechtlich akzentuierten Vorschriften eingekleidet. Art. 48 Abs. 1 GG, der die Vorbereitung der Bundestagswahl behandelt, setzt Personen voraus, die von einem Dritten beurlaubt werden können, Art. 48 Abs. 2 Satz 2 GG spricht nur von Perso- 69

nen, denen gekündigt werden kann und die entlassen werden können. Die gesetzliche Systematik legt nahe, den Schutz der Vorschrift auf Arbeitnehmer zu beschränken. Nur dann liest sich Art. 48 GG bruchlos.

70 **3.** Bleiben nach der wörtlichen und der systematischen Auslegung noch Zweifel, so ist die Entstehungsgeschichte der Norm hinzuzuziehen. Die **historische Interpretation** bringt Klarheit, von welchen Vorstellungen sich die „Väter des Gesetzes" haben leiten lassen. Die Entstehungsgeschichte spricht für eine einschränkende Auslegung des Art. 48 Abs. 2 GG. Der erste Verfassungsentwurf wollte die Abgeordneten sogar nur vom öffentlichen Dienst freistellen. Erst die weiteren Beratungen brachten die Ausdehnung auf die Arbeiternehmer in der Privatwirtschaft. Von einem allgemeinen Schutz für jedermann war nicht die Rede. Die historische Auslegungsmethode ist freilich auch nur begrenzt aussagefähig; sie dient nur als Indiz. Die durch Zeitablauf erfolgten politischen, wirtschaftlichen und gesellschaftlichen Änderungen zwingen oftmals dazu, eine Norm nicht entsprechend den Vorstellungen des damaligen Gesetzgebers auszulegen. Das BGB und das HGB stammen aus dem 19. Jahrhundert. Wollte sich der Norminterpret auf die damals geltenden Vorstellungen beschränken, so stünde das Recht jeder Entwicklung hemmend im Wege. Veränderte Gegebenheiten müssen daher berücksichtigt werden. Das Gesetz ist klüger als der Gesetzgeber.

71 **4.** Eine der wichtigsten Interpretationshilfen schließlich ist es, nach dem rechtspolitischen Zweck einer jeden Vorschrift zu fragen. Dabei ergeben sich für die Auslegung wichtige Gesichtspunkte (sog. **teleologische Interpretation**). Art. 48 Abs. 2 Satz 1 GG hat den Zweck, ein „Honoratiorenparlament" zu vermeiden und für eine ausreichende Repräsentation wirtschaftlich schwacher Bevölkerungskreise zu sorgen. Dies spricht dafür, den Geltungsbereich des Art. 48 GG auf wirtschaftlich und persönlich Abhängige zu beschränken.

72 „Es entspricht dem Grundanliegen der Mandatsschutznormen, nur die Kündigung oder Entlassung von Beamten, Arbeitnehmern und anderen Dienstleistungspflichtigen zu beschränken. Denn nur sie sind wegen ihrer organisatorischen Eingliederung in Verwaltungs- oder Produktionseinheiten durch die Entwicklung des Abgeordnetenmandats zur Vollzeitbeschäftigung in ihrem Arbeits- oder Dienstverhältnis besonders gefährdet. Ihre Kündigung oder Entlassung wäre für jeden Dienstherrn und Arbeitgeber eine naheliegende, wenn nicht notwendige Konsequenz der Abgeordnetentätigkeit. Ihr Risiko, den Arbeitsplatz zu verlieren und nach Mandatsbeendigung nicht wieder zu erlangen, ist daher besonders groß. Diese Gefahr trifft den selbständig Beschäftigten, insbesondere den freiberuflich Tätigen, nicht in einer vergleichbaren Weise. Er kann, wenn auch unter beträchtlich höherer Arbeitsbelastung, seine Berufstätigkeit grundsätzlich fortführen" (BGHZ 94, 248, 254).

73 Den juristischen Anfänger mag dieses Beispiel verunsichern, vielleicht weil er selbst Art. 48 Abs. 2 Satz 1 GG ganz anders ausgelegt hätte.

74 Darin zeigt sich, dass die Entscheidung für die eine oder die andere Auslegungsmöglichkeit und die Gewichtung der einzelnen Auslegungsmöglichkeiten selbst oft schon Ausdruck einer bestimmten **Wertung** des Interpreten ist. Im Falle mehrerer Interpretationsmöglichkeiten handelt es sich somit nicht mehr nur um bloße Anwendung des vom Gesetzgeber Vorgegebenen, sondern schon um **rechtsschöpfende** Tätigkeit des Interpreten. Die unterschiedlichen Interpretationstechniken, die zu unterschiedlichen Interpretationsmöglichkeiten führen, sollen dem Interpreten alle Gesichtspunkte vor

Augen führen, die bei der Entscheidung für eine bestimmte Auslegung zu berücksichtigen sind.

Kommt er dann zu einer Wertung, darf sich der Interpret nicht mit einer 75
bloßen Behauptung begnügen. Die Möglichkeit unterschiedlicher Interpretation hat vielmehr zur Folge, dass der Interpret sein Auslegungsergebnis auch **begründen** muss. Je eingehender ein Gesetzesanwender die Gründe für sein Verständnis einer Norm darlegt, desto eher ist sein Interpretationsergebnis für Dritte nachvollziehbar.

Auch für den Studenten ist es wichtig, die in einer Klausur oder Hausarbeit 76
aufgestellte Behauptung zu begründen, damit sie der Korrektor nachvollziehen kann. Denn entscheidend für die Qualität einer Arbeit ist oft gar nicht so sehr das „richtige" Ergebnis als vielmehr die Begründung desselben.

Weiterführende Hinweise:

BVerfGE 34, 269, 286 ff. (Auslegung gegen den Wortlaut, Verhältnis von Gesetz und Recht in Art. 20 Abs. 3 GG);
BVerfGE 42, 312, 326 ff. (Auslegung von Art. 48 Abs. 2 GG);
Zippelius, Juristische Methodenlehre, 11. Auflage 2012.

1. TEIL
STAATSORGANISATIONSRECHT

Kapitel 4: Der Staat „Bundesrepublik Deutschland“

Art. 20 GG [Bundesstaatliche Verfassung; Widerstandsrecht]: 77

(1) Die Bundesrepublik Deutschland ist ein demokratischer und sozialer Bundesstaat.
(2) Alle Staatsgewalt geht vom Volke aus. Sie wird vom Volke in Wahlen und Abstimmungen und durch besondere Organe der Gesetzgebung, der vollziehenden Gewalt und der Rechtsprechung ausgeübt.
(3) Die Gesetzgebung ist an die verfassungsmäßige Ordnung, die vollziehende Gewalt und die Rechtsprechung sind an Gesetz und Recht gebunden.
(4) Gegen jeden, der es unternimmt, diese Ordnung zu beseitigen, haben alle Deutschen das Recht zum Widerstand, wenn andere Abhilfe nicht möglich ist.

Art. 20 Abs. 1 und 2 GG enthalten zugleich Bestimmungen über die 78 Staatsform und Organisationsprinzipien. Es wird festgelegt, dass die Bundesrepublik Deutschland die Staatsform einer **Republik,** eines **Bundesstaates,** einer **Demokratie** und eines **Sozialstaates** hat. Über Art. 20 Abs. 2 Satz 2 GG ist die Staatsgewalt auf Organe der **Legislative,** der **Exekutive** und der **Judikative** aufgeteilt. Diese **Gewaltentrennung** zusammen mit den in Art. 20 Abs. 3 GG festgelegten Prinzipien der Verfassungsmäßigkeit der Gesetze und der Gesetzmäßigkeit der Verwaltung und der Rechtsprechung weist die Bundesrepublik als einen **Rechtsstaat** aus.

Von den fünf Prinzipien des Art. 20 GG (Republik, Bundesstaat, Rechts- 79 staat, Demokratie, Sozialstaat) ist alleine das der **Republik** schnell erklärt. Republik ist jeder Staat, der kein gekröntes Staatsoberhaupt besitzt; die durch Erbfolge legitimierte Monarchie ist abgeschafft. Zudem muss sich das Staatsoberhaupt nach einer begrenzten Amtsdauer erneut einer Wahl stellen. Die Bestellung eines Präsidenten auf Lebenszeit ist mit dem Prinzip einer Republik unvereinbar.

Nach Art. 20 Abs. 2 Satz 1 GG ist das Volk Träger der Staatsgewalt. Die- 80 ses Prinzip der **Volkssouveränität** bedeutet, dass jede Ausübung öffentlicher Gewalt nur im Namen des Volkes und nicht im Namen des Handelnden erfolgen darf. Es bedeutet allerdings nicht unmittelbare Regierung des Volkes. Auch in der Bundesrepublik gibt es Herrschende und Beherrschte, nur werden die Herrschenden in regelmäßigen Abständen durch Wahlen vom Volk bestimmt. Nach Art. 20 Abs. 2 Satz 2 GG übt das Volk die Staatsgewalt mittelbar „durch besondere Organe der Gesetzgebung, der vollziehenden Gewalt und der Rechtsprechung“ aus.

Unmittelbare Staatsgewalt im Bund übt das Volk nur bei den im Grund- 81 gesetz ausdrücklich vorgesehenen Abstimmungen (Art. 29, 118 GG) und bei den Wahlen zum Deutschen Bundestag (Art. 38 GG) aus. Darüber hinaus gibt das Grundgesetz dem Volk keine eigenen Entscheidungsbefugnisse. Auch wenn 75% der Deutschen einen höheren Strafrahmen für Sexualstraftaten forderten, könnten sie den Bundestag nicht zur Änderung des StGB zwingen. Auch ist es derzeit nicht möglich, dass das Volk mit Gesetzeswirkung über die EU-Verfassung abstimmt.

82 Das Grundgesetz hat also die unmittelbare demokratische Volksentscheidung nur in engem Umfang zugelassen. Es hat sich nahezu ausnahmslos für den reinen Typ der **repräsentativen** oder **mittelbaren Demokratie** entschieden. Die Staatsleitung üben vom Volk gewählte **Organe** aus. Art. 20 Abs. 2 Satz 2 GG schreibt vor, dass die Ausübung der Staatsgewalt auf die **Legislative,** die **Exekutive** und die **Judikative** zu verteilen ist. Dieses Prinzip der Gewaltentrennung ist tragendes Organisationsprinzip des Rechtsstaates westlicher Prägung. Das Postulat der Gewaltenteilung geht auf Montesquieu (1689–1755) zurück. Während ursprünglich eine Teilung der Macht zwischen den vorhandenen Gewalten des Königs, des Adels und des Volkes gefordert wurde, handelt es sich heute, nachdem alle Staatsgewalt vom Volke ausgeht, nur noch um eine **funktionale Gewaltentrennung.** In der Praxis der parlamentarischen Parteiendemokratie der Bundesrepublik hat sich die ursprüngliche Bedeutung der Lehre von der Gewaltenteilung gewandelt, weil alle Staatsgewalt auf das Volk zurückgeführt wird.

83 Die Gewaltentrennung hat die Aufgabe, die Staatsmacht zu mäßigen und die Freiheit des Einzelnen zu schützen. Ratio der Gewaltenteilung ist die wechselseitige Begrenzung und Kontrolle der Staatsorgane. Anfällig für Machtmissbrauch ist insbesondere die Exekutive als diejenige Staatsgewalt, die dem Bürger in Gestalt der Verwaltung am häufigsten gegenübertritt. Ihre Tätigkeit ist daher den umfangreichsten Kontrollen unterworfen; beispielsweise den Prinzipien vom Vorbehalt und Vorrang des Gesetzes (Art. 20 Abs. 3 GG) und der Rechtsschutzgarantie (Art. 19 Abs. 4 GG).

84 Eine weitere Kontrolle durch die Legislative bietet der Parlamentarische Untersuchungsausschuss (Art. 44 GG). Er gibt die Möglichkeit, Machtmissbrauch der Exekutive aufzudecken. Dabei fällt auf, dass Art. 44 Abs. 1 GG bereits einer parlamentarischen Minderheit, d.h. in der Regel der **Opposition,** das Recht einräumt, einen Untersuchungsausschuss einzuberufen. Dies hängt mit dem **parlamentarischen Regierungssystem** in Deutschland zusammen. Dieses gibt der Legislative umfassenden Einfluss auf die Exekutive, da die Regierung von einer Mehrheit im Parlament getragen werden muss. Bei einem parlamentarischen Regierungssystem ist die funktionale Gewaltentrennung politisch deshalb nicht voll realisiert. In Deutschland besteht zwischen Exekutive und der Parlamentsmehrheit Abhängigkeit und Interessenharmonie. Das liegt daran, dass diejenigen Parteien, die die Mehrheit des Bundestages auf sich vereinigen, im parlamentarischen Regierungssystem der Bundesrepublik die Bundesregierung bilden. Oft werden auch Gesetzesvorlagen zwischen Regierung und Mehrheitsfraktionen abgesprochen. Diese Verflechtung bedeutet aber auch, dass die Mehrheit der Legislative meist gar kein Interesse daran hat, die Tätigkeit der Exekutive zu kontrollieren. Die Interessenidentität legt es vielmehr nahe, sie in jedem Falle zu stützen. Die Kontrolle der Exekutive wird daher weniger von der Legislative

insgesamt als vielmehr von der jeweiligen Opposition im Parlament ausgeübt.

Weiterführende Hinweise:

BVerfGE 36, 1 ff. (Grundlagenvertrag);

BVerfGE 113, 114 ff. (Visa-Untersuchungsausschuss); aktuell: Untersuchungsausschuss zum Atommülllager Gorleben (seit 2010); NSU-Untersuchungsausschuss (seit Januar 2012);

Voßkuhle/Kaufhold, Grundwissen – Öffentliches Recht: Der Grundsatz der Gewaltenteilung, JuS 2012, 314.

Kapitel 5: Das Bundesstaatsprinzip

85 Art. 20 Abs. 1 GG konstituiert die Bundesrepublik als **Bundesstaat.** Eine Verfassungsänderung, durch welche die Gliederung des Bundes in Länder und die grundsätzliche Mitwirkung der Länder bei der Gesetzgebung berührt werden, ist durch Art. 79 Abs. 3 GG ausdrücklich verboten.

I. Bundesstaat

86 Der Bundesstaat ist von einem Staatenbund abzugrenzen. Bei einem Staatenbund handelt es sich um einen völkerrechtlichen Zusammenschluss von Staaten, bei denen gemeinsame Organe gebildet werden, die die Staatsgewalt lediglich nach außen, das heißt in völkerrechtlichen Beziehungen, ausüben. Nach innen bedürfen ihre Anordnungen der Umsetzung durch die Staatsorgane der Einzelstaaten. Demgegenüber ist der Bundesstaat eine rechtliche Staatenverbindung mit gemeinsamer Verfassung, bei der die Organe des Zentralstaates auch Staatsfunktionen wahrnehmen, die unmittelbar in den Gliedstaaten gelten. Dennoch ist ein Bundesstaat ein zusammengesetzter Staat. Sowohl die Glieder als auch der Bund als Gesamtheit dieser Glieder sind Staaten. Die Bundesländer sind als Glieder des Bundes Staaten mit **eigener,** nicht vom Bund abgeleiteter, sondern von ihm anerkannter staatlicher Hoheitsmacht.

87 Der Bund kann Staatsgewalt nur auf den Sachgebieten ausüben, die ihm ausdrücklich zugewiesen sind (Art. 30, 70 GG). Dabei handelt es sich insbesondere um Angelegenheiten, die die Interessen von Bund und Ländern als Gesamtheit berühren. So pflegt der Bund die Beziehungen zu anderen Staaten (Art. 32 GG); er wahrt durch das Bundesverfassungsgericht und die obersten Bundesgerichte die Rechtseinheit (Art. 94 ff. GG); das von ihm im Rahmen seiner Zuständigkeit erlassene Recht geht dem der Länder vor (Art. 31 GG). Die Bundesländer wiederum sind an der Gesetzgebung und an der Verwaltung des Bundes beteiligt (Art. 50 GG). Sie wirken daran durch ein eigenes Bundesorgan, den Bundesrat, mit. Jedoch sind die Länder nicht völlig vom Bund losgelöst. Ein politisch funktionierender Bundesstaat setzt eine gewisse Homogenität der verfassungsrechtlichen Ordnungen des Bundes und der Gliedstaaten voraus. Deshalb bestimmt Art. 28 Abs. 1 Satz 1 GG, dass die verfassungsmäßige Ordnung in den Ländern den Grundsätzen des republikanischen, demokratischen und sozialen Rechtsstaats im Sinne des Grundgesetzes entsprechen muss. Nicht nur im Bund (Art. 20 Abs. 2 GG), sondern auch in den Ländern muss eine frei gewählte Volksvertretung bestehen. Auch ist es für einen funktionierenden Gesamtstaat unerlässlich, dass die Länder nicht gegeneinander oder gegen den Bund arbeiten. Dies verhindert der Grundsatz der Bundestreue.

88 Der Bundesstaat ist ein rechtlich vielschichtiges Phänomen. Seine Ausgestaltung, insbesondere die Abgrenzung der Zuständigkeitsbereiche zwischen Bund und Ländern, nimmt eine Vielzahl von Normen des Grundgesetzes in

Anspruch (Art. 70ff. GG). Dem komplizierten Ver- und Zuteilungsrahmen der Art. 70 bis 107 GG zum Trotz trifft Art. 30 GG eine im Prinzip sehr simple und eindeutige Regelung staatlicher Zuständigkeiten: Danach ist die Ausübung aller staatlichen Befugnisse Sache der Länder, soweit nicht im Grundgesetz ausdrücklich eine Zuständigkeit des Bundes vorgeschrieben ist. In der Staatspraxis hat sich allerdings ergeben, dass aufgrund der vom Grundgesetz bestimmten Kompetenzverteilung der Bund das Übergewicht auf dem Gebiet der Gesetzgebung besitzt, während die Länder in der Verwaltung und Rechtsprechung dominieren.

Obwohl Art. 79 Abs. 3 GG eine Verfassungsänderung verbietet, die eine Auflösung des Bundesstaates zur Folge hätte, sollte man sich über die Vor- und Nachteile dieses staatsrechtlichen Strukturprinzips im Klaren sein: Die Eigenstaatlichkeit der Länder wirkt in der modernen, mobilen Industriegesellschaft mitunter hemmend, wie z.B. die unterschiedlichen Schulsysteme oder die unterschiedlichen Bauvorschriften in verschiedenen Ländern zeigen. Diesem wesentlichen Nachteil, dem allerdings oftmals schon durch Absprachen der Länder untereinander oder durch Gesetzesangleichung begegnet wird, stehen mannigfaltige Vorteile gegenüber. Soweit die Bundesländer ihre politischen und wirtschaftlichen Verhältnisse selbstständig regeln können, ist wegen der leichteren Überschaubarkeit eine sachnahe Regelung dieser Angelegenheiten eher gewährleistet als in einem zentral verwalteten Einheitsstaat. Im Bundesstaat können sich politische Minderheiten dadurch stärker artikulieren, dass sie im regionalen Bereich in Parlamenten vertreten sind, obgleich ihnen im Gesamtstaat keine Bedeutung zukommt. Zugleich wird damit Bürgern eine weitere Möglichkeit eröffnet, gestaltend am öffentlichen Leben mitzuwirken. Parteien, die im Bund in Opposition stehen, können in einem Bundesland Regierungsverantwortung tragen, weil die politische Konstellation im Lande anders sein kann als im Bund. 89

Der Hauptvorteil des Bundesstaates aber ist folgender: In einem parlamentarischen Regierungssystem wie der Bundesrepublik vermag die Gewaltenteilung innerhalb des Bundes oftmals nicht Machtmissbrauch zu verhüten, da der größere Teil der Legislative eher daran interessiert ist, die Regierung zu stützen. Da jedoch die Bundesländer bei der Ausübung der Staatsgewalt im Bund über den **Bundesrat** beteiligt sind, kann im Falle eines Versagens der Gewaltentrennung zwischen Bundestag und Bundesregierung stets die „föderative Bremse" gezogen werden, die sog. **vertikale Gewaltenteilung**. Deren Wirksamkeit freilich ist beschränkt, da der Bundesrat nicht jedes Gesetz und nur einige Exekutivmaßnahmen des Bundes durch Verweigerung seiner Zustimmung zum Scheitern bringen kann. Durch die erste Föderalismusreform vom 28. August 2006 wurde der Einfluss der Länder auf den Bund eingeschränkt, als die Zahl der zustimmungsbedürftigen Gesetze verringert wurde. 90

II. Selbstverwaltung der Gemeinden

Art. 28 Abs. 2 Satz 1 GG garantiert den Gemeinden das Recht der **Selbstverwaltung.** Gemeinden sind Träger öffentlicher Verwaltung. Damit 91 sind sie wie Bund und Länder als **Gebietskörperschaften** befugt, im Rahmen der Gesetze hoheitlich, d.h. auch einseitig belastend, das Verhältnis zwischen dem Bürger und sich selbst zu regeln. Aufgrund des Grundsatzes der Volkssouveränität schreibt Art. 28 Abs. 1 Satz 2 GG deshalb vor, dass das Volk auch in den Kreisen und Gemeinden eine Vertretung haben muss, die aus allgemeinen, unmittelbaren, freien, gleichen und geheimen Wahlen hervorgegangen ist.

92 Innerhalb des Gesamtbereichs der öffentlichen Verwaltung ist der Aufgabenbereich der Gemeinde auf Angelegenheiten der örtlichen Gemeinschaft beschränkt. Diese grundgesetzliche Schranke überschreiten Gemeinden, wenn sie für oder gegen eine Politik Stellung nehmen, die nicht ihre eigenen Belange als „Urzelle der Demokratie“, sondern überörtliche Fragen betrifft. Die Gemeinde mag beispielsweise berechtigt sein, sich mit einer Entschließung gegen die konkrete Absicht zu wenden, auf ihrem Gemeindegebiet ein Kohlekraftwerk oder eine militärische Anlage zu errichten. Sie ist aber nicht befugt, sich in derselben Weise gegen den Bau von Kraftwerken oder die Stationierung von Atomraketen schlechthin zu wenden, da hier der örtliche Bezug fehlt. Dies würde ihren Zuständigkeitsbereich überschreiten und in die Kompetenz von Bund und Ländern eingreifen. Selbstverwaltungsangelegenheiten der Gemeinden im Rahmen der örtlichen Gemeinschaft sind beispielsweise der Bau eines Schwimmbades, die Entscheidung, ob einem kommunalen Kino oder Theater der Vorzug zu geben ist, die Ausweitung des gemeindlichen Straßennetzes oder der Betrieb eines städtischen Elektrizitätswerkes (= freie Selbstverwaltungsaufgaben).

93 Was alles zu den Angelegenheiten der örtlichen Gemeinschaft gehört ist nicht festgeschrieben. Es besteht kein starrer Aufgabenkreis. Bei der Bestimmung des Begriffes der Angelegenheiten der örtlichen Gemeinschaft ist die Entwicklung der gemeindlichen Aufgabenwahrnehmung zu berücksichtigen: Entscheidend ist, welche Aufgaben die Gemeinden traditionell wahrgenommen haben, wobei die Kompetenzverteilung ständig fortentwickelt wird.

94 Die Gemeinden haben **alle** Angelegenheiten (= **Prinzip der Allzuständigkeit, Universalitätsprinzip**) der örtlichen Gemeinschaft im Rahmen der Gesetze in **eigener** Zuständigkeit (= **Prinzip der Eigenverantwortlichkeit, Autonomie**) zu regeln. Das Prinzip der Allzuständigkeit ermächtigt die Gemeinden, sich mit allen nicht anderen Verwaltungsträgern zugeordneten örtlichen Angelegenheiten zu befassen. Das Prinzip der Eigenverantwortlichkeit sichert ihnen bei ihrer Aufgabenerledigung Gestaltungs-, Ermessens- und Weisungsfreiheit.

95 Zu dem vom Grundgesetz garantierten Selbstverwaltungsrecht der Gemeinden gehören typische Gemeindehoheiten. Die **Personalhoheit** umfasst die Befugnis, die Gemeindebeamten auszuwählen, anzustellen, sie zu befördern und zu entlassen. Die **Finanzhoheit** gibt ihnen das Recht zu eigenverantwortlicher Einnahmen- und Ausgabenwirtschaft. Von besonderer Bedeutung ist auch die **Planungshoheit.** Diese sichert den Gemeinden das Recht auf eine eigenverantwortliche Planung der in ihren Kompetenzbereich fallenden Aufgaben. Von der **Organisationshoheit** schließlich ist umfasst, dass

die Gemeinde zur Wahrnehmung ihrer Aufgaben Entscheidungszuständigkeiten und Abläufe regeln kann. Allerdings können die Gemeinden ihre äußeren Grundstrukturen nicht regeln. Hierfür gibt es die Gemeindeordnungen der Länder. Unerlässlich für die Kompetenzwahrnehmung ist der Erlass von **Satzungen.** Satzungen sind Ortsrecht, an das sich jeder, der sich im Gebiet der Gemeinde befindet, zu halten hat.

Das Recht der gemeindlichen Selbstverwaltung besteht gemäß Art. 28 Abs. 2 Satz 1 GG im **Rahmen der Gesetze.** Soweit Landes- oder Bundesgesetze einschlägige Bestimmungen enthalten, müssen die Gemeinden sie daher auch im Rahmen der Selbstverwaltungsangelegenheiten beachten. So haben beispielsweise die Gemeinden nach § 41 Abs. 1 des Infektionsschutzgesetzes darauf hinzuwirken, dass Abwasser so beseitigt wird, dass Gefahren für die menschliche Gesundheit durch Krankheitserreger nicht entstehen. 96

Die Eingriffsermächtigung des Art. 28 Abs. 2 Satz 1 GG gilt jedoch nicht grenzenlos. Zum einen kann die Institution der Gemeinden nicht abgeschafft werden (Institutionsgarantie). Überdies muss den Gemeinden ein Kernbereich an Aufgaben bleiben. Ihre Kompetenzen dürfen nicht derart ausgehöhlt werden, dass ihnen kein ausreichender Spielraum zur Ausübung der Verwaltung der örtlichen Angelegenheiten bleibt. Eine weitere bedeutsame Schranke der Eingriffsermächtigung stellt Art. 84 Abs. 1 Satz 7 GG dar. Danach kann der Bundesgesetzgeber den Gemeinden keine Aufgaben übertragen. 97

Weiterführende Hinweise:

BVerfGE 42, 103 (Staatsvertrag über die Vergabe von Studienplätzen – Grundsatz des bundesfreundlichen Verhaltens);
BVerfGE 79, 127, 155 ff. (Selbstverwaltungsrecht der Gemeinden – Rastede).
Magen, Die Garantie kommunaler Selbstverwaltung, JuS 2006, 404;
Selmer, Die Föderalismusreform – Eine Modernisierung der bundesstaatlichen Ordnung?, JuS 2006, 1052;
Staats, Bundesstaat – wozu?, RuP 2005, 18;
Voßkuhle/Kaufhold, Grundwissen – Öffentliches Recht: Das Bundesstaatsprinzip, JuS 2010, 873.

Kapitel 6: Das Rechtsstaatsprinzip

I. Grundlagen

98 Art. 28 Abs. 1 GG schreibt den Bundesländern eine den Grundsätzen des Rechtsstaates entsprechende verfassungsmäßige Ordnung „im Sinne dieses Grundgesetzes“ vor. Wenn die Verfassungen der Länder das Rechtsstaatsprinzip entsprechend seiner Ausprägung im Grundgesetz beachten müssen, dann muss notwendigerweise dem Grundgesetz das Rechtsstaatsprinzip als Grundprinzip der verfassungsmäßigen Ordnung der Bundesrepublik Deutschland zugrunde liegen. Damit ist aber weder geklärt, **wo** das Rechtsstaatsprinzip im Grundgesetz festgelegt ist, noch **welchen Inhalt** es im Einzelnen hat. Zwar ist die Forderung des Art. 28 Abs. 1 GG, die Bundesrepublik Deutschland müsse ein Rechtsstaat sein, Ausgangspunkt für die Gestaltung des gesamten Grundgesetzes. Die inhaltliche Bedeutung des Rechtsstaatsprinzips ist jedoch nicht eindeutig. Vielerlei Rechtssätze und -prinzipien werden dem Rechtsstaatsprinzip zugeordnet.

99 In seiner ursprünglichen Bedeutung bildet der Begriff des Rechtsstaates den Gegenpol zum obrigkeitlichen absoluten Fürstenstaat. Diesem war der Gedanke fremd, dass es Grenzen staatlicher Eingriffsbefugnisse geben könne. Die Staatsgewalt übte der Monarch absolut aus, er stand über den von ihm erlassenen Gesetzen. Das liberale Bürgertum des 18. und 19. Jahrhunderts verband mit dem Rechtsstaatsgedanken vor allem die Forderung nach einer staatsfreien Individualsphäre. Die Rechte der Bürger sollten dem Monarchen gegenüber in einer Weise festgelegt werden, die nicht willkürlich abänderbar und vor Eingriffen sicher war.

100 In Art. 20 GG sind deshalb zwei wichtige Ausprägungen des Rechtsstaates verankert: Zum einen die Gewaltentrennung in Art. 20 Abs. 2 Satz 2 GG, zum anderen der Vorbehalt des Gesetzes in Art. 20 Abs. 3 GG. Entsprechend der historischen Verwurzelung des Rechtsstaatsbegriffs wird der Grundsatz vom Vorbehalt des Gesetzes als das zentrale Element eines Rechtsstaates angesehen. Daher wird Art. 20 Abs. 3 GG oftmals als normative Grundlage des Rechtsstaatsprinzips im Grundgesetz verstanden. Das darf aber nicht darüber hinwegtäuschen, dass sich sowohl im Grundgesetz als auch in der darauf aufbauenden Rechtsprechung und Literatur eine Vielzahl von Grundsätzen finden, die alle im Rechtsstaatsprinzip ihre Wurzeln haben.

II. Elemente des Rechtsstaatsprinzips

101 Aus der vielfältigen Ausgestaltung des Rechtsstaatsgedankens lassen sich vor allem folgende Grundprinzipien feststellen, die sowohl Einzelvorschriften des Grundgesetzes entnommen werden können, die sich aber auch historisch aus der politischen Rechtsstaatsidee ableiten lassen.

1. Die Gewaltentrennung

102 Sie wurde bereits ausführlich dargestellt. Nochmals: Die staatliche Macht teilt sich in die drei Funktionsbereiche der Exekutive, Legislative und Judi-

kative auf. Diese werden von besonderen, voneinander getrennten staatlichen Organen wahrgenommen. Damit soll eine gegenseitige Kontrolle bezweckt und Machtmissbrauch verhindert werden. Außer in Art. 20 Abs. 3 GG finden sich Ausprägungen der Gewaltenteilung auch noch in der Verteilung der drei Gewalten auf jeweils „besondere Organe“ in Art. 20 Abs. 2 Satz 2 GG sowie in den Art. 70 ff., Art. 83 ff. sowie Art. 92 ff. GG.

2. Der Begriff des formellen, von der Volksvertretung geschaffenen generellen, d. h. für alle geltenden Gesetzes

Der im rechtsstaatlichen Gesetzesbegriff liegende Zwang, Tatbestände abstrakt zu formulieren, bedeutet Distanz zum Einzelfall und bildet damit die Grundlage der Gewaltenteilung: Die Legislative soll generelle Gesetze erlassen, die von der Exekutive und Judikative ausgeführt und angewendet werden, um Unterdrückung sowohl durch den Gesetzgeber als auch durch die ausführenden Gewalten auszuschließen. Darin liegt auch die Bedeutung des Art. 19 Abs. 1 Satz 1 GG, der die Einzelfallgesetzgebung bei Grundrechtsbeschränkungen verbietet. **103**

3. Justizgewährleistung

Dem Einzelnen werden in einem Rechtsstaat Grundrechte nicht nur garantiert, er hat vielmehr die Möglichkeit, gegen die Verletzung von subjektiven öffentlichen Rechten gerichtlichen Rechtsschutz durch sachlich und persönlich unabhängige Richter (Art. 97 Abs. 1 GG) in Anspruch zu nehmen (Art. 19 Abs. 4 GG). Umfasst von diesem aus dem Rechtsstaatsprinzip abgeleiteten Justizgewährungsanspruch sind insbesondere das Recht auf den gesetzlichen Richter (Art. 101 GG) und das Recht auf rechtliches Gehör (Art. 103 Abs. 1 GG). **104**

4. Nulla poena sine lege (scripta)

Gemäß Art. 103 Abs. 2 GG darf keine Handlung bestraft werden, wenn deren Strafbarkeit nicht schon durch formelles Gesetz bestimmt war, bevor die Tat begangen worden ist. **105**

5. Grundsatz der Gesetzmäßigkeit der Verwaltung

Anders als die bislang genannten Elemente des Rechtsstaatsprinzips hat der Grundsatz der Gesetzmäßigkeit der Verwaltung im Grundgesetz keine detaillierte Ausgestaltung erfahren. Lediglich in Art. 20 Abs. 3 GG bindet die Verfassung rechtsprechende und vollziehende Gewalt an Gesetz und Recht. Diese Bestimmung des Grundgesetzes normiert den Grundsatz der Gesetzmäßigkeit der Verwaltung. Die praktische Bedeutung dieses Verfassungsbefehls kann nicht hoch genug eingeschätzt werden. Er enthält zwei sorgfältig voneinander zu trennende Bestandteile, den Grundsatz vom **Vorrang des Gesetzes** und den Grundsatz vom **Vorbehalt des Gesetzes.** **106**

a) Grundsatz vom Vorrang des Gesetzes

Um den Willen des unmittelbar demokratisch legitimierten Gesetzgebers über den der Exekutive zu stellen, besagt dieser Verfassungsgrundsatz, dass **107** eine Verwaltungsmaßnahme **nicht gegen bestehende Rechtssätze** verstoßen darf. Der Vorrang des Gesetzes erzeugt damit Rechtssicherheit und Vorhersehbarkeit staatlichen Verwaltungshandelns. Er gibt damit dem Bürger die Möglichkeit, sich am Gesetz zu orientieren und seine privaten und geschäftlichen Dispositionen anhand des geltenden Gesetzes zu treffen. Dabei erstreckt sich der Vorrang des Gesetzes auf **alle Bereiche des Verwaltungshandelns.**

b) Grundsatz vom Vorbehalt des Gesetzes

108 Dieser Grundsatz besagt, dass die Verwaltung bestimmte Maßnahmen **nicht ohne ausdrückliche gesetzliche Ermächtigung** ergreifen darf. Unter Gesetz ist dabei allein das formelle, d. h. im förmlichen Gesetzgebungsverfahren vom Parlament erlassene Gesetz zu verstehen. Daher bringt dieser Grundsatz zugleich den im Demokratieprinzip wurzelnden Parlamentsvorbehalt zum Ausdruck. In Art. 20 Abs. 3 GG ist zwar ausdrücklich nur das Vorrangprinzip normiert. Dennoch gehen Rechtsprechung und Lehre in teleologischer Verfassungsinterpretation übereinstimmend davon aus, dass damit auch der Gesetzesvorbehalt normiert ist. Denn sämtliche Gesetze, die dem Vorrangprinzip Rechnung tragen, bezwecken zugleich, den Handlungsspielraum der Exekutive festzulegen und zu begrenzen. Darüber hinaus würde der Vorrang des Gesetzes leerlaufen, wenn staatliches Handeln keiner Ermächtigungsgrundlage bedürfte.

109 Art. 20 Abs. 3 GG enthält in seiner Kürze aber keine Aussagen darüber, wie weit der Gesetzesvorbehalt für das Verwaltungshandeln reicht.

110 Nach der Lehre vom **Totalvorbehalt** muss jede Staatstätigkeit en détail durch ein formelles Parlamentsgesetz legitimiert werden. So einleuchtend diese Lehre auf den ersten Blick ist, sprechen doch mehrere Argumente gegen sie. Wären Gesetzesregelungen erforderlich, die jedes Detail berücksichtigen, wäre der Gesetzgeber überfordert. Die Verwaltung wäre daran gehindert, den Besonderheiten des konkreten Einzelfalls Rechnung zu tragen. Die Entscheidungs- und Handlungsfreudigkeit der Verwaltung wäre schließlich – oftmals zum Nachteil des Bürgers – gelähmt. Daher ginge ein Totalvorbehalt letztlich zu weit.

111 Die h. M. vertritt daher die Lehre vom **Teilvorbehalt.** Danach bedarf nicht jedes Verwaltungshandeln einer gesetzlichen Grundlage. Durch die Bildung von Fallgruppen werden die jeweiligen unterschiedlichen Bedürfnisse nach gesetzlicher Steuerung und Regelung berücksichtigt. Aufgrund ihres ausdifferenzierten Systems erscheint diese Lehre vorzugswürdig. Die wichtigsten Fallgruppen sind die folgenden:

Eingriffe in Freiheit und Eigentum

112 Für einen Eingriff der Exekutive in grundrechtlich geschützte Bereiche ist immer ein Gesetz erforderlich. Jeder Eingriff, der sich nicht auf eine gesetzliche Ermächtigungsgrundlage stützen kann, ist daher rechtswidrig.

Leistungsverwaltung

113 In einer modernen Gesellschaft wird die Verwaltung aber zunehmend auch leistend tätig. Dabei ist die leistende Sozialverwaltung (Bsp.: Sozialhilfe,

BAföG) detailliert gesetzlich geregelt. Jedoch ist die Reichweite des Gesetzesvorbehalts in der sonstigen Leistungsverwaltung noch ungeklärt. Dass auch hier bedeutsame Eingriffe möglich sind, wird bei der Subventionsvergabe deutlich: Durch die Subvention erlangt der Begünstigte Wettbewerbsvorteile, der Nichtbegünstigte diesem gegenüber Wettbewerbsnachteile. Während deshalb von einer Minderheit eine gesetzliche Regelung auch der Vergabekriterien gefordert wird, begnügt sich die h.M. mit der Bereitstellung von Subventionsmitteln im Haushaltsgesetz als ausreichender formalgesetzlicher Äußerung.

Wesentlichkeitstheorie

Als allgemeine Formel zur Bestimmung der Reichweite des Gesetzesvorbehalts hat das Bundesverfassungsgericht die Wesentlichkeitstheorie entwickelt: Je wesentlicher die Maßnahme den Bürger in seinen Rechten betrifft, desto eher bedarf es demnach einer ausdifferenzierten gesetzlichen Regelung der Verwaltungstätigkeit. Der Begriff des „Wesentlichen" ist jedoch unbestimmt. Übereinstimmung besteht nämlich nur insoweit, als ein Eingriff in grundrechtlich geschützte Bereiche immer „wesentlich" ist und eine gesetzliche Ermächtigungsgrundlage voraussetzt. Die häufig gehörte Formel „je grundrechtsrelevanter der Eingriff, um so detaillierter muss die gesetzliche Regelung sein" hinterlässt freilich mehr Fragen als Einsichten. **114**

Diesen Fallgruppen zum Trotz sollte der juristische Anfänger zunächst wissen und vor allem in Klausuren beherzigen, dass Art. 20 Abs. 3 GG einen Gesetzesvorbehalt – unstrittig – immer dann fordert, wenn es um **belastende** staatliche Eingriffe geht. Bei staatlichen Begünstigungen hingegen ist die Vorbehaltslehre in Rechtsprechung und Literatur noch zu keinem abschließenden Ergebnis gekommen. Dort ist zu überlegen, ob und wie schwer die Auswirkungen einer Begünstigung einerseits positiv für den Begünstigten, andererseits aber negativ für den Nichtbegünstigten sind. Entsprechend einer solchen Abwägung muss die Reichweite des Gesetzesvorbehalts im Einzelfall festgelegt werden. **115**

6. Der Bestimmtheitsgrundsatz

Der Vorbehalt des Gesetzes fordert, dass belastende staatliche Eingriffe nur aufgrund eines dazu ermächtigenden Gesetzes vorgenommen werden. Das Grundgesetz will damit zweierlei erreichen: Zum einen wird die Rechtmäßigkeit des Eingriffs kontrollierbar. Zum anderen erfüllt der Vorbehalt des Gesetzes die Funktion, den Bürger über mögliche Belastungen, die auf ihn zukommen können, zu informieren, damit er vorab entsprechend disponieren kann. Der Bürger soll also wissen, was ihn erwartet. Es muss **Rechtssicherheit** herrschen, was bedeutet, die Entscheidungen und Reaktionen der Staatsgewalt müssen vorhersehbar und berechenbar sein. Vorhersehbar und berechenbar sind staatliche Eingriffe aber nur dann, wenn das ermächtigende Gesetz **bestimmt** genug gefasst ist. Es muss Inhalt, Zweck und Ausmaß des staatlichen Eingriffs klar erkennen lassen. Der **Bestimmtheitsgrundsatz** lässt sich daher mittels teleologischer Verfassungsinterpretation unmittelbar dem Art. 20 Abs. 3 GG entnehmen. **116**

7. Vertrauensschutz, insbesondere Rückwirkungsproblematik

117 Über Art. 20 Abs. 3 GG kann auch die in der Praxis und in Klausuren so häufig auftretende Rückwirkungsproblematik bewältigt werden. Ein Rückgriff auf vage „Prinzipien" ist überflüssig. Art. 20 Abs. 3 GG bindet die Verwaltung an das Gesetz. Der Vorbehalt des Gesetzes bezweckt zum einen, die Exekutive „an die Kette des Gesetzgebers zu legen", um willkürlicher Machtausübung durch die Exekutive vorzubeugen. Daneben erfüllt der Vorbehalt des Gesetzes aber auch den Zweck, die Bürger, die hoheitlicher Gewalt unterworfen sind, über möglicherweise auf sie zukommende Belastungen zu informieren. Dieser Zweck des Art. 20 Abs. 3 GG würde unterlaufen, wenn rückwirkend belastende Gesetze schrankenlos zulässig wären. Das Vertrauen, das des Bürgers in die bestehende Rechtslage setzt, würde enttäuscht werden, wenn Gesetze rückwirkend einen anderen Inhalt erhalten könnten als zu der Zeit, zu der er seine Entscheidung zu treffen hatte.

118 Mit dem Rückgriff auf Art. 20 Abs. 3 GG erweisen sich zugleich die Versuche als untauglich, der Rückwirkungsproblematik über Art. 103 Abs. 2 GG Herr zu werden. Danach kann eine Tat nur bestraft werden, wenn die Strafbarkeit gesetzlich bestimmt war, bevor die Tat begangen wurde. Art. 103 Abs. 2 GG verbietet also generell rückwirkende Strafgesetze. Handelt es sich jedoch nicht um Strafrecht, sondern beispielsweise um Steuerrecht, besagt Art. 103 Abs. 2 GG nichts zu dem Problem. Zunächst liegt zwar folgende Argumentation nahe: Das Grundgesetz spricht ausdrücklich nur von der Unzulässigkeit rückwirkender Strafgesetze. Da es Steuergesetze nicht erwähnt, enthält es eine Lücke. Diese Lücke bedarf der Ausfüllung, da die Frage der Zulässigkeit rückwirkender Steuergesetze geklärt werden muss. Für die **Lückenschließung** bietet sich die **Analogie** an. Sowohl bei der Strafe als auch bei der Steuer handelt es sich um belastende Eingriffe. Der Rechtsgedanke, den Art. 103 Abs. 2 GG enthält, ist der, dass staatliche Eingriffe vorhersehbar und berechenbar sein müssen. Wegen der Ähnlichkeit zwischen Strafe und Steuer als belastende Eingriffe könnte der Rechtsgedanke des Art. 103 Abs. 2 GG auch für die Steuer gelten. Rückwirkende Steuergesetze wären also analog Art. 103 Abs. 2 GG unzulässig und somit nichtig.

119 Dieser analogen Anwendung von Art. 103 Abs. 2 GG kann aber genauso gut Folgendes entgegenhalten werden: Dadurch, dass das Grundgesetz ausdrücklich nur rückwirkende Strafgesetze verbietet, hat es stillschweigend generell die Zulässigkeit aller anderen rückwirkenden Gesetze bejaht.

120 Sowohl diese Argumentation, die im **Gegenschluss** generell die Zulässigkeit bejaht, als auch jene, die im Analogieschluss zur Unzulässigkeit kommt, ist brüchig. Analogie- und Gegenschluss sind durchaus taugliche Interpretationsmethoden, wenn sie nur sorgfältig genug angewendet werden. Der Fehler, bei der Frage nach der Zulässigkeit der Rückwirkung von Gesetzen mit dem Analogie- oder dem Gegenschluss zu argumentieren, liegt darin, dass man nicht voreilig deshalb, weil das Grundgesetz ausdrücklich nur rückwirkende Strafgesetze erwähnt, auf das Vorhandensein einer Lücke im Grundgesetz bzw. auf eine stillschweigende Aussage des Grundgesetzes schließen darf. Denn die teleologische Interpretation des Art. 20 Abs. 3 GG führt zu einem eindeutigen Ergebnis.

Zur gesamten Problematik folgender Beispielsfall: 121
Angesichts der schlechten Lage der Staatsfinanzen erhöhte § 5 des Gesetzes zur Ergänzung des Körperschaftsteuergesetzes vom 20. 5. 1952 den Körperschaftsteuertarif nicht nur für die Zukunft, sondern bereits für den Veranlagungszeitraum 1. Januar bis 31. Dezember 1951 und ab dem 1. Januar 1952. Mehrere Aktiengesellschaften bestritten die Verfassungsmäßigkeit des Gesetzes. Sie waren der Ansicht, sie dürften frühestens ab dem Zeitpunkt der Verkündung des Gesetzes mit einer höheren Steuerlast beschwert werden (nachgebildet BVerfGE 13, 261 ff.).

Die Körperschaftsteuer entsteht als Jahressteuer zum 31. 12. des jeweiligen Jahres. Für das Jahr 1951 haben die Aktiengesellschaften die Steuer bereits entrichtet. Nunmehr sollen sie für diesen bereits abgeschlossenen Zeitraum erneut belastet werden, ohne dass während dieses Zeitraums die Belastung für sie vorhersehbar oder berechenbar war. Anders sieht es für das laufende Jahr 1952 aus. Die Körperschaftsteuer hierfür entsteht am 31. Dezember 1952. Der Zeitraum, für den sie erhoben wird, ist hier noch nicht abgeschlossen; gleichwohl bleibt allerdings zu beachten, dass während der ersten fünf Monate des Jahres 1952 ebenfalls nicht mit einer Steuererhöhung gerechnet werden musste. Keine Bedenken gegen die Zulässigkeit des Gesetzes ergeben sich erst insoweit, als es für das Jahr 1953 und die darauffolgenden Jahre zu einer erhöhten Steuer ermächtigt. 122

Belastende Rechtsnormen sind generell unzulässig, wenn sie rückwirkend in einen in der Vergangenheit liegenden abgeschlossenen Sachverhalt regelnd eingreifen. Das gilt jedoch nur dann, wenn das Vertrauen des Betroffenen auf die Kontinuität der Rechtslage schutzwürdig ist. Vertrauensschutz kommt nicht in Frage, wenn das Vertrauen sachlich nicht gerechtfertigt ist. Das Bundesverfassungsgericht nennt dazu fünf Fallgestaltungen: 123

(1) Das Vertrauen ist nicht schutzwürdig, wenn der Bürger zu dem Zeitpunkt, auf den der Eintritt der Rechtsfolge vom Gesetz rückbezogen wird, mit der neuen abweichenden Regelung rechnen musste.
(2) Man darf auf das geltende Recht nicht vertrauen, wenn es unklar und verworren ist.
(3) Ebenso darf man sich nicht immer auf den durch eine ungültige Norm erzeugten Rechtsschein verlassen. Der Gesetzgeber darf daher u. U. eine nichtige Bestimmung rückwirkend durch eine rechtlich nicht zu beanstandende Norm ersetzen.
(4) Schließlich können überwiegende Gründe des Gemeinwohls, die dem Gebot der Rechtssicherheit übergeordnet sind, eine Rückwirkungsanordnung rechtfertigen.
(5) In Bagatell-Fällen kann man sich nicht auf den Vertrauensschutz berufen.

Es deutet nichts darauf hin, dass das Vertrauen der Aktiengesellschaften, für das Jahr 1951 nicht noch nachträglich steuerlich belastet zu werden, nicht schutzwürdig war. Soweit es um das Jahr 1951 geht, ist die Rückwirkung daher unzulässig. 124

Über lange Jahre hinweg hat das Bundesverfassungsgericht innerhalb der Rückwirkungsproblematik eine Differenzierung vorgenommen. Die bislang entwickelten Gedanken galten danach uneingeschränkt nur für die **sog. echte Rückwirkung.** Diese ist dadurch gekennzeichnet, dass der Gesetzge- 125 ber mit seiner Regelung nachträglich einen in der Vergangenheit liegenden **abgeschlossenen** Zeitraum zulasten des Bürgers verändert. Bei der **sog. unechten Rückwirkung** hingegen handelt es sich um Normen, die zwar unmittelbar nur auf einen gegenwärtigen, noch **nicht abgeschlossenen Sachverhalt** für die Zukunft einwirken, damit aber zugleich eine bestimmte Rechtsposition nachträglich verschlechtern. Eine derartige unechte Rückwirkung ist grundsätzlich zulässig. Andernfalls könnte jede nachträgliche gesetzgeberische Belastung, z.B. steuerlicher, immissionsschutzrechtlicher oder wettbewerbsregelnder Art, die Betroffenen zu der Feststellung veranlassen, es liege unzulässige Rückwirkung vor, da sie ihre Tätigkeit nicht aufgenommen hätten, wenn sie gewusst hätten, dass sie eines Tages mit derartigen Eingriffen belastet würden. Dies würde einen bestehenden Rechtszustand zementieren, der Gesetzgeber wäre gehindert, neuen Entwicklungen gerecht zu werden. Auch der unechten Rückwirkung setzt indes der aus Art. 20 Abs. 3 GG abgeleitete Gesichtspunkt des Vertrauensschutzes im Einzelfall Schranken. Es muss in diesen Fällen ebenfalls eine Abwägung zwischen dem enttäuschten Vertrauen und dem Zweck vorgenommen werden, den der Gesetzgeber im öffentlichen Interesse mit der Regelung verfolgt hat.

126 Entsprechend muss auch im Beispielsfall der Zeitraum des Jahres 1952 gesehen werden. Hier betrifft die Steuererhöhung nicht einen in der Vergangenheit liegenden abgeschlossenen Zeitraum. Die Aktiengesellschaften haben zwar – beginnend mit dem 1. Januar 1952 – mit der Verwirklichung des Steuertatbestandes begonnen, ihn aber noch nicht abschließend verwirklicht, da die Steuer (abzüglich der Vorauszahlungen) erst mit Ablauf des Jahres 1952 fällig wird. Im Gegensatz zum Jahr 1951, bei dem echte Rückwirkung gegeben ist, liegt für das Jahr 1952 unechte Rückwirkung vor. Bei der Steuererhöhung für 1952 handelt es sich um Normen, die zwar unmittelbar nur auf einen gegenwärtigen, noch nicht abgeschlossenen Sachverhalt für die Zukunft einwirken (Veranlagungszeitraum 1952), damit aber zugleich eine betroffene Rechtsposition (1. Januar 1952 bis 20. Mai 1952) nachträglich entwerten.

127 Die oben skizzierte Abwägung ergibt damit: Die Steuererhöhung bezweckt, die Staatsfinanzen zu sanieren. Dieser Zweck, der durchaus im öffentlichen Interesse liegt, ist abzuwägen mit dem Vertrauensschutz der Gesellschaften, für das laufende Jahr 1952 bleibe es bei dem bisherigen Steuersatz. Bei dieser Abwägung spielen viele Faktoren eine Rolle, wie z.B. die Höhe der zusätzlichen Belastung und die Länge des Zeitraums, von dem ab die Gesellschaften bereits vor der Verkündung sicher von der Erhöhung wussten.

128 Der Zweite Senat des Bundesverfassungsgerichts benutzt inzwischen für Rückwirkungsfälle die Formulierungen **„Rückbewirkung von Rechtsfolgen"** und **„tatbestandliche Rückanknüpfung"**. Eine „Rückbewirkung von Rechtsfolgen" ist demnach anzunehmen, wenn die Rechtsfolgen für einen Zeitraum eintreten sollen, der vor der Verkündung der Norm liegt. Anknüpfungspunkt ist damit der zeitliche Anwendungsbereich einer Norm. Erfasst werden hierbei die Fälle, die der Erste Senat dem Bereich der „echten Rückwirkung" zuordnet. Insofern kann auf die in jenem Zusammenhang aufgestellten Kriterien zurückgegriffen werden. Eine „tatbestandliche Rückanknüpfung“ liegt vor, wenn der Tatbestand einer Norm für künftige Rechtsfolgen an Gegebenheiten aus der Zeit vor der Normverkündung anknüpft. Umfasst werden also die Fälle, die bisher der „unechten Rückwirkung“ zugeordnet wurden. Dieser Neusatz des Zweiten Senats kann nicht so verstanden werden, dass er sich vollständig von der herkömmlichen Rechtsprechung des BVerfG lösen will. Vielmehr greift der Zweite Senat des Öfteren auf die in den früheren Entscheidungen des BVerfG zur echten und unechten Rückwirkung entwickelten Formeln und Fallgruppen zurück. Eben diese Formeln und Fallgruppen wurde vom Bundesfinanzhof in zwei Vorlagebeschlüssen an das Bundesverfassungsgericht in Frage gestellt (NJW 2006, 3664). Der Bundesfinanzhof forderte darin das Bundesverfassungsgericht auf, seine bisherige Rechtsprechung zur Rückwirkungsproblematik zu überprüfen. Der Bundesfinanzhof ist von der strikten Trennung zwischen echter und unechter Rückwirkung nicht überzeugt, da es letztlich in beiden Fällen um ein und dasselbe, nämlich um den Vertrauensschutz, geht. Das Bundesverfassungsgericht hat diese Anregung aufgegriffen und in zwei Entscheidungen dem Gesetz als Vertrauensgrundlage eine höhere Bedeutung beigemessen (BVerfGE 97, 67 ff., 81; BVerfGE 127, 1 ff.).

Das rechtsstaatliche Erfordernis der **Rechtssicherheit** und des **Vertrauensschutzes** setzt nicht nur **rückwirkender** staatlicher Machtausübung Schranken. Hierin fußt beispielsweise auch die Berechtigung des Gesetzgebers, durch strikte **Fristsetzung** Rechtsklarheit zu schaffen. Derjenige, der es unterlässt, sich gegen eine behördliche Verfügung innerhalb eines Monats zu wehren, ist an diese Verfügung gebunden, auch wenn diese rechtswidrig ist (§§ 68 ff. VwGO). Demjenigen Unternehmer, der seine Rechnung erst nach fünf Jahren erstellt, kann der Kunde die Einrede der Verjährung entgegensetzen. Der Fristablauf schließt im Interesse der Rechtsklarheit an sich berechtigte Ansprüche aus. 129

8. Formeller/Materieller Rechtsstaat

Art. 20 Abs. 3 GG bindet die vollziehende Gewalt und die Rechtsprechung nicht nur an das Gesetz, sondern auch an das Recht. Daraus lässt sich ableiten, dass das Rechtsstaatsprinzip eine **formelle** und eine **materielle** Komponente hat. Formell verlangt es möglichst weitgehende Rechtssicherheit, d. h. Berechenbarkeit und Vorhersehbarkeit von Entscheidungen der Staatsorgane. Unter Rechtsstaat im **formellen** Sinne versteht man daher einen Staat, in dem jeder Akt der Exekutive und der Judikative auf eine von der Parlamentsmehrheit gesetzte Norm zurückführbar sein muss. 130

Ein derartiger formeller Rechtsstaat ist jedoch nicht per se imstande, Unrecht zu verhindern. Er garantiert zwar die Freiheit vor ungesetzlichem Zwang, unterwirft jedoch die Gesetzgebung selbst keinen rechtlichen Grenzen. 131

Das Grundgesetz bekennt sich daher auch zum Rechtsstaat im **materiellen** Sinne. Die materielle Komponente des Rechtsstaatsprinzips liegt darin, den Gerechtigkeitsgedanken im Einzelfall zu verwirklichen. Das Grundgesetz geht gerade nicht in absolutistischer Weise vom Mehrheitsprinzip aus, 132 sondern bindet die gesetzgebende Mehrheit an die Verfassung, wie sich direkt aus Art. 20 Abs. 3 und Art. 1 Abs. 3 GG ergibt. Die Verfassung hat durch den Schutz der Menschenwürde (Art. 1 Abs. 1 GG) und durch das Bekenntnis des deutschen Volkes „zu unverletzlichen Menschenrechten als Grundlage jeder menschlichen Gemeinschaft in der Welt" (Art. 1 Abs. 2 GG) Naturrecht in das positive Recht inkorporiert. Diese auf überpositivem Recht basierenden Prinzipien sind selbst durch eine verfassungsgebende Mehrheit nicht abänderbar (Art. 79 Abs. 3 GG). Dem Gedanken, dass im Extremfall das höherrangige und unter Umständen sogar unabänderbare „Recht" mit dem positiven Gesetz in Widerspruch treten könnte, trägt auch die Formulierung des Art. 20 Abs. 3 GG Rechnung. Seit Bestehen der Bundesrepublik Deutschland ist dieser potenzielle Konflikt zwischen „Recht" und Gesetz allerdings noch in keinem einzigen Fall zugunsten des „Rechts" und zulasten des positiven Gesetzes aufgelöst worden. Die Formel „Gesetz und Recht" in Art. 20 Abs. 3 GG eröffnet nämlich weder den Staatsbürgern noch den Gerichten die Möglichkeit, sich unter Berufung auf das Recht über das Gesetz hinwegzusetzen.

133 In diesem Zusammenhang ist auch das **Widerstandsrecht** des Art. 20 Abs. 4 GG zu sehen. Es gibt dem Bürger nur in extremen Fällen ein Nothilferecht im Sinne eines grundrechtsgleichen Rechts, wenn es um den Erhalt der bereits akut in ihrer gesamten Existenz bedrohten freiheitlich demokratischen Verfassungsordnung geht. Wann das der Fall ist, ist ein schwer lösbares Problem: Art. 20 Abs. 4 GG ermächtigt keinesfalls zu Aufruhr oder Selbsthilfe gegen jedwede unbequeme oder ideologisch unerwünschte politische Entscheidung der Staatsorgane unter Berufung auf ein überpositives „Recht".

III. Das Verhältnismäßigkeitsprinzip

1. Normative Verortung

134 Vielfach wird auch der Grundsatz der Verhältnismäßigkeit aus dem Rechtsstaatsprinzip abgeleitet, ohne dass auf eine normative Präzisierung eingegangen wird. Eine solche Herleitung ist indes weder überzeugend noch notwendig. Denn der Grundsatz der Verhältnismäßigkeit ergibt sich vielmehr aus den Grundrechten selbst: Die öffentliche Gewalt darf den allgemeinen Freiheitsanspruch des Bürgers nur insoweit beschränken, als es für den Schutz öffentlicher Interessen unverzichtbar ist. Diesen Grundsatz haben staatliche Organe bei allen Entscheidungen zu beachten.

2. Inhalt

135 Eine hoheitliche Maßnahme gleich welcher Art ist dann verhältnismäßig, wenn sie zur Erreichung des angestrebten Zieles abstrakt **geeignet**, aber auch **erforderlich** ist, sie sich also für den potenziell Belasteten als der mildeste aller möglichen Eingriffe darstellt. Darüber hinaus aber müssen der Zweck der Maßnahme und die Mittel zur Erreichung dieses Zwecks zueinander im Verhältnis stehen, d. h., der verfolgte Zweck muss für das Allgemeinwohl so wichtig sein, dass er eine Maßnahme des beabsichtigten Ausmaßes rechtfertigt (**Angemessenheit/Verhältnismäßigkeit im engeren Sinne**).

136 Das **Verhältnismäßigkeitsprinzip im weiteren Sinne** gliedert sich in folgende drei Unterprinzipien, die bei jeder hoheitlichen Maßnahme zu prüfen sind:
a) Geeignetheit (Prinzip der Zwecktauglichkeit)
b) Erforderlichkeit (Prinzip des geringst möglichen Eingriffs)
c) Verhältnismäßigkeit im engeren Sinne.

a) Geeignetheit (Prinzip der Zwecktauglichkeit)

137 Staatliche Maßnahmen, die den Einzelnen belasten, verfolgen in der Regel einen konkreten Zweck, der im öffentlichen Interesse liegt. Die Maßnahmen, die das Gesetz vorsieht, müssen zur Verfolgung des gesetzgeberischen Zieles zwecktauglich, d. h. geeignet sein. Denn letztlich ergibt sich aus der Natur der Grundrechte, dass der Einzelne vor unnötigen Eingriffen der öffentlichen Gewalt zu bewahren ist. Nicht jede Maßnahme freilich, die sich im Nachhinein als ungeeignet erweist, ist deshalb verfassungswidrig. Insbesondere bei wirtschaftslenkenden und -ankurbelnden Gesetzen bleibt immer Unsicherheit, ob die Wirtschaft auf entsprechende Anreize oder Lenkungsmechanismen reagiert.

138 Daher ist eine gesetzliche Maßnahme nicht schon deshalb verfassungswidrig, weil sie auf einer Fehlprognose beruht. „Die Frage nach der Zwecktauglichkeit eines Gesetzes kann also nicht nach der tatsächlichen späteren Entwicklung, sondern nur danach beurteilt werden, ob der Gesetzgeber aus seiner Sicht davon ausgehen durfte, dass die Maßnahme zur Erreichung des gesetzten Ziels geeignet, ob also seine Prognose bei der Beurteilung wirtschaftspolitischer Zusammenhänge sachgerecht und vertretbar war" (BVerfGE 30, 250, 263). Hierbei steht dem Gesetzgeber ein weiter Beurteilungsspielraum zu.

b) Erforderlichkeit (Prinzip des geringst möglichen Eingriffs)

139 Ein Hoheitsakt genügt nur dann dem Erforderlichkeitsgebot, wenn zur Erreichung des angestrebten Zweckes kein anderes, gleich wirksames Mittel möglich ist, welches nicht oder erheblich weniger in die Rechte der Bürger eingreift. Doch auch hier gilt, dass der Gesetzgeber einen Prognosespielraum hat.

140 Nach § 1 Abs. 1 des Gesetzes zur vorläufigen Regelung des Rechts der Industrie- und Handelskammern vom 18. 12. 1956 – im Folgenden IHKG genannt – haben die Kammern die Aufgabe:
„(...) das Gesamtinteresse der ihnen zugehörigen Gewerbetreibenden ihres Bezirks wahrzunehmen, für die Förderung der gewerblichen Wirtschaft zu wirken und dabei die wirtschaftlichen Interessen einzelner Gewerbezweige oder Betriebe abwägend und ausgleichend zu berücksichtigen."
Die Kammern finanzieren sich im Wesentlichen durch Beiträge der Kammerzugehörigen.

141 **§ 2 Abs. 1 IHKG lautet:**
„Zur Industrie- und Handelskammer gehören, sofern sie zur Gewerbesteuer veranlagt sind, natürliche Personen, Handelsgesellschaften, andere nicht rechtsfähige Personenmehrheiten und juristische Personen des privaten und des öffentlichen Rechts, welche im Bezirk der Industrie- und Handelskammer entweder eine gewerbliche Niederlassung oder eine Betriebsstätte oder eine Verkaufsstelle unterhalten (Kammerzugehörige)."
Unternehmer U, der Werkzeugmaschinen herstellt, hält § 2 Abs. 1 IHKG, kraft dessen er als Zwangsmitglied der für ihn örtlich zuständigen Industrie- und Handelskammer angehört, für verfassungswidrig. Er begründet seine Auffassung damit, dass keine aus-

reichenden Gründe dafür vorlägen, die Zugehörigkeit zu den Industrie- und Handelskammern zum Zwang zu machen. Die ihnen übertragenen Aufgaben, bei denen es sich im Wesentlichen um reine Interessenvertretung handele, könnten ebenso gut durch Verbände mit freiwilliger Mitgliedschaft erfüllt werden.
Hat U Recht?

142 U beruft sich in seiner Argumentation auf das Verhältnismäßigkeitsprinzip. Nachdem die den Industrie- und Handelskammern zugedachte Aufgabe der Interessenvertretung mit Kammern, die auf Zwangsmitgliedschaft beruhen, in durchaus **geeigneter** Weise erfüllt werden kann, ist nur noch fraglich, ob diese Maßnahme des Gesetzgebers auch den anderen beiden Unterprinzipien des Verhältnismäßigkeitsprinzips, dem Prinzip des geringst möglichen Eingriffs und der Verhältnismäßigkeit im engeren Sinne, gerecht wird. Ergibt die Prüfung, dass die staatliche Maßnahme (z.B. § 2 Abs. 1 IHKG) gegen eines dieser Prinzipien verstößt, so ist sie, weil mit höherrangigem Verfassungsrecht nicht vereinbar, verfassungswidrig und mithin nichtig.

143 Es fragt sich zunächst, auf welchen dieser Grundsätze U sich beruft. Der Grundsatz des geringst möglichen Eingriffs betrifft lediglich Art und Umfang staatlicher Maßnahmen, der Grundsatz der Verhältnismäßigkeit im engeren Sinne hingegen wird schon bei der Frage bedeutsam, ob überhaupt eingeschritten werden darf.

144 Dem U missfällt nicht die Tatsache, dass überhaupt durch staatliches Gesetz die Errichtung von Industrie- und Handelskammern geregelt ist, ihm missfällt nur die Art und Weise, wie der Gesetzgeber diesen Gegenstand geregelt hat, nämlich durch Zwangsmitgliedschaft und Beitragszwang. U ist der Ansicht, dass der Gesetzgeber das, was er erreichen wollte, auch dann hätte erreichen können, wenn er die Frage der Mitgliedschaft in das freie Belieben eines jeden Unternehmers gestellt hätte. Die Rüge, der Gesetzgeber sei bei Verfolgung seines Zwecks über das Ziel hinausgeschossen, betrifft das **Prinzip des geringst möglichen Eingriffs.**

145 Zu der Frage, ob der Gesetzgeber das Prinzip des geringst möglichen Eingriffs verletzt hat, indem bei den Industrie- und Handelskammern er die Zwangsmitgliedschaft bestimmt, führt das Bundesverfassungsgericht aus:

146 „Die Industrie- und Handelskammern verdanken ihre Entstehung dem in der Zeit des wirtschaftlichen Aufschwungs im 19. Jahrhundert hervorgetretenen Bedürfnis nach einer Stelle, die mit Anspruch auf sachliche Autorität die staatlichen Organe und Behörden durch Berichterstattung und Beratung in wirtschaftlichen Fragen unterstützen und ihnen verlässliche Grundlagen für ihre Entscheidungen auf diesem Gebiet liefern könne. (...)
In der industriellen Gesellschaft, in der auch die allgemeine Staatspolitik in weitem Maße von wirtschaftlichen Vorgängen und Entwicklungen bestimmt wird und demzufolge – auch in einer grundsätzlich freien Wirtschaft – staatliche Einwirkungen auf das Wirtschaftsleben unvermeidbar sind und ständig in großer Zahl erfolgen, ist es naheliegend und jedenfalls von der Verfassung her unbedenklich, dass der Staat die Förderung der Wirtschaft im weitesten Sinne zum Rang einer besonders wichtigen Staatsaufgabe erhebt. Es kann ihm dann nicht verwehrt sein, sich bei der Erfüllung dieser Aufgabe der Hilfe von Organen zu bedienen, die er – auf gesetzlicher Grundlage – aus der Wirtschaft selbst heraus sich bilden lässt und die durch ihre Sachkunde die Grundlagen dafür schaffen helfen, dass staatliche Entschließungen auf diesem Gebiet ein möglichst hohes Maß an Sachnähe und Richtigkeit gewinnen. Auch diese besonderen Einrichtungen, wie sie die Industrie- und Handelskammern darstellen, nehmen damit an der Erfüllung einer echten Staatsaufgabe teil; sie erfüllen sie in erster Linie durch Vorschläge, Gutachten und Berichte, durch Schaffung von Einrichtungen zur Förderung der Wirtschaft, insbe-

sondere auf dem Gebiet der Berufsausbildung und des Prüfungswesens, endlich durch die Erledigung bestimmter Aufgaben der Wirtschaftsverwaltung (z. B. Ausstellung von Ursprungszeugnissen und sonstigen Bescheinigungen). (...)
Aus den vorstehenden Darlegungen erhellt zugleich, dass es zur sachgemäßen Erfüllung der den Industrie- und Handelskammern übertragenen Aufgaben sinnvoll, ja notwendig war, ihre Organisation auf dem Prinzip der Pflichtzugehörigkeit aufzubauen. (...)
Wäre der Beitritt zur Industrie- und Handelskammer freiwillig, so hinge die Zusammensetzung der Mitgliederschaft vom Zufall ab. Die Kammern wären auf die Werbung von Mitgliedern angewiesen. Finanzstarke Mitglieder würden sich in den Vordergrund schieben und mit Austrittsdrohungen die Berücksichtigung ihrer Sonderinteressen und Sonderauffassungen zu erzwingen versuchen. Durch Fernbleiben oder Austritt ganzer Gruppen von Handel- und Gewerbetreibenden könnte den Kammern der Einblick in ihre Verhältnisse erschwert oder entzogen werden. In gleichem Maße wären die Vertrauenswürdigkeit solcher Kammern, ihre umfassende Sachkunde und Objektivität nicht mehr institutionell gesichert.
Dieser im öffentlichen Interesse liegenden sachlichen Notwendigkeit des Organisationszwangs gegenüber ist die aus ihm sich ergebende Freiheitsbeschränkung der Mitglieder unbedeutend. Die Verpflichtungen aus der Kammerzugehörigkeit bestehen fast nur in der Zahlung der Beiträge. Dass diese unzumutbar hoch seien und die wirtschaftliche Bewegungsfreiheit der Mitglieder unerträglich einengten (...) trifft (...) nicht zu; das Gesetz hat (...) Vorkehrung getroffen, dass die Mitglieder nach ihrer Leistungsfähigkeit herangezogen werden" (BVerfGE 15, 235, 239 ff.).

Im Ergebnis hält daher das Bundesverfassungsgericht das Prinzip des geringst möglichen Eingriffs für nicht verletzt. 147

Den Industrie- und Handelskammern vergleichbar sind die Handwerks- und die Landwirtschaftskammern organisiert. Sie erfüllen ähnliche Zwecke und haben vergleichbare Aufgaben. Diesen drei auf dem Prinzip der Zwangsmitgliedschaft aufgebauten „Selbstverwaltungskörperschaften der Wirtschaft" entsprechen die auf dem gleichen Prinzip beruhenden Kammern der freien Berufe (z. B. Ärzte, Zahnärzte, Rechtsanwälte, Steuerberater, Wirtschaftsprüfer) als besonderer Bereich der berufsständischen Selbstverwaltung. Dabei wird die grundsätzliche Legitimität der Wahrnehmung bestimmter öffentlicher Aufgaben durch die Kammern als Körperschaften des öffentlichen Rechts mit Zwangsmitgliedschaft vom BVerfG in ständiger Rechtsprechung anerkannt. So entschied das Bundesverfassungsgericht im Dezember 2001 erneut, dass das System der Pflichtmitgliedschaft in den Industrie- und Handelskammern verfassungsgemäß ist. Diese Rechtsprechung entbindet indessen nicht von der Notwendigkeit, im konkreten Einzelfall die Frage zu beantworten, ob eine bestimmte Aufgabe nicht in der Tat besser der freien Wirtschaft überlassen werden könnte. Ist diese Frage zu bejahen, so ist die Wahrnehmung der Aufgabe durch die Kammern nicht erforderlich und damit als Verstoß gegen Art. 2 Abs. 1 GG verfassungswidrig. Auch bezüglich der Erforderlichkeit einer gesetzlichen Regelung ist dem Gesetzgeber allerdings – ebenso wie bei der Frage der Geeignetheit – ein nicht unerheblicher Einschätzungsspielraum zuzubilligen. 148

c) Verhältnismäßigkeit im engeren Sinne

Das **Verhältnismäßigkeitsprinzip im engeren Sinne,** das als Zumutbarkeit oder Angemessenheit bezeichnet wird, war Gegenstand der Entscheidung BVerfGE 16, 194 ff. Dort ging es um die Frage, ob einem wegen eines Bagatelldeliktes Beschuldigten, an dessen Zurechnungsfähigkeit Zweifel bestanden, mittels eines schmerzhaften Eingriffs Gehirn- und Rückenmarkflüssigkeit entnommen werden darf, durch deren Untersuchung Rückschlüsse auf 149 den Geisteszustand getroffen werden können. § 81 a StPO lässt solche Eingriffe grundsätzlich zu. Das Bundesverfassungsgericht entschied sich demgegenüber für eine einschränkende, am Verhältnismäßigkeitsgrundsatz orientierte Auslegung:

150 „Auch bei der Entscheidung über die Liquorentnahme hat der Richter demnach, wie bei allen staatlichen Eingriffen in die Freiheitssphäre, den Grundsatz der Verhältnismäßigkeit zwischen Mittel und Zweck zu beachten. Wenn auch das öffentliche Interesse an der Aufklärung von Verbrechen (...) im allgemeinen selbst Eingriffe in die Freiheit des Beschuldigten rechtfertigt, so genügt dieses allgemeine Interesse um so weniger, je schwerer in die Freiheitssphäre eingegriffen wird. Für die Beurteilung der Verhältnismäßigkeit zwischen Zweck und Maßnahme muss daher auch in Betracht gezogen werden, welches Gewicht die zu ahndende Tat hat. (...)

Im vorliegenden Fall (...) handelt es sich um eine Bagatellsache, derentwegen nur eine geringe Strafe, unter Umständen sogar Einstellung wegen Geringfügigkeit in Betracht kommen dürfte. Demgegenüber ist die Liquorentnahme (...) ein nicht belangloser körperlicher Eingriff; wegen einer Bagatellangelegenheit den Beschuldigten gegen seinen Willen einem solchen Eingriff zu unterwerfen, ist nicht gerechtfertigt“.

151 Im Ergebnis hält das Bundesverfassungsgericht die Maßnahme somit wegen Verstoßes gegen den Grundsatz der Verhältnismäßigkeit im engeren Sinne für unzulässig, obwohl die Maßnahme geeignet ist und zudem die einzige Möglichkeit darstellt, den Geisteszustand des Beschuldigten zu überprüfen. Die Verhältnismäßigkeit im engeren Sinne verlangt eine Güterabwägung, die dann zu einer Korrektur führt, wenn die betroffenen Interessen wesentlich schwerer wiegen als der vom Gesetzgeber verfolgte Zweck.

152 Dieser Fall bietet die Gelegenheit, eine weitere Interpretationsmaxime kennenzulernen, die ihre Bedeutung allerdings ausschließlich bei der Auslegung einfacher Gesetze (also nicht von Verfassungsrecht) hat. Es handelt sich hierbei um die **verfassungskonforme Auslegung.**

153 Das Bundesverfassungsgericht hielt die Liquorentnahme im Beispielsfall wegen Verstoßes gegen das Verhältnismäßigkeitsprinzip für verfassungswidrig. § 81 a StPO sieht diesen Eingriff aber einschränkungslos vor. Ein Gesetz, das nicht im Einklang mit der Verfassung steht, ist als verfassungswidriges Gesetz nichtig. Das Bundesverfassungsgericht hat jedoch § 81 a StPO nicht für verfassungswidrig erklärt, sondern ihn dahingehend ausgelegt, dass seine Anwendung in Bagatellfällen verfassungswidrig, ansonsten unbedenklich sei. Es hat damit § 81 a StPO verfassungskonform ausgelegt. Nach dieser Interpretationsmaxime ist ein Gesetz so lange nicht für verfassungswidrig zu erklären, wie die Möglichkeit besteht, es auch so auszulegen, dass es in Einklang mit der Verfassung steht. Mit der einschränkenden (restriktiven) Auslegung des § 81 a StPO hat das Gericht diese Norm in Übereinstimmung mit der Verfassung (verfassungskonform) gebracht: Wenn also der Gesetzeswortlaut zwei verschiedene Auslegungsergebnisse zulässt, von denen aber nur eines mit der Verfassung in Einklang steht, muss das Gesetz in diesem verfassungskonformen Sinn ausgelegt werden.

154 Man sollte sich deshalb bei der Lösung rechtlicher Fälle davor hüten, ein Gesetz vorschnell für verfassungswidrig zu erklären; denn zuvor muss immer geprüft werden, ob die Möglichkeit der verfassungskonformen Auslegung besteht.

Weiterführende Hinweise:

Detterbeck, Vorrang und Vorbehalt des Gesetzes, Jura 2002, 235;
Graf Kielmannsegg, Grundfälle zu den allgemeinen Grundrechtslehren, JuS 2009, 19, 118, 216;
Jahn, Zur Verfassungsmäßigkeit der IHK-Pflichtmitgliedschaft, JuS 2002, 434;
Michael, Grundfälle zur Verhältnismäßigkeit, JuS 2001, 654, 764, 866;
Voßkuhle/Kaufhold, Grundwissen – Öffentliches Recht: Das Rechtsstaatsprinzip, JuS 2010, 116;
Voßkuhle/Kaufhold, Grundwissen – Öffentliches Recht: Vertrauensschutz, JuS 2011, 794.

Kapitel 7: Das Demokratiegebot des Grundgesetzes

I. Repräsentative Demokratie

155 Nach Art. 20 Abs. 1 GG ist die Bundesrepublik Deutschland ein demokratischer Staat, d. h., das Volk ist Träger der Staatsgewalt (Art. 20 Abs. 2 GG). Der Grundgesetzgeber hat sich jedoch nicht für die unmittelbare oder plebiszitäre Demokratie entschieden, in der das Staatsvolk durch Abstimmung über die anstehenden politischen Fragen entscheidet, sondern für die **mittelbare** oder **repräsentative Demokratie.** Damit ist dem Volk keine unmittelbare Mitwirkung an der Ausübung der Staatsgewalt gegeben, sondern es ist vielmehr auf die Wahl seiner Repräsentanten beschränkt (Art. 20 Abs. 2 Satz 2 GG). Eine Ausnahme besteht im Falle des Art. 29 GG, wonach eine Neugliederung des Bundesgebietes nur durch unmittelbare Entscheidung des Volkes (**Volksentscheid**) vorgenommen werden darf. Die Einführung weiterer Abstimmungen etwa über Gesetzesvorschläge oder völkerrechtliche Verträge bedürfte einer Verfassungsänderung.

156 Das Demokratieprinzip verlangt darüber hinaus eine ununterbrochene Legitimationskette vom Volk hin zur Exekutive.

157 Das Demokratiegebot des Grundgesetzes gilt jedoch ausschließlich für den staatlichen Sektor des Geschehens in der Bundesrepublik, nicht aber für den gesellschaftlichen und privaten. Sogar im staatlichen Bereich gilt es dort nicht, wo individuelle Grundrechte den einzelnen Menschen oder Gruppen von Individuen vor dem staatlichen Eingriff und damit auch vor dem demokratisch legitimierten staatlichen Akt schützen. In die durch Art. 5 Abs. 1 Satz 2 GG grundrechtlich garantierte Freiheit der Berichterstattung durch den öffentlich-rechtlichen Rundfunk darf ebensowenig durch demokratische Mehrheitsentscheidungen, die sich gegen eine bestimmte Meinung richten, eingegriffen werden, wie in die durch Art. 5 Abs. 3 Satz 2 GG garantierte Lehrfreiheit des Hochschullehrers. Erst recht gilt dies für die grundrechtlich gesicherte private Sphäre der einzelnen Menschen. Die Demokratisierung privater Lebensbereiche würde die Expansion eines staatlichen Strukturprinzips in die private Sphäre und damit deren Politisierung und Verstaatlichung bedeuten.

158 Bei Konflikten zwischen dem Rechtsstaatsprinzip und dem Demokratiegebot hat sich das Grundgesetz grundsätzlich für den Rechtsstaat entschieden. Der grundrechtliche Minderheitenschutz, wie überhaupt die Existenz unveräußerlicher Individualgrundrechte, und die Normenkontrolle von demokratisch legitimierten Gesetzen durch die Verfassungsgerichte belegen die stärkere Akzentuierung des Rechtsstaats vor dem Demokratiegebot.

159 Während in den Ländern auch Volksentscheide möglich sind, erschöpft sich die Beteiligung des Volkes an der Ausübung der Staatsgewalt im Bund in der Bundestagswahl. Aufgrund dieser Wahl kann jeder einzelne Staatsakt in der Bundesrepublik mittelbar auf das Volk zurückgeführt werden, da dem Bundestag bei der Ernennung aller weiteren Bundesverfassungsorgane

(mit Ausnahme des Bundesrates) entscheidender Einfluss zukommt (Art. 54 Abs. 1 und 3, Art. 63, Art. 94 Abs. 1 GG).

II. Wahlrechtsgrundsätze

Von ausschlaggebender Bedeutung für das Funktionieren einer mittelbaren Demokratie ist das Verfahren für die Wahl der Volksvertreter. Das Wahlrecht ist geregelt in Art. 38 Abs. 1 Satz 1 GG und im Bundeswahlgesetz. Art. 38 Abs. 1 GG erhebt die folgenden Wahlrechtsgrundsätze in verfassungsrechtlichen Rang. Sie müssen – unabhängig vom konkreten Wahlsystem – immer eingehalten werden: 160

1. **Allgemeine Wahl:** Das Wahlrecht haben alle Staatsbürger, die gewisse Mindestvoraussetzungen, z. B. ein bestimmtes Alter, erfüllen. Wahlberechtigt ist, wer das 18. Lebensjahr vollendet hat. 161
2. **Unmittelbare Wahl:** Die Wähler wählen ihren Abgeordneten direkt und nicht durch eine Mittelsperson. Das Gegenstück dazu ist das Wahlmännersystem, das bei den Präsidentschaftswahlen in den USA praktiziert wird; dort wählt das Volk Wahlmänner, die ihrerseits den Präsidenten wählen. Eine Listen- oder Parteienwahl bleibt hingegen eine unmittelbare Wahl, da direkt die Listenkandidaten gewählt werden. 162
3. **Freie Wahl:** Es darf kein Zwang auf den Wähler ausgeübt werden. Umstritten ist, ob die Wahlbetätigungsfreiheit auch unter die Wahlfreiheit gehört. Aus dem Prinzip der Wahl nach demokratischem Verständnis ergibt sich, dass die Frage des „Wen“ frei ist. Mithin bleibt für eine eigenständige Bedeutung des Wahlfreiheitsprinzips nur die Wahlbetätigungsfreiheit. Demnach wäre die Einführung einer Wahlpflicht verfassungswidrig. 163
4. **Geheime Wahl:** Die Einsichtnahme durch Dritte während des Wahlverfahrens ist verboten. Unter diesem Aspekt stellt sich das Problem der Zulässigkeit der Briefwahl, weil u. U. die Stimmabgabe von Dritten kontrolliert oder gar manipuliert werden kann. Dennoch wird die Briefwahl als verfassungsgemäß angesehen, insbesondere weil sie nur aus wichtigem Grund zulässig ist und der Wähler darüber hinaus versichern muss, dass er persönlich den Stimmzettel gekennzeichnet hat (BVerfGE 21, 200; 59, 123). 164
5. **Gleiche Wahl:** Das Gewicht jeder Stimme muss gleich sein. Das bedeutet zum einen, dass jede Stimme den gleichen Zählwert hat. Aber auch eine Gleichheit des Erfolgswertes ist umfasst. Jede Stimme muss bei der Verteilung der Parlamentssitze gleich berücksichtigt werden. 165

Problematisch im Hinblick auf die Erfolgswertgleichheit ist die 5-Prozent-Klausel des § 6 Abs. 6 BWG. Die Stimmen, die für Parteien abgegeben wurden, die die 5-Prozent-Hürde nicht erreichen, haben keinen Erfolgswert, weil bei der Sitzverteilung nur Parteien berücksichtigt werden, die mehr als 5 Prozent der gültigen Stimmen auf sich vereinigen. Diese Regel schützt die Funktionsfähigkeit des Parlamentes, da die Zersplitterung des Parlaments verhindert wird. Die Sperrklausel ist deshalb mit dem Grundsatz der Wahlgleichheit zu vereinbaren. 166

III. Die politischen Parteien als Mittler demokratischer Willensbildung

167 Nach Art. 20 Abs. 2 Satz 1 GG geht alle Staatsgewalt vom Volke aus. Gemäß Art. 21 Abs. 1 GG wirken die Parteien bei der politischen Willensbildung des Volkes mit. Tatsächlich sind es beinahe ausschließlich die politischen Parteien, bei denen politische Zielvorstellungen kanalisiert, gelenkt und verwirklicht werden. Die Mitwirkung umfasst insbesondere die Mitgestaltung der öffentlichen Meinung, den Ausbau der politischen Bildung und vor allem die Aufstellung von Wahlbewerbern in Bund, Ländern und Gemeinden.

168 Das Recht der politischen Parteien regeln Art. 21 GG und das Parteiengesetz. Nach § 2 Abs. 1 Satz 1 ParteiG sind Parteien:

169 „(...) Vereinigungen von Bürgern, die dauernd oder für längere Zeit für den Bereich des Bundes oder eines Landes auf die politische Willensbildung Einfluss nehmen und an der Vertretung des Volkes im Deutschen Bundestag oder einem Landtag mitwirken wollen, wenn sie nach dem Gesamtbild der tatsächlichen Verhältnisse, insbesondere nach Umfang und Festigkeit ihrer Organisation, nach der Zahl ihrer Mitglieder und nach ihrem Hervortreten in der Öffentlichkeit eine ausreichende Gewähr für die Ernsthaftigkeit dieser Zielsetzung bieten."

170 Ausfluss der in Art. 21 Abs. 1 GG ausdrücklich genannten **Gründungsfreiheit** der Parteien ist auch ihre **Betätigungsfreiheit.** Den Parteien wird garantiert, dass sie in der Gesellschaft für ihr politisches Konzept eintreten und alle parteispezifischen Aufgaben und die damit zusammenhängenden Angelegenheiten wahrnehmen können. Dieses verfassungsrechtlich gewährleistete Tätigkeitsfeld der Parteien darf durch die öffentliche Hand nicht eingeschränkt werden, indem beispielsweise einer missliebigen Partei während des Wahlkampfs die im Eigentum der Stadt befindliche Stadthalle nicht zur Verfügung gestellt wird oder ihr im Gegensatz zu anderen Parteien keine Gelegenheit gegeben wird, in Hörfunk oder Fernsehen ihren politischen Standpunkt zu vertreten.

171 Die **Chancengleichheit** der politischen Parteien folgt aus der Gründungsfreiheit und aus dem Prinzip der freiheitlichen Demokratie, für das ein Mehrparteiensystem unerlässlich ist. Alle Parteien müssen grundsätzlich formal gleich behandelt werden. Für die Wahlen ergibt sich das schon aus dem Prinzip der Wahlgleichheit gemäß Art. 38 Abs. 1 GG. Der Grundsatz der Chancengleichheit gilt aber nicht nur für den Bereich des Wahlrechts, sondern für die gesamte Parteitätigkeit. Die formelle Gleichbehandlung darf aber nicht dazu führen, dass die vorgefundene Wettbewerbslage der Parteien verfälscht wird. § 5 ParteiG verpflichtet die Träger öffentlicher Gewalt daher zur **relativen (abgestuften) Gleichbehandlung.** Etwa bei der Zuteilung von Sendezeiten in Rundfunk und Fernsehen oder der Überlassung von Stadthallen für Wahlveranstaltungen darf der Träger einer öffentlichen Einrichtung sie den Parteien abgestuft nach ihrer Bedeutung zur Verfügung stellen. So wird einerseits gewährleistet, dass die kleinen Parteien formal gleichbehandelt werden, andererseits wird auch die Bedeutung der Parteien berücksichtigt und damit nicht über Gebühr in den Parteienwettbewerb eingegriffen.

IV. Verbot verfassungswidriger Parteien

Grenzen sind der Betätigungsfreiheit der Parteien durch Art. 21 Abs. 2 GG gezogen. Parteien verlieren ihre Rechte aus Art. 21 Abs. 1 GG, wenn sie darauf abzielen, die freiheitlich demokratische Grundordnung oder den Bestand der Bundesrepublik Deutschland zu beeinträchtigen. Über die Frage der Verfassungswidrigkeit einer solchen Partei entscheidet das Bundesverfassungsgericht (Art. 21 Abs. 2 Satz 2 GG). Erst wenn dieses die Verfassungswidrigkeit einer Partei festgestellt hat, dürfen daraus Konsequenzen gezogen werden. Bis dahin müssen andere staatliche Stellen die „verfassungsfeindliche Partei" wie jede andere behandeln und dürfen nicht von ihrer Verfassungswidrigkeit ausgehen. 172

Diese Bestimmung stellt eine verfassungsrechtliche Besonderheit dar, die nur aufgrund der deutschen Vergangenheit verständlich ist, der sog. „legalen" Machtergreifung Hitlers. Eine vergleichbare Regelung findet sich in keiner anderen demokratischen Verfassung. Die anderen westlichen Demokratien dulden auch Parteien, die sich gegen die verfassungsmäßige Grundordnung richten. Bisher wurden vom Bundesverfassungsgericht die Sozialistische Reichspartei – SRP – (BVerfGE 2, 1 ff.) und die Kommunistische Partei Deutschlands – KPD – (BVerfGE 5, 85 ff.) verboten. Beide Verbote wurden damit begründet, diese Parteien hätten versucht, die freiheitlich demokratische Grundordnung zu beeinträchtigen. Dieser Begriff findet sich in den Art. 11, 18, 21 Abs. 2, 87a Abs. 4 und 91 Abs. 1 GG. Das Bundesverfassungsgericht hat ihn folgendermaßen präzisiert: 173

Es handelt sich dabei um eine Ordnung, „die unter Ausschluss jeglicher Gewalt- und Willkürherrschaft eine rechtsstaatliche Herrschaftsordnung auf der Grundlage der Selbstbestimmung des Volkes nach dem Willen der jeweiligen Mehrheit und der Freiheit und Gleichheit darstellt. Zu den grundlegenden Prinzipien dieser Ordnung sind mindestens zu rechnen: Die Achtung vor den im Grundgesetz konkretisierten Menschenrechten, vor allem vor dem Recht der Persönlichkeit auf Leben und freie Entfaltung, die Volkssouveränität, die Gewaltenteilung, die Verantwortlichkeit der Regierung, die Gesetzmäßigkeit der Verwaltung, die Unabhängigkeit der Gerichte, das Mehrparteienprinzip und die Chancengleichheit für alle politischen Parteien mit dem Recht auf verfassungsmäßige Bildung und Ausübung einer Opposition" (BVerfGE 2, 1, 12 f.). 174

In letzter Zeit hat das Parteiverbotsverfahren gegen die „Nationaldemokratische Partei Deutschlands" (NPD) aufgrund der Aktivitäten der rechtsextremen terroristischen Vereinigung **Nationalsozialistischer Untergrund** (NSU), in den Medien als Zwickauer Terrorzelle bezeichnet, wieder an Aktualität gewonnen. 175

Bereits 2003 wurde ein Verbotsantrag wegen eines Verfahrenshindernisses eingestellt; über die Verfassungsmäßig- oder -widrigkeit der NPD hatte sich das BVerfG nicht geäußert (BVerfGE 107, 339 ff.). Am 5. 12. 2012 beschloss die Innenministerkonferenz, die Chancen eines erneuten Verbotsverfahrens zu prüfen. 176

V. Stellung der Parteien im Verfassungsgefüge

Der Standort der Parteien im Verfassungssystem erscheint zwiespältig. Einerseits sind die Parteien als privatrechtliche Vereine organisiert, andererseits wirken sie bei der Erfüllung staatlicher Aufgaben mit, etwa bei Wah- 177 len, indem sie Kandidaten und Kandidatenlisten aufstellen. Akut wurde die Frage nach der rechtlichen Stellung der Parteien im Verfassungsgefüge bei dem Streit um die Rechtmäßigkeit der **Parteienfinanzierung.** Das Bundesverfassungsgericht hatte damals in seiner inzwischen modifizierten Rechtsprechung die staatliche Parteienfinanzierung im Grundsatz für verfassungswidrig erklärt, wobei es diese Entscheidung mit der Stellung begründet, die das Grundgesetz den politischen Parteien verleiht (BVerfGE 20, 56 ff.).

178 Nach dieser Entscheidung sind die Parteien kein Teil des Staatsapparates, sondern Hilfsorgane des Volkes, die dazu beitragen, den Staatsapparat zu tragen und zu überwachen. Diese Funktion können sie dann nicht erfüllen, wenn sie durch staatliche finanzielle Unterstützung in Abhängigkeit von den Staatsorganen geraten.

179 „In einer Demokratie muss sich diese Willensbildung aber vom Volk zu den Staatsorganen, nicht umgekehrt von den Staatsorganen zum Volk hin, vollziehen. Die Staatsorgane werden durch den Prozess der politischen Willensbildung des Volkes, der in die Wahlen einmündet, erst hervorgebracht. Das bedeutet, dass es den Staatsorganen grundsätzlich verwehrt ist, sich in bezug auf den Prozess der Meinungs- und Willensbildung des Volkes zu betätigen, dass dieser Prozess also grundsätzlich ‚staatsfrei' bleiben muss (…). Eine teilweise Staatsfinanzierung der Parteien durch jährliche oder monatliche Zahlungen für ihre gesamte politische Tätigkeit würde die Parteien dem staatsorganschaftlichen Bereich zwar nicht einfügen, jedoch mit diesem Bereich verschränken und die Parteien der staatlichen Vorsorge überantworten" (BVerfGE 20, 56, 99 ff.).

180 Eine derartige Abhängigkeit, bei der die Regierung und die gesetzgebenden Körperschaften die Höhe der Zuwendungen bestimmen können, verträgt sich nicht mit den demokratischen Grundsätzen der freien und offenen Willensbildung vom Volk zu den Staatsorganen. Finanzielle Abhängigkeit der Parteien von den Staatsorganen gibt diesen die Möglichkeit, auf den politischen Kurs der Parteien einzuwirken; nach Art. 21 Abs. 1 GG ist es jedoch allein Aufgabe des Volkes, durch die Parteien auf die Staatsorgane einzuwirken. Der Grundsatz der Staatsfreiheit der Parteien erlaubt deshalb allenfalls eine Teilfinanzierung der Tätigkeit der Parteien aus staatlichen Mitteln. Es gilt daher der Grundsatz der staatlichen Teilfinanzierung der Parteien bei Vorrang der Eigenfinanzierung.

181 Das Bundesverfassungsgericht sieht die politischen Parteien als Bindeglied oder Mittler zwischen Volk und Staatsorganen an, wobei es allein Sache des Volkes ist, auf den politischen Kurs des Mittlers und damit mittelbar auf den politischen Kurs der Staatsorgane Einfluss zu nehmen. Die Frage nach der Stellung der Parteien im Verfassungsgefüge der Bundesrepublik lässt sich damit wie folgt beantworten: Den Parteien wird weder eine Betrachtungsweise gerecht, die sie als rein privatrechtliche Gebilde auffasst, noch eine solche, die in ihnen einen Teil des Staatsapparates oder ein mittelbares Staatsorgan sieht. Schlagwortartig lässt sich die Stellung der Parteien so umreißen, dass sie auf eine besondere Art in das Verfassungsgefüge der Bundesrepublik „inkorporiert" sind.

Weiterführende Hinweise:

BVerfG vom 25. 7. 2012, DVBl. 2012, 1096 ff. (negatives Stimmgewicht, Überhangmandate);

BVerfGE 129, 300 ff. (5% Klausel für Europawahl verfassungswidrig);

BVerfGE 123, 39, 75 (Zum Einsatz elektronischer Wahlgeräte);
BVerfGE 95, 335 ff. (Zulässigkeit von Überhangmandaten und 5%-Sperrklausel);
BVerfGE 75, 67 ff. (Sendezeit für Parteien);
BVerfGE 73, 40, 70 ff. (Parteienfinanzierung);
Pieroth, Das Demokratieprinzip des Grundgesetzes, JuS 2010, 473.

Kapitel 8: Das Sozialstaatsprinzip und die Staatsziele Umwelt- und Tierschutz

182 Die letzte Staatszielbestimmung des Art. 20 GG schließlich ist die der **Sozialstaatlichkeit.** Anders als die Bundesstaatlichkeit, das Rechtsstaatsprinzip und das Demokratiegebot hat dieser Grundsatz weder verfassungsrechtliche Vorläufer noch ihn ausfüllende, konkretisierende Vorschriften im Grundgesetz. Die Sozialstaatsklausel ist gleichwohl trotz ihrer Unbestimmtheit mehr als eine leere Proklamation; sie stellt eine **Rechtsnorm** dar, über deren Tragweite und Bedeutung freilich Uneinigkeit besteht. Aus der Geschichte der sozialen Bewegung in Deutschland hat dieser Begriff einen Sinn erhalten, der zum einen auf Korrektur von Einkommens- und Vermögensverhältnissen etwa durch die Progression bestimmter Steuern und zum anderen auf soziale Sicherheit und allgemeine Rücksichtnahme auf den sozial Schwächeren zielt.

183 Weitgehende Einmütigkeit besteht darüber, dass das Sozialstaatsprinzip den Staat verpflichtet, den wirtschaftlich Schwächeren zu schützen. Zur Erfüllung dieser Verpflichtung kommen folgende Erwägungen in Betracht:

184 1. Das Sozialstaatsprinzip kann als eine für den wirtschaftlich Schwachen unmittelbar anspruchsbegründende Norm verstanden werden mit der Folge, dass dieser aus Art. 20 Abs. 1 GG gegen den Staat auf ausreichenden Wohnraum oder materielle Unterstützung bei Bedürftigkeit klagen kann.

185 2. Das Sozialstaatsprinzip kann aber auch als Verpflichtung der Träger öffentlicher Gewalt aufgefasst werden, die im Grundgesetz garantierte formal gleiche Freiheit aller nicht zu einem Recht des wirtschaftlich Stärkeren werden zu lassen, ohne dass jedoch dieser Verpflichtung ein einklagbares Recht des Bürgers gegenübersteht.

186 Rechtsprechung und Schrifttum folgen nahezu einheitlich der zweiten Auslegung des Sozialstaatsprinzips. Danach richtet sich der **Gestaltungsauftrag** dieses Verfassungsprinzips, soziale Ungleichheit abzubauen und sozial und wirtschaftlich schwache Bevölkerungskreise zu schützen, in erster Linie an den Gesetzgeber. Seiner Entscheidung ist es überlassen, das Sozialstaatsprinzip inhaltlich zu präzisieren. Diese Ausrichtung auf den Gesetzgeber bedeutet zugleich, dass Art. 20 Abs. 1 GG dem Einzelnen keinen unmittelbaren Anspruch auf staatliche Leistungen gibt.

187 Das Bundesausbildungsförderungsgesetz (BAföG) beispielsweise beruht auf dem Konzept, im Bildungsbereich wirtschaftlich bedingter Ungleichheit entgegenzuwirken. Einen Anspruch auf Ausbildungsbeihilfe hat der Einzelne jedoch erst seit seinem Inkrafttreten im Jahre 1969. Art. 20 Abs. 1 GG unmittelbar verleiht keinen Anspruch auf Studienbeihilfe. Dieses Beispiel lässt sich beliebig auf sonstige staatliche Sozialleistungen übertragen.

188 In welchem Grad und in welchem Umfang der Gesetzgeber dem **Verfassungsauftrag** der Sozialstaatlichkeit nachgekommen ist, wird deutlich am Haushaltsplan, der die Vielfalt und Fülle staatlicher Aktivität auf wirtschaftlichem und sozialem Gebiet widerspiegelt: Der Bundeshaushalt 2012

(inkl. Nachtragshaushalt) hat ein Volumen von 312,7 Mrd. €. Den größten Einzeletat hat das Bundesministerium für Arbeit und Soziales mit rund 126,1 Mrd. €, weit vor dem Verteidigungshaushalt mit 31,9 Mrd. €.

Einige Autoren meinen, das Sozialstaatsprinzip berechtige den Staat zu weitreichenden Eingriffen in die Privatwirtschaft. Sie argumentieren folgendermaßen: Das Sozialstaatsprinzip verpflichte den Staat, dafür zu sorgen, dass der elementare materielle Bedarf der Bürger gedeckt ist. Entscheidend dafür sei ein einwandfreies Funktionieren der Wirtschaft. Daher müsse die gesamte Wirtschaftspolitik auf Sicherung der optimalen Befriedigung aller Bedürfnisse gerichtet sein. Der Staat sei somit berechtigt, mittels staatlichen Eingriffs dafür zu sorgen, dass innerhalb der Wirtschaft dem Prinzip optimaler Bedarfsdeckung gegenüber dem Gewinnstreben der einzelnen Unternehmen der Vorrang gegeben wird. Das Bundesverfassungsgericht steht dieser Ansicht ablehnend gegenüber: Das Grundgesetz habe sich zwar eindeutig zum Sozialstaat bekannt, sich allerdings nicht für ein bestimmtes Wirtschaftssystem und für eine bestimmte soziale Ordnung entschieden. Das Grundgesetz sei vielmehr wirtschaftspolitisch neutral. **189**

Die Sozialstaatsklausel wendet sich jedoch nicht ausschließlich an den Gesetzgeber. Eigenständige Bedeutung hat sie ferner bei der **Auslegung** und **Anwendung von Gesetzen** durch die Organe der Exekutive und Judikative. Die Verwaltung muss insbesondere im Ermessensbereich soziale Gesichtspunkte angemessen berücksichtigen, während die Rechtsprechung im Zweifel Gesetze so auslegen muss, dass sie die Stellung des Schwächeren verbessern. Dies gilt insbesondere für die Auslegung von Grundrechten; denn diese sichern jedem eine formal gleiche Rechtsposition ohne Bezug zur jeweiligen sozialen Lage. Ihre Reichweite muss deshalb für den Einzelfall unter dem Gesichtspunkt des Sozialstaatsprinzips bestimmt werden. **190**

Wie weit sich dies im konkreten Fall auswirken kann, zeigt folgendes Beispiel: Art. 2 Abs. 1 GG garantiert die Vertragsfreiheit. Dieses Recht steht dem Frierenden ebenso zu wie dem Heizölhändler, der bei einer lang andauernden Ölkrise über den letzten Vorrat verfügt. Wird der Frierende abgewiesen, wenn er um gleiche Verteilung des Öls zu einem angemessenen Preis bittet, so wird das Grundrecht bei einer sozial ungebundenen Auslegung zu einem Recht der besitzenden Minderheit, das dieser hilft, ihre Macht voll auszuspielen. Gegen einen derartigen Missbrauch von Grundrechten richtet sich das Sozialstaatsprinzip. Es verpflichtet den Staat einzugreifen, wenn Rechte dazu ge- oder missbraucht werden, um Unfreiheiten und Abhängigkeiten zu Zwecken einer unkontrollierten Machtausübung aufrechtzuerhalten. **191**

Art. 20 a GG umfasst mit dem Umweltschutz und – seit 2002 – dem Tierschutz zwei Staatszielbestimmungen, die für alle Staatsorgane verbindlich sind: Er stellt einen Handlungsauftrag nicht zuletzt für die Legislative dar, dem Gesetzgeber steht aber ein weiter Gestaltungsspielraum zu. Mit dieser Vorschrift wurde eine verfassungsrechtliche Wertentscheidung für Umwelt- und Tierschutz getroffen, die bei der Auslegung des einfachen Rechts durch vollziehende Gewalt und Rechtsprechung zu berücksichtigen ist. **192**

Als Staatszielbestimmung stellt Art. 20 a GG zwar objektives Recht dar. Ein subjektives Recht, das dem Bürger einen Anspruch gegen den Staat auf ein Tätigwerden im Bereich des Tier- oder Umweltschutzes gibt, ergibt sich hieraus jedoch nicht. Art. 20 a GG ist kein Grundrecht. **193**

Weiterführende Hinweise:

Kluge, Staatsziel Tierschutz, ZRP 2004, 10;
Louven, Soziale Gerechtigkeit und das Sozialstaatsprinzip des Art. 20 GG, SGb 2008, 758;
Westphal, Art. 20 a GG – Staatsziel „Umweltschutz“, JuS 2000, 339.

Kapitel 9: Die Staatsorgane des Bundes

Gemäß Art. 20 Abs. 2 Satz 2 GG wird die Staatsgewalt vom Volk in Wahlen und Abstimmungen und durch besondere Organe der Gesetzgebung, der vollziehenden Gewalt und der Rechtsprechung ausgeübt. 194

I. Gesetzgebende Organe

Die gesetzgebenden Organe des Bundes sind **Bundestag** und **Bundesrat.** **Gesetze im materiellen Sinn sind Vorschriften, die in abstrakter genereller Weise, also auf Dauer und für eine unbestimmte Anzahl von Fällen und Personen, anordnen, welche rechtlichen Folgen eintreten sollen, wenn ein bestimmter Sachverhalt verwirklicht ist.** 195

Formelle Gesetze sind solche Rechtsnormen, die von den Legislativorganen erlassen werden. 196

§ 14 Satz 1 BImSchG lautet: 197
„Auf Grund privatrechtlicher, nicht auf besonderen Titeln beruhender Ansprüche zur Abwehr benachteiligender Einwirkungen von einem Grundstück auf ein benachbartes Grundstück kann nicht die Einstellung des Betriebs einer Anlage verlangt werden, deren Genehmigung unanfechtbar ist; es können nur Vorkehrungen verlangt werden, die die benachteiligenden Wirkungen ausschließen."

Ist also eine industrielle Anlage mit staatlicher Genehmigung errichtet (§§ 4–21 BImSchG), so ordnet § 14 BImSchG an, dass Eigentümer der Nachbargrundstücke, die sich durch den Betrieb der Anlage gestört fühlen, nicht aus § 1004 Abs. 1 BGB auf Einstellung der Anlage klagen können, da sie zur Duldung verpflichtet sind (§ 1004 Abs. 2 BGB). Die in § 14 BImSchG angeordnete Rechtsfolge ist abstrakt gefasst, sie ist also nicht auf einen bestimmten Fall, sondern auf eine Vielzahl von unbestimmten in der Zukunft liegenden Fällen zugeschnitten. Ebenso wie § 14 BImSchG regeln auch die übrigen Gesetze des öffentlichen Rechts, des Straf- und Zivilrechts in abstrakter genereller Weise einen bestimmten Tatbestand. Sie verpflichten entweder generell, indem sie ein bestimmtes Verhalten vorschreiben, z. B., dass im Straßenverkehr rechts zu fahren ist (Gebotsgesetz), oder ein bestimmtes Handeln verbieten (Verbotsgesetz), oder sie berechtigen einen jeden, auf den der Tatbestand einer Norm, die Ansprüche verleiht, zutrifft (z. B. Bundesausbildungsförderung, Sozialhilfe). 198

1. Bundestag

a) Wahl zum Bundestag und Wahlsysteme

Das Hauptlegislativorgan des Bundes ist der **Bundestag,** das einzige Staatsorgan des Bundes, das unmittelbar vom Volk gewählt wird. Er besteht im Regelfall aus 598 Abgeordneten (§ 1 BWG). 199

In den Demokratien gängig sind zwei Wahlsysteme: Im **Verhältniswahlsystem** werden die Abgeordneten in demselben Verhältnis auf die einzelnen konkurrierenden Parteien verteilt, in dem die abgegebenen Wählerstimmen sich auf die Parteien verteilt haben. Im reinen **Mehrheits- oder Personen-** 200

wahlsystem gilt derjenige Bewerber als gewählt, der die Mehrheit der Stimmen im jeweiligen Wahlbezirk auf sich vereinigt. Das BWG vermischt Elemente des Mehrheitswahlrechts mit denen des Verhältniswahlrechts.

201 Jeder Wahlberechtigte hat zwei Stimmen. Mit der **Zweitstimme** wählt er nach dem Verhältnismäßigkeitsrecht **Parteilisten.** Die Parteien, die mehr als 5% der gültigen Zweitstimmen erhalten, ziehen in der Stärke ihrer Stimmen in den Bundestag ein. Mit der Erststimme wird die personale Zusammensetzung des Bundestags beeinflusst. In relativer Mehrheitswahl ist der Bewerber gewählt, der im Wahlkreis die meisten **Erststimmen** erhält (**Direktwahl**).

202 Mit der Erststimme hat der Wähler nur Einfluss auf die personelle Zusammensetzung des Parlamentes. Das geltende Wahlrecht der Bundesrepublik wird daher als **personalisiertes Verhältniswahlrecht** bezeichnet.

203 Das Bundesverfassungsgericht hat sich in der jüngeren Vergangenheit mit der Verfassungsmäßigkeit der einfachgesetzlichen Ausgestaltung des Wahlrechts zu beschäftigen gehabt. Gegenstand der Kritik waren dabei insbesondere die sog. Überhangmandate, die einer Partei dann eingeräumt werden, wenn sie mehr Direktkandidaten in das Parlament entsenden kann als ihr aufgrund der Anzahl der Zweitstimmen zukommen würden. Das Bundesverfassungsgericht hat hier eine Neuregelung angemahnt, die dafür Sorge zu tragen hat, dass durch die Anzahl der Überhangmandate keine „Verfälschung" des Zweitstimmenwahlergebnisses erfolgt (*BVerfG*, DVBl. 2012, 1096 ff.).

b) Die Bundestagsabgeordneten

204 Art. 38 Abs. 1 Satz 2 GG umreißt die **Rechtsstellung der Bundestagsabgeordneten.** Danach sind Abgeordnete des Deutschen Bundestages Vertreter des ganzen Volkes, an Aufträge und Weisungen nicht gebunden und nur ihrem Gewissen unterworfen. Damit garantiert die Verfassung, dass – rechtlich gesehen – Abgeordnete ihre Entscheidungen unabhängig von der jeweiligen Stimmung des Volkes treffen können. Glücklicher als der Begriff Vertreter ist die Bezeichnung des Bundestagsabgeordneten als **Repräsentant,** da er im Verhältnis zu seinen Wählern ein sog. **freies Mandat** innehat. Im Gegensatz dazu steht das **gebundene Mandat (imperatives Mandat),** das den Abgeordneten rechtlich an konkrete Weisungen seiner Wähler bindet.

205 Besonderer Schutz kommt dem Abgeordneten durch Art. 46 GG zu. Art. 46 Abs. 1 GG betrifft die sog. **Indemnität.** Danach darf ein Abgeordneter wegen einer Abstimmung oder wegen einer Äußerung, die er im Bundestag oder in einem seiner Ausschüsse getan hat, weder gerichtlich noch dienstlich verfolgt oder sonst zur Verantwortung gezogen werden. Diese Bestimmung sichert die parlamentarische Redefreiheit. Der Abgeordnete soll sich von äußerem Zwang möglichst frei fühlen. Art. 46 Abs. 2 GG behandelt die **Immunität.** Ein Abgeordneter, der eine strafbare Handlung begangen hat, darf nur mit Genehmigung des Bundestages vor Gericht gestellt oder verhaftet werden, sofern er nicht bei Begehung der Tat oder im Laufe des folgenden Tages festgenommen wird. Die Immunität dient dem Schutz der Arbeitsfähigkeit des Parlaments. Sie ist historisch erklärbar. Das Parlament sollte vor willkürlichen Eingriffen der Exekutive geschützt werden. Man wollte verhindern, dass bei umstrittenen Abstimmungen das Ergebnis

dadurch beeinflusst werden kann, dass missliebige Abgeordnete unter beliebigem Vorwand durch die Exekutive in Haft genommen werden – so beispielsweise des Öfteren geschehen zu Zeiten der Weimarer Republik. Zweck der Indemnität und der Immunität ist nach der historischen Entwicklung dieser Rechtsinstitute nicht eine Privilegierung des Abgeordneten, sondern die Sicherung der **Funktionsfähigkeit des Parlaments.**

Der Bundestag wird auf vier Jahre gewählt (**Legislaturperiode**), **Art. 39** 206
Abs. 1 Satz 1 GG. Er gibt sich eine **Geschäftsordnung,** wählt einen **Präsidenten** und seine Stellvertreter (**Vizepräsidenten**), die das **Präsidium** bilden, sowie die Schriftführer. Bei der Führung der Geschäfte wird der Präsident vom **Ältestenrat** unterstützt, der sich aus dem Präsidenten, dessen Stellvertretern und 23 Abgeordneten zusammensetzt. Gegliedert ist der Bundestag in **Fraktionen,** Vereinigungen von mindestens 5% der Mitglieder des Bundestages. Die **Ausschüsse** sind Unterorgane des Bundestages und nach dem Stärkeverhältnis der Fraktionen zusammengesetzt. Die Bestellung eines Ausschusses für Auswärtige Angelegenheiten, eines Ausschusses für Verteidigung, eines Ausschusses für Angelegenheiten der Europäischen Union und eines Petitionsausschusses schreibt die Verfassung zwingend vor.

Bei der Lektüre der Art. 38 bis 49 GG fällt auf, dass diese über die **Auf-** 207
gaben des Bundestages kaum etwas aussagen. Die Aufgaben des Bundestages sind an anderen Stellen des Grundgesetzes normiert. Die wichtigste Tätigkeit des Bundestages ist die Beratung und der Beschluss von Gesetzen. Das **Gesetzgebungsverfahren** ist in einem besonderen Abschnitt des Grundgesetzes geregelt (Art. 70 bis 82 GG), auf das in Kapitel 10 noch gesondert eingegangen wird. Außerhalb der Art. 38 bis 49 weist das Grundgesetz dem Bundestag noch folgende Befugnisse zu:

1. Art. 63 GG: Wahl des Bundeskanzlers,
2. Art. 67 GG: Abberufung des Bundeskanzlers,
3. Art. 56 GG: Abnahme des Eides des Bundespräsidenten (gemeinsam mit dem Bundesrat),
4. Art. 59 Abs. 2 GG: Zustimmung zum Abschluss bestimmter völkerrechtlicher Verträge und
5. Art. 61 GG: Präsidentenanklage.

Insgesamt lassen sich die folgenden vier Hauptaufgaben des Parlaments 208
feststellen, die zusammen dem Bundestag eine herausgehobene Stellung im Staatsaufbau der Bundesrepublik garantieren: die **Gesetzgebungsfunktion,** die **Wahlfunktion** für bestimmte Staatsorgane, die **Kontrollfunktion** gegenüber der Exekutive und die **Repräsentationsfunktion.**

2. Bundesrat

Gemäß Art. 50 GG wirken die Bundesländer durch den **Bundesrat** bei 209
Gesetzgebung und Verwaltung des Bundes mit. Der Bundesrat besteht aus Mitgliedern der Landesregierungen. Jedes Land hat mindestens drei Stimmen (Bremen, Hamburg, Mecklenburg-Vorpommern, Saarland), Länder mit mehr als zwei Millionen Einwohnern haben vier (Berlin, Brandenburg, Rheinland-Pfalz, Sachsen, Sachsen-Anhalt, Schleswig-Holstein, Thüringen), mit mehr als sechs Millionen Einwohnern fünf (Hessen), mit mehr als sie-

ben Millionen Einwohnern sechs Stimmen (Baden-Württemberg, Bayern, Niedersachsen, Nordrhein-Westfalen). Die Gesamtzahl der Stimmen beträgt momentan 69. Die Stimmen eines Landes können nur einheitlich abgegeben werden.

210 Auch der Bundesrat hat sich eine **Geschäftsordnung** gegeben. Sein **Präsident** wird auf ein Jahr gewählt (Art. 51 Abs. 1 GG), und zwar in der Reihenfolge der Größe der Länder nach der Einwohnerzahl. Er ist **Vertreter des Bundespräsidenten.** In die **Ausschüsse** des Bundesrates können auch Nichtmitglieder berufen werden.

211 Durch den Bundesrat erhalten die Bundesländer Einfluss auf die Bundesverwaltung und die Bundesgesetzgebung. Er gibt ihnen die Möglichkeit, die Tätigkeit von Bundestag und Bundesregierung zu kontrollieren und zu beeinflussen und dabei die Interessen der Länder zu wahren. Auch in Angelegenheiten der Europäischen Union wirken die Bundesländer nach Art. 23 Abs. 4 bis 7 GG über den Bundesrat durch weitreichende Beteiligungsrechte mit.

II. Vollziehende Organe

212 Die verfassungsrechtlichen Beziehungen zwischen Legislative und Exekutive konstituieren das **Regierungssystem** eines demokratischen Staates. In einer Demokratie gibt es zwei Grundtypen von Regierungssystemen, das **Präsidialsystem** und das **parlamentarische System.**

213 Bei dem **Präsidialsystem** hat das Parlament keinen Einfluss auf die Bildung der Regierung. Beide Gewalten stehen unabhängig nebeneinander. Dieses System besteht in den Vereinigten Staaten von Amerika. Die Exekutive, der Präsident, wird dort vom Volk gewählt. Der Congress (Senate und House of Representatives) hat außer der Präsidentenanklage (Impeachment) keine Möglichkeit, den Präsidenten zu stürzen.

214 Den Gegensatz hierzu bildet das **parlamentarische System.** Bei diesem wird die Regierung vom Parlament gewählt und ist von ihm abhängig. Das Parlament hat die Befugnis, mit **Misstrauensanträgen** nicht nur die Regierung als ganzes, sondern auch einzelne Regierungsmitglieder zum **Rücktritt** zu zwingen. Dieses System bestand in der Weimarer Republik, es führte oftmals dazu, dass sich eine Parlamentsmehrheit fand, die bereit war, eine Regierung oder einen Minister zu stürzen, ohne aber selbst eine Regierung bilden zu können.

215 Gemäß Art. 67 und Art. 68 GG besteht in der Bundesrepublik ein **abgemildertes parlamentarisches System.** Nach Art. 67 GG kann der Bundestag, wenn er dem Bundeskanzler das Misstrauen ausspricht, nur die gesamte Regierung stürzen. Einzelne Regierungsmitglieder kann er nicht abwählen. Der Sturz des Kanzlers ist nur bei gleichzeitiger Neuwahl eines anderen Kanzlers möglich. Findet sich im Bundestag eine Mehrheit, die die Bundesregierung zu stürzen bereit ist, aber sich selbst nicht auf die Wahl eines neuen Bundeskanzlers einigen kann, so bleibt die alte Bundesregierung im Amt. Dieses **konstruktive Misstrauensvotum** steht im Gegensatz zum destruktiven der Weimarer Republik.

216 Art. 68 GG gibt dem Bundeskanzler selbst die Möglichkeit zu prüfen, ob seine Regierungsarbeit von der Mehrheit des Bundestages gebilligt wird,

indem er die **Vertrauensfrage** stellt. Bei einem negativen Ergebnis kann der Bundespräsident unter den Voraussetzungen des Art. 68 GG den Bundestag auflösen. Dieses Instrument wurde 2005 von dem Bundeskanzler Gerhard Schröder angewendet, um Neuwahlen herbeizuführen. Zwar ist heftig umstritten, ob Art. 68 GG für eine solche unechte Vertrauensfrage überhaupt geschaffen ist; das Bundesverfassungsgericht billigte die Bundestagsauflösung letztlich und hat die Frage damit für die Staatspraxis entschieden.

Die Aufgabenbereiche exekutiver Staatsgewalt sind in ihrer Komplexität 217 kaum zu überblicken. Sie reichen von der Finanz- und Wehrverwaltung über das Bildungswesen bis hin zur Rentenversorgung. Für alle Bereiche gilt Art. 20 Abs. 3 GG: Die vollziehende Gewalt ist an Gesetz und Recht gebunden. Der wichtigste Aufgabenbereich der **Exekutive** ist die **Ausführung von Gesetzen.**

Die Aufgaben der vollziehenden Gewalt beschränken sich aber nicht 218 allein darauf, die vom Gesetzgeber erlassenen Rechtsnormen auszuführen. Vielmehr ist zu differenzieren: Auf der einen Seite steht die Gesetzesausführung durch die Exekutive. Dies ist Aufgabe der Verwaltungsbehörden. Daneben ist auch die Tätigkeit der Regierung ein wesentlicher Teil der Exekutive. Dabei geht es weniger um die Ausführung von Gesetzen, als vielmehr um das Treffen und Verwirklichen eigenständiger politischer Entscheidungen wie z.B. Aufnahme und Pflege politischer Beziehungen zu anderen Staaten; Auslandsreisen des Bundeskanzlers zur Verbesserung politischer und wirtschaftlicher Beziehungen etc.

1. Bundespräsident

Als erstes Exekutivorgan des Bundes behandelt das Grundgesetz den 219 **Bundespräsidenten.** Er wird gemäß Art. 54 Abs. 1 S. 1 GG von der **Bundesversammlung** auf fünf Jahre gewählt. Die direkt daran anschließende Wiederwahl ist nur einmal möglich, Art. 54 Abs. 2 Satz 1 GG, jedoch ist die Wiederwahl nach überwiegender Ansicht dann nicht ausgeschlossen, wenn dazwischen mindestens ein anderer Bundespräsident amtiert hat. Die Wahl des Bundespräsidenten ist die einzige Aufgabe der Bundesversammlung. Sie besteht gemäß Art. 54 Abs. 3 GG aus den Mitgliedern des Bundestages und aus einer gleichen Anzahl von Mitgliedern, die von den Volksvertretungen der Länder (Landtage) gewählt werden, aber nicht Landtagsabgeordnete zu sein brauchen.

Der Bundespräsident ist das Staatsoberhaupt. Er darf nicht der Regie- 220 rung oder dem Parlament des Bundes oder eines Landes angehören, darf kein anderes besoldetes Amt, kein Gewerbe und keinen Beruf ausüben und nicht der Leitung oder dem Aufsichtsrat eines auf Erwerb gerichteten Unternehmens angehören (Art. 55 GG). Vom Grundgesetz werden ihm nur geringe Kompetenzen eingeräumt, die sich zumeist in Repräsentativaufgaben nach innen und nach außen erschöpfen. Das Amt des Bundespräsidenten lebt daher in ebenso hohem Maße von der Ausstrahlungskraft der Persönlichkeit seines jeweiligen Trägers wie von den Befugnissen, die das Grundgesetz ihm einräumt. Zu seinen Aufgaben gehören insbesondere auch die völkerrechtliche Vertretung der Bundesrepublik Deutschland (Art. 59 Abs. 1 Satz 1 GG), der Abschluss von Verträgen mit auswärtigen Staaten

(Art. 59 Abs. 1 Satz 2 GG) sowie die Ausfertigung (Unterzeichnung) und Verkündung von Gesetzen (Art. 82 GG).

2. Bundesregierung

221 Das entscheidende Exekutivorgan der Bundesrepublik ist die **Bundesregierung,** die aus dem **Bundeskanzler** und den **Bundesministern** besteht. Einen der Bundesminister ernennt der Bundeskanzler zu seinem Stellvertreter, für den sich die im Grundgesetz nicht vorgesehene Bezeichnung **Vizekanzler** durchgesetzt hat.

222 Die Bildung der Bundesregierung beginnt mit der **Wahl des Bundeskanzlers** auf Vorschlag des Bundespräsidenten durch den Bundestag (Art. 63 GG). Der vom Bundestag mit der Mehrheit seiner Mitglieder Gewählte ist vom Bundespräsidenten zum Bundeskanzler zu ernennen (Art. 63 Abs. 2 und Abs. 4 Satz 2 GG). Er schlägt dem Bundespräsidenten die Minister vor, die von diesem ernannt werden (Art. 64 GG). Der Bundespräsident darf hierbei jedoch politische Bedenken äußern; ihm steht jedoch kein politisches Prüfrecht zu. Er kann eine Ernennung aus formellen Gründen (z. B. Inkompatibilitäten, Art. 55 GG) verweigern.

223 Art. 65 GG regelt die innere Struktur der Bundesregierung. Der Bundeskanzler nimmt eine führende Sonderstellung ein (Kanzlerprinzip) und bestimmt die **Richtlinien der Politik** (Richtlinienkompetenz). Er hat damit wesentlich mehr politische Befugnisse als die übrigen Regierungsmitglieder, die ihre Ressorts innerhalb der Richtlinien des Kanzlers selbstständig und unter eigener Verantwortung leiten (Ressortkompetenz).

III. Rechtsprechende Organe

224 Art. 92 GG lautet:

> „Die rechtsprechende Gewalt ist den Richtern anvertraut; sie wird durch das Bundesverfassungsgericht, durch die in diesem Grundgesetz vorgesehenen Bundesgerichte und durch die Gerichte der Länder ausgeübt."

225 Art. 97 Abs. 1 GG sagt über die Rechtsstellung der Richter aus:

> „Die Richter sind unabhängig und nur dem Gesetze unterworfen."

226 Die Funktion der rechtsprechenden Gewalt ist es, Streitfälle zu entscheiden, die bei der Anwendung von Normen entstehen.

1. Bundesverfassungsgericht

227 An der Spitze der rechtsprechenden Gewalt der Bundesrepublik Deutschland steht das **Bundesverfassungsgericht.** Durch die Befugnisse, die ihm die Verfassung zuweist, ragt es aus der übrigen Gerichtsorganisation heraus. Es überprüft zwar die Entscheidungen der anderen Gerichte nicht auf Fehler bei der Auslegung des einfachen Rechts und seiner Anwendung auf den Einzelfall. Insofern stellt das Bundesverfassungsgericht **keine Superrevisionsinstanz** für letztinstanzliche Urteile dar. Jedoch hebt es Entscheidungen der anderen Gerichte bei Vorliegen einer **spezifischen Verfassungsverletzung** auf. Eine solche liegt nur dann vor, wenn ein Gericht den Schutzbereich eines Grundrechts falsch bestimmt hat, wenn es ein einschlägiges Grund-

recht bei seiner Entscheidung übersehen hat, oder wenn es seine Entscheidung auf ein verfassungswidriges Gesetz gestützt hat. Daneben kontrolliert das Bundesverfassungsgericht durch seine Rechtsprechung das verfassungsmäßige Verhalten **aller** staatlichen Gewalten: den Gesetzgeber, ob dessen Gesetze den Vorschriften des Grundgesetzes entsprechen, die Verwaltung und die Gerichte, ob sie bei ihren Maßnahmen und Entscheidungen das Grundgesetz beachtet haben. Außerdem schlichtet es Streitigkeiten zwischen staatlichen Organen, beschließt über die Rechtmäßigkeit von Bundestagswahlen (Art. 41 Abs. 2 GG), das Verbot politischer Parteien (Art. 21 Abs. 2 GG), die Verwirkung von Grundrechten (Art. 18 GG) und Anklagen gegen den Bundespräsidenten und gegen Bundesrichter wegen Verletzung der Verfassung (Art. 61, Art. 98 Abs. 2 GG). Durchaus zu Recht kann man daher das Bundesverfassungsgericht auch als obersten **Hüter der Verfassung** bezeichnen.

Die rechtlich und politisch bedeutsamsten Verfahren vor dem Bundesver- 228
fassungsgericht sind die der **Normenkontrolle,** des **Organstreits** und der **Verfassungsbeschwerde.**

a) Normenkontrollverfahren (Art. 93 Abs. 1 Nr. 2 und Art. 100 Abs. 1 GG)

Art. 20 Abs. 3 GG bindet den Richter an das Gesetz und den Gesetzge- 229
ber an die verfassungsmäßige Ordnung. Da auch der Richter – wie alle staatlichen Organe – an die Verfassung gebunden ist, entsteht ein Konflikt, wenn ein Richter meint, ein Gesetz, auf das es bei der Entscheidung des Streitfalles ankommt, entspreche nicht der verfassungsmäßigen Ordnung.

Zwei Grundtypen der Konfliktlösung sind denkbar: Zum einen könnte 230
es dem Richter verwehrt sein, die Gültigkeit von Gesetzen in Frage zu stellen. Er müsste vielmehr jedes vom Parlament erlassene Gesetz als geltendes Recht anwenden. Dieser Standpunkt entspricht der Verfassungsrechtslage in England und Frankreich. Zum anderen könnte der Konflikt durch ein Prüfungsrecht des Richters gelöst werden. Das Grundgesetz hat sich für letztere Konfliktlösung entschieden: Der Richter ist berechtigt und wegen der Höherrangigkeit der Verfassung sogar verpflichtet, jede Rechtsnorm, die er anwendet, auf ihre Vereinbarkeit mit der Verfassung zu prüfen. Es würde jedoch zu großer Unsicherheit führen, wenn jedes einzelne Gericht befugt wäre, ein Gesetz wegen Verfassungswidrigkeit einfach nicht anzuwenden. Art. 100 Abs. 1 Satz 1 GG lautet daher:

„Hält ein Gericht ein Gesetz, auf dessen Gültigkeit es bei der Entscheidung ankommt, 231
für verfassungswidrig, so ist das Verfahren auszusetzen und (...) die Entscheidung des Bundesverfassungsgerichts einzuholen."

Man nennt das Verfahren nach Art. 100 Abs. 1 GG **konkrete Normen-** 232
kontrolle, weil ein konkretes gerichtliches Verfahren den Anlass zur bundesverfassungsgerichtlichen Überprüfung gibt.

Von der konkreten unterscheidet sich die **abstrakte Normenkontrolle** da- 233
durch, dass hier nicht eine konkrete gerichtliche Streitigkeit Prüfungsanlass ist, sondern Verfassungsorgane einen Antrag an das Bundesverfassungsgericht stellen, das die Vorschrift auf ihre Vereinbarkeit mit der Verfassung überprüft. Die entsprechende Vorschrift des Art. 93 Abs. 1 Nr. 2 GG lautet:

234 „Das Bundesverfassungsgericht entscheidet bei Meinungsverschiedenheiten oder Zweifeln über die förmliche und sachliche Vereinbarkeit von Bundesrecht oder Landesrecht mit diesem Grundgesetze oder die Vereinbarkeit von Landesrecht mit sonstigem Bundesrecht auf Antrag der Bundesregierung, einer Landesregierung oder eines Drittels der Mitglieder des Bundestages."

b) Organstreit (Art. 93 Abs. 1 Nr. 1 GG)

235 Für die Entscheidung **staatsorganisationsrechtlicher Streitigkeiten,** d.h. bei Auseinandersetzungen über die Befugnisse einzelner Staatsorgane, ist das Bundesverfassungsgericht ebenfalls zuständig. Diese Vorschrift lautet:

236 „Das Bundesverfassungsgericht entscheidet über die Auslegung dieses Grundgesetzes aus Anlass von Streitigkeiten über den Umfang der Rechte und Pflichten eines obersten Bundesorganes oder anderer Beteiligter, die durch dieses Grundgesetz oder in der Geschäftsordnung eines obersten Bundesorgans mit eigenen Rechten ausgestattet sind."

237 Bei der Bundestagsauflösung 2005 gingen zwei Abgeordnete mit dem Organstreit gegen den Bundespräsidenten vor. Sie argumentierten, dass keine Auflösungslage im Sinne des Art. 68 GG vorlag, da Bundeskanzler Schröder das Vertrauen nur zum Schein – nämlich um Neuwahlen zu erzwingen – entzogen wurde. Damit drangen die Abgeordneten nicht durch.

c) Verfassungsbeschwerde (Art. 93 Abs. 1 Nr. 4a GG)

238 Das für den Bürger bedeutsamste Verfahren vor dem Bundesverfassungsgericht ist die **Verfassungsbeschwerde.**

239 Damit die Beachtung der Grundrechte in den Art. 1 bis 19 GG durch die staatlichen Organe sichergestellt ist und damit sie einheitlich ausgelegt werden, ist die Verfassungsbeschwerde geschaffen worden. Verfassungsbeschwerde kann von jedermann mit der Behauptung erhoben werden, durch die öffentliche Gewalt (Legislative, Exekutive, Rechtsprechung) in einem seiner Grundrechte oder einem seiner in den Art. 20 Abs. 4, 33, 38, 101, 103 und 104 GG enthaltenen Rechte verletzt zu sein (Art. 93 Abs. 1 Nr. 4a GG).

240 Die Verfassungsbeschwerde ist allerdings **subsidiär:** Der Betroffene muss sich zur Verteidigung seiner Rechte zunächst an die allgemeinen Gerichte wenden, d.h. den Rechtsweg erschöpfen.

241 Die Verfassungsbeschwerde hat doppelte Funktion: Zum einen ist sie ein Rechtsbehelf, der den Staatsbürgern zur Verteidigung ihrer Grundrechte eingeräumt ist. Nur bei der Möglichkeit einer **spezifischen Grundrechtsverletzung** oder einer Verletzung der in Art. 93 Abs. 1 Nr. 4a GG genannten sog. grundrechtsgleichen Rechte kann Verfassungsbeschwerde eingelegt werden.

242 Die zweite Funktion der Verfassungsbeschwerde besteht darin, das objektive Verfassungsrecht zu bewahren und seiner Fortbildung zu dienen. Unabhängig davon, ob das Bundesverfassungsgericht eine Verfassungsbeschwerde für begründet oder unbegründet erklärt, enthält die Begründung in jedem Fall maßgebliche Ausführungen zu verfassungsrechtlichen Fragen, die oftmals erhebliche Auswirkungen auf das Handeln des Gesetzgebers und der Verwaltung sowie auf die Rechtsprechung der Gerichte haben.

2. Organisation und Aufgaben der Gerichte

243 Bereits in Kapitel 2 fanden eine Reihe von unterschiedlichen Gerichten Erwähnung. Diese Vielzahl verschiedener Gerichte in der Bundesrepublik

Deutschland ist recht verwirrend. Kritiker sprechen deshalb plastisch davon, die Bundesrepublik sei ebenso sehr „Rechtswegestaat“ wie Rechtsstaat. Ein derart unübersichtliches System trägt eher dazu bei, dem Bürger die Suche nach Rechtsschutz zu erschweren. Der nachfolgende Überblick, der weit von jeder Vollständigkeit entfernt ist, verfolgt einzig und allein den Zweck, im Rahmen dieses Buches die Übersicht zu erleichtern.

Die Gerichtsorganisation der Bundesrepublik ist so gestaltet, dass neben einer Vielzahl von Gerichten der ersten Instanz eine immer noch beachtliche Zahl von Gerichten der **Berufungsinstanz** bestehen. Alle diese Gerichte sind Gerichte der Länder. Über diesen stehen dann die **Revisionsgerichte.** Im Gegensatz zum Berufungsgericht überprüft die Revisionsinstanz nicht noch einmal den gesamten Tatsachen- und Rechtsstoff eines Prozesses, sondern geht allein der Frage nach, ob die **Rechtsfragen** zutreffend entschieden wurden. 244

Zweck der Revisionsinstanz ist der folgende: Jeder Richter ist bei der Norminterpretation unabhängig, d. h., er unterliegt keinen Weisungen. Es liegt nahe, dass dies zu einer sehr unterschiedlichen Rechtsprechung der einzelnen Gerichte führen kann, was wiederum große Rechtsunsicherheit zur Folge hätte. Diese zu vermeiden, ist Sinn der Revision. 245

§ 316 StGB lautet: 246
„Wer im Verkehr ein Fahrzeug führt, obwohl er infolge des Genusses alkoholischer Getränke (...) nicht in der Lage ist, das Fahrzeug sicher zu führen, wird mit Freiheitsstrafe bis zu einem Jahr bestraft (...).“
Bliebe es der Norminterpretation eines jeden einzelnen Richters überlassen, ob dieser Tatbestand bei 0,5, 0,7, 1,0 oder erst bei 1,5 Promille erfüllt ist, würden die betreffenden Autofahrer kaum Verständnis dafür haben. Der Bundesgerichtshof hat als Revisionsinstanz entschieden, dass das Tatbestandsmerkmal „nicht in der Lage sein, das Fahrzeug sicher zu führen“ bei 1,1 Promille erfüllt ist. Damit konnte und durfte er allerdings den untergeordneten Gerichten keine rechtlich bindende Weisung erteilen. Diese sind – rechtlich gesehen – nach wie vor in der Norminterpretation frei, halten sich jedoch nahezu ausnahmslos an die Auslegung des Bundesgerichtshofs, da sie ansonsten damit rechnen müssten, dass ihre Urteile von diesem in der Revisionsinstanz aufgehoben werden.

Den im Rahmen der Rechtspflege quantitativ größten Aufgabenbereich hat die **ordentliche Gerichtsbarkeit.** Ihr obliegt die Zivil- und Strafrechtspflege, § 13 GVG. Gerichte der ordentlichen Gerichtsbarkeit sind die **Amtsgerichte** (AG), die **Landgerichte** (LG), die **Oberlandesgerichte** (OLG) und der **Bundesgerichtshof** (BGH) in Karlsruhe. Kein Prozess durchläuft allerdings alle vier Instanzen, das Maximum liegt bei drei. Zivilprozesse im Streitwert bis zu 5000 € beginnen beim Amtsgericht und enden – falls der Unterlegene Berufung einlegt – am Landgericht als Berufungsinstanz. Liegt der Streitwert über 5000 €, so beginnen die Prozesse beim Landgericht, Berufungsinstanz ist das Oberlandesgericht, Revisionsinstanz der Bundesgerichtshof. 247

Vergleichbar, aber noch weitaus komplizierter ist der Instanzenzug der ordentlichen Gerichtsbarkeit bei der Strafrechtspflege. Prozesse über geringfügige Delikte beginnen beim Amtsgericht vor dem Einzelrichter oder dem Schöffengericht, schwerwiegendere Delikte beim Landgericht (Strafkammer oder Strafkammer als Schwurgericht), Staatsschutzdelikte beim Oberlandesgericht. Über Berufungen gegen Urteile des Amtsgerichts ent- 248 scheidet das Landgericht. Gegen Urteile des Landgerichts als Eingangsinstanz gibt es nur die Revision. Revisionsinstanz ist für Strafprozesse, die beim Amtsgericht beginnen, das Oberlandesgericht, im Übrigen der Bundesgerichtshof.

249 Über zivilrechtliche Streitigkeiten entscheiden neben den ordentlichen Gerichten noch die **Arbeitsgerichte.** Sie sind zuständig für alle bürgerlichen Rechtsstreitigkeiten zwischen Arbeitnehmern und Arbeitgebern aus dem Arbeitsverhältnis. Arbeitsvertragsrecht ist Zivilrecht, da Arbeitnehmer und Arbeitgeber rechtlich auf gleicher Stufe stehen. Ein Weisungsrecht hat der Arbeitgeber gegenüber dem Arbeitnehmer erst, nachdem sich dieser in einem Arbeitsvertrag zu abhängiger Arbeit verpflichtet hat. Der Grund für die besondere Arbeitsgerichtsbarkeit ist die Notwendigkeit einer Spezialisierung. Die Arbeitsgerichtsbarkeit ist dreistufig aufgebaut: Erste Instanz sind die **Arbeitsgerichte** (ArbG), Berufung ist möglich zu den **Landesarbeitsgerichten** (LAG), Revisionsinstanz ist das **Bundesarbeitsgericht** (BAG) in Erfurt, § 1 ArbGG.

250 Über öffentlich-rechtliche Streitigkeiten im Sinne des § 40 VwGO entscheiden im Regelfall die **Verwaltungsgerichte.** In der allgemeinen Verwaltungsgerichtsbarkeit entscheiden erstinstanzlich die **Verwaltungsgerichte** (VG), § 45 VwGO. Berufungsinstanz sind die **Oberverwaltungsgerichte** (OVG), die in den süddeutschen Ländern Verwaltungsgerichtshöfe (VGH) heißen. Revisionsinstanz ist das **Bundesverwaltungsgericht** (BVerwG) in Leipzig.

251 Besondere Rechtsmaterien des öffentlichen Rechts, die umfangreiche Spezialkenntnisse voraussetzen, sind das Steuer- und das Sozialversicherungsrecht. Hierfür sind jeweils eigene besondere Verwaltungsgerichte, die Sozialgerichte und die Finanzgerichte, zuständig. Eingangsinstanz der **Sozialgerichtsbarkeit** sind die **Sozialgerichte** (SG), Berufungsinstanz die **Landessozialgerichte** (LSG) und Revisionsinstanz ist das **Bundessozialgericht** (BSG) in Kassel.

252 Bei den **Finanzgerichten** fehlt die Berufungsinstanz. In erster Instanz sind die **Finanzgerichte** (FinG) zuständig; Revisionsinstanz ist der **Bundesfinanzhof** (BFH) in München.

253 Zur Wahrung der Einheitlichkeit der Rechtsprechung ist ein **Gemeinsamer Senat** der fünf obersten Gerichtshöfe in Karlsruhe gebildet worden. Er entscheidet, wenn ein oberster Gerichtshof in einer Rechtsfrage von der Entscheidung eines anderen obersten Gerichtshofs oder des Gemeinsamen Senats abweichen will.

Weiterführende Hinweise:

Beaucamp, Konflikte in der Bundesregierung, JA 2001, 478;
Burkiczak, Die verfassungsrechtlichen Grundlagen der Wahl des deutschen Bundestages, JuS 2009, 805;
Burkiczak, Die Bundesversammlung und die Wahl des Bundespräsidenten, JuS 2004, 278;
Holzner, Die Verfassungswidrigkeit des Bundeswahlrechts, ZG 2010, 167;
Kahl/Benner, Fehlerhaftes Gesetzgebungsverfahren – Der Bundespräsident als Kontrollinstanz, Jura 2005, 869;
von Lewinski, Ein Kanzler will Neuwahlen, JA 2006, 439.

254

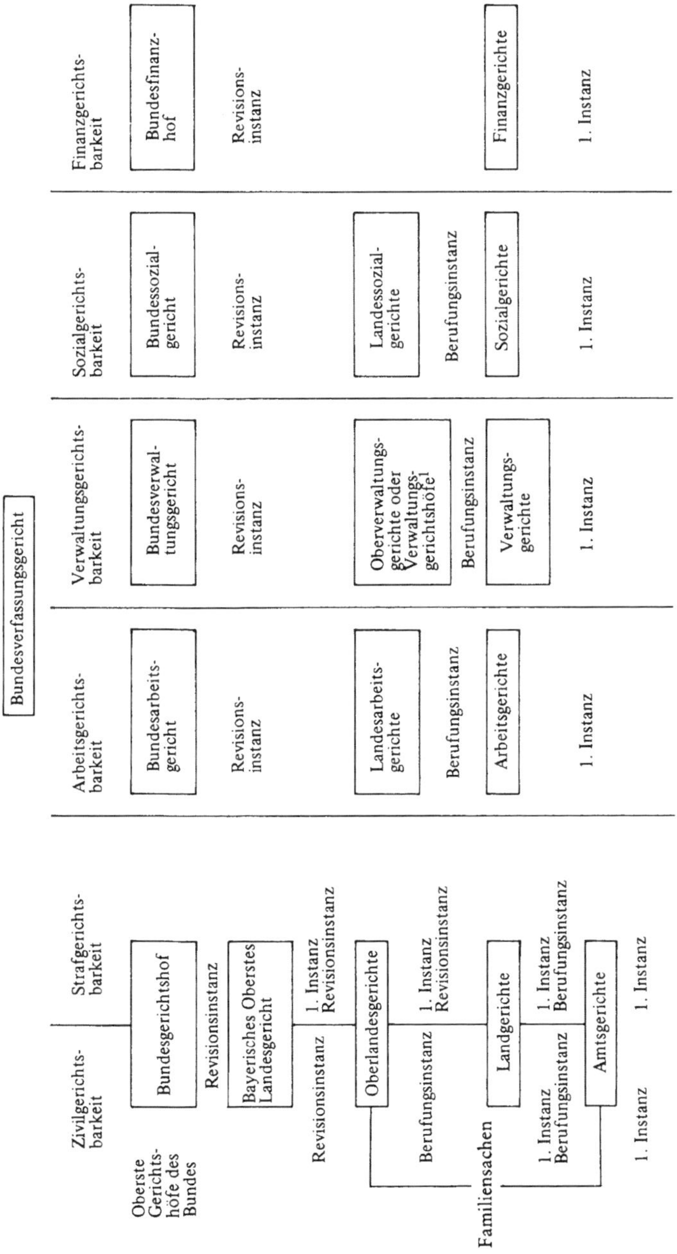

[1] Erstinstanzliche Zuständigkeiten der Oberverwaltungsgerichte in den Fällen der §§ 47, 48 Verwaltungsgerichtsordnung in der Fassung der Bekanntmachung vom 19. März 1991 (VwGO, BGBl. I, S. 686).

Kapitel 10: Die Bundesgesetzgebung

255 In einem Bundesstaat können bei der Ausübung staatlicher Gewalt Konflikte entstehen, weil sowohl der Bund als auch die Länder jeweils eigenständige Staatsgewalt besitzen. Eine erste grobe Kompetenzverteilung nimmt Art. 30 GG vor: Danach ist die Ausübung staatlicher Befugnisse und die Erfüllung staatlicher Aufgaben Sache der Länder, soweit nicht das Grundgesetz ausdrücklich eine Zuständigkeit des Bundes begründet. Für die gesetzgebende Gewalt ist dieser Grundsatz noch einmal in Art. 70 Abs. 1 GG wiederholt, für die Exekutive in Art. 83 GG. Deshalb haben die Länder das Recht zur Gesetzgebung, soweit das Grundgesetz dem Bund nicht ausdrücklich Gesetzgebungsbefugnisse zuteilt.

I. Gesetzgebungszuständigkeit des Bundes

256 Über welche Materien dem Bund Gesetzgebungsbefugnisse zustehen, regeln die Art. 70ff. und 105 GG. Dabei ist zu unterscheiden zwischen:

1. der ausschließlichen Bundesgesetzgebung (Art. 71, 73, 105 Abs. 1 GG) und
2. der konkurrierenden Bundesgesetzgebung (Art. 72, 74, 105 Abs. 2 GG).

1. Ausschließliche Bundesgesetzgebung

257 Art. 73 GG und Art. 105 GG nennen Sachgebiete, die gemäß Art. 71 GG **ausschließlich** der Bund regeln darf. Die Länder sind in diesem Bereich grundsätzlich von der Gesetzgebung ausgeschlossen. Die in dem Katalog des Art. 73 GG genannten Sachgebiete können vernünftigerweise in einem Bundesstaat ausschließlich nur vom Bund geregelt werden, da sie einer einheitlichen Regelung unbedingt bedürfen. Nahezu unvorstellbar wäre das Durcheinander, das entstünde, wenn jedes Bundesland sein Geldwesen bzw. die geltenden Maße und Gewichte selbstständig und anders als die anderen regeln dürfte. Reibungsverluste und Schaden für die gesamte Volkswirtschaft wären unermesslich. Für die Wirtschaft besonders bedeutsam ist die **ausschließliche Gesetzgebungszuständigkeit** des Bundes auf dem Gebiet des Währungswesens (Art. 73 Nr. 4 GG), der Einheit des Zoll- und Handelsverkehrs (Art. 73 Nr. 5 GG), des gewerblichen Rechtsschutzes (Art. 73 Nr. 9 GG) und der Zölle und Finanzmonopole (Art. 105 Abs. 1 GG).

2. Konkurrierende Gesetzgebung

258 Die Eigenart der **konkurrierenden Gesetzgebung** besteht darin, dass grundsätzlich Bund **und** Länder die in Art. 74 und 105 Abs. 2 GG aufgezählten umfangreichen Materien gesetzlich regeln dürfen.

259 Nahezu chaotische Zustände würden eintreten, wenn der Bund und jedes Land gesondert unterschiedliche Gesetze für einen bestimmten Sachbereich erlassen könnten. Beispielsweise würde bei der Strafgesetzgebung (Art. 74 Nr. 1 GG) vollständige Rechtsunsicherheit herrschen, wenn es Handlungen gäbe, die nach dem Strafgesetz des Bundes erlaubt, nach demjenigen in

Bremen verboten und nach dem hamburgischen Strafgesetz wieder erlaubt wären. Um einer derartigen Uneinheitlichkeit vorzubeugen, gibt Art. 72 Abs. 1 GG dem **Bundesgesetzgeber Vorrang,** da er immer dann, wenn er eine Materie geregelt hat, damit automatisch die Zuständigkeit der Länder für dieses Sachgebiet ausschließt. Wenn aber die Länder die betreffende Materie gesetzlich schon geregelt haben, **bevor** sich der Bund dazu entschlossen hat, greift Art. 31 GG ein: Nach Erlass des Bundesgesetzes werden die betreffenden Landesgesetze unwirksam. Dieser Vorrang der Bundesgesetzgebung vor der Landesgesetzgebung im Bereich der konkurrierenden Gesetzgebung verhindert unterschiedliche Gesetze für den gleichen Sachbereich immer dann, wenn der Bundesgesetzgeber tätig geworden ist.

Mit der Föderalismusreform wurde dieser Vorrang in einigen Punkten aufgeweicht. Art. 72 Abs. 3 GG sieht nun eine mögliche Abweichungsgesetzgebung der Länder für die dort aufgezählten Materien vor. Der Bund hat grundsätzlich die Gesetzgebungskompetenz in diesen Bereichen. Die Länder haben aber die Möglichkeit, durch eigene Gesetze abweichende Regelungen treffen. Daher treten Bundesgesetze in den in Art. 72 Abs. 3 GG aufgezählten Kompetenzen erst sechs Monate nach Verkündung in Kraft. Sinn dieser „Wartezeit“ ist, dass sich die Länderparlamente währenddessen über eine mögliche abweichende Regelung entscheiden können. **260**

Eine weitere Einschränkung des Vorrangs der Bundesgesetzgebung enthält Art. 72 Abs. 2 GG. In den dort aufgezählten Bereichen hat der Bund nur dann die Befugnis zur konkurrierenden Gesetzgebung, wenn und soweit die Herstellung gleichwertiger Lebensverhältnisse im Bundesgebiet oder die Wahrung der Rechts- und Wirtschaftseinheit im gesamtstaatlichen Interesse eine bundesgesetzliche Regelung erforderlich macht. Ob diese Voraussetzungen vorliegen, kann in einem eigenen Fall des abstrakten Normenkontrollverfahrens gemäß Art. 93 Abs. 1 Nr. 2a GG durch das Bundesverfassungsgericht überprüft werden; antragsberechtigt sind dabei der Bundesrat, eine Landesregierung oder die Volksvertretung eines Landes. Gemäß Art. 72 Abs. 4 GG kann durch Bundesgesetz bestimmt werden, dass eine ursprünglich gemäß Art. 72 Abs. 2 GG erforderliche Regelung, deren Erforderlichkeit später entfallen ist, durch Landesrecht ersetzt werden kann. Diese Vorschrift verdeutlicht das Spannungsverhältnis, das dem Bundesstaat immanent ist. Einerseits soll es immer dann, wenn es notwendig oder zweckmäßig ist, eine im ganzen Bundesstaat einheitliche Regelung über die Materien der konkurrierenden Gesetzgebung geben, andererseits soll aber immer dann, wenn eine solche Erforderlichkeit nicht so dringend ist, die Eigenstaatlichkeit der Länder den Vorrang haben. **261**

In einer industriellen Massengesellschaft ist der Trend zur Vereinheitlichung außerordentlich groß. Der Bundesgesetzgeber hat deshalb die in Art. 74 GG ebenso wie die in Art. 105 Abs. 2 GG genannten Materien weitgehend geregelt und damit die Möglichkeit der Länder zu selbstständiger verschiedenartiger Normierung ausgeschaltet. Dies gilt vor allem für das Recht der Wirtschaft (Art. 74 Abs. 1 Nr. 11 GG). Bei Durchsicht des Kataloges des Art. 74 Abs. 1 GG wird deutlich, dass hier die wichtigsten und die bedeutendsten Materien, die einer gesetzgeberischen Regelung zu- **262** gänglich sind, genannt werden. Von den dem juristischen Laien bekannten Rechtsgebieten fehlen wohl nur das Polizei-, das Schul- und das Gemeinderecht – Rechtsgebiete, für die nach Art. 70 Abs. 1 GG allein die Länder zuständig sind. Ein Bundesschulgesetz oder Bundesgemeindegesetz wäre deshalb verfassungswidrig. Die Länder haben nach Art. 70 Abs. 1 GG grundsätzlich das Recht zur Gesetzgebung (Regel), soweit nicht das Grundgesetz dem Bund die Zuständigkeit gibt (Ausnahme); die Aktivität des Bundesgesetzgebers im Bereich der konkurrierenden Gesetzgebung hat dieses Regel-Ausnahme-Verhältnis in sein Gegenteil verkehrt. Dies äußert sich beispielsweise darin, dass die wichtigsten Gesetze, mit denen künftige Volks- und Betriebswirte in ihrer beruflichen Tätigkeit in Berührung kommen werden, zum größten Teil Bundesgesetze sind. Das ist leicht zu erklären, da Rechtsvereinheitlichung ein Hauptanliegen einer expandierenden Wirtschaft ist und war.

263 Für Wirtschaftswissenschaftler von besonderer Bedeutung sind die folgenden konkurrierenden Gesetzgebungszuständigkeiten des Bundes: Art. 74 Abs. 1 Nr. 1 (bürgerliches Recht), Nr. 12 (Arbeitsrecht), Nr. 16 (Kartellrecht) und insbesondere Art. 74 Abs. 1 Nr. 11 GG (Recht der Wirtschaft). Der Begriff **„Recht der Wirtschaft"** in Art. 74 Abs. 1 Nr. 11 GG ist weit gespannt und extensiv zu interpretieren. Dazu gehören alle das wirtschaftliche Leben und die wirtschaftliche Betätigung als solche regelnden Normen, die sich in irgendeiner Form auf die Erzeugung, Herstellung und Verteilung von Gütern des wirtschaftlichen Bedarfs beziehen.

II. Verfahren bei der Bundesgesetzgebung

264 Das Grundgesetz hat neben der Kompetenz des Bundes auch das Verfahren der Gesetzgebung geregelt. Wenn in Übungsklausuren Bundesgesetze auf ihre Verfassungsmäßigkeit hin zu prüfen sind, ist zunächst der Frage nachzugehen, ob der Bund überhaupt die Gesetzgebungsbefugnis zur Regelung der betreffenden Materie hat. Wenn die Art. 73 bis 74 oder 105 GG oder eine sonstige Spezialbestimmung des Grundgesetzes dem Bund diese Kompetenz nicht geben, kann man die Prüfung beenden, denn das Gesetz ist formell verfassungswidrig. Auf die Frage der materiellen Verfassungsmäßigkeit ist dann in einem Hilfsgutachten einzugehen.

265 Besitzt der Bundesgesetzgeber die Gesetzgebungszuständigkeit, muss, wenn der Sachverhalt entsprechende Hinweise enthält, des Weiteren geprüft werden, ob die Bestimmungen über das formelle Gesetzgebungsverfahren eingehalten worden sind. Dieses Verfahren ist in den Art. 76 bis 82 GG geregelt.

266 Gesetzesvorlagen können von der Bundesregierung, aus der Mitte des Bundestages oder vom Bundesrat eingebracht werden (Art. 76 Abs. 1 GG). Über die eingebrachte Gesetzesvorlage fasst der Bundestag nach drei Lesungen, während derer beraten wird und Änderungsvorschläge gemacht werden können, den **Gesetzesbeschluss, Art. 77 Abs. 1 GG.** Zwischen den Lesungen im Plenum des Bundestages werden die Gesetzesvorlagen in den zuständigen **Ausschüssen** beraten und eventuell Änderungsvorschläge gemacht. Werden in der zweiten Lesung im Plenum keine Änderungen beschlossen, erfolgt die dritte Lesung und anschließend die Schlussabstim-

mung. Im Regelfall ist ein Gesetz vom Bundestag dann beschlossen, wenn es die Mehrheit (Art. 42 Abs. 2 GG) der abgegebenen Stimmen erhält. Nur bei **verfassungsändernden Gesetzen** ist nach Art. 79 GG eine Mehrheit von zwei Dritteln der Mitglieder erforderlich (**qualifizierte Mehrheit**).

Nach dem Gesetzesbeschluss durch den Bundestag wird das Gesetz dem Bundesrat zugeleitet (Art. 77 Abs. 1 und 2 GG). Nunmehr sind drei Arten von Gesetzen – **Einspruchsgesetze, zustimmungsbedürftige** und **verfassungsändernde Gesetze** – zu unterscheiden, bei denen der Bundesrat ein jeweils unterschiedliches Mitwirkungsrecht hat (Art. 50 GG). Das weitere Verfahren ist je nach Art des Gesetzes unterschiedlich. 267

1. Einspruchsgesetze

Bei **Einspruchsgesetzen** ist folgendes Verfahren vorgesehen: Angenommen, die Bundesregierung leitet dem Bundestag ein „Gesetz zur Änderung des Gesetzes über Maßnahmen zur Förderung des deutschen Films" zu. Dieses Gesetz ist im Bundesministerium für Wirtschaft mit dem Ziel ausgearbeitet worden, die Wettbewerbsfähigkeit des deutschen Films im internationalen Vergleich durch Förderungshilfen zur Herstellung deutscher Filme und zur Werbung für den Film im Ausland zu fördern. Der Bundestag hat dieses Gesetz nach der dritten Lesung mit der erforderlichen Mehrheit beschlossen und dem Bundesrat zugeleitet. Der Bundesrat hat nun zwei Möglichkeiten: 268

1. Er stimmt ausdrücklich oder durch dreiwöchiges Stillschweigen zu, oder er erklärt, er werde den Vermittlungsausschuss nach Art. 77 Abs. 2 GG nicht anrufen. In diesen Fällen ist das Bundesgesetz nach Art. 78 GG zustande gekommen.
2. Er ruft den Vermittlungsausschuss an, weil er mit dem Gesetz nicht einverstanden ist.

Der **Vermittlungsausschuss** (Art. 77 Abs. 2 GG) besteht aus je 16 Mitgliedern des Bundestages und des Bundesrates. Er wird sich um eine Übereinkunft der Auffassung des Bundestages mit der des Bundesrates bemühen und wahrscheinlich eine Änderung des Gesetzes vorschlagen, von der anzunehmen ist, dass sie die Billigung von Bundestag und Bundesrat findet. Über den Änderungsvorschlag hat der Bundestag erneut Beschluss zu fassen. Danach wird die Gesetzesvorlage wieder dem Bundesrat vorgelegt, wobei es gleichgültig ist, ob der Bundestag dem Änderungsvorschlag des Vermittlungsausschusses zugestimmt hat oder auf dem ursprünglichen Gesetzeswortlaut beharrt (Art. 77 Abs. 3 GG). Lehnt der Bundestag den Vermittlungsvorschlag ab, so hat der Bundesrat über den ursprünglichen Gesetzesbeschluss zu befinden. Stimmt der Bundestag dem Vermittlungsvorschlag zu, so unterliegt das derart geänderte Gesetz dem Votum des Bundesrates. 269

Wenn der Bundestag aber dem Änderungsvorschlag des Vermittlungsausschusses nicht zugestimmt hat oder neue Bedenken gegen das Gesetz aufgetaucht sind und eventuell weitere Vermittlungsverfahren keinen Erfolg hatten, wird der Bundesrat **Einspruch** gegen das Gesetz (Art. 77 Abs. 3 GG) einlegen. Hat der Bundesrat diesen Einspruch mit der einfachen Mehrheit seiner Stimmen beschlossen, genügt eine einfache Mehrheit der Stimmen des Bundestages, um ihn zurückzuweisen. Hat der Bundesrat aber seinen 270

Einspruch mit einer Zweidrittelmehrheit beschlossen, dann muss der Bundestag diesen Einspruch auch mit einer Mehrheit von zwei Dritteln der Abstimmenden, mindestens aber mit der Mehrheit der Mitglieder des Bundestages zurückweisen (Art. 77 Abs. 4 GG). Gelingt ihm das, ist das Gesetz zustande gekommen, andernfalls ist es gescheitert.

271 Bei Einspruchsgesetzen ist mithin die Wirksamkeit der „föderativen Bremse" beschränkt. Im äußersten Falle bedarf es aber immerhin der Stimmen von zwei Dritteln der Mitglieder des Bundestages, um ein Gesetz, das der Bundesrat ablehnt, zu verabschieden. Dieses Maß an Einflussnahme seitens der im Bundesrat vertretenen Länder reicht im Regelfalle aus.

2. Zustimmungsgesetze

272 Es gibt jedoch Gesetze, durch die Länderinteressen so stark betroffen werden, dass das **Grundgesetz** dem Bundesrat eine stärkere Mitbestimmung einräumt. Dabei handelt es sich um die **Zustimmungsgesetze.** Das Grundgesetz sieht Einspruchsgesetze als Regel an, so dass das Verfahren bei zustimmungsbedürftigen Gesetzen nur dann in Betracht kommt, wenn dies das Grundgesetz **ausdrücklich** vorschreibt.

273 Das Verfahren bei zustimmungsbedürftigen Gesetzen ist recht einfach: Stimmt der Bundesrat nach dem Gesetzesbeschluss des Bundestages dem Gesetz zu, so ist es zustande gekommen. Ist der Bundesrat jedoch mit dem Gesetz nicht einverstanden, greift das Vermittlungsverfahren des Art. 77 Abs. 2 GG ein. Wenn der Bundestag über einen Änderungsvorschlag des Vermittlungsausschusses beschlossen hat, geht die Vorlage zurück zum Bundesrat. Stimmt der Bundesrat dem Gesetz zu, ist es zustande gekommen. Verweigert der Bundesrat auch nach möglichen weiteren, von Bundesregierung oder Bundestag initiierten Vermittlungsverfahren die Zustimmung, ist es gescheitert. Bei zustimmungsbedürftigen Gesetzen kann der Bundesrat mit der einfachen Mehrheit seiner Stimmen ein Gesetz vereiteln. Die „föderative Bremse" ist voll wirksam.

274 Als zustimmungsbedürftige Gesetze sind im Grundgesetz meist solche Gesetze genannt, die grundsätzliche Interessen der Länder berühren, da sie es dem Bund gestatten, in die Länderverwaltung einzugreifen oder auf andere Weise Kontrollfunktionen über die Bundesländer auszuüben.

3. Verfassungsändernde Gesetze

275 Ein Gesetz, das einzelne Bestimmungen des Grundgesetzes abändert oder neu hinzufügt, ist ein **verfassungsänderndes Gesetz.** Die Verfassung darf nach Art. 79 GG nur unter erschwerten Voraussetzungen geändert werden. Nach Art. 79 Abs. 1 GG kann das Grundgesetz nur durch ein Gesetz geändert werden, das seinen Wortlaut ausdrücklich ändert oder ergänzt. Jede Änderung des Grundgesetzes muss sich also in seinem Wortlaut niederschlagen, d.h., es ist dem Bundesgesetzgeber verwehrt, durch ein einfaches Gesetz quasi „auf dem Schleichwege" die Verfassung inhaltlich zu ändern. Ein solches Gesetz wäre verfassungswidrig, da es inhaltlich nicht mit dem Grundgesetz übereinstimmt. Gemäß Art. 79 Abs. 2 GG ist eine Verfassungsänderung **nur mit doppelter Zweidrittelmehrheit** möglich; einem verfassungsändernden Gesetz müssen sowohl Bundestag als auch Bundesrat mit

Zweidrittelmehrheit zustimmen. Dies zeigt, welche Bedeutung das Grundgesetz einer Verfassungsänderung beimisst.

Gänzlich unzulässig ist nach Art. 79 Abs. 3 GG ein verfassungsänderndes Gesetz, welches die Aufhebung der Gliederung des Bundes in Länder, der grundsätzlichen Mitwirkung der Länder bei der Gesetzgebung oder der in den Art. 1 **und** (nicht bis) 20 GG niedergelegten Grundsätze, also eine Beseitigung der freiheitlich demokratischen Grundordnung, zum Inhalt hat, sog. „Ewigkeitsgarantie". Diese Sicherung des „verfassungsfesten Minimums" in Art. 79 Abs. 3 GG bedeutet im Grunde einen Verstoß gegen das demokratische Prinzip. Der Grundgesetzgeber wollte mit dieser Vorschrift jedoch klarstellen, dass die in Art. 79 Abs. 3 GG genannten Prinzipien in der Bundesrepublik Deutschland auf legale Weise nicht beseitigt werden können. Selbstverständlich ist auch Art. 79 Abs. 3 GG selbst einer Verfassungsänderung entzogen. 276

III. Rechtsverordnungen

Das Grundgesetz weist die Funktion der Gesetzgebung dem Bundestag und dem Bundesrat zu. Der Gewaltenteilungsgrundsatz (Art. 20 Abs. 2 GG) verbietet zugleich die Übertragung dieser Funktion auf andere staatliche Organe. Das Parlament kann sich daher seiner Gesetzgebungsaufgabe auch nicht dadurch entledigen, dass es durch Gesetz die Exekutive zum Erlass von Gesetzen ermächtigt. Weder durch ein einfaches, noch durch ein verfassungsänderndes Gesetz könnte es diese Aufgabe übertragen (Art. 79 Abs. 3 GG). 277

Nur scheinbar mit diesen Grundsätzen in Widerspruch steht Art. 80 GG, dessen Abs. 1 lautet: 278

„Durch Gesetz können die Bundesregierung, ein Bundesminister oder die Landesregierungen ermächtigt werden, Rechtsverordnungen zu erlassen. Dabei müssen Inhalt, Zweck und Ausmaß der erteilten Ermächtigung im Gesetz bestimmt werden. Die Rechtsgrundlage ist in der Verordnung anzugeben. Ist durch Gesetz vorgesehen, dass eine Ermächtigung weiter übertragen werden kann, so bedarf es zur Übertragung der Ermächtigung einer Rechtsverordnung." 279

Rechtsverordnungen sind Rechtssätze, die nicht von der Legislative, sondern von der Exekutive erlassen werden. Sie treffen abstrakte generelle Aussagen über Tatbestände des Lebens und legen die Rechtsfolgen fest, sind mithin **Gesetze im materiellen Sinn,** nicht aber im formellen Sinn, da sie nicht von dem formell für die Rechtsetzung zuständigen legislativen Organ erlassen wurden. 280

Das Institut der Rechtsverordnung stellt eine Durchbrechung des Grundsatzes der Gewaltentrennung dar, welche vom Grundgesetz ausdrücklich zugelassen wird. So schwerwiegend, wie es auf den ersten Blick erscheint, ist dieser Einbruch der Exekutive in die rechtsetzende Funktion des Parlaments auch gar nicht, da Art. 80 GG die Rechtsetzungsbefugnis der Exekutive von legislativen Entscheidungen abhängig macht. Jede Rechtsverordnung bedarf einer ausdrücklichen gesetzlichen **Ermächtigung,** deren Inhalt, Zweck und Ausmaß im Gesetz selbst bestimmt sein müssen. Der Gesetzgeber muss also, wenn er Einzelregelungen der Exekutive überlässt, diese 281 nach Tendenz und Ausmaß jedenfalls so weit selbst bestimmen, dass ihr möglicher Inhalt vorhersehbar ist.

282 Ein ermächtigendes Gesetz, das diese Voraussetzungen nicht erfüllt, ist verfassungswidrig; eine darauf gestützte Rechtsverordnung fehlerhaft und damit nichtig.

283 Die Ermächtigung zum Erlass von Rechtsverordnungen ist ein unentbehrliches Mittel für eine optimale Aufgabenerfüllung durch die Legislative. Sie entlastet das Parlament von Detailregelungen und hält die Gesetze von Einzelbestimmungen frei, damit sich diese auf das Wesentliche beschränken können. Sie ermöglicht die sorgfältige Regelung technischer und sachlicher Einzelheiten und macht dem Gesetzgeber die Fachkenntnisse der Verwaltung, die der Praxis nähersteht, nutzbar. Vor allem aber bietet sie der Exekutive die Möglichkeit, durch den Erlass einer Rechtsverordnung das gesetzgeberische Instrumentarium rasch und wirksam zu benutzen. Die formelle Gesetzgebungsprozedur im Parlament dauert im Regelfall Monate; oft genug aber ist rasches Eingreifen unumgänglich. Als Beispiel sei § 19 Satz 1 des Gesetzes zur Förderung der Stabilität und des Wachstums der Wirtschaft (StabG) angeführt, der lautet:

284 „Zur Abwehr einer Störung des gesamtwirtschaftlichen Gleichgewichts kann die Bundesregierung durch Rechtsverordnung mit Zustimmung des Bundesrates anordnen, dass die Beschaffung von Geldmitteln im Wege des Kredits im Rahmen der in den Haushaltsgesetzen oder Haushaltssatzungen ausgewiesenen Kreditermächtigungen durch den Bund, die Länder, die Gemeinden und Gemeindeverbände sowie die öffentlichen Sondervermögen und Zweckverbände beschränkt wird."

285 Der nachfolgende § 20 StabG regelt detailliert das Ausmaß dieser Ermächtigung. Diese Normen geben der Bundesregierung ein Mittel in die Hand, in dem Moment, in dem es ihr notwendig erscheint, gemeinsam mit dem Bundesrat durch Rechtsverordnung die öffentliche Hand vom Kapitalmarkt zurückzudrängen, um einer Überhitzung der Konjunktur entgegenzusteuern. Langwieriger Beratungen im Parlament, welche möglicherweise erst zu spät zu einem Ergebnis führen würden, bedarf es dazu nicht. Gemäß Art. 80 Abs. 3 GG besitzt auch der Bundesrat bei zustimmungsbedürftigen Rechtsverordnungen ein Vorschlagsrecht gegenüber der Bundesregierung.

286 Ihrer Quantität nach übersteigen die Rechtsverordnungen die gesetzlichen Regelungen um ein Vielfaches. Dies verwundert nicht, da Detailregelungen normalerweise wesentlich umfangreicher sind als die Festlegung der Grundzüge.

IV. Verwaltungsvorschriften

287 Der Verwaltungsbeamte, sei er nun im Finanzamt, in der Wehrbereichsverwaltung, im Schulamt oder wo auch immer tätig, hat es in seiner praktischen Arbeit nicht nur mit Gesetzen und Rechtsverordnungen zu tun. Seine Tätigkeit wird daneben weitestgehend durch Vorschriften gelenkt, welche die Verwaltung für ihren eigenen internen Bereich erlässt. Für diese sog. **Verwaltungsvorschriften** gibt es die verschiedensten Bezeichnungen, z. B. Dienstanweisung, Richtlinie, (Ministerial-)Erlass, Rundschreiben, Anweisung und andere mehr.

Solche Vorschriften dienen zum Teil der Regelung des inneren Dienstbetriebes, z.B. dem zulässigen Verbrauch an Sachmitteln, der Regelung der Mittagspause der Bediensteten oder der Einführung der gleitenden Arbeitszeit. Insoweit enthalten sie keine besonderen rechtlichen Probleme, da sie nur für die Bediensteten der Behörde gelten, die Bürger aber nicht unmittelbar betreffen. 288

Die Mehrheit der Verwaltungsvorschriften hat jedoch einen anderen Charakter. Sie enthalten **Weisungen** der höheren Exekutive an die nachgeordneten Behörden über die Auslegung und Durchführung von Gesetzen und anderen Rechtsnormen. So ist es etwa nicht dem einzelnen Finanzbeamten überlassen, wie er eine mehrdeutige Norm bei der Einkommensteuerveranlagung auszulegen hat. In einer umfangreichen Verwaltungsanordnung, den Einkommensteuerrichtlinien des Bundesministers der Finanzen, die bundesweit jeden Finanzbeamten binden, sind für nahezu alle Zweifelsfragen genaue Anweisungen enthalten. Seitens der Exekutive ist auf diese Weise eine möglichst einheitliche Rechtsanwendung gewährleistet. 289

Um es an einem Beispiel zu verdeutlichen: Nach § 10b Abs. 1 EStG können Zuwendungen (Spenden und Mitgliedsbeiträge) zur Förderung steuerbegünstigter Zwecke im Sinne der §§ 52–54 AO in begrenztem Umfang als Sonderabgaben vom Gesamtbetrag der Einkünfte abgezogen werden. § 50 der Einkommensteuer-Durchführungsverordnung (EStDV) konkretisiert die Zulässigkeit des Abzugs von Zuwendungen und regelt Einzelheiten. Die EStDV ist eine Rechtsverordnung, die aufgrund einer im Einkommensteuergesetz enthaltenen Ermächtigung erlassen ist. Einkommensteuerrichtlinien zu § 10b EStG geben dem Finanzbeamten noch detailliertere Anweisungen und übertreffen die entsprechenden Regelungen der EStDV dem Umfang nach um ein Vielfaches. 290

Das im Beispiel angeführte quantitative Verhältnis zwischen Gesetz, dazu ergangener Rechtsverordnung und Verwaltungsvorschrift ist nicht ungewöhnlich. Besonders für die **Verwaltungspraxis** kann man die Bedeutung der Verwaltungsvorschriften gar nicht hoch genug einschätzen. Denn an diese halten sich die Verwaltungsbeamten bei der Anwendung von Gesetzen. Ist der Bürger der Ansicht, ein Gesetz sei nach wörtlicher, systematischer oder teleologischer Auslegung anders zu verstehen, muss er dies gerichtlich geltend machen, indem er sich gegen die Maßnahme wendet, die aufgrund der Verwaltungsvorschrift erlassen wurde. 291

Die **Gerichte** sind an die **Verwaltungsvorschriften nicht gebunden,** da diese, anders als ein Gesetz oder eine Rechtsverordnung, keine Rechtsnormen mit allgemeiner Verbindlichkeit sind. Verwaltungsvorschriften richten sich nur an die Behörde und ihre Bediensteten, nicht aber an den Bürger. Da sie keine allgemeinverbindlichen Rechtsnormen sind, kommen sie allein auch niemals als Rechtsgrundlage für einen belastenden staatlichen Eingriff in Betracht. Dem Vorbehalt des Gesetzes in Art. 20 Abs. 3 GG wird nur durch ein Gesetz Genüge getan. 292

Die **Verwaltungsvorschriften binden** jedoch den **Verwaltungsbeamten.** Er darf von ihnen grundsätzlich nicht abweichen; ansonsten verstößt er gegen seine Dienstpflicht. Die Befugnis der Exekutive zum Erlass von Verwaltungsvorschriften ist letztlich Ausfluss des hierarchischen Prinzips in der Verwaltung. Befehlsgewalt und Weisungsbefugnis gehen in der Verwaltung von oben nach unten, von dem der parlamentarischen Verantwortlichkeit unterliegenden Minister bis hin zum untergeordneten Verwaltungsbeamten. 293

So sind Verwaltungsvorschriften denn auch rechtlich gesehen nichts anderes als die Weisung eines Vorgesetzten, wie bei einer bestimmten Sachlage zu verfahren ist. Wenn die Verwaltungsvorschriften auch keine rechtlich bindende Wirkung gegenüber dem Bürger haben, so besitzen sie doch große praktische Bedeutung für Bürger und Gerichte. Der Bürger kann sich zwar nicht darauf berufen, die Behörde verfahre zu seinem Nachteil nicht nach einer ihr gegebenen Verwaltungsvorschrift, da diese – weil sie keine allgemein verbindliche Rechtsnorm ist – keine Rechte und Pflichten für den Bürger begründet. Wenn aber Behörden nach einer Verwaltungsvorschrift ständig verfahren, was in der Regel der Fall ist, dann dürfen sie zuungunsten eines Bürgers von dieser Praxis nicht ohne Grund abweichen. Weichen sie dennoch ab, so handeln sie rechtswidrig. Nicht der Verstoß gegen die Verwaltungsvorschrift, sondern die Verletzung des Gleichheitsgrundsatzes (Art. 3 GG) bewirkt die Rechtswidrigkeit. So erhalten viele Verwaltungsvorschriften über Art. 3 GG praktisch die Bedeutung von allgemein verbindlichen Rechtsnormen, sog. „Selbstbindung der Verwaltung“.

Weiterführende Hinweise:

Danwitz, von, Rechtsverordnungen, Jura 2002, 93;
Degenhardt, Die Neuordnung der Gesetzgebungskompetenzen durch die Föderalismusreform, NVwZ 2006, 1209;
Frenzel, Das Gesetzgebungsverfahren – Grundlagen, Problemfälle und neuere Entwicklungen, JuS 2010, 27, 119;
Häde, Zur Föderalismusreform in Deutschland, JZ 2006, 930;
Hebeler, Die Gesetzgebungskompetenz des Bundes und der Länder, JA 2010, 688;
Remmert, Rechtsprobleme von Verwaltungsvorschriften, Jura 2004, 728.

Kapitel 11: Die Ausführung von Bundesgesetzen

Nach Art. 30 und Art. 83 GG ist die Verwaltung grundsätzlich Sache der Länder. Diese führen nicht nur ihre eigenen Gesetze aus, sondern in der Regel auch die des Bundes. Bei der Ausführung ihrer eigenen Landesgesetze sind die Länder selbstständig. Der Bund besitzt keine Kontrollbefugnis. 294

Bei der Ausführung von Bundesgesetzen sind drei Arten des Vollzugs zu unterscheiden: 295

1. die Ausführung durch die Länder als **eigene Angelegenheit** (Art. 84 GG),
2. die Ausführung durch die Länder **im Auftrag des Bundes** (Art. 85 GG) und
3. die Ausführung in **bundeseigener Verwaltung** (Art. 86 bis 90 GG).

I. Landesverwaltung als eigene Angelegenheit

Die Ausführung von Bundesgesetzen erfolgt in der Regel durch die **Länder als eigene Angelegenheit.** Dies bedeutet, dass die Länder für die Leitung der Behörden, für ihre Einrichtung und das Verwaltungsverfahren selbst verantwortlich sind. Die Bundesregierung darf ihnen dabei keine Weisungen erteilen. Ihre Kontrollbefugnis beschränkt sich gemäß Art. 84 Abs. 3 GG darauf, zu überwachen, dass die Länder die Bundesgesetze dem geltenden Recht gemäß ausführen (**Rechtsaufsicht**). Über diese Aufsicht hinaus hat die Bundesregierung keine weiteren Befugnisse, insbesondere darf sie die Länder nicht anweisen, so zu verfahren, wie es ihrer Ansicht nach zweckmäßiger wäre (**Fachaufsicht**). Jedoch besteht ein Einzelweisungsrecht in besonderen Fällen (Art. 84 Abs. 5 GG). 296

Der Unterschied zwischen Rechts- und Fachaufsicht ist bedeutsam. Besteht eine Fachaufsicht des Bundes, dann darf dieser den Länderbehörden Weisungen erteilen, wie sie das Gesetz im Einzelfall auszuführen haben (Art. 85 Abs. 3 und 4 GG). Bei der Rechtmäßigkeitskontrolle (Art. 84 Abs. 3 GG) darf der Bund nur dann eingreifen, wenn die Landesbehörden rechtswidrig, d. h. den Bestimmungen des Gesetzes zuwider handeln. 297

Über Aufbau und Organisation der Landesverwaltung ist im Grundgesetz nichts bestimmt. Ihre Regelung obliegt den einzelnen Ländern selbst. In den meisten Bundesländern findet sich ein dreistufiger Verwaltungsaufbau (Ausnahmen z. B. die Stadtstaaten Berlin, Bremen und Hamburg, die nur einen zweistufigen Verwaltungsaufbau kennen). 298

Bei **dreistufigem Verwaltungsaufbau** unterstehen der nach Fachressorts gegliederten Landesregierung (Ministerien) einheitlich regionale Mittelbehörden (Regierungspräsidien, Landesdirektionen, Bezirksregierungen). Untere Behörden der allgemeinen Landesverwaltung sind die Verwaltungsbehörden auf der Ebene der Landkreise. Die **örtliche Verwaltung** ist Sache der **Gemeinden.** Sie dürfen nach Art. 28 Abs. 2 GG grundsätzlich alle Angelegenheiten der örtlichen Gemeinschaft in eigener Verantwortung wahrnehmen. Die staatlichen Organe eines Bundeslandes haben ihnen gegenüber kein Weisungsrecht. Bei der Erfüllung eigener Angelegenheiten unterstehen 299 die Gemeinden lediglich der Rechtsaufsicht dieser Behörden. Die kreisfreien Städte nehmen auch die Aufgaben der Kreisverwaltung als untere Behörde der allgemeinen Landesverwaltung wahr.

II. Bundesauftragsverwaltung

300 Nur auf den wenigen Gebieten, für die das Grundgesetz dies ausdrücklich vorschreibt, führen die Länder die Bundesgesetze im **Auftrag des Bundes** gemäß Art. 85 GG aus. **Bundesauftragsverwaltung** besteht kraft unmittelbarer Bestimmung des Grundgesetzes für Bundesautobahnen und -fernstraßen (Art. 90 Abs. 2 und 3 GG) und für die Finanzverwaltung, soweit die Steuern dem Bund zufließen (Art. 108 Abs. 3 GG). Bundesauftragsverwaltung kann ferner kraft der im Grundgesetz enthaltenen Ermächtigungsnormen eingeführt werden, z. B. für die Luftverkehrsverwaltung (Art. 87d Abs. 2 GG) und für die Erzeugung und Nutzung von Kernenergie (Art. 87c GG). Bei der Bundesauftragsverwaltung kann der Bund gemäß Art. 85 Abs. 4 GG Rechtmäßigkeit und Zweckmäßigkeit der Arbeitsweise der Landesbehörden kontrollieren. Ihm steht gemäß Art. 85 Abs. 3 GG ein Weisungsrecht zu.

III. Bundeseigene Verwaltung

301 Das Grundgesetz nennt nur wenige Aufgabenbereiche, die dem **Bund als eigene Angelegenheit** zugewiesen sind (Art. 87 GG). In unmittelbarer Bundesverwaltung werden z. B. geführt: der Auswärtige Dienst, die Zollverwaltung, der Bundesgrenzschutz, die Bundeswehr und die Bundeswehrverwaltung. Zum größten Teil hat die Bundesverwaltung Leitungs- und Aufsichtsfunktionen; dem entspricht ihr Verwaltungsaufbau mit vielen oberen Behörden und Dienststellen, jedoch nur wenigen Behörden mit eigenem Verwaltungsunterbau. Die **Bundesverwaltung** ist, soweit überhaupt ein eigener Unterbau besteht, **meist dreistufig** aufgebaut.

302 **Oberste Bundesbehörden** sind z. B. das Bundespräsidialamt, das Bundeskanzleramt, der Bundesrechnungshof und die Bundesministerien. Daneben gibt es zahlreiche **Bundesoberbehörden,** die den Ministerien unterstellt und für das gesamte Bundesgebiet zuständig sind, z. B. das Bundeskartellamt, das Bundesaufsichtsamt für das Versicherungswesen, das Bundeskriminalamt und das Kraftfahrtbundesamt. **Bundesmittelbehörden** sind die einer oberen bzw. obersten Bundesbehörde nachgeordneten Behörden mit gebietsmäßig und fachlich beschränktem Zuständigkeitsbereich, wie Oberfinanzdirektionen, Wasser- und Schifffahrtsdirektionen und die Wehrbereichsverwaltungen. Sie sind im Allgemeinen nur auf dem Gebiet der bundeseigenen Verwaltung tätig. Selten haben sie auch Aufsichtsfunktionen des Bundes gegenüber den Ländern bei der Auftragsverwaltung und der Ausführung der Bundesgesetze durch die Länder wahrzunehmen. **Untere Bundesbehörden** sind nur in bundeseigenen Angelegenheiten tätig (z. B. Zollamt, Grenzschutzamt und Kreiswehrersatzamt).

303 Schließlich gibt es zahlreiche sonstige Bundesdienststellen, Anstalten und Institute, die für besondere Zwecke errichtet und in den dreistufigen Behördenaufbau nicht einzuordnen sind, so z. B. das Bundesarchiv, die Bun-

desprüfstelle für jugendgefährdende Schriften, die Bundesschuldenverwaltung und die Bundesdruckerei.

Wesentliches Merkmal staatlicher Verwaltung ist der **hierarchische** Verwaltungsaufbau, d. h., die jeweils höhere Behörde ist berechtigt, der unteren Weisung zu erteilen. Die Verantwortung für die ausführende Staatsgewalt kumuliert auf diese Weise bei den jeweiligen obersten Landes- oder Bundesbehörden, den Ministerien. Die Minister unterliegen als Regierungsmitglieder wiederum der parlamentarischen Kontrolle; sie sind für die Verwaltungstätigkeit in ihren Fachressorts dem Parlament gegenüber verantwortlich. Das Prinzip parlamentarischer Kontrolle und Verantwortlichkeit ist wesentlicher Bestandteil nicht nur des im Grundgesetz verankerten parlamentarischen Regierungssystems (vgl. Art. 43, 44, 45 a, 45 b, 67 und 68 GG), sondern auch der Gewaltenteilung. 304

Eine sog. „ministerialfreie" Verwaltungstätigkeit, also eine vollziehende Staatsgewalt, für die nicht die Regierung letztverantwortlich ist, ist daher in einem parlamentarischen Regierungssystem grundsätzlich **unzulässig**. Behörden, die in ihren Angelegenheiten die eigenverantwortliche Letztentscheidung haben, ohne vom übergeordneten Ministerium kontrolliert und korrigiert werden zu können, gibt es in der Bundesrepublik denn auch nur in ganz wenigen Ausnahmefällen. 305

Weiterführende Hinweise:

Hebeler, Die Ausführung der Bundesgesetze (Art. 83 ff. GG), Jura 2002, 164;
Maurer, Die Ausführung der Bundesgesetze durch die Länder, JuS 2010, 945.

Kapitel 12: Die Finanzverfassung der Bundesrepublik Deutschland

I. Öffentliche Abgaben

306 Zur Bewältigung seiner Aufgaben braucht der Staat Geld – der Bundeshaushalt 2013 soll ca. 301 Mrd. € umfassen. Die wichtigste Finanzquelle des Staates sind die öffentlichen Abgaben. **Öffentliche Abgaben sind Geldforderungen, die die öffentliche Hand in ihrer Eigenschaft als Hoheitsträger aufgrund einer dazu ermächtigenden Rechtsnorm geltend zu machen befugt ist. Öffentliche Abgaben sind Gebühren, Beiträge, Steuern und Sonderabgaben.**

1. Gebühren

307 Der Staat lässt sich nicht jede Leistung mit einer konkreten Gegenleistung entlohnen. Typische Staatsleistungen, denen keine unmittelbare Gegenleistung gegenübersteht, sind z.B. die Gewährleistung innerer und äußerer Sicherheit. Diese Aufgaben erfüllt der Staat jedem gegenüber. Sie kommen allen zugute, d.h., sie liegen im öffentlichen Interesse.

308 In vielen Fällen wird die Verwaltung aber nicht nur im öffentlichen Interesse tätig, sondern sie erbringt Leistungen, die überwiegend oder ausschließlich im privaten Interesse des einzelnen Bürgers liegen. Die Müllabfuhr dient beispielsweise öffentlichen (Hygiene) und zugleich privaten (Beseitigung von Abfall) Interessen. Für solche Leistungen darf die Verwaltung **Gebühren** erheben, wenn und soweit sie durch Rechtsnorm dazu ermächtigt ist. **Gebühren sind** somit **öffentlich-rechtliche Geldleistungen, die für eine vom Pflichtigen veranlasste besondere Inanspruchnahme einer öffentlichen Einrichtung verlangt werden.**

309 Bei den Gebühren unterscheidet man zwischen Verwaltungs- und Benutzungsgebühren. **Verwaltungsgebühren** werden für eine bestimmte Amtshandlung einer Verwaltungsbehörde erhoben, die vorzugsweise dem privaten Interesse dient (z.B. Gebühren für die Erteilung einer Bauerlaubnis oder einer gewerberechtlichen Genehmigung). **Benutzungsgebühren** werden für die Benutzung einer öffentlichen Einrichtung erhoben (z.B. Gebühren für die Müllabfuhr).

310 Gebühren dürfen freilich nicht in unbegrenzter Höhe erhoben werden. Der Höhe nach begrenzt sind die Gebühren durch das sich aus dem rechtsstaatlichen Grundsatz der Verhältnismäßigkeit ergebende Kostendeckungs- und das Äquivalenzprinzip. Das **Kostendeckungsprinzip** besagt, dass die gesamten Gebühreneinnahmen in einem Verwaltungszweig durch die Höhe der in diesem Verwaltungszweig entstehenden Kosten begrenzt sind. Die Gebühr als Gegenleistung für eine besondere Inanspruchnahme der Verwaltung darf nicht den Zweck verfolgen, der öffentlichen Hand zusätzliche Einnahmen zu verschaffen. Das **Äquivalenzprinzip** stellt mehr auf die Inanspruchnahme der Verwaltungsleistung durch den Einzelnen ab und verbietet, dass zwischen der von der Verwaltung angebotenen Leistung und der

geforderten Gebühr ein Missverhältnis besteht. Das Verhältnis von Leistung und Gegenleistung muss vielmehr angemessen sein. Die Rechtsprechung vernachlässigt das Kostendeckungsprinzip in letzter Zeit; dagegen hat das Äquivalenzprinzip eine Ausdehnung erfahren. Staatliche Leistung und dafür erhobene Gebühr sollen schon dann in einem angemessenen Verhältnis zueinander stehen, wenn die Höhe der Gebühr an sämtlichen Vorteilen, die die staatliche Leistung für den Bürger bringt, orientiert ist. Die Gebührenhöhe für die Erteilung einer Betriebsgenehmigung kann daher auch den wirtschaftlichen Nutzen dieser Genehmigung für den Betriebsinhaber berücksichtigen.

2. Beiträge

Beiträge sind Abgaben, die demjenigen auferlegt werden, dem die Herstellung, der Ausbau oder die Unterhaltung einer öffentlichen Einrichtung in besonderem Maße zum Vorteil gereicht. Es kommt dabei nicht darauf an, dass der Beitragspflichtige das Leistungsangebot tatsächlich nutzt; ausschlaggebend ist allein, dass er davon profitieren **könnte.** Anders als bei einer Gebühr werden Beiträge also auch dann fällig, wenn der Betroffene die öffentliche Leistung gar nicht in Anspruch nimmt. 311

Als Beispiel sei der Handwerkskammerbeitrag genannt. Gemäß § 90 Abs. 1 HwO sind die Handwerkskammern Körperschaften des öffentlichen Rechts. Nach § 113 HwO werden die durch die Errichtung und Tätigkeit der Handwerkskammer entstehenden Kosten, soweit sie nicht anderweitig gedeckt sind, von den selbstständigen Handwerkern nach einem von der Handwerkskammer festgesetzten Beitragsmaßstab getragen. 312

Die Mitgliedschaft in einer Handwerkskammer beruht auf staatlichem Zwang. Die Beiträge für die Handwerkskammern werden als Ersatz für die Kosten der Wahrung der berufsständischen Belange erhoben. Auch derjenige Handwerksmeister, der das Leistungsangebot der Handwerkskammer nicht in Anspruch nehmen will, ist als Zwangsmitglied zur Beitragsleistung verpflichtet. Durch Gesetz ist bestimmt, dass er ein objektiviertes Interesse daran hat und einen subjektiven Vorteil daraus zieht. Aus § 113 HwO ergeben sich als oberste Grenze, die der Beitragserhebung zugrunde gelegt werden darf, die tatsächlichen Nettokosten (Kostendeckungsprinzip). 313

Neben den Beiträgen zu berufsständischen Kammern sind von besonderer Bedeutung die laufenden Sozialversicherungsbeiträge der abhängig beschäftigten Arbeitnehmer zur Renten-, Kranken-, Arbeitslosen-, und Pflegeversicherung und die einmaligen Beiträge, wie z. B. die Erschließungsbeiträge der Grundstückseigentümer. 314

3. Steuern

Die wichtigste staatliche Finanzquelle sind **Steuern.** Einnahmen aus Gebühren und Beiträgen sind gegenüber dem Steueraufkommen quantitativ von geringem Umfang. Nähere Ausführungen über die außerordentliche Bedeutung, welche die Steuer für den Staat hat, erübrigen sich. Wegen dieser Bedeutung spielt die Organisation der Steuererhebung beim Kampf um politische Macht stets eine zentrale Rolle. 315

316 Wenn im Zehnten Abschnitt des Grundgesetzes vom Finanzwesen die Rede ist, ist damit vor allem an staatliche Einnahmen durch Steuern gedacht; das Recht zur Gebühren- und Beitragserhebung ist nicht im Grundgesetz, sondern in einfachen Gesetzen geregelt.

317 Die gesetzliche Definition des Steuerbegriffs findet sich in § 3 Abs. 1 AO:

> „Steuern sind Geldleistungen, die nicht eine Gegenleistung für eine besondere Leistung darstellen und von einem öffentlich-rechtlichen Gemeinwesen zur Erzielung von Einnahmen allen auferlegt werden, bei denen der Tatbestand zutrifft, an den das Gesetz die Leistungspflicht knüpft; die Erzielung von Einnahmen kann Nebenzweck sein. “

4. Sonderabgaben

318 Zu den drei klassischen Rechtsformen des Abgabenrechts – Steuern, Gebühren und Beiträge – kommt seit längerer Zeit schon eine neue Art von Abgaben hinzu: **Sonderabgaben,** auch außersteuerliche Abgaben oder Abgaben eigener Art genannt. Von den Steuern unterscheiden sich diese Abgaben dadurch, dass ihr Aufkommen nicht in den allgemeinen Staatshaushalt eingeht, sondern unmittelbar der Verwirklichung eines bestimmten Zweckes dient. Wie Steuern werden auch **Sonderabgaben nicht als Gegenleistung** für eine besondere Leistung erhoben.

319 Die Gefahren, die von den Sonderabgaben ausgehen, liegen auf der Hand: Zum einen würde die sorgfältig ausgewogene Finanzverfassung unterlaufen, wenn es dem einfachen Bundes- oder Landesgesetzgeber freistünde, hinsichtlich der Alternative „Sonderabgabe oder Steuer“ beliebig zu wählen. Zum anderen drohen dem Steuerpflichtigen doppelte Lasten, wenn er über die Art. 105 ff. GG mit gegenleistungslosen steuerlichen und über die Sachgesetzgebungskompetenz der Art. 73 ff. GG mit gegenleistungslosen außersteuerlichen Abgaben in Anspruch genommen werden könnte.

320 Deshalb hat die Sonderabgabe gegenüber der Steuer die seltene Ausnahme zu sein. Aus diesem Ausnahmecharakter der Sonderabgabe folgt, dass die Zulässigkeitskriterien strikt anzulegen und anzuwenden sind (BVerfGE 55, 274, 302 ff.). Dabei geht es um die folgenden fünf Zulässigkeitsvoraussetzungen (vgl. BVerfGE 122, 316, 334 ff.):

a) Der Gesetzgeber muss einen Sachzweck verfolgen, der über die bloße Mittelbeschaffung hinausgeht.
b) Durch die Sonderabgabe darf nur eine homogene Gruppe belastet werden, welche durch eine vorgegebene Interessenlage oder durch besondere gemeinsame Gegebenheiten von der Allgemeinheit abgrenzbar ist.
c) Die belastete Gruppe muss eine spezifische Beziehung (Sachnähe) zu dem mit der Abgabenerhebung verfolgten Zweck aufweisen und deshalb eine besondere Finanzierungsverantwortung besitzen.
d) Das Abgabenaufkommen muss im Interesse der Abgabenpflichtigen, demnach gruppennützig verwendet werden.
e) Die erhobenen Sonderabgaben sind haushaltsrechtlich vollständig zu dokumentieren.

321 Die Verfassungswidrigkeitserklärung des Kohlepfennigs vom 11. 10. 1994 (BVerfGE 91, 186 ff.) stellt eine der aufsehenerregendsten abgabenrechtliche Entscheidungen des Bundesverfassungsgerichts dar und beschäftigt

sich umfassend mit der Sonderabgabenproblematik und den Zulässigkeitskriterien.

II. Kompetenzen des Bundes und der Länder

Das Grundgesetz legt eine Trennung der Kompetenzen des Bundes und 322
der Länder für die Steuergesetzgebung, die Steuerverwaltung und die Ertragshoheit fest. Im Folgenden geht es nicht um die große Zahl von Steuergesetzen (ungefähr 40 Einzelgesetze, z. B. KStG, EStG und das UStG). Diese Steuergesetze sind Teil des Besonderen Verwaltungsrechts. Für das **Steuerverfassungsrecht** interessiert allein, welche Körperschaft in der Bundesrepublik zuständig ist, Steuergesetze zu erlassen, die Steuern zu verwalten, und in wessen „Tasche" die Steuern schließlich fließen. Dass die Staatlichkeit von Bund und Ländern, wie sie das Grundgesetz garantiert, nur gewahrt ist, wenn diese über eigene Steuerquellen verfügen können, ist allgemein anerkannt. Die Bundesländer würden ihre Staatlichkeit einbüßen, könnten sie ihre Aufgaben nur durch Mittelzuweisungen des Bundes erfüllen. Eigene Steuerquellen brauchen aber nicht nur Bund und Länder, sondern auch die Gemeinden, weil neben der bundesstaatlichen Ordnung im Grundgesetz auch ihre Eigenständigkeit und Selbstverwaltung verfassungsmäßig verankert ist (Art. 28 Abs. 2 GG). So sind hinsichtlich der Verteilung des Steueraufkommens drei Finanzmassen zu unterscheiden: die des Bundes, der Länder sowie der Gemeinden (und Gemeindeverbände). Durch die Förderalismusreform II wurden die Finanzbeziehungen zwischen Bund und Ländern grundlegend neu strukturiert. Die Länder erhalten vom Bund bis 2019 sogenannte Konsolidierungsbeihilfen, um das ab 2020 geltende Verschuldungsverbot erreichen zu können (Art. 109 Abs. 3 GG n. F.).

1. Steuergesetzgebungshoheit

Das **Steuergesetzgebungsrecht** liegt im Wesentlichen beim Bund (vgl. 323
Art. 105 GG). Das beruht auf einem vernünftigen Grund: Gleiche öffentliche Lasten sind die Voraussetzung für eine im Interesse der Rechts- und Wirtschaftseinheit erforderliche Gleichheit der Lebensverhältnisse und möglichst weitgehende Wettbewerbsgleichheit. Ungleiche Besteuerungsverhältnisse wären in einem Bundesstaat Ursache ständiger Querelen und Wettbewerbsverzerrungen.

Der Einfluss, den der Bundesgesetzgeber durch die Festsetzung der Höhe 324
des Steuersatzes auf das Volumen der Länder- und Gemeindehaushalte ausübt, wird ausgeglichen, da Bundesgesetze über Steuern, deren Aufkommen den Ländern oder den Gemeinden ganz oder zum Teil zufließt, gemäß Art. 105 Abs. 3 GG **zustimmungsbedürftig** sind. Damit ist sichergestellt, dass der Bundesgesetzgeber die Länder nicht steuerlich „austrocknen" kann.

Der Bund hat die **ausschließliche Gesetzgebung** über die Zölle und Fi- 325
nanzmonopole (Art. 105 Abs. 1 GG) und die **konkurrierende Gesetzgebung** über alle übrigen Steuern, wenn ihm das Aufkommen dieser Steuern ganz oder zum Teil zusteht oder die Voraussetzungen des Art. 72 Abs. 2 GG vorliegen (Art. 105 Abs. 2 GG). Abweichend vom sonstigen System der Zuständigkeitsverteilung bestimmt Art. 105 Abs. 2a GG, dass den Ländern die Gesetzgebungszuständigkeit über die örtlichen Verbrauch- und Auf-

wandsteuern zusteht, solange und soweit sie nicht bundesgesetzlich geregelten Steuern gleichartig sind. Beispiele hierfür sind die Getränkesteuer, Vergnügungsteuer sowie Hunde-, Jagd- und Fischereisteuer. Die Landesgesetzgeber sind befugt, diese Kompetenz auf die Kommunen zu übertragen (BVerfGE 65, 325 ff.), was in den Kommunalabgabengesetzen der Länder auch teilweise geschehen ist.

326 Den Gemeinden wird vom Grundgesetz in Art. 106 Abs. 6 GG das Recht garantiert, die Hebesätze der Realsteuern (Grundsteuer und Gewerbesteuer) im Rahmen der Gesetze festzusetzen. Steuererhebungskompetenzen besitzen sie, insbesondere für Verbrauch- und Aufwandsteuern, nur dann, wenn sie hierzu durch den Landesgesetzgeber ermächtigt worden sind.

2. Ertragshoheit

327 In der bundesstaatlichen Praxis wichtiger als die Gesetzgebungshoheit ist die **Ertragshoheit,** d. h. die Entscheidung darüber, wem das Steueraufkommen zusteht.

328 Bei der Verteilung des Finanzaufkommens eines Staates auf die einzelnen staatlichen Körperschaften sind zwei Systeme denkbar: Das Verbundsystem und das Trennsystem. Beim **Verbundsystem** werden die von Wirtschaft und Bürgern zu zahlenden Steuern „in einen Topf geworfen" und dann auf Bund, Länder und Gemeinden nach einem bestimmten Schlüssel verteilt. Beim **Trennsystem** wird Bund, Ländern und Gemeinden jeweils der Ertrag bestimmter Steuern zugesprochen. Das Grundgesetz hat sich grundsätzlich für das Trennsystem entschieden (Art. 106 Abs. 1 und 2 GG), doch ist für die ertragreichsten Steuern, die sog. Gemeinschaftssteuern, ein Verbundsystem vorgesehen (Art. 106 Abs. 3–7 GG). Bei diesem Verbundsystem werden die betreffenden Steuern nach gesetzlich festgelegten Anteilen auf Bund, Länder sowie Gemeinden verteilt.

329 Der Bund erhält nach Art. 106 Abs. 1 GG die Erträge der Verbrauchsteuern (z. B. Mineralöl- und Tabaksteuer) sowie Abgaben im Rahmen der Europäischen Wirtschaftsgemeinschaft. Die Länder erhalten nach Art. 106 Abs. 2 GG insbesondere die Erbschaftsteuer. Die ergiebigsten Steuern – Einkommen-, Körperschaft- sowie Umsatzsteuer – werden auf Bund und Länder im Verbundsystem verteilt (Art. 106 Abs. 3 GG). Auch den Gemeinden sind selbstständige Steuerquellen garantiert, und zwar ein Anteil an der Einkommensteuer (Art. 106 Abs. 5 GG), ein Anteil an der Umsatzsteuer (Art. 106 Abs. 5 a GG) und das Aufkommen der Realsteuern (Grund- und Gewerbesteuer, Art. 106 Abs. 6 GG).

330 Art. 106 GG und 107 GG sehen einen zusätzlichen Finanzausgleich zwischen finanzstarken und finanzschwachen Bundesländern vor. Die Geberländer Bayern und Hessen haben eine Klage gegen den derzeitigen zusätzlichen Finanzausgleich im Februar 2013 beim Bundesverfassungsgericht erhoben.

3. Ausgabenlast

331 In Art. 104 a Abs. 1 GG ist der Konnexitätsgrundsatz festgeschrieben. Bund und Länder tragen gesondert die Ausgaben, die sich daraus ergeben,

dass sie ihre Aufgaben übernehmen. Ausnahmen von diesem Grundsatz sind in Art. 104a GG aufgezählt.

4. Steuerverwaltungshoheit

Die Organisation der Finanzverwaltung ist im Finanzverwaltungsgesetz 332
vom 30. 8. 1971 geregelt. Der Bund ist zuständig für die Verwaltung der Zölle, der Finanzmonopole, der bundesgesetzlich geregelten Verbrauchsteuern, die Einfuhrumsatzsteuer, die Kraftfahrzeugsteuer und der Abgaben im Rahmen der Europäischen Gemeinschaften, Art. 108 Abs. 1 GG. Bundesfinanzbehörden (§ 1 FVG) sind: zunächst das Bundesministerium für Finanzen als oberste Behörde. Oberbehörden sind die Bundesmonopolverwaltung für Branntwein, das Bundesausgleichsamt, das Bundeszentralamt für Steuern und das Bundesamt für zentrale Dienste und offene Vermögensfragen. Mittelbehörden sind die Bundesfinanzdirektionen und das Zollkriminalamt, örtliche Behörden die Hauptzollämter einschließlich ihrer Dienststellen (Zollämter) und die Zollfahndungsämter.

Die Landesfinanzbehörden verwalten alle übrigen Steuern, d. h. die über- 333
wiegende Mehrzahl aller Einzelsteuern, im Auftrage des Bundes (Art. 108 Abs. 2 und 3 GG). Ein einheitlicher Gesetzesvollzug ist dadurch gewährleistet, dass die Bundesregierung gemäß Art. 108 Abs. 7 GG allgemeine Verwaltungsvorschriften, z. B. die Einkommensteuer-Richtlinien, erlassen kann.

Landesfinanzbehörden (§ 2 FVG) sind: die Finanzministerien als oberste 334
Behörden, Mittelbehörden die Oberfinanzdirektionen und untere Behörden die Finanzämter.

Die Landesgesetzgeber haben gemäß Art. 108 Abs. 4 Satz 2 GG die Ver 335
waltung von Steuern, welche den Gemeinden zufließen, den Gemeinden übertragen. Die Festsetzung von Realsteuern (Grund- und Gewerbesteuer) sowie die Verwaltung der örtlichen Verbrauch- und Aufwandsteuern ist danach außer in den Stadtstaaten Aufgabe der gemeindlichen Steuerämter.

III. Wahrung des gesamtwirtschaftlichen Gleichgewichts durch Bund und Länder

Bund und Länder sind in ihrer Haushaltswirtschaft selbstständig und 336
voneinander unabhängig (Art. 109 Abs. 1 GG).

Durch die Föderalismusreform II wurde Art. 109 Abs. 2 GG neu geregelt: 337
Die Verpflichtungen der Bundesrepublik Deutschland auf der Primärebene bilden jetzt den zentralen Kern und haben den Auftrag zur Wahrung des gesamtstaatlichen Gleichgewichts (Art. 109 Abs 2 GG a. F.) in den Hintergrund treten lassen.

Art. 109 Abs. 3 GG enthält die sog. Schuldenbremse für Bund und Län- 338
der. Damit soll nach Ablauf der beiden in Art. 143d GG vorgesehenen Übergangsperioden die Neuverschuldung begrenzt werden.

Der Auftrag des Grundgesetzes, das gesamtwirtschaftliche Gleichgewicht 339
zu wahren, ist konkretisiert durch das aufgrund der Ermächtigungsnorm des Art. 109 Abs. 4 GG erlassene Gesetz zur Förderung der Stabilität und des Wachstums der Wirtschaft vom 8. 6. 1967, das sog. Stabilitätsgesetz (StabG), dessen § 1 lautet:

340 „Bund und Länder haben bei ihren wirtschafts- und finanzpolitischen Maßnahmen die Erfordernisse des gesamtwirtschaftlichen Gleichgewichts zu beachten. Die Maßnahmen sind so zu treffen, dass sie im Rahmen der marktwirtschaftlichen Ordnung gleichzeitig zur Stabilität des Preisniveaus, zu einem hohen Beschäftigungsstand und außenwirtschaftlichem Gleichgewicht bei stetigem und angemessenem Wirtschaftswachstum beitragen."

341 Das gesamtwirtschaftliche Gleichgewicht, das die öffentliche Hand bei der Aufstellung und Ausführung der Haushaltspläne zu beachten hat, ist ein makroökonomischer, gesetzlich nicht definierter Begriff. Im Rahmen der marktwirtschaftlichen Ordnung ergeben sich vier gleichzeitig anzustrebende Komponenten: Stabilität des Preisniveaus, hoher Beschäftigungsstand, außenwirtschaftliches Gleichgewicht und angemessenes Wirtschaftswachstum (sog. Magisches Viereck). Innerhalb dieser wirtschaftlichen Zielgrößen muss die Bundesregierung Prioritäten setzen und gegebenenfalls das eine Ziel hinter dem anderen zurücktreten lassen, wenn alle vier Ziele nicht gleichermaßen erreicht werden können.

1. Informations- und Koordinationsinstrumente des Stabilitätsgesetzes

342 Zur Verwirklichung einer dem gesamtwirtschaftlichen Gleichgewicht dienenden staatlichen Wirtschaftspolitik enthält das Stabilitätsgesetz zahlreiche Informations- und Koordinationsinstrumente. Die wichtigsten sind:

1. Der **Sachverständigenrat zur Begutachtung der wirtschaftlichen Entwicklung.** Er erstellt jährliche Gutachten zur wirtschaftlichen Lage mit geeigneten Vorschlägen zur Anpassung des staatlichen Instrumentariums und zum Verhalten der wirtschaftlichen Organisationen. Im Volksmund wird er auch „die fünf Wirtschaftsweisen" genannt.
2. Die Stellungnahme der Bundesregierung zu diesem Gutachten im **Jahreswirtschaftsbericht** (jeweils im Januar), in der die für das laufende Jahr angestrebten wirtschafts- und finanzpolitischen Ziele dargelegt und die zu ihrer Verwirklichung notwendigen Maßnahmen genannt werden. Diese Jahresprojektion bedient sich der Mittel und der Form der volkswirtschaftlichen Gesamtrechnung (§ 2 Abs. 1 StabG).
3. Schließlich hat die Bundesregierung alle zwei Jahre einen **Subventionsbericht** vorzulegen, der einen Überblick über sämtliche Finanzhilfen gibt. Da Subventionen, wenn sie im Übermaß und am falschen Ort gegeben werden, das gesamtwirtschaftliche Gleichgewicht stören können, sollen sie so gewährt werden, dass es den Zielen des Stabilitätsgesetzes nicht widerspricht (§ 12 Abs. 1 StabG).

2. Haushaltspolitische Steuerungsinstrumente

343 Das Stabilitätsgesetz ermächtigt die Bundesregierung zunächst zu verschiedenen Maßnahmen antizyklischer Konjunkturpolitik:

1. Restriktiver Haushaltsvollzug und Verwendung der dabei gewonnenen Mittel zur Schuldentilgung bei der Bundesbank bzw. Erhöhung der Konjunkturausgleichsrücklage zur Liquiditätsabschöpfung in Zeiten der Hochkonjunktur (§§ 5 Abs. 2, 6 Abs. 1 StabG).

2. Zusätzliche Kreditaufnahme zur Finanzierung mehrjähriger Investitionsprogramme (§§ 6 Abs. 3, 9, 10 StabG) sowie Beschleunigung von Investitionsprogrammen und Auftragsvergabe im Falle einer Rezession (§ 11 StabG).

Daneben kann die Bundesregierung mit Hilfe der haushaltspolitischen Eingriffsinstrumente des StabG auch die Gebietskörperschaften zu antizyklischer Gestaltung ihrer Haushaltswirtschaft zwingen, insbes.: 344

1. Mit Zustimmung des Bundesrates Beschränkung der Kreditaufnahme von Bund, Ländern und Gemeinden zur Abwehr von Störungen des gesamtwirtschaftlichen Gleichgewichts (§§ 19, 20 StabG).
2. Zinslose Hinterlegung einer Konjunkturausgleichsrücklage bei der Bundesbank durch Bund und Länder in Höhe von max. 3% der im Vorjahr von Bund und Ländern erzielten Steuereinnahmen (§ 15 Abs. 2 i. V. m. § 7 StabG) zur Liquiditätsabschöpfung in Zeiten der Hochkonjunktur.

3. Wirtschaftspolitische und wirtschaftsrechtliche Erfahrungen mit dem Stabilitätsgesetz

Die hohen Erwartungen, die mit dem Erlass des Stabilitätsgesetzes verbunden waren, haben sich nicht erfüllt. Die Rezessionen der Jahre 1974 bis 1975 und 1979 bis 1983 und 2001 bis 2005 und 2008 bis 2009 im Rahmen der weltweiten Finanz- und Wirtschaftskrise konnten nicht wirksam bekämpft werden. 345

Gleichwohl kann man nicht behaupten, dieses Gesetz habe versagt. Versagt haben vor allem die entscheidungsbefugten Politiker. In den Jahren einer expansiven Konjunktur wurde versäumt, Rücklagen zu bilden, die später zur Ankurbelung hätten eingesetzt werden können. Staatliche Konjunkturbelebungsprogramme wurden deshalb durch Steuererhöhung oder Kredite finanziert. Die öffentliche Kreditaufnahme erhöhte den Zinssatz auf dem Kapitalmarkt, zusätzliche Steuern trugen ebenfalls nicht zur Investitionsbereitschaft der privaten Wirtschaft bei. In den letzten Jahren setzte sich vor allem unter dem Einfluss des Sachverständigenrates und der Mehrheit der wirtschaftswissenschaftlichen Forschungsinstitute die Ansicht durch, staatliche Konjunkturankurbelungsprogramme seien im Wesentlichen zwecklos. Wirtschaftspolitik müsse vor allem auf Kostenentlastung und Ertragsverbesserung bei den Unternehmen abzielen. 346

In rechtlicher Hinsicht hat sich das Stabilitätsgesetz als unproblematisch erwiesen. Das liegt zum einen an der Unbestimmtheit der gesetzlichen Verpflichtung auf das gesamtwirtschaftliche Gleichgewicht. Zum anderen liegt es daran, dass das Stabilitätsgesetz nicht den Schutz von Einzelinteressen bezweckt, so dass der einzelne Bürger, der konjunkturpolitische Maßnahmen der Regierung nicht billigt, kein Klagerecht hat. 347

Weiterführende Hinweise:

Schoch, Verfassungsrechtliche Anforderungen an die Erhebung von Sonderabgaben, Jura 2010, 197;

Schwarz/Reimer, Schwerpunktbereich – Einführung in das Finanz- und Haushaltsverfassungsrecht (Art. 104 a bis 115 GG), JuS 2007, 119.

Kapitel 13: Übungsfälle zum 1. Teil

348 **1. Fall:** Angesichts der Überfüllung der juristischen Fakultäten seiner Hochschulen beschließt der Landtag des Bundeslandes X ein Gesetz, wonach die Höchststudienzeit für das Studium der Rechtswissenschaft auf sieben Semester festgelegt wird. Danach droht Zwangsexmatrikulation. Diese Regelung soll auch für diejenigen gelten, die bereits bis zum 6. Semester einschließlich Wirtschaftswissenschaften studiert haben. Unter welchem Gesichtspunkt bestehen verfassungsrechtliche Bedenken gegen das Gesetz?

349 Gesetzt den Fall, die Studienordnungen der Universitäten ermöglichen die Absolvierung eines Studiums in sieben Semestern, bestehen gegen das Gesetz nur insoweit Bedenken, als es auch für diejenigen gilt, die sich bereits im Studium befinden. Es handelt sich um eine sog. unechte Rückwirkung bzw. tatbestandliche Rückanknüpfung, da der Tatbestand, den das Gesetz regelt (das Studium), noch nicht abgeschlossen ist. Unabhängig davon, ob man an der Rechtsfigur der unechten Rückwirkung festhält oder nicht, gilt für den Gesetzgeber das aus der Rechtsstaatlichkeit abgeleitete Prinzip der Rechtssicherheit und des Vertrauensschutzes. Abzuwägen sind der Vertrauensschutz der betroffenen Studenten und der Zweck, den der Gesetzgeber verfolgte. Zumindest der Schutz des Vertrauens derjenigen Studenten, die ihr Studium bereits weitgehend auf der alten Studienordnung aufgebaut hatten (z. B. die Vorprüfung schon absolviert haben), auf Fortsetzung des Studiums nach den alten Bedingungen ist höher zu bewerten als das Interesse der Öffentlichkeit daran, die knappen Studienplätze noch rationeller zu nutzen. Folge ist, dass das Gesetz, insofern es auch diese Fälle regelt, wegen Verstoßes gegen den Grundsatz des Vertrauensschutzes nichtig ist. Ob sich die Studenten der ersten drei Semester ebenfalls auf Vertrauensschutz berufen können, ist zweifelhaft; diesbezüglich dürfte aber jede Lösung vertretbar sein, wenn sie überzeugend begründet wird.

350 **2. Fall:** Nach § 35 Abs. 1 GewO ist die Ausübung eines Gewerbes zu untersagen, wenn Tatsachen vorliegen, welche die Unzuverlässigkeit des Gewerbetreibenden in Bezug auf dieses Gewerbe dartun, sofern die Untersagung zum Schutz der Allgemeinheit oder der im Betrieb Beschäftigten erforderlich ist.

Gestützt auf diese Vorschrift untersagt das Gewerbeaufsichtsamt dem U, der als freier Unternehmer industriellen Giftmüll auf Mülldeponien fährt, die weitere Ausübung seines Gewerbes. Es begründet die Untersagungsverfügung damit, U sei bereits dreimal wegen Trunkenheit am Steuer bestraft worden. U, der seinen Führerschein gerade wiedererhalten hat, hält die Verfügung für rechtswidrig. Er sei ein äußerst zuverlässiger Gewerbetreibender; dreimal „erwischt" worden sei er nachts auf der Heimfahrt mit seinem Privatwagen. Seinen Mülltransporter hingegen, der einzige größere Vermögensgegenstand, den er überhaupt besitze, fahre er nur in fahrtüchtigem Zustand. Ist die Untersagungsverfügung rechtmäßig?

351 Grundsätzlich ist eine Maßnahme dann rechtmäßig, wenn die tatbestandlichen Voraussetzungen der Norm, auf die sie sich stützt – hier § 35 Abs. 1 GewO – vorliegen. Dies wäre der Fall, wenn U durch sein Verhalten gezeigt hätte, dass er unzuverlässig in Bezug auf sein Gewerbe ist. Voraussetzung wäre zunächst, dass § 35 Abs. 1 GewO seinerseits rechtmäßig ist. Hieran könnte man insofern zweifeln, als Voraussetzung für die Untersagung die Unzuverlässigkeit des Gewerbetreibenden ist. In der Verwendung

dieses Begriffs als Untersagungsvoraussetzung könnte ein Verstoß gegen den Bestimmtheitsgrundsatz liegen, denn der Begriff der „Unzuverlässigkeit“ ist sehr weit und unbestimmt. Jedoch sind sog. „unbestimmte Rechtsbegriffe“ insbesondere im Verwaltungsrecht nicht selten. Beispiele hierfür sind „öffentliches Interesse“, „öffentliches Bedürfnis“, „wichtiger Grund“, „zumutbar“, „unbillig“ und „Gefährdung des Natur- und Landschaftsbildes“. Die Verwendung solcher Begriffe wird heute als zulässig angesehen und stellt insbesondere keinen Verstoß gegen den Bestimmtheitsgrundsatz dar; diese Begriffe müssen vielmehr ausgelegt werden. Der Gesetzestext legt nahe, hier in erster Linie teleologisch vorzugehen; der Gesetzeszweck lässt sich aus der Formulierung „unzuverlässig in Bezug auf dieses Gewerbe“ erschließen. Er schreibt eine sehr restriktive Auslegung vor: U mag so unzuverlässig sein, wie er will – erst dann, wenn dadurch eine ordnungsgemäße Gewerbeausübung gefährdet ist, ist das Gewerbeaufsichtsamt zum Einschreiten berechtigt. Das Gewerbeaufsichtsamt hat bislang noch nicht nachweisen können, dass es dem U nicht gelingt, Privat- und Berufsleben säuberlich zu trennen. Im Berufsleben hat er sich noch keine Unzuverlässigkeit zuschulden kommen lassen. Der unbestimmte Rechtsbegriff „unzuverlässig“ kann daher im Beispielsfall nur so ausgelegt werden, dass die Untersagungsverfügung – da von § 35 Abs. 1 GewO nicht gedeckt – rechtswidrig ist. Wenn U vor dem Verwaltungsgericht auf ihre Aufhebung klagt, wird er Erfolg haben.

3. Fall: Amtsrichter A wird mit zunehmendem Alter immer eigenwilliger. Mietstreitigkeiten beispielsweise entscheidet er weniger nach dem Gesetz und der Rechtsprechung höherer Gerichte als nach eigenen „Rechtsvorstellungen“, die regelmäßig mit der sozial schwächeren Seite harmonieren. Nach einigen aufsehenerregenden Fällen entzieht Amtsgerichtspräsident B dem A sein richterliches Aufgabengebiet zu sieben Achtel und weist ihn in einem Schreiben darauf hin, nunmehr solle er wenigstens beim verbliebenen Achtel der Streitigkeiten „anständig nach dem Gesetz“ verfahren. Sind die Maßnahmen des B Rechtens? 352

Nein! Nach Art. 97 Abs. 1 GG sind die Richter nur dem Gesetz unterworfen. Dieser Grundsatz der sachlichen Unabhängigkeit verbietet es dem B, Weisungen zu geben, wie A zu verfahren habe. Er verbietet jegliche Einflussnahme auf richterliche Entscheidungen. Mit der **sachlichen Unabhängigkeit** in Art. 97 Abs. 1 GG korrespondiert die **persönliche Unabhängigkeit** des Art. 97 Abs. 2 GG. Diese Vorschrift verbietet nicht nur die rechtliche Entfernung der Richter unter anderen als den in Art. 97 Abs. 2 GG genannten Umständen, sondern auch ein „Abschieben“ unter Belassung der äußeren rechtlichen Position, wie es B mit A vorhatte. A hat daher solange Anspruch auf ein volles richterliches Dezernat, bis er in einem ordnungsgemäßen Verfahren durch andere unabhängige Richter seines Amtes enthoben oder in den einstweiligen Ruhestand versetzt ist. 353

Diese weitgehende richterliche Unabhängigkeit ist nicht Selbstzweck oder gar Privilegierung der Richter. Sie bezweckt einzig und allein, die Rechtsprechung von jeglichem Einfluss der Exekutive fernzuhalten, um neutrale, unabhängige Entscheidungen zu gewährleisten. 354

4. Fall: Die Kerzenfabrik A-GmbH ist einer der größten Gewerbebetriebe in einer Kleinstadt in Nordrhein-Westfalen. Bei der Fabrikation von Kerzen fällt ein hoher Wasserverbrauch an. Um Geld zu sparen, beschließt die Geschäftsleitung, eine unterirdische 355

Quelle, die auf dem Grundstück der GmbH liegt, anzubohren, um sich so aus eigenem Vorrat zu bedienen. Nach Ende der kostspieligen Bohrarbeiten erhält die GmbH eine Verfügung der Stadt, die es ihr untersagt, das Grundstückswasser zu benutzen. In ihrem Schreiben weist die Stadtverwaltung auf § 19 Abs. 1 der vom nordrhein-westfälischen Landtag beschlossenen Gemeindeordnung hin.

356 **§ 19 Abs. 1 Satz 1 lautet:**
„Die Gemeinden können bei dringendem öffentlichen Bedürfnis durch Satzung (...) für die Grundstücke ihres Gebietes den Anschluss an Wasserleitung, Kanalisation, Straßenreinigung (...) (Anschlusszwang) und die Benutzung dieser Einrichtungen (...) (Benutzungszwang) vorschreiben."
Der Gemeinderat hatte bereits vor 10 Jahren eine Ortssatzung beschlossen, die Anschluss- und Benutzungszwang für Kanalisation und Wasserleitung vorsieht. Solange das örtliche Wassernetz ausreiche, so meint die Stadtverwaltung, sei es der GmbH verboten, eigene Quellen anzuzapfen. Hat sie Recht?

357 Dieser Fall gibt zunächst Anlass, die **Hierarchie der Rechtsnormen** zu erweitern. Die Verfassung als die höchste und das im Rang darunterstehende, von Bundestag und Bundesrat beschlossene (einfache) Bundesgesetz wurden bislang erwähnt. Unabdingbar notwendig für die Staatlichkeit der Länder ist das Vorhandensein einer Legislative, einer Exekutive und einer rechtsprechenden Gewalt. Der Landtag eines jeden Bundeslandes ist zuständig für den Beschluss von Landesgesetzen. Diese Befugnis hat er immer dann, wenn nicht das Grundgesetz den Bundesgesetzgeber zur Regelung der Materie ermächtigt (Art. 30, Art. 70ff. GG). Da das Grundgesetz dem Bundesgesetzgeber nicht die Materie „Gemeinderecht" zuweist, durfte der Landtag von Nordrhein-Westfalen die Gemeindeordnung erlassen. Dieses Landesgesetz steht im Range unter dem (einfachen) Bundesgesetz, d.h., es darf weder gegen die Verfassung noch gegen sonstiges kompetenzgerecht erlassenes Bundesrecht verstoßen.

358 § 19 Abs. 1 der nordrhein-westfälischen Gemeindeordnung ermächtigt die Gemeinde, durch **Satzung** den **Anschluss- und Benutzungszwang** zu regeln. Ein solches Satzungsrecht räumen die Gemeindeordnungen aller Bundesländer ihren Gemeinden zur Regelung ihrer örtlichen Angelegenheiten ein. Das **Satzungsrecht** ist wesentliches Element der **Selbstverwaltung der Gemeinden** (Art. 28 Abs. 2 GG). Es ist **Ortsrecht.** Die kommunale Rechtsetzungstätigkeit ermöglicht die Berücksichtigung örtlicher Verschiedenheiten, die dem jeweiligen Landesgesetzgeber gar nicht bekannt sein können. Wichtige kommunale Rechtsetzung ist zum Beispiel der Erlass der Bebauungspläne, der Haushaltssatzung oder der Erschließungsbeitragssatzung.

359 Satzungen sind ebenso wie die vom Bundestag und den Landtagen beschlossenen Gesetze abstrakte generelle Rechtsnormen. Sie stehen im Range unter diesen, d.h., sie sind unwirksam, wenn sie höherrangigem Recht widersprechen.

360 Im vorliegenden Fall durfte die Gemeinde bei „dringendem öffentlichen Bedürfnis" gemäß § 19 nordrhein-westfälischer Gemeindeordnung eine Satzung erlassen, die den Anschluss- und Benutzungszwang an die örtliche Wasserleitung und Kanalisation vorschreibt. Ein öffentliches Bedürfnis nach einheitlicher gleichmäßiger Versorgung mit Wasser besteht. Gesundheitliche und hygienische Gefährdungen wären zu erwarten, wenn jedem Grundstückseigentümer selbst die Versorgung mit und der Abfluss von Wasser überlassen bliebe. Die Gemeinde war daher zum Erlass ihrer Sat-

zung, die einen Anschluss- und Benutzungszwang vorsieht, berechtigt. Indem diese Satzung die Benutzung des Wasserversorgungsnetzes vorschreibt, verbietet sie den Zugriff auf andere Versorgungsquellen. Wenn die A-GmbH sich aus eigener Quelle versorgt, verstößt sie gegen Ortsrecht. Die Stadtverwaltung kann ihr dies untersagen.

Weitere Fälle zum Staatsorganisationsrecht:

Glaser, Hufbeschlag mit Hindernissen, Jura 2008, 949;
Graf Kielmansegg, Mehr Macht dem Volke, JuS 2006, 323;
Huber, Laufzeiten ohne Ende, JuS 2012, 140;
Rossi, Zustimmungsrechte des Bundesrates, JA 2003, 672.

2. TEIL
DIE GRUNDRECHTE

Kapitel 14: Bedeutung und Einteilung der Grundrechte

Nach Art. 1 Abs. 3 GG binden die Grundrechte als unmittelbar geltendes 361
Recht Gesetzgebung, vollziehende Gewalt und Rechtsprechung. Grundrechte sind die in Art. 1 bis 19 GG (sog. **Grundrechtskatalog**) normierten Rechte. Darüber hinaus garantiert das Grundgesetz noch einige weitere Rechte, die als sog. grundrechtsgleiche Rechte oder Grundrechte im nur materiellen Sinne bezeichnet werden: Art. 20 Abs. 4 GG (Widerstandsrecht), Art. 33 GG (staatsbürgerliche Gleichstellung), Art. 38 GG (Wahlrechtsgrundsätze) und die justiziellen Rechte der Art. 101, 103 und 104 GG (Verbot von Ausnahmegerichten, Grundrechte des Angeklagten, Rechtsgarantien bei Freiheitsentziehung).

Wesentliche Funktion der Grundrechte ist die **Begrenzung der Staats-** 362
gewalt. Kraft der ihm zustehenden Hoheitsmacht ist der Staat befugt, dem Bürger einseitig belastende Verpflichtungen aufzuerlegen. Die Grundrechte sichern demgegenüber eine persönliche Freiheitssphäre des Bürgers, in die der Staat nicht eindringen darf.

Die von Art. 1 Abs. 3 GG normierte Bindung staatlicher Aktivitäten an 363
die Grundrechte ist nur dann effektiv und durchsetzbar, wenn der betroffene Bürger eine neutrale Instanz zum Schutze seiner Freiheitsrechte anrufen kann. Art. 19 Abs. 4 GG eröffnet daher den Weg vor unabhängige, neutrale Gerichte, wenn jemand durch die öffentliche Gewalt in seinen Rechten verletzt wird. Die Grundrechte lassen sich unter drei verschiedenen Gesichtspunkten systematisch einteilen: nach dem geschützten Rechtsgut, nach dem geschützten Personenkreis und nach der Schutzrichtung der Freiheitsverbürgung.

Nach dem **geschützten Rechtsgut** lassen sich die Grundrechte in Frei- 364
heitsgrundrechte, Gleichheitsgrundrechte und Verfahrensgrundrechte einteilen.

Freiheitsgrundrechte garantieren dem Bürger einen Handlungsbereich, 365
innerhalb dessen er sich nach freiem Willen betätigen kann. Um Freiheitsgrundrechte handelt es sich bei Art. 4 GG (Glaubens- und Bekenntnisfreiheit), Art. 5 GG (Meinungs- und Pressefreiheit; Freiheit der Kunst und der Wissenschaft), Art. 8 GG (Versammlungsfreiheit), Art. 9 GG (Vereinigungsfreiheit, Verbot von Maßnahmen gegen Arbeitskämpfe) und den in Art. 10 bis 14 GG garantierten Grundrechten. Neben diesen speziellen Freiheitsrechten, die jeweils ein bestimmtes Rechtsgut schützen, steht noch die umfassende Freiheitsverbürgung der allgemeinen Handlungsfreiheit des Art. 2 Abs. 1 GG.

Gleichheitsgrundrechte schützen dagegen keine Freiheitssphäre, sondern 366
garantieren, dass der Hoheitsträger die staatlicher Gewalt Unterworfenen

gleich behandelt und nur dann Unterschiede macht, wenn ein sachlicher Differenzierungsgrund besteht. Neben den speziellen Gleichheitsgrundrechten des Art. 3 Abs. 2 GG (Gleichberechtigung von Mann und Frau), Art. 3 Abs. 3 GG (Verbot von Ungleichbehandlung wegen des Geschlechts, der Abstammung, der Rasse, der Sprache, der Heimat und der Herkunft, des Glaubens, religiöser oder politischer Anschauungen oder Behinderung), Art. 33 Abs. 1 bis 3 GG (staatsbürgerliche Gleichstellung aller Deutschen) und Art. 38 Abs. 1 GG (Wahlrechtsgleichheit) steht das allgemeine Gleichheitsgrundrecht des Art. 3 Abs. 1 GG („Alle Menschen sind vor dem Gesetz gleich").

367 **Verfahrensgrundrechte** schließlich garantieren zum einen den Zugang zu rechtsschutzgewährenden Instanzen (Art. 19 Abs. 4 GG) und gewährleisten zum anderen die Beachtung rechtsstaatlicher Grundsätze im gerichtlichen und verwaltungsrechtlichen Verfahren, z. B. Art. 101 GG (Verbot von Ausnahmegerichten) und Art. 103 GG (Grundrechte des Angeklagten).

368 Hinsichtlich des **geschützten Personenkreises** differenzieren die Grundrechte des Grundgesetzes nach Menschenrechten und Deutschenrechten. Auf **Menschenrechte** kann sich jeder berufen, der sich auf dem Territorium der Bundesrepublik Deutschland aufhält, also auch der Ausländer und der Staatenlose. Menschenrechte sind beispielweise in den Art. 2 bis Art. 6 GG garantiert. Andere Grundrechte stehen nur deutschen Staatsangehörigen zu. Bei diesen **Deutschen- oder Bürgerrechten** handelt es sich z. B. um die Versammlungsfreiheit nach 8 Abs. 1 GG und die Berufsfreiheit nach Art. 12 Abs. 1 GG. Darüber hinaus gelten die Grundrechte auch für inländische juristische Personen (z. B. eine GmbH oder eine Aktiengesellschaft), „soweit sie ihrem Wesen nach auf diese anwendbar sind" (Art. 19 Abs. 3 GG). Dies ist unproblematisch im Hinblick auf juristische Personen des Privatrechts. Umstritten ist dagegen, ob die Grundrechte ihrem Wesen nach auch auf juristische Personen des öffentlichen Rechts anwendbar sind. Dies wird von der h. M. grundsätzlich abgelehnt, insbesondere deshalb, weil die öffentliche Hand nicht gleichzeitig Verpflichteter und Berechtigter der Grundrechte sein könne. Eine Ausnahme wird nur anerkannt, wenn es sich um die Verletzung eines Verfahrensgrundrechts handelt, oder wenn eine juristische Person des öffentlichen Rechts unmittelbar zu dem durch das Grundrecht geschützten Bereich gehört. Dies ist dann der Fall, wenn die juristische Person des öffentlichen Rechts dem Staat wie ein Privater gegenübertritt, z. B. Kirchen (Art. 4 und Art. 140 GG), Rundfunkanstalten (Art. 5 Abs. 1 Satz 2 GG) und Hochschulen (Art. 5 Abs. 3 GG). Man spricht dann auch von einer „grundrechtstypischen Gefährdungslage".

369 Für die Qualifizierung einer juristischen Person als inländisch oder ausländisch ist ihr tatsächliches Aktionszentrum maßgeblich. Im Hinblick auf das europarechtliche Diskriminierungsverbot des Art. 18 AEUV, welches auch gegenüber nationalem Verfassungsrecht Vorrang genießt, ist das von Art. 19 Abs. 3 GG statuierte Tatbestandsmerkmal „inländisch" insoweit unanwendbar, als es zu einer Verringerung des Grundrechtsschutzes juristischer Personen aus dem EU-Ausland führen würde. Diese können sich daher ebenfalls auf die deutschen Grundrechte berufen, soweit die restlichen Voraussetzungen des Art. 19 Abs. 3 GG erfüllt sind.

Die **Schutzrichtung grundrechtlicher Freiheitsverbürgungen** scheint von Art. 1 Abs. 3 GG vorgegeben. Danach handelt es sich bei den Grundrechten grundsätzlich – wie es auch ihrer historischen Entwicklung entspricht – um **Abwehrrechte** gegen den Staat. Sie geben dem Bürger das Recht, sich gegenüber Eingriffen des Staates zur Wehr zu setzen. In dieser Abwehrfunktion liegt auch heute noch die wichtigste Aufgabe der Grundrechte, wenngleich – wie das nächste Kapitel zeigen wird – hier die Dinge in Bewegung geraten sind. Einige Grundrechte erschöpfen sich jedoch schon ihrem Wortlaut nach nicht in der Abwehrfunktion, sondern geben dem Einzelnen einen Anspruch auf Leistung gegen den Staat, z. B. Art. 6 Abs. 4 und 5 GG. Diesen grundsätzlichen Unterschied zwischen Abwehrrechten, die sich gegen staatliche Aktivitäten richten, und Leistungsrechten, die von dem Staat ein Tätigwerden fordern, gilt es im Auge zu behalten. 370

Neben den Grundrechten des Grundgesetzes und der Landesverfassungen sind auch die Grundrechte der Europäischen Konvention zum Schutze der Menschenrechte und Grundfreiheiten (EMRK) vom 4. 11. 1950 bedeutsam, da sie von allen Behörden und Gerichten in Deutschland beachtet werden müssen. Obwohl die meisten Grundrechte der EMRK hinter dem Grundrechtsstandard des Grundgesetzes zurückbleiben und außerdem nur im Range eines Bundesgesetzes stehen, zieht das Bundesverfassungsgericht bei der Auslegung des Grundgesetzes auch Inhalt und Entwicklungsstand der EMRK in Betracht. 371

Weiterführende Hinweise:

BVerfGE 111, 307 (Verhältnis der EMRK zum nationalen Recht);
BVerfGE 61, 82 (Sasbach-Entscheidung zur Grundrechtsfähigkeit von juristischen Personen des öffentlichen Rechts);

Einen sehr guten Überblick zu den allgemeinen Grundrechtslehren bieten:

Jarass/Pieroth, GG-Kommentar: Vorbemerkungen vor Art. 1 Allgemeine Grundrechtslehren, 12. Auflage 2012;
Voßkuhle/Kaiser, Grundwissen – Öffentliches Recht: Funktionen der Grundrechte, JuS 2011, 411;

Zum Verhältnis von europäischen und nationalen Grundrechten:

Dörr, Rechtsprechungskonkurrenz zwischen nationalen und europäischen Verfassungsgerichten, DVBl. 2006, 1088.

Kapitel 15: Die Auslegung von Grundrechten

372 Die Grundrechte des Grundgesetzes sind Bestimmungen, die sprachlicher Eindeutigkeit und begrifflicher Präzision weithin entbehren. Formulierungen wie etwa „Alle Menschen sind vor dem Gesetz gleich" und „Jeder hat das Recht, seine Meinung frei zu äußern" sind auslegungsbedürftig. Die Gleichheit vor dem Gesetz ist sicher nicht als Aufforderung zu unterschiedsloser Gleichmacherei zu verstehen. Die Meinungsfreiheit stellt nicht Beleidigungen und Verleumdungen unter besonderen staatlichen Schutz. Schwierigkeiten mit inhaltlich weiten und unbestimmten Rechtsbegriffen tauchen auch bei den sog. unbestimmten Rechtsbegriffen des Verwaltungsrechts auf. Dabei unterscheiden sich diese Begriffe qualitativ nicht von sonstigen, präziser gefassten Rechtsbegriffen. Bei ihrer Auslegung helfen allerdings weniger sprachliche Fassung, historischer Kontext oder systematischer Zusammenhang weiter als vielmehr die teleologische Interpretation, d.h. die Untersuchung, welche Auslegung dem **Gesetzeszweck** am nächsten kommen. Nicht viel anders verhält es sich mit der Interpretation von Grundrechten. Sprachliche Fassung und historische Auslegung sind sicher ein erster wichtiger Anhaltspunkt der Grundrechtsauslegung. Entscheidende Differenzen und konträr entgegengesetzte Auslegungsergebnisse ergeben sich aber erst aufgrund einer unterschiedlichen teleologischen Interpretation.

373 Die Besonderheit der Grundrechtsauslegung liegt also nicht darin, dass dabei grundsätzlich andere Auslegungsmaßstäbe heranzuziehen sind, sie ist vielmehr dadurch begründet, dass – im Rahmen der teleologischen Interpretation – über den Zweck der Grundrechtsverbürgungen so viele unterschiedliche Meinungen möglich sind, dass bei gleichem Wortlaut des Grundrechts konträre Auslegungsergebnisse erzielt werden können.

374 Zwischen bürgerlich-liberalem und marxistisch-leninistischem Grundrechtsverständnis bestehen unüberwindbare Differenzen, die sich aus der unterschiedlichen Funktion der Grundrechte erklären lassen. Während die bürgerlich-liberale Betrachtungsweise die Grundrechte als Abwehrrechte gegen Eingriffe des Staates versteht, geht die marxistisch-leninistische Ideologie davon aus, dass die Grundrechte ein Mittel zur Realisierung des Sozialismus und deshalb nur im Rahmen dieses Staatsziels gewährleistet sind. Hieraus erklärt sich, warum andersdenkendes Verhalten im Sozialismus keinen Grundrechtsschutz genießen konnte. So hat die Pressefreiheit nach westlichem Verständnis gerade die Aufgabe, unbequeme Auffassungen zu ermöglichen. Sozialistische Staaten des ehemaligen „Ostblocks" erlaubten dagegen die Presse nur, soweit sie mit dem Staatsziel übereinstimmte.

375 Zweierlei ist an diesem Beispiel wichtig: Der unbestimmten Weite und Offenheit der Grundrechtsnorm kann interpretatorisch nur Herr werden, wer sich und anderen durch Offenlegung und rational nachvollziehbare Begründung eines bestimmten Auslegungsergebnisses klar macht, welchen Zweck er in einer bestimmten grundrechtlichen Freiheitsverbürgung sieht. Dass dabei zwischen den polaren Gegensätzen der bürgerlich-liberalen

Zweckbestimmung als Abwehrrecht gegen den Staat und der marxistisch-leninistischen Zweckbestimmung als Hilfsmittel zur Realisierung des Sozialismus auch noch ganz andere Betrachtungsweisen möglich sind, wird sich zeigen.

Die verschiedenen denkbaren Betrachtungsweisen werden **Grundrechtstheorien** genannt. Hinter der Vielfalt von „Grundrechtstheorien" verbirgt sich im Grunde nichts anderes als die Tatsache, dass es bei der Auslegung von Grundrechten mehr und divergierendere teleologische Interpretationsmöglichkeiten gibt als bei sonstigen weiten und unbestimmten Rechtsbegriffen. Das verwundert nicht. Die Auslegung eines unbestimmten Rechtsbegriffs wie etwa „Unzuverlässigkeit eines Gewerbetreibenden" in § 35 GewO ist vorgegeben. Sie erschließt sich aus dem Zweck der Gewerbeordnung, die Öffentlichkeit vor denen zu schützen, die in Ausübung ihres Gewerbes Eigentum oder Gesundheit anderer gefährden. Ungleich offener ist die Frage nach Sinn und Zweck der Grundrechte überhaupt und – damit untrennbar verknüpft – nach dem Zweck der Grundrechtsgewährleistung. Allein diese Tatsache ist ursächlich dafür, dass es sich bei der Grundrechtsinterpretation um eines der schwierigsten und umstrittensten Gebiete der Rechtswissenschaft überhaupt handelt. 376

Nicht jede Interpretationsmöglichkeit, nicht jede „Grundrechtstheorie", darf bei der Auslegung von Grundrechten des Grundgesetzes herangezogen werden. Art. 1 Abs. 1 und 3 GG verbieten beispielsweise marxistisch-leninistische Zweckbestimmung. Welcher Zweckbestimmung und welchen Interpretationsmöglichkeiten damit die Grundrechte des Grundgesetzes zugänglich sind, kann sich nur aus dem Grundgesetz selbst ergeben. 377

Die wichtigsten Zweckbestimmungen, die wahlweise oder miteinander verbunden bei der Auslegung von Grundrechten heute eine Rolle spielen, sind: die **liberale**, die **institutionelle**, die **demokratisch-funktionale** und die **sozialstaatliche Grundrechtssicht.** Diese vier Betrachtungsweisen gilt es zu untersuchen, ihre Vor- und Nachteile offenzulegen und sie schließlich auf ihre Zulässigkeit im Hinblick auf das Grundgesetz hin zu untersuchen. Als Beispiel wird dabei in allen Fällen Art. 5 Abs. 1 GG, die Garantie der Pressefreiheit, herangezogen. 378

I. Liberale Grundrechtssicht

Sie sieht in den Grundrechten **Freiheitsrechte** des Einzelnen als **Abwehrrechte** gegen Eingriffe des Staates. Grundrechtszweck ist es danach, wichtige Bereiche individueller Freiheit, die von der Staatsmacht erfahrungsgemäß beeinträchtigt werden können, vor dieser Bedrohung zu sichern. Über die Art und Weise der Ausübung des individuellen Freiheitsrechts sagen die Grundrechte aus bürgerlich-liberaler Sicht hingegen nichts aus. Aus welchen Motiven und zu welchen Zwecken die Bürger von ihrer Freiheit Gebrauch machen, ist bei dieser Grundrechtssicht allein ihrer Entscheidung überlassen; sie dürfen nicht zum Anknüpfungspunkt für eine Differenzierung oder Reduzierung des Freiheitsumfanges gemacht werden. 379

Nach dieser Betrachtungsweise trifft den Staat keine Pflicht, die Möglichkeit dafür zu schaffen, dass grundrechtliche Freiheitsverbürgungen auch tatsächlich wahrgenommen und realisiert werden können. Die liberale 380

Grundrechtsauslegung, die in den Grundrechten lediglich **Abwehrrechte** sieht, ist blind gegenüber den sozialen Schwierigkeiten der Realisierung grundrechtlicher Freiheit.

381 Das Grundrecht der Pressefreiheit in Art. 5 Abs. 1 GG, verstanden als liberal-rechtsstaatliches Abwehrrecht, beschränkt sich auf den Schutz gegen staatliche Eingriffe beim Herstellen und Verbreiten von Druckerzeugnissen einschließlich des Sammelns von Nachrichten. Die Garantie der Pressefreiheit bedeutet danach aber keine Verpflichtung des Staates, für das tatsächliche Bestehen einer Pressevielfalt zu sorgen. Es ist nicht seine Aufgabe zu verhindern, dass einige wenige oder sogar ein einziger Pressekonzern die anderen vom Markt verdrängt und damit aus der allen Bürgern garantierten Freiheit die Freiheit einiger weniger oder eines Einzelnen wird.

382 An diesem Beispiel verdeutlicht sich das grundlegende Problem und der soziale Hintergrund liberaler Grundrechtssicht. Es besteht die Gefahr, dass diese Grundrechtssicht auf eine Absicherung und Verfestigung des sozialen Besitzstandes einer Minderheit hinausläuft, der Mehrheit jedoch die materiellen Möglichkeiten vorenthalten bleiben, die sie zur Verwirklichung ihrer grundrechtlichen Freiheit braucht. Diese Gefahr liberaler Grundrechtsbetrachtung darf nicht unterschätzt werden. Auf der anderen Seite aber bleibt es nach wie vor die wichtigste Funktion der Grundrechte, Eingriffe und Bedrohungen durch den Staat abzuwehren. Dass das Grundgesetz von dieser Abwehrfunktion ausgeht, ergibt sich aus Art. 1 Abs. 3 GG. Wie wichtig es ist, diese Funktion auch heute noch zu betonen, zeigt nicht nur ein Blick in die deutsche Vergangenheit und die Diktaturen oder Volksdemokratien. Die „Spiegel-Affäre" und die Affäre um die „Schwarzen Kassen" der Parteien verdeutlichen, dass auch in Demokratien die Versuchung nach Ausweitung und Missbrauch staatlicher Macht besteht.

II. Institutionelle Grundrechtssicht

383 Danach bezwecken die Grundrechte weniger die Sicherung eines Bereichs individueller Freiheit, in dem der Einzelne nach Belieben handeln kann, als vielmehr die **Sicherung** einer **objektiven Institution**, innerhalb derer sich individuelle und kollektive Freiheit verwirklichen lässt. Bezogen auf das Grundrecht der Pressefreiheit bedeutet dies die grundrechtliche Garantie der Institution „freie Presse". Anders als beim bürgerlich-liberalen Grundrechtsverständnis bezweckt diese Grundrechtssicht zugleich die Gewährleistung des Vorhandenseins und Fortbestehens eines freien Pressewesens. Sie gibt dem Staat die Befugnis, stützend einzugreifen, wenn etwa die Existenz von Presseunternehmen gefährdet ist oder das allgemeine Grundrecht der Pressefreiheit zum Privileg eines „Pressezaren" geworden ist.

384 Das Grundgesetz selbst enthält einige institutionelle Garantien, wie die Garantie der kommunalen Selbstverwaltung in Art. 28 GG und des Berufsbeamtentums in Art. 33 Abs. 4 GG. Die institutionelle Grundrechtssicht geht darüber hinaus und erklärt, dass alle Grundrechte ohne eine sie schützende Institution nicht denkbar seien und dass primärer Grundrechtszweck daher der Schutz dieser Institution selbst sei. Dies hat Konsequenzen: Grundrechtliche Freiheit ist nicht mehr Freiheit schlechthin, sondern eine Freiheit, die sich auf ein bestimmtes Ziel hin zu orientieren hat. Individueller subjektiver Freiheit können dann aber auch von Staats wegen immer Grenzen gesetzt werden, wenn die Institution bedroht ist. Die Gefahr, durch

Auslegung aus Freiheit Zwang zu machen, muss sich der Interpret bei institutioneller Grundrechtsdeutung immer vor Augen halten. Der positive Beitrag dieser Betrachtungsweise dürfte vor allem darin liegen, aufgezeigt zu haben, dass zur Verwirklichung von Freiheitsrechten nicht allein ihre formelle Gewährleistung in der Verfassung ausreicht.

III. Demokratisch-funktionale Grundrechtssicht

Nach dieser Ansicht ist primärer Zweck der Grundrechte, einen freien 385
Prozess demokratischer Willensbildung zu fördern. Grundrechte sollen nicht individuelle, subjektiv beliebige Freiheit schützen, sondern eine auf einen demokratischen Willensbildungsprozess hin orientierte Freiheit ermöglichen. Grundrechte sollen dem **Schutz** eines bestimmten Wertes, **der Demokratie,** dienen. Die Pressefreiheit wird nur insoweit geschützt, als sie der jeweiligen Staatsauffassung positiv gegenübersteht. Die reine Unterhaltungspresse fällt hingegen nach dieser Ansicht aus dem Schutzbereich des Grundrechts ganz heraus. Die Gefahr dieses Grundrechtsverständnisses liegt auf der Hand: Freiheit, die einem einzigen Zweck dienen soll, ist für denjenigen manipulierbar, der ihn bestimmt. Das ist in einer Demokratie die Mehrheit. Freiheit nur nach Maßgabe von Mehrheitsentscheidungen aber ist keine Freiheit, sondern Abhängigkeit. Auf der anderen Seite aber ist dem demokratisch-funktionalen Grundrechtsverständnis die Einsicht zu verdanken, dass dem Bürger nicht ausschließlich als freiem, ungebundenem Individuum Grundrechte garantiert werden, sondern dass er zugleich Glied der Gemeinschaft ist. Grundrechtsverbürgung liegt mithin nicht nur im individuellen, sondern auch im öffentlichen Interesse.

IV. Sozialstaatliche Grundrechtssicht

Sie greift bei der Auslegung der Grundrechte auf die Staatszielbestimmung 386
„Sozialstaatlichkeit“ des Art. 20 Abs. 1 GG zurück. Ihr geht es darum, korrigierend und ergänzend die Schwäche liberalen Grundrechtsverständnisses anzugehen: die Blindheit gegenüber den sozialen Voraussetzungen, deren es zur Realisierung grundrechtlicher Freiheitsgewährleistungen bedarf. Das Mittel, mit dem sie ihr Ziel verwirklichen will, ist die Umkehr des traditionell liberalen Verständnisses: Grundrechte werden nicht als Abwehrrechte gegen den Staat, sondern als **Leistungsansprüche an den Staat** gesehen. Der Staat sei verpflichtet, die notwendigen sozialen Voraussetzungen zu schaffen, die es seinen Bürgern erst ermöglichen, die Grundrechtsgarantien auszuschöpfen. Die Konsequenzen auch dieses Verständnisses sind weitreichend: Die Pressefreiheit beinhaltet danach eine Verpflichtung des Staates, die wirtschaftlichen Voraussetzungen zu schaffen, die einer Vielzahl von Presseunternehmen die weitere Existenz ermöglichen.

Positiv an dieser Grundrechtssicht ist, dass sie – im Gegensatz zur institu- 387
tionellen und zur demokratisch-funktionalen – den individuellen Freiheitsspielraum nicht einschränkt, sondern erweitert. Hier geht es nicht um formale Gewährleistungen, hinter deren Fassade die Starken die Schwächeren zurückdrängen und ihnen die Chance nehmen, ihre Grundrechte zu verwirklichen, sondern darum, Voraussetzungen zu schaffen, die es allen Bürgern ermöglichen, an den Freiheitsgewährleistungen zu partizipieren. Die

Schwäche dieser Grundrechtskonzeption liegt darin begründet, dass der Umfang der Freiheitsverbürgung weitgehend abhängig wird von der Lage der staatlichen Finanzen. Sind die Finanzmittel erschöpft, reduziert sich die Grundrechtsgewährleistung. Diese Abhängigkeit relativiert die Bindung der Staatsgewalt an die Grundrechte. Dies steht in Widerspruch zu Art. 1 Abs. 3 GG.

V. Grundrechtsverständnis des Grundgesetzes

388 Die Übersicht über die vier wichtigsten „Spielarten" des Grundrechtsverständnisses zeigt ihre jeweiligen Schwächen und Vorzüge auf. Jeder Grundrechtsinterpret muss sich zunächst einmal über sein Verständnis im Klaren sein. Erst dann kann ein diskutierbares, rational nachvollziehbares Auslegungsergebnis überhaupt erzielt werden. Darüber hinaus stellt sich jedoch nun vor allem die Frage, ob alle vier Varianten beliebig anwendbar und austauschbar sind oder ob nicht das Grundgesetz selbst ein bestimmtes Grundrechtsverständnis vorschreibt, das es verbietet, Grundrechtsgewährleistungen vom Vorverständnis des jeweiligen Interpreten abhängig zu machen.

389 Ihrer Konzeption nach sind die Grundrechte des Grundgesetzes **klassische Freiheitsrechte** in bürgerlich-liberalem Sinne. Sie sind nicht höherrangig begriffenen Werten oder Institutionen untergeordnet, sondern werden von Art. 1 Abs. 1 GG ausdrücklich als vorstaatliche Menschenrechte proklamiert, die zu achten und zu schützen Aufgabe staatlicher Gewalt ist. Das schließt nicht aus, ihrer Interpretation auch institutionelle und demokratisch-funktionale Gesichtspunkte zugrunde zu legen; dies jedoch immer bei Beachtung der Priorität des „klassischen" Grundrechtsverständnisses. Die Tatsache, dass Institutionen Freiheit nicht nur einschränken, sondern sie mitunter erst ermöglichen und dass das Grundgesetz den Einzelnen auch als Glied der demokratischen Gemeinschaft sieht, kann durchaus im Einzelfall die Auslegung beeinflussen. Ausgangspunkt einer Interpretation muss jedoch zunächst die liberale Grundrechtssicht sein. Viel weitergehend bestimmt allerdings die Sozialstaatsbestimmung des Grundgesetzes die liberale Grundrechtsauslegung. Durch die Aufnahme des Sozialstaatspostulats versucht das Grundgesetz der Blindheit liberalen Grundrechtsverständnisses gegenüber den gesellschaftlichen und materiellen Voraussetzungen der Grundrechtswahrnehmung zu begegnen. Die Sozialstaatsklausel hat freilich nicht den Sinn, jedem Einzelnen klagbare Ansprüche – bis zur Erschöpfung des Staatshaushaltes – zuzugestehen. Bei dieser Sicht wären Grundrechte abhängig vom Staatshaushalt, ein Ergebnis, das der von Art. 1 Abs. 3 GG geforderten unbedingten Bindung widerspricht. Das Sozialstaatsprinzip muss vielmehr als Auftrag und Verpflichtung staatlicher Instanzen gesehen werden, darauf zu achten, dass aus allen garantierten Grundrechten nicht Privilegien einiger weniger werden. Erreichen lässt sich dies oft nur durch Eingriffe in grundrechtlich geschützte Positionen anderer. Um noch einmal auf das Beispiel zurückzukommen: Wenn Pressefreiheit nicht nur als Recht des wirtschaftlich stärksten „Pressezaren" begriffen werden kann, sondern auch als Verpflichtung des Staates, für Pressevielfalt zu sorgen, so ist dies unter bestimmten Gegebenheiten nicht anders möglich als durch Zurück-

drängung oder Einschränkung des Freiheitsspielraums des Stärkeren. Auch dieser wird sich auf sein Grundrecht berufen. Die Frage, um die es nunmehr geht, ist danach die, ob und inwieweit es zulässig ist, Grundrechte des Bürgers einzuschränken, und welche Ziele und Zwecke allein eine solche Einschränkung zu rechtfertigen imstande sind.

Weiterführende Hinweise:

Böckenförde, Wie werden in Deutschland die Grundrechte im Verfassungsrecht interpretiert, EuGRZ 2004, 598;
Böckenförde, Grundrechtstheorie und Grundrechtsinterpretation, NJW 1974, 1529;
Böckenförde, Die Methode der Verfassungsinterpretation – Bestandsaufnahme und Kritik, NJW 1976, 209;
Thieme, Liberalismus und Grundgesetz, DÖV 2006, 401.

390 Art. 1 Abs. 3 GG lässt sich unschwer entnehmen, dass die Grundrechte der Staatsgewalt und damit der gesamten Organisation des Staates übergeordnet sind. Dies bedeutet allerdings nicht, dass dem (einfachen) Bundes- oder Landesgesetzgeber jeder Eingriff in grundrechtliche Freiheiten verwehrt ist. Vielmehr ist aus oben genannten Gründen eine Einschränkung geboten, um auf diesem Wege einen optimalen Grundrechtsschutz für alle Menschen bzw. Bürger zu erreichen. Die meisten Grundrechte enthalten daher einen sog. **Gesetzesvorbehalt,** demzufolge die Einschränkung eines Grundrechtes durch ein Gesetz oder aufgrund eines Gesetzes zulässig ist (z.B. Art. 2 Abs. 2 Satz 3, Art. 4 Abs. 3 Satz 2, Art. 5 Abs. 2, Art. 8 Abs. 2, Art. 12 Abs. 1 Satz 2 GG).

391 Der „Gesetzesvorbehalt" darf nicht mit dem **„Vorbehalt des Gesetzes"** verwechselt werden. Während es beim „Gesetzesvorbehalt" um die Frage der Einschränkbarkeit eines Grundrechtes geht (durch ein Gesetz oder aufgrund eines Gesetzes), besagt der „Vorbehalt des Gesetzes", dass belastende staatliche Eingriffe nur dann zulässig sind, wenn ein materielles Gesetz den Hoheitsträger dazu ermächtigt hat.

392 Unter Gesetzesvorbehalt stehende Grundrechte können allerdings **nicht grenzenlos** eingeschränkt werden. **Wie weit** die Einschränkbarkeit geht, ergibt sich einmal aus der **näheren Ausgestaltung des Gesetzesvorbehalts** (vgl. etwa Art. 5 Abs. 2 GG), zum anderen aber aus dem **Verhältnismäßigkeitsprinzip,** d.h. aus den Prinzipien der Geeignetheit, der Erforderlichkeit und der Verhältnismäßigkeit im engeren Sinne. Zum Gesetzesvorbehalt ein Beispiel:

393 **Art. 8 GG lautet:**
„(1) Alle Deutschen haben das Recht, sich ohne Anmeldung oder Erlaubnis friedlich und ohne Waffen zu versammeln.
(2) Für Versammlungen unter freiem Himmel kann dieses Recht durch Gesetz oder aufgrund eines Gesetzes beschränkt werden."

394 Ein solches einschränkendes Gesetz stellt beispielsweise § 14 Versammlungsgesetz (VersG) dar. Seit dem Inkrafttreten der Föderalismusreform I besteht zwar keine Gesetzgebungskompetenz des Bundes mehr für das Versammlungsrecht. Dennoch gilt das Versammlungsgesetz gemäß Art. 125a Abs. 1 Satz 1 GG noch fort, so lange es nicht durch Landesrecht ersetzt worden ist. Dies ist bislang nur in Bayern, Niedersachen, Sachsen und Sachsen-Anhalt geschehen.

395 „Wer die Absicht hat, eine öffentliche Versammlung unter freiem Himmel (...) zu veranstalten, hat dies spätestens 48 Stunden vor der Bekanntgabe der zuständigen Behörde (...) anzumelden."

396 Bei § 14 VersG handelt es sich um eine typische Grundrechtsbeschränkung aufgrund des Gesetzesvorbehalts in Art. 8 Abs. 2 GG. Öffentliche Versammlungen und Demonstrationen sind erlaubt, jedoch anmeldepflichtig. Insoweit ist das Grundrecht eingeschränkt. Die Einschränkung dient

dem Zweck, der Behörde Zeit zu geben, erforderliche Maßnahmen zu ergreifen, beispielsweise den Verkehr umzuleiten usw. § 14 VersG ist allerdings insofern **verfassungskonform auszulegen,** als Spontandemonstrationen nicht von der Anmeldepflicht erfasst sind. Eine Anmeldepflicht würde ein spontanes Gebrauchmachen vom Freiheitsrecht des Art. 8 Abs. 1 GG unmöglich machen.

Es gibt einige Grundrechte, bei denen eine Einschränkungsmöglichkeit nicht vorgesehen ist: die sog. **Grundrechte ohne Gesetzesvorbehalt.** Zu diesen Grundrechten gehören z.B. Art. 4 Abs. 2 und Art. 5 Abs. 3 GG. Nach dem Wortlaut des Art. 5 Abs. 3 GG sind Forschung und Wissenschaft keinerlei Schranken unterworfen. 397

Gleichwohl wird überwiegend der Standpunkt vertreten, dass die in Art. 5 Abs. 3 GG gewährten Freiheitsrechte ebenso wie die sonstigen vorbehaltlos gewährten Grundrechte trotz ihres Wortlautes eingeschränkt werden können, da sich ein schrankenlos gewährtes Grundrecht selbst ad absurdum führte. 398

Es leuchtet ohne weiteres ein, dass es einem Wissenschaftler nicht unter Berufung auf die in Art. 5 Abs. 3 GG schrankenlos gewährte Freiheit der Forschung und Wissenschaft gestattet sein kann, in einer Großstadt hochgefährliche Experimente vorzunehmen, oder dass die Durchführung einer Prozession durch ein Seuchengebiet nicht auf die Freiheit der Religionsausübung (Art. 4 Abs. 2 GG) gestützt werden kann. 399

Fraglich ist nur, wie sich rechtsdogmatisch die Einschränkung eines Grundrechts ohne Gesetzesvorbehalt begründen lässt. Als Grundrechtsschranke kommen in diesen Fällen lediglich Grundrechte anderer und andere mit Verfassungsrang ausgestattete Güter in Betracht. Auch ein schrankenlos gewährtes Grundrecht darf nicht so ausgeübt werden, dass Grundrechte Dritter bzw. andere Güter mit Verfassungsrang verletzt werden. Die dadurch der Grundrechtsausübung gesetzten Schranken nennt man auch **verfassungsimmanente Schranken.** Zur Begründung des selbstverständlichen Ergebnisses, dass etwa ein Wissenschaftler in einer Großstadt nicht mit Seuchenerregern Experimente unter Berufung auf die Freiheit der Wissenschaft anstellen kann, kann man deshalb auch auf Art. 2 GG zurückgreifen. Nach Art. 2 Abs. 2 GG hat jeder das Recht auf Leben und körperliche Unversehrtheit. Dieses Recht steht einer die Allgemeinheit gefährdenden Forschungstätigkeit entgegen. 400

Lange Zeit war es in Literatur und Rechtsprechung umstritten, ob Grundrechte im sog. „besonderen Gewaltverhältnis" auch dann eingeschränkt werden dürfen, wenn ein dazu ermächtigendes Gesetz fehlt. **„Besondere Gewaltverhältnisse" sind Rechtsverhältnisse, in denen Bürger zur Erreichung bestimmter Zwecke in einer besonders starken rechtlichen Bindung zur staatlichen Gewalt stehen** (z.B. Schüler, Soldaten, Beamte, Gefängnisinsassen). Die Tatsache allein, dass hier eine besonders enge rechtliche Beziehung zum Staat geschaffen wird, vermag Geltung und Stellenwert der Grundrechte nicht zu beeinträchtigen. Die Rechtsfigur des „besonderen Gewaltverhältnisses" hat daher heute keine eigenständige Bedeutung mehr. Auch im besonderen Gewaltverhältnis dürfen Grundrechte nur durch Gesetz oder aufgrund eines Gesetzes eingeschränkt werden. 401

Der Einschränkung von Grundrechten setzt neben dem Verhältnismäßigkeitsprinzip schließlich noch die **Wesensgehaltgarantie** des Art. 19 Abs. 2 402

GG Grenzen. Danach darf ein Grundrecht in keinem Falle in seinem Wesensgehalt angetastet werden. Was das ist, ist nicht leicht zu bestimmen. Einigkeit herrscht noch darüber, dass beispielsweise eine Erhöhung des Erbschaftsteuersatzes auf 99% die grundrechtliche Gewährleistung des Erbrechts in ihrem Wesensgehalt berühren würde. Die Grenze zu orten, von der aus einer zulässigen Grundrechtseinschränkung ein unzulässiger Eingriff in den Wesengehalt wird, bleibt immer problematisch. Trotz zahlreicher dazu entwickelter Theorien kommt es letztlich auf eine wertende Betrachtung der konkreten Umstände des Einzelfalls an.

403 Soweit es um die Frage der Zulässigkeit grundrechtseinschränkender Gesetze oder sonstiger staatlicher Eingriffe geht, ist das **Verhältnismäßigkeitsprinzip** von ungleich größerer praktischer Bedeutung als die Wesensgehaltgarantie des Art. 19 Abs. 2 GG.

Weiterführende Hinweise:

BVerfGE 33, 1, 9 ff. (Einschränkung der Grundrechte von Strafgefangenen);
BVerfGE 69, 315 (Verfassungskonforme Auslegung des Versammlungsrechtes);
Höfling, Grundrechtstatbestand – Grundrechtsschranken – Grundrechtsschrankenschranken, Jura 1994, 169
Michael, Grundfälle zur Verhältnismäßigkeit, JuS 2001, 654, 764, 866;
Middendorf, Zur Wesensgehaltgarantie des Grundgesetzes, Jura 2003, 232.

Kapitel 17: Die Drittwirkung der Grundrechte

404 Funktion der Grundrechte ist es, die öffentliche Gewalt zu binden und ihre Eingriffsbefugnisse zu begrenzen. Adressat der Grundrechte ist der Staat (vgl. Art. 1 Abs. 3 GG). Die durch die Grundrechte geschützten Freiheitsspielräume können aber nicht allein durch staatliche Organe verletzt werden. Möglich ist auch, dass Privatpersonen, Wirtschaftsverbände oder Unternehmen in grundrechtlich geschützte Bereiche eindringen. Um die Frage, ob sie den gleichen Bindungen und Beschränkungen unterliegen wie die Staatsgewalt, geht es im Folgenden. Die Antwort hängt allein davon ab, ob sich die Bindungswirkung der Grundrechte auch auf Privatrechtssubjekte erstreckt. Diese Frage der sog. **Drittwirkung von Grundrechten** ist sehr umstritten. Zur Einführung folgendes Beispiel:

405 Der Arbeitsvertrag der bei der Lufthansa AG tätigen Stewardess A enthält die Klausel, im Falle ihrer Heirat könne das Arbeitsverhältnis fristlos gekündigt werden. Als A heiratet, macht die Lufthansa AG von diesem Kündigungsrecht Gebrauch. A möchte weiterhin als Stewardess tätig sein und klagt vor dem Arbeitsgericht auf Fortsetzung des Arbeitsverhältnisses. Sie begründet ihre Klage damit, dass Art. 6 GG die Ehe unter den besonderen Schutz der staatlichen Ordnung stelle. Diese Forderung habe auch ihr privater Arbeitgeber, die Lufthansa AG, zu beachten. Die Zölibatsklausel, der sie sich bei Abschluss des Arbeitsvertrages unterworfen habe, sei unwirksam.

406 Wegen Verstoßes gegen Art. 6 Abs. 1 GG hat das Bundesverfassungsgericht mehrfach Steuergesetze, die Ledigen mehr steuerliche Erleichterungen gewährten als Verheirateten, für verfassungswidrig erklärt. Auch die gesetzgebende Gewalt ist – wie Art. 1 Abs. 3 GG ausdrücklich bestimmt – an die Grundrechte gebunden. Das Grundgesetz sagt aber unmittelbar nichts darüber aus, ob – wie im Beispielsfall – auch der private Arbeitgeber Lufthansa AG an die Grundrechte gebunden ist, so dass er aus der Tatsache der Eheschließung keine nachteiligen Konsequenzen herleiten darf. Wenn man diese Frage bejaht, vergrößert man den Anwendungsbereich der Grundrechte außerordentlich. Sie geben dann nicht nur Rechte gegenüber der Staatsgewalt, sondern gestalten gleichzeitig die privatrechtlichen Beziehungen der Bürger untereinander. Zwei Möglichkeiten sind denkbar:

(1) Der privatrechtliche Arbeitgeber ist – ebenso wie alle anderen Privatrechtssubjekte – nicht an die Grundrechte gebunden; die Zölibatsklausel ist daher wirksam.
(2) Die Grundrechte gelten auch im privatrechtlichen Bereich der Bürger untereinander, die Klausel ist daher wegen Verstoßes gegen Art. 6 Abs. 1 GG unwirksam.

407 Außer in Art. 9 Abs. 3 GG, der der Koalitionsfreiheit unmittelbare Drittwirkung verleiht, findet sich keine ausdrückliche Regelung der Drittwirkung im Grundgesetz. Daher ist es für alle übrigen Grundrechtsbestimmungen umstritten, ob eine Grundrechtsgeltung zwischen Privatpersonen anzuerkennen ist oder nicht. Für beide Ansichten werden einleuchtende Argumente vorgebracht. Gegen eine Drittwirkung der Grundrechte im privaten Bereich spricht die historische Entwicklung der Grundrechte als aus-

schließlich gegen den Staat gerichtete Abwehrrechte. Auch die Tatsache, dass bei Bejahung der Drittwirkung der das Zivilrecht beherrschende Grundsatz der Vertragsfreiheit stark beeinträchtigt würde, spricht gegen eine unmittelbare Drittwirkung der Grundrechte. Die Vertragsfreiheit würde durch vielfältige grundrechtliche Bindungen eingeschränkt.

408 Trotz dieser Bedenken wird heute überwiegend die Ansicht vertreten, die Grundrechte beanspruchten auch Geltung im Verhältnis der Bürger zueinander. Über die Frage, wie diese Drittwirkung der Grundrechte zu begründen ist, herrscht freilich Streit: Eine Mindermeinung vertritt die Ansicht, dass die Grundrechte unmittelbar auch im privaten Bereich gelten. Danach wäre die Klausel wegen Verstoßes gegen Art. 6 Abs. 1 GG nichtig. Diese Ansicht von der unmittelbaren Geltung der Grundrechte im Privatrecht hat weittragende Konsequenzen. Beispielsweise dürfte nach dieser Lehre kein Unternehmen bei der Einstellung auf „Geschlecht, Abstammung, Rasse, Sprache, Heimat und Herkunft, Glauben, politische und religiöse Einstellung, Behinderung“ (Art. 3 Abs. 3 GG) achten.

409 Die Lehre von der unmittelbaren Geltung der Grundrechte im Privatrecht wird denn auch überwiegend abgelehnt. Dagegen wird heute maßgeblich die Lehre von der sog. (mittelbaren) **Drittwirkung der Grundrechte** vertreten. Danach enthalten die Grundrechte nicht nur Abwehrrechte, sondern auch objektive Wertentscheidungen, die für alle Bereiche des Rechts gelten. Deshalb dürfen zivilrechtliche Vorschriften nicht im Widerspruch zu den Grundrechten stehen, und die Grundrechte dürfen bei der Auslegung von Rechtsvorschriften durch die Gerichte nicht unberücksichtigt bleiben. Medium für die Ausstrahlung der Grundrechte auf das Privatrecht sind vor allem die Generalklauseln. Da sie im Lichte der Grundrechte auszulegen sind, erlangen die Grundrechte darüber **mittelbar** im Privatrecht Geltung.

410 Nach dieser Auffassung ist der Beispielsfall nicht so einfach zu lösen. Die Vertragsklausel ist nicht unmittelbar wegen Verstoßes gegen Art. 6 Abs. 1 GG nichtig. Die Wirksamkeit des Arbeitsvertrags richtet sich zunächst nach zivilrechtlichen Normen (§§ 611 ff. BGB). Im Zivilrecht gilt der Grundsatz der Vertragsfreiheit. Auch die Vertragsfreiheit ist jedoch rechtlichen Schranken unterworfen. Insbesondere die folgenden Generalklauseln setzen ihr Grenzen:

411 § 138 Abs. 1 BGB: „Ein Rechtsgeschäft, das gegen die guten Sitten verstößt, ist nichtig.“

412 § 242 BGB: „Der Schuldner ist verpflichtet, die Leistung so zu bewirken, wie Treu und Glauben mit Rücksicht auf die Verkehrssitte es erfordern.“

413 § 826 BGB enthält eine allgemeine Schranke bürgerlich-rechtlicher Handlungsfreiheit: „Wer in einer gegen die guten Sitten verstoßenden Weise einem anderen vorsätzlich Schaden zufügt, ist dem anderen zum Ersatze des Schadens verpflichtet.“

414 Von besonderer Bedeutung für die Beachtung von Grundrechten unter Privatleuten ist das Allgemeine Gleichbehandlungsgesetz. Dieses Gesetz sanktioniert Diskriminierungen „aus Gründen der Rasse oder wegen der ethnischen Herkunft, des Geschlechts, der Religion oder Weltanschauung, einer Behinderung, des Alters oder der sexuellen Identität“. Ähnliche Benachteilungsverbote enthält Art. 3 Abs. 3 GG.

415 Allen Generalklauseln ist gemeinsam, dass sie sehr weite, unbestimmte Begriffe enthalten. Was „unbillig“, „wider Treu und Glauben“ oder „sit-

tenwidrig" ist, bedarf weitgehender Konkretisierung durch den Rechtsanwender. Hier setzt die Lehre von der mittelbaren Drittwirkung der Grundrechte an.

Die Lösung des Beispielsfalles sieht danach so aus: Die Zölibatsklausel könnte wegen Verstoßes gegen § 138 BGB unwirksam sein. § 138 BGB sagt nichts darüber aus, wann ein Verstoß gegen die guten Sitten vorliegt. Der Begriff der „guten Sitten" ist wertausfüllungsbedürftig und wertausfüllungsfähig. Bei der Untersuchung, was unter „guten Sitten" zu verstehen ist, sind die Grundrechte als Wertungsmaßstab hinzuzuziehen, da sich in ihnen eine objektive Wertordnung verkörpert, die als verfassungsrechtliche Grundentscheidung für alle Bereiche des Rechts gilt. **416**

Gemäß Art. 6 Abs. 1 GG ist die Ehe ein wichtiger Bestandteil dieser Wertordnung, den es zu schützen gilt. Diese Verpflichtung ist auch bei Abschluss privatrechtlicher Arbeitsverträge zu beachten. Zölibatsklauseln dürfen daher nur dann vereinbart werden, wenn die Ausübung des konkreten Berufs und die Führung einer Ehe miteinander unvereinbar sind. Der Beruf der Stewardess kann jedoch von einer verheirateten Frau ausgeübt werden, ohne dass der Arbeitgeber dadurch Nachteile in Kauf nehmen muss. Die mittelbaren Auswirkungen des Art. 6 Abs. 1 GG auf die Auslegung des § 138 BGB spricht daher im Beispielsfall für die Unzulässigkeit einer Zölibatsklausel in Arbeitsverträgen mit Stewardessen. Das Arbeitsgericht wird die fristlose Kündigung für unzulässig erklären. **417**

Die Lehre von der mittelbaren Drittwirkung hat den Vorzug, auf die Wertordnung des Grundgesetzes zurückgreifen zu können, ohne dabei die ebenfalls von Art. 2 Abs. 1 GG garantierte **Vertragsfreiheit** über Gebühr zu verkürzen. **418**

Aktualität erlangte die Drittwirkungsproblematik in den letzten Jahren in Fällen, in denen ausländische Staatsangehörige in Deutschland an ihre Mietwohnungen Parabolantennen anbringen wollten, um Fernsehprogramme in ihrer Muttersprache empfangen zu können, was aber vom Vermieter mit dem Hinweis auf ästhetische Gesichtspunkte abgelehnt wurde. Das Bundesverfassungsgericht hat entschieden, dass ausländische Mieter unter gewissen Voraussetzungen einen Anspruch gegen den Vermieter haben, der Anbringung einer Parabolantenne zuzustimmen. Begründet wurde dies vom Gericht damit, dass die Informationsfreiheit, die von Art. 5 Abs. 1 GG verbürgt wird, eine der wichtigsten Freiheitsgewährleistungen in einer Demokratie überhaupt ist. Dies stelle eine Wertentscheidung des Verfassungsgebers dar, die über die Generalklauseln des Zivilrechts, insbesondere § 242 BGB, auch auf den privatrechtlichen Bereich ausstrahle. **419**

Weiterführende Hinweise:

BVerfGE 89, 214 (Bürgschaftsfall – Drittwirkung von Grundrechten im Vertragsrecht);
BVerfGE 7, 198, 200 ff. (Drittwirkung von Grundrechten bei der Gesetzesauslegung);
Guckelberger, Die Drittwirkung der Grundrechte, JuS 2003, 1151.

Kapitel 18: Die Grundrechtsbindung des Staates bei privatrechtlichem Handeln

420 Art. 1 Abs. 3 GG bindet die Ausübung der exekutiven, der judikativen und der legislativen Staatsgewalt an die Grundrechte. Kennzeichnend für exekutive Staatsgewalt ist die Befugnis des Hoheitsträgers, einseitig Rechte und Pflichten begründen zu können – mit anderen Worten: öffentlich-rechtlich zu handeln. Bei öffentlich-rechtlichem Handeln ist eine Ausübung von Staatsgewalt im Sinne des Art. 1 Abs. 3 GG gegeben: Der Staat ist an die Grundrechte gebunden.

421 Manche ihrer Ziele kann die Verwaltung jedoch auch erreichen, indem sie sich nicht hoheitlicher (d.h. öffentlich-rechtlicher) Rechtsformen bedient, sondern privatrechtlich (auf der Ebene der Gleichordnung) mit dem Bürger verkehrt. Diese Möglichkeit eröffnet sich insbesondere auf dem Gebiet der **Leistungsverwaltung** (Daseinsvorsorge). Ein staatliches Studentenwohnheim schließt mit den Bewohnern privatrechtliche Verträge, ebenso das Gas-, Wasser- und Elektrizitätswerk der Gemeinde mit seinen Benutzern. Es stellt sich daher die Frage, ob der Staat auch in diesem Fall an die Grundrechte gebunden, oder ob er ihnen, wie jeder Privatmann, nur mittelbar durch die Drittwirkung unterworfen ist. Bei nur mittelbarer Geltung könnte sich die leistende Verwaltung durch Wechsel der Rechtsform vom öffentlichen ins private Recht weitgehend der Grundrechtsbindung entziehen. Die Gefahr, dass damit eine „Flucht ins Privatrecht" auf breiter Front einsetzen würde, ist nicht von der Hand zu weisen.

422 Diese ergebnisorientierte Argumentation ersetzt jedoch noch nicht die Begründung dafür, dass der Staat auch dann, wenn er Verwaltungstätigkeit in privatrechtlicher Form ausübt, unmittelbar an die Grundrechte gebunden ist. Dies ergibt sich vielmehr aus folgender Überlegung: Verwaltungstätigkeit ist alles exekutivische Handeln, mit dem unmittelbar öffentliche Zwecke verfolgt oder öffentliche Aufgaben erfüllt werden. Die Unterhaltung der Wasser- und Stromversorgung dient ebenso unmittelbar öffentlichen Interessen wie die Behebung der Wohnungsnot bestimmter Bevölkerungskreise. Auch **Verwaltungstätigkeit in privatrechtlicher Form** ist daher „öffentliche Verwaltung". Sie dient den gemeinsamen Interessen aller Mitglieder des Gemeinwesens und unterliegt deshalb den gleichen Bindungen, wie sie vom Grundgesetz sonst für die Ausübung von Staatsgewalt vorgeschrieben sind. Durch eine „Flucht in das Privatrecht" kann die Verwaltung daher ihre grundrechtlichen Bindungen nicht abschütteln.

423 Die Möglichkeiten exekutivischen Handelns erschöpfen sich nicht in öffentlich-rechtlicher und privatrechtlicher Verwaltungstätigkeit. Verwaltungstätigkeit orientiert sich zum Bürger hin. Sie dient unmittelbar seinen Interessen. Daneben beteiligen sich Träger der öffentlichen Verwaltung aber auch an dem allgemeinen Wirtschafts- und Erwerbsleben, sei es für eigene Zwecke mit der Absicht der Gewinnerzielung (staatliche Brauereien, staatlicher Forstbesitz), sei es mit dem Ziel, sich selbst erst einmal die Möglich-

keiten und Mittel zu beschaffen, die zur Ausübung von Verwaltungstätigkeit erforderlich sind (Materialbeschaffung, Hoch- und Tiefbauten, Reparaturen). Ein breites Spektrum staatlicher Aktivitäten wird von diesen Handlungsformen – **fiskalische Betätigung** der öffentlichen Hand genannt – umfasst. Es reicht vom Schreibmaschinenpapierkauf eines Dorfbürgermeisters bis hin zur Auftragsvergabe in Millionenhöhe, dem Bau eines Universitätsklinikums oder eines Autobahnstreckenteilabschnitts.

Gemeinsam ist allen diesen Aktivitäten, dass sie sich in rein privatrecht- 424
lichem Rahmen abspielen und keine unmittelbar zum Bürger hin orientierten öffentlichen Aufgabenbereiche umfassen. Oftmals bereiten sie diese erst vor, beispielsweise beim Bau eines Universitätsklinikums oder eines Studentenwohnheims.

Bei fiskalischer Tätigkeit übt die Exekutive keine „vollziehende Gewalt" 425
im Sinne des Art. 1 Abs. 3 GG aus, weil sie nicht als Trägerin hoheitlicher Aufgaben und nicht unter Einsatz hoheitlicher Mittel auftritt. Nach herrschender – aber nicht unbestrittener – Ansicht ist fiskalisches Handeln keiner unmittelbaren Grundrechtsbindung unterworfen. Dies wird folgendermaßen begründet: Der Zweck des Grundrechtsschutzes liegt in der Beschränkung der Machtposition des Staates. Betätigt sich der Staat privatrechtlich, erscheint ein Schutz des Bürgers vor staatlichen Eingriffen nicht gerechtfertigt, da sich in einer solchen Konstellation Bürger und Staat gleichgeordnet gegenüberstehen. Teleologische Erwägungen sprechen gegen die unmittelbare Anwendung von Grundrechten im fiskalischen Bereich. Eine Bindung an die Grundrechte besteht über die Drittwirkung und darin, dass die Verwaltung ihre Freiheit nicht dazu ausnutzen darf, willkürliche, sachlich nicht gerechtfertigte Entscheidungen zu treffen. Dazu hat sie zumeist auch gar keine Möglichkeit. Sachlich macht es zwar keinen Unterschied, ob ein Chemiekonzern für 50 Mio. € Bauaufträge vergibt oder die Bundeswehr für die gleiche Summe Kasernen renovieren oder Lastwagen anschaffen lässt. Die staatliche Auftragsvergabe unterliegt jedoch wesentlich engeren rechtlichen Bindungen als dies bei einem Privatunternehmen der Fall ist. **Die Vergabe öffentlicher Aufträge** ist in der Praxis von eminenter Bedeutung. Sie ist durch Rechts- und Verwaltungsvorschriften vor allem auch aufgrund europarechtlicher Vorgaben so eng geregelt, dass die Frage nach der Grundrechtsbindung in diesem Bereich eine mehr oder weniger akademische ist.

Weiterführender Hinweis:

Erichsen/Ebber, Die Grundrechtsbindung des privatrechtlich handelnden Staates, Jura 1999, 373 ff.

Kapitel 19: Eigentum und Sozialisierung (Art. 14, 15 GG)

426 Art. 14 GG lautet:

„(1) Das Eigentum und das Erbrecht werden gewährleistet. Inhalt und Schranken werden durch die Gesetze bestimmt.
(2) Eigentum verpflichtet. Sein Gebrauch soll zugleich dem Wohle der Allgemeinheit dienen.
(3) Eine Enteignung ist nur zum Wohle der Allgemeinheit zulässig. Sie darf nur durch Gesetz oder auf Grund eines Gesetzes erfolgen, das Art und Ausmaß der Entschädigung regelt. Die Entschädigung ist unter gerechter Abwägung der Interessen der Allgemeinheit und der Beteiligten zu bestimmen. Wegen der Höhe der Entschädigung steht im Streitfalle der Rechtsweg vor den ordentlichen Gerichten offen."

I. Bedeutung der Eigentumsgarantie

427 Art. 14 GG garantiert die nahe miteinander verwandten Grundrechte des **Eigentums** und des **Erbrechts.** Entstehungsgeschichtlich postulierte vor allem die bürgerlich-liberale Verfassungsbewegung des 19. Jahrhunderts den Schutz von Freiheit und Eigentum als primäre Aufgabe des Staates, um die gesellschaftliche und politische Existenzgrundlage des aufstrebenden Bürgertums zu sichern. Nach bürgerlichem Verständnis beruht Privateigentum ausschließlich auf individueller Leistung. Das Produkt der Arbeit, die geschaffenen Güter, steht dem Eigentümer als „natürliches" Recht zu. Die Eigentumsgarantie ist zugleich Garant für die freie Entfaltung der Persönlichkeit. Dies zumindest ist in einer auf Privateigentum beruhenden Gesellschaftsordnung unzweifelhaft. Wer um das nackte Existenzminimum kämpft, wird seine Persönlichkeit kaum frei entfalten können.

428 Dieses Verständnis wird der sozialen und wirtschaftlichen Realität der Gegenwart nicht mehr gerecht. Es ist nicht das private Eigentum oder Vermögen, das der großen Mehrheit der Bundesbürger die Chance gibt, individuelle Freiheitsrechte – in welch eingeschränktem Maße auch immer – zu verwirklichen. Statt Sacheigentum oder Vermögen bilden für die überwältigende Mehrheit der Bevölkerung Arbeitseinkommen oder daraus abgeleitete Ansprüche (Rente, Pension etc.) die Existenzgrundlage. Vom Sacheigentum allein kann nur ein geringer Teil der Bevölkerung leben. In gleichem Maße wie regelmäßiges Lohneinkommen das Sacheigentum an Bedeutung verdrängt hat, ist die Erkenntnis gewachsen, dass es ein pauschal und undifferenziert betrachtetes Eigentum nicht gibt. Nicht vermehrbares **Grundeigentum** beispielsweise hat mit beliebig produzierbaren **Konsumgütern** nur den formalen Rechtstitel gemein. Gleiches gilt etwa für geistiges Eigentum (Urheberrechte, Patente) und das Vorratslager eines Handelsunternehmens. Auch das unmittelbare Privateigentum an **Produktionsmitteln** ist sicher nicht vergleichbar mit dem **Aktieneigentum,** das oftmals einem Nichteigentümer (Manager) die eigentliche Verfügungsbefugnis lässt. Die verfassungsrechtliche Eigentumsgarantie des Art. 14 Abs. 1 GG berücksichtigt weder diese Differenzierungen und Veränderungen, noch spricht sie die Tatsache an, dass eine ungleichmäßige Eigentumsverteilung einer besitzenden Minderheit

Macht gegenüber der Mehrheit zumindest in wirtschaftlicher Hinsicht verleiht.

Im Kontext mit dem in Art. 20 GG angelegten Sozialstaatsprinzip legt man Art. 14 GG in der modernen Verfassungswirklichkeit zunehmend einen Regelungsauftrag für den Gesetzgeber bei, Fehlentwicklungen aus wirtschaftlicher Machtkonzentration gegenzusteuern (vgl. daher auch die konkurrierende Gesetzgebungskompetenz des Bundes in Art. 74 Nr. 16 GG zur „Verhütung des Missbrauchs wirtschaftlicher Machtstellung") sowie eigentumsfördernde und -steuernde Maßnahmen (Oberbegriff: Vermögensbildung, Wohnungsbauförderung, Reprivatisierung staatlicher Unternehmen) einzuleiten. Unter dem Einfluss dieses sozialstaatlichen Inhalts des Eigentumsbegriffs unterliegt das Begriffsverständnis von Eigentum einem immer noch andauernden Wandel. Dies zeigt beispielhaft der Bedeutungswandel des die bürgerliche Eigentumsideologie geradezu verkörpernden § 903 BGB, der lautet: 429

„Der Eigentümer einer Sache kann, soweit nicht das Gesetz oder Rechte Dritter entgegenstehen, mit der Sache nach Belieben verfahren und andere von jeder Einwirkung ausschließen." 430

Lag vormals die Bedeutung auf „beliebig verfahren", haben in den letzten Jahrzehnten „Gesetz" (z.B. das Gesetz gegen Wettbewerbsbeschränkungen) und „Rechte Dritter" (die z.B. durch das Bundes-Immissionsschutzgesetz oder die Mieterschutzgesetzgebung erheblich verstärkt wurden) die Ausübungsbefugnisse mehr und mehr eingegrenzt. Ob es diese Entwicklung zu verlangsamen gilt und ob sie nicht Gefahr läuft, einem Punkt zuzusteuern, ab dem sie das marktwirtschaftliche System ernsthaft gefährdet, ist eine Kernfrage der wirtschaftlichen Auseinandersetzungen in der Bundesrepublik. 431

Damit ist zugleich die Bedeutung der Eigentumsgarantie für die innerstaatliche Wirtschaftsordnung angesprochen. Aus Art. 14 GG ergibt sich, dass das Grundgesetz jedenfalls eine Wirtschaftsordnung vorsieht, die auf dem Eigentum und den mit ihm begrifflich verbundenen Verfügungsrechten aufbaut. Eigentumsgarantie und Art. 19 Abs. 2 GG begrenzen die Möglichkeiten staatlicher Wirtschafts- und Gesellschaftspolitik. Das hat Konsequenzen: Allen eigentumsfeindlichen Wirtschaftssystemen ist eine Absage erteilt. Art. 14 GG lässt sich nicht reduzieren auf eine Garantie, die lediglich private Bedarfsgegenstände schützt. 432

Die auf der Anerkennung von Privateigentum beruhende Marktwirtschaft war auch die Grundlage der Eingliederung der westdeutschen Wirtschaft in die Weltwirtschaft. Je weiter der Prozess der Einbindung vorangetrieben wurde, um so mehr hat sich dieses Wirtschaftssystem verfestigt. Diese „Zementierung" der marktwirtschaftlichen Konzeption verwundert nicht. Sie hängt eng mit der Eigentumsgarantie zusammen, der schließlich auch der Aufschwung nach dem Zweiten Weltkrieg zu verdanken ist. Ein Staat, der Eigentum nicht garantiert, wird auch nicht mit ausländischen Investitionen rechnen können. Diese waren es aber unter anderem, die entscheidend zum Wiederaufbau beigetragen haben. 433

II. Schutzbereich von Art. 14 Abs. 1 Satz 1 GG

434 Eine Definition des Begriffs „Eigentum“ und damit eine Umschreibung seines Schutzbereichs enthält Art. 14 GG nicht. Bei der Bestimmung des Schutzbereichs ist zudem problematisch, dass Art. 14 Abs. 1 Satz 1 GG einerseits als Grundrecht das Eigentum gegen den Gesetzgeber schützen soll, andererseits aber das Eigentum gemäß Art. 14 Abs. 1 Satz 2 GG inhaltlich durch den Gesetzgeber bestimmt wird.

435 Diese durch Art. 14 Abs. 1 GG angelegte Problematik im Verständnis des Eigentumsbegriffs dokumentiert sich im Wandel des Begriffsverständnisses seit der Weimarer Reichsverfassung. Anknüpfend an die bürgerlich-liberalen Vorstellungen des ausgehenden 19. Jahrhunderts wurde früher ein „absoluter“ Eigentumsbegriff vertreten. In Anlehnung an § 903 BGB war danach Eigentum das allumfassende Recht des Inhabers, mit seiner Sache nach Belieben verfahren zu können.

436 Nach Auffassung des Bundesverfassungsgerichts entspricht diese absolute Vorstellung nicht der Konzeption des Grundgesetzes, da die bürgerlichrechtliche Eigentumsordnung weder Inhalt und Schranken des Eigentums regelt, noch ihr ein Vorrang vor öffentlich-rechtlichen Eigentumsregelungen zukommt. Das Grundgesetz hat dem einfachen Gesetzgeber mit Art. 14 Abs. 1 Satz 2 GG vielmehr den Auftrag gegeben, eine von der Gleichrangigkeit privater und öffentlicher Interessen geprägte Eigentumsordnung zu schaffen, wobei das Maß und der Umfang der dem Eigentümer von der Verfassung zugemuteten und vom Gesetzgeber zu realisierenden Bindung davon abhängt, ob und in welchem Ausmaß das Eigentumsobjekt in einem sozialen Bezug und in einer sozialen Funktion steht. Daran orientiert müssen Eigentumsbindungen also stets verhältnismäßig sein und den Gleichheitssatz als allgemeines rechtsstaatliches Prinzip beachten. Der Inhalt der Eigentumsgarantie unterliegt dabei einer stetigen Wandelbarkeit von Eigentumsbegriff und Eigentümerstellung.

437 Daher schützt Art. 14 GG nicht nur wie § 903 BGB das Sacheigentum (Eigentum „im engeren Sinne“), sondern **alle vermögenswerten Rechte** des Privatrechts, d.h. auch Forderungen, Patentrechte, Mitgliedschaftsrechte (Aktien). Art. 14 GG gibt eine **Bestandsgarantie** aber keine Wertgarantie. Darüber hinaus hat die Rechtsprechung noch diverse vermögenswerte private wie öffentliche Rechte dem Schutzbereich des Art. 14 GG unterstellt:

438 Ein vermögenswertes privates Recht ist das **Recht am eingerichteten und ausgeübten Gewerbebetrieb.** Dabei ist aber nur der vorhandene Bestand des Betriebes verfassungsrechtlich über Art. 14 GG geschützt. Der Schutz beschränkt sich mithin auf die Summe der zum Betrieb gehörenden und vom Eigentumsbegriff gemäß Art. 14 Abs. 1 GG erfassten Sachen und Rechte, dem sog. **sachlichen Substrat** des Gewerbebetriebes. Das Recht am eingerichteten und ausgeübten Gewerbebetrieb geht nicht weiter als der Schutz der wirtschaftlichen Grundlagen des Unternehmens. Art. 14 Abs. 1 GG garantiert nicht die allgemeinen Gegebenheiten und Chancen, innerhalb derer der Unternehmer seine Tätigkeit entfaltet. Nicht durch Art. 14 GG, sondern alleine durch die Berufsfreiheit über Art. 12 GG sind bloße Erwerbsaussich-

ten und Gewinnchancen geschützt. Bestehende Geschäftsbeziehungen, der erworbene Kundenstamm oder die Marktstellung fallen denn auch nicht in den Schutzbereich der Eigentumsgarantie. Die Abgrenzung zwischen Berufsfreiheit und Eigentumsgarantie lässt sich auf die Formel bringen: **„Art. 14 GG schützt das Erworbene, Art. 12 GG den Erwerb".**

Subjektive Rechte des öffentlichen Rechts unterstehen dann dem Eigen- 439
tumsschutz des Art. 14 GG, wenn der das subjektive öffentliche Recht begründende Tatbestand seinem Inhaber eine Rechtsposition verschafft, die derjenigen des Eigentümers so nahe kommt, dass Art. 14 GG Anwendung finden muss. Das Bundesverfassungsgericht stellt darauf ab, ob das vermögenswerte subjektive öffentliche Recht „im Zusammenhang mit einer eigenen Leistung steht" oder „ausschließlich auf einem Anspruch beruht, den der Staat in Erfüllung seiner Fürsorgepflicht durch Gesetz einräumt". Diese Voraussetzungen wurden bislang vom Bundesverfassungsgericht bei Ansprüchen auf Versichertenrenten aus der gesetzlichen Rentenversicherung bzw. darauf gerichteten Rentenanwartschaften und Ansprüchen auf Arbeitslosengeld bejaht und für staatliche Fürsorgeleistungen wie die Wohnungsfürsorge verneint.

III. Beschränkungen des Eigentums

Eingriffe in das grundrechtlich geschützte Eigentum werden in zwei 440
Hauptgruppen unterteilt. Es sind dies

1. die Enteignung
   und
2. die Inhalts- und Schrankenbestimmungen.

1. Enteignung

Nach der Rechtsprechung des Bundesverfassungsgerichts ist die Enteig- 441
nung auf die „vollständige oder teilweise Entziehung konkreter subjektiver Rechtspositionen gerichtet, die durch Art. 14 Abs. 1 Satz 1 GG gewährleistet sind". Diese Definition ist am sog. „klassischen Enteignungsbegriff" orientiert, der als Ziel der Enteignung die staatliche Güterbeschaffung sah. Sie lässt drei Grundelemente der Enteignung erkennen:
- sie ist konkret,
- sie trifft individuell,
- sie ist auf (Teil-)Entziehung des Eigentums gerichtet.

Eine Enteignung kann entweder direkt durch Gesetz zulasten eines be- 442
stimmten oder bestimmbaren Personenkreises (**Legalenteignung**) oder aufgrund eines Gesetzes durch administrative Maßnahmen zulasten Einzelner (**Administrativenteignung**) erfolgen. Das einer Administrativenteignung zugrunde liegende Gesetz muss bereits festlegen, für welche Vorhaben, unter welchen Voraussetzungen und für welche Zwecke eine Enteignung materiell zulässig sein soll.

Die Enteignung darf auch im konkreten Fall nur zum Wohl der Allge- 443
meinheit vorgenommen werden. Was dabei dem Wohl der Allgemeinheit dient, richtet sich danach, was Gesetzgebung und Verwaltung als Aufgaben

staatlichen Handelns definieren. Insofern ist eine Enteignung zugunsten Privater problematisch. Das Gemeinwohlerfordernis lässt eine Enteignung zugunsten Privater jedoch dann zu, wenn durch die Enteignung entweder der Private selbst öffentliche Aufgaben wahrnimmt, oder wenn er durch seine privatwirtschaftliche Tätigkeit einen Beitrag zur Erhaltung und Verbesserung der Wirtschaftsstruktur und/oder zur Bekämpfung der Arbeitslosigkeit leistet.

444 Als letzte Zulässigkeitsvoraussetzung neben dem Grundsatz der Verhältnismäßigkeit muss bereits das Enteignungsgesetz eine Entschädigung vorsehen; so fordert es die in Art. 14 Abs. 3 Satz 2 GG festgeschriebene Junktimklausel. Ein Enteignungsgesetz ohne jegliche oder mit nur unvollständiger Entschädigungsregelung ist wegen Verstoßes gegen die Junktimklausel verfassungswidrig und daher nichtig.

445 Mit der Möglichkeit der Enteignung gegen Entschädigung wandelt sich die Eigentumsbestandsgarantie des Art. 14 Abs. 1 GG unter den Voraussetzungen des Art. 14 Abs. 3 GG in eine Eigentumswertgarantie. Dem Eigentümer wird zwar der Bestand des Eigentums entzogen, dafür wird er aber in Höhe des Wertes seines Eigentums entschädigt. Diese Entschädigung muss nicht zwingend in Geld bestehen; sie kann auch in anderen Werten abgeleistet werden (z. B. Austausch von Grundstücken).

2. Inhalts- und Schrankenbestimmungen des Eigentums

446 Im Gegensatz zu der drastischen Enteignung, die auf eine zumindest teilweise individuelle **Entziehung** des Eigentums gerichtet ist, kann der Staat auch durch allgemeine Regelungen das Eigentumsrecht beschränken. Gemäß Art. 14 Abs. 1 Satz 2 GG werden Inhalt und Schranken (des Eigentums) durch die Gesetze bestimmt. Diese Gesetze legen abstrakt und generell die Rechte und Pflichten des Eigentümers fest. Sie werden **Inhalts- und Schrankenbestimmungen** genannt. Zusammen mit der in Art. 14 Abs. 2 GG statuierten Sozialbindung des Eigentums werden solche Beschränkungen unter dem Begriff **Eigentumsbindung** zusammengefasst. Der Unterschied zwischen Inhalts- und Schrankenbestimmung einerseits und Sozialbindung andererseits ist jedoch rechtlich bedeutungslos. Der Sozialbindung liegt der Gedanke zugrunde, mit einer Sache dürfe der Eigentümer nur soweit frei verfahren, als daraus kein Schaden für die Allgemeinheit oder Dritte entsteht. Die Inhalts- und Schrankenbestimmung ist demgegenüber der Oberbegriff. Er allein spielt in der juristischen Betrachtung eine Rolle.

447 Regelungen des Gesetzgebers über die Reichweite des Eigentums unterliegen einem erheblichen Beurteilungs- und Prognosespielraum, der nur durch grundlegende Wertentscheidungen der Verfassung wie den Grundrechten und den Staatsprinzipien sowie dem Verhältnismäßigkeitsprinzip begrenzt wird.

448 Inhalts- und Schrankenbestimmungen können den Berechtigten ebenso hart treffen wie Enteignungen. Für den Eigentümer ändert sich nämlich nichts, ob er seine Rechte teilweise entzogen bekommt, oder ob durch den Gesetzgeber geregelt wird, dass er das Eigentumsrecht nicht mehr ausüben darf. Hier wird die Abgrenzung beider Institute relevant: Die **Inhalts- und Schrankenbestimmung** ist ebenso wie die **Enteignung** ein **zielgerichteter** (**fina-**

ler) Eingriff. Der Staat bezweckt, gerade in den Schutzbereich der Eigentumsgarantie einzugreifen.

Während die **Enteignung** jedoch den Eigentümer **konkret** und **individuell** trifft, zeichnet sich die **Inhalts- und Schrankenbestimmung** dadurch aus, dass sie 449
- **abstrakt** eine Beschränkung regelt und
- **generell,** also eine Vielzahl von Eigentümern, trifft.

Um eine Inhalts- und Schrankenbestimmung handelt es sich beispielsweise, wenn Pachtverträge über Kleingärten nur unter gesetzlich eng begrenzten Voraussetzungen vom Eigentümer gekündigt werden können und er durch diese Einschränkungen in der Nutzung seines Eigentums nicht mehr frei ist (BVerfGE 52, 1 ff.). Nach der Definition des Bundesverfassungsgerichts liegt in einem solchen Fall keine Enteignung vor. Zwar ist mit dem Kündigungsschutz für Kleingartenpächter eine Beschränkung des Eigentums bezweckt. Jedoch regelt die Norm eine Vielzahl von Fällen, so dass sie abstrakt-genereller Natur ist. Ein konkret-individueller Entzug der Eigentumsposition im Sinne einer staatlichen Mittelbeschaffung liegt nicht vor. 450

Der ausnahmelosen Qualifizierung einer Nutzungsbeschränkung als Inhalts- und Schrankenbestimmung könnte entgegengehalten werden, dass ein gesetzlich verfügter totaler Nutzungsentzug das Eigentumsrecht vollständig aushöhlen würde. Ein solcher Eingriff käme in seiner Wirkung faktisch einer Enteignung gemäß Art. 14 Abs. 3 GG gleich. Trotzdem ist auch hier ein Bruch in der Dogmatik nicht notwendig: Auch ohne Qualifizierung als Enteignung kann der Bürger in dem Fall eines totalen Nutzungsentzugs ausreichenden Rechtsschutz erhalten. Entweder ist eine solche Nutzungsbeschränkung schon einfachgesetzlich unzulässig (eine Autobahn darf schon nach dem Bundesfernstraßengesetz nicht ohne weiteres über Privatgrundstücke geführt werden) oder es liegt eine unzulässige, weil unverhältnismäßige Inhalts- und Schrankenbestimmung vor. 451

Entspricht eine Inhalts- und Schrankenbestimmung nicht mehr den verfassungsrechtlichen Maßstäben, so handelt es sich um eine **verfassungswidrige Inhaltsbestimmung** und nicht um eine entschädigungspflichtige Enteignung. Es gibt keinen gleitenden Übergang zwischen beiden Instituten, weil sie nicht in einem Stufenverhältnis zueinander stehen, vielmehr selbstständig und voneinander unabhängig existieren. Sieht sich ein Eigentümer einer rechtswidrigen Inhaltsbestimmung gegenüber, so muss er gerichtlich gegen sie vorgehen. Eine Entschädigung gemäß Art. 14 Abs. 3 GG kommt nicht in Betracht. Von diesem Grundsatz hat das Bundesverfassungsgericht eine Ausnahme zugelassen: In der jedem Verleger kraft Gesetzes auferlegten Pflicht, eine bestimmte Anzahl neu erschienener Bücher an die Zentrale Landesbibliothek abzuliefern, sah das Gericht dann eine unverhältnismäßige Eigentumsbindung, wenn sie auch für kleine, teure Auflagen ohne Zahlung eines Entgeltes galt. Um dem Verhältnismäßigkeitsgrundsatz Genüge zu tun, hätte die Abgabe eines „Pflichtexemplares“ nur gegen Zahlung eines angemessenen Entgelts normiert werden dürfen, – **ausgleichspflichtige Inhalts- und Schrankenbestimmung** (BVerfGE 58, 137, 144). Dabei sollen 452 die Ausgleichsregelungen den Grundsatz der Verhältnismäßigkeit in besonderen Härtefällen wahren. Solche Regeln sind aber dann unzulänglich, wenn sie sich darauf beschränken, dem Betroffenen einen Entschädigungsanspruch in Geld zuzubilligen. Die Bestandsgarantie des Art. 14 Abs. 1 Satz 1 GG verlangt, dass in erster Linie Vorkehrungen getroffen werden, die eine unverhältnismäßige Belastung des Eigentümers vermeiden und die Privatnützigkeit des Eigentums so weit wie möglich erhalten.

3. Enteignungsgleicher und enteignender Eingriff

453 Sowohl die Enteignung als auch die Inhalts- und Schrankenbestimmung zeichnen sich durch ihre Zielgerichtetheit aus. Nicht selten gibt es aber staatliche Eingriffe in das Privateigentum, die nicht beabsichtigt sind. Diese Eingriffe werden in zwei Hauptgruppen unterteilt. Handelt der Staat **rechtswidrig** (ein rechtswidriges staatliches Handeln wird immer als unbeabsichtigt angesehen) oder unterlässt er ein Eingreifen entgegen einer Rechtspflicht, liegt ein **enteignungsgleicher Eingriff** vor. Von einem **enteignenden Eingriff** spricht man, wenn die Eigentumsverletzung unbeabsichtigte, unvorhergesehene und zumeist atypische Nebenfolge eines rechtmäßigen Verwaltungshandelns ist.

454 – **Enteignungsgleicher Eingriff:** Verursachung eines Waldbrandes durch unzulässige Artillerieschießübungen; Geschäftsschädigung durch unzureichend durchgeführte Straßenbauarbeiten.

455 – **Enteignender Eingriff:** Geschäftsbeeinträchtigung durch rechtmäßige Straßenbauarbeiten; Verwüstungen eines Ackers durch Möwen und Krähen, die von der gemeindlichen Mülldeponie angelockt worden waren.

456 In beiden Fällen wird von der Rechtsprechung des Bundesgerichtshofs ein Entschädigungsanspruch anerkannt. Er wurde aus Art. 14 Abs. 3 GG hergeleitet. Dem hat das Bundesverfassungsgericht in seinem „Naßauskiesungs“-Beschluss (BVerfGE 58, 300 ff.) widersprochen. Die Eigentumsgarantie schütze vorrangig den konkreten Bestand der einzelnen Eigentumsobjekte in der Hand des Eigentümers. Allein in dem in Art. 14 Abs. 3 GG umschriebenen Fall der rechtmäßigen Enteignung wandle sich ausnahmsweise diese Bestandsgarantie in eine Wertgarantie. Art. 14 Abs. 3 GG könne deshalb nicht Grundlage für weitergehende Entschädigungsansprüche sein.

457 Konsequenz dieser Rechtsprechung des Bundesverfassungsgerichts wäre eigentlich, das an der Wertgarantie orientierte Institut des enteignungsgleichen bzw. enteignenden Eingriffs nicht mehr anzuwenden. Trotzdem erkennt der Bundesgerichtshof beide Rechtsinstitute weiterhin an. Sie seien durch die langjährige Zivilrechtsprechung bereits **Gewohnheitsrecht** geworden. Enteignungsgleicher und enteignender Eingriff finden mithin ihre Grundlage nicht mehr im Verfassungsrecht, sondern im einfachen Recht.

458 Ein Anspruch aus enteignungsgleichem oder enteignendem Eingriff unterliegt jedoch zwei wesentlichen Voraussetzungen:

459 1. Der Eingriff in das Eigentum muss enteignende Wirkung haben. Schon allein wegen der Rechtswidrigkeit der staatlichen Maßnahmen ist die

enteignende Wirkung beim enteignungsgleichen Eingriff zu bejahen. Beim enteignenden Eingriff ist dagegen wegen der Rechtmäßigkeit des staatlichen Handelns eine Abwägung erforderlich. Der Bundesgerichtshof arbeitet hier mit dem Kriterium eines **Sonderopfers,** andere Auffassungen sind die **Zumutbarkeits- und** die **Schweretheorie.** Im Ergebnis unterscheiden sich diese Theorien meistens nicht; zumeist werden sie sogar kombiniert angewandt. Eine enteignende Wirkung beim enteignenden Eingriff ist danach nur dann anzunehmen, wenn der Betroffene im Verhältnis zur Allgemeinheit besonders schwer (Sonderopfer) und unzumutbar (Zumutbarkeitstheorie) getroffen wird. So ist beispielsweise bei Geschäftsbeeinträchtigungen durch rechtmäßige Straßenbauarbeiten die enteignende Wirkung erst bei besonders schwerwiegenden Beeinträchtigungen zu bejahen. „Normale" Baufolgen konkretisieren nur die allgemeine Situationsgebundenheit des Eigentums und führen daher nicht zu einem Entschädigungsanspruch.

2. Der Betroffene darf grundsätzlich nicht die Beeinträchtigung seiner Eigentumsposition dulden und stattdessen eine Entschädigung verlangen. Er muss vielmehr wegen des vom Bundesverfassungsgericht postulierten Primats der Bestandsgarantie vor der Wertgarantie zunächst den zumutbaren Rechtsschutz gegen das staatliche Handeln ausschöpfen. Ein Geldanspruch wegen enteignungsgleichen oder enteignenden Eingriffs kommt erst dann in Betracht, wenn der Betroffene die Beeinträchtigung seines Eigentums gerichtlich nicht abwehren konnte. Versäumt es der Bürger, sich gerichtlich gegen die Beeinträchtigung seines Eigentums zu wehren, so verneint die Rechtsprechung den Entschädigungsanspruch wegen überwiegenden Mitverschuldens (analog § 254 BGB). 460

IV. Amtshaftung

Mit der Ausübung von Verwaltungstätigkeit sind in erster Linie Beamte, daneben auch Angestellte des öffentlichen Dienstes betraut. Es liegt in der Natur der Sache, dass dabei bisweilen vorsätzlich oder – in der überwältigenden Mehrzahl der Fälle – fahrlässig Fehler unterlaufen, durch die dem Bürger ein Vermögensschaden entsteht. Ob ein Finanzbeamter bei der Bearbeitung einer Steuersache unter schuldhaftem Verstoß gegen seine Dienstpflichten dem Betroffenen Schaden zufügt, die Polizei es schuldhaft unterlässt, Verkehrshindernisse auf öffentlichen Straßen zu beseitigen oder eine Behörde schuldhaft eine unrichtige Auskunft erteilt: Immer dann, wenn durch fahrlässige oder vorsätzliche Pflichtverletzung eines Beamten oder Angestellten des öffentlichen Dienstes dem Bürger ein Schaden entsteht, gilt § 839 BGB: 461

„(1) Verletzt ein Beamter vorsätzlich oder fahrlässig die ihm einem Dritten gegenüber obliegende Amtspflicht, so hat er dem Dritten den daraus entstehenden Schaden zu ersetzen. Fällt dem Beamten nur Fahrlässigkeit zur Last, so kann er nur dann in Anspruch genommen werden, wenn der Verletzte nicht auf andere Weise Ersatz zu erlangen vermag. 462
(2) (...)
(3) Die Ersatzpflicht tritt nicht ein, wenn der Verletzte vorsätzlich oder fahrlässig unterlassen hat, den Schaden durch Gebrauch eines Rechtsmittels abzuwenden."

463 Zwar spricht § 839 BGB nur vom Beamten, jedoch ist anerkannt, dass bei hoheitlichem Handeln § 839 BGB – jedenfalls dann, wenn es um die Frage der Haftungsübernahme durch den Staat geht – auch auf den Angestellten des öffentlichen Dienstes anwendbar ist. Die Haftung des Amtswalters allein nützt dem geschädigten Bürger in vielen Fällen nur wenig, weil sein Schaden die finanzielle Leistungskraft eines Amtswalters oftmals weit übersteigt. Mit Art. 34 GG übernimmt deshalb der Staat grundsätzlich die Haftung für Amtspflichtverletzungen seiner Beamten und Angestellten, wobei er seinerseits Beamte oder Angestellte in Regress nehmen kann (vgl. § 75 Abs. 1 BBG), wenn diese die Amtspflichtverletzungen vorsätzlich oder grob fahrlässig begangen haben.

V. Sozialisierung

464 Art. 15 GG lautet:

> „Grund und Boden, Naturschätze und Produktionsmittel können zum Zwecke der Vergesellschaftung durch ein Gesetz, das Art und Ausmaß der Entschädigung regelt, in Gemeineigentum oder in andere Formen der Gemeinwirtschaft überführt werden. Für die Entschädigung gilt Artikel 14 Abs. 3 Satz 3 und 4 entsprechend."

465 Die wesentliche Forderung der Arbeiterbewegung des 19. Jahrhunderts war die nach der Vergesellschaftung der Produktionsmittel. Diese Forderung geht von der Ansicht aus, dass die bürgerlich-liberalen Freiheitsrechte im Kapitalismus für die überwiegend lohnabhängige Mehrzahl der Bevölkerung wertlos sind, weil materiell keine Chance bestehe, diese Rechte auch effektiv wahrzunehmen. Die herrschende Klasse, die die wirtschaftliche und politische Macht besitze, verhindere die tatsächliche Gleichheit der Menschen und lasse die formale Garantie der Menschenrechte zur Farce werden.

466 Zurzeit hat Art. 15 GG kaum praktische Bedeutung. Nachdem auch die SPD seit dem **Godesberger Programm** von 1959 die Forderung nach Vergesellschaftung nicht mehr erhebt, ist die politische Brisanz der Vorschrift vorerst erloschen. Der Streit darüber, ob die erforderliche Kontrolle industrieller Macht auf anderem Wege, z. B. durch Kartellgesetzgebung, Mitbestimmung und Offenlegung der Bilanzen, wirkungsvoller als durch Vergesellschaftung erreicht werden kann, ist vielleicht noch nicht endgültig ausgetragen. Der Trend führt jedenfalls nicht in Richtung Vergesellschaftung, sondern in die entgegengesetzte: Staatliche Unternehmen, z.B. VW, Deutsche Telekom und Deutsche Bahn sind privatisiert worden. Dies war deshalb verfassungsrechtlich möglich, weil Art. 15 GG keine Verpflichtung zur Vergesellschaftung enthält, sondern nur eine Ermächtigung an den Gesetzgeber. Neben politischen Gründen, die sich rasch und unvorhergesehen ändern können, spricht insbesondere ein praktisches Argument dagegen, dass Art. 15 GG jemals aktuell wird: Vergesellschaftung ist nur möglich gegen Entschädigung. Die Summen, die man für eine einigermaßen wirkungsvolle Sozialisierung bräuchte, sind von den Haushalten in Bund und Ländern nicht aufzubringen. Wollte man es auf dem Kreditweg versuchen, so würde man den Inhabern größerer Industriebetriebe das Unternehmerrisiko abnehmen, ihnen gleichzeitig den Vermögenswert erhalten, damit aber das Geldvolumen in unverantwortlicher Weise aufblähen. Die Chancen, dass

sich das Parlament zu diesem risikoreichen Weg entschließen wird, sind gering.

Einer Sozialisierung zugänglich sind Grund und Boden, Naturschätze und Produktionsmittel. Produktionsmittel sind nur Anlagen, die der Güterherstellung dienen. Nicht sozialisierungsfähig sind daher Handel, Transport, Verkehr, Kreditwesen, Banken, Versicherungen und das Dienstleistungsgewerbe. 467

Weiterführende Hinweise:

BVerfGE 58, 300 ff. (Naßauskiesung);
BVerfGE 58, 137, 144 ff. (Verfassungsrechtliche Grenzen für Pflichtexemplarregelungen);
BVerfGE 74, 264 (Boxberg-Urteil – Enteignung zugunsten Privater);
BVerfGE 104, 1 (Baulandumlegung);
Hummel, Grundfälle zu Art. 15 GG, JuS 2008, 1065;
Lege, Das Eigentumsrecht aus Art. 14 GG, Jura 2011, 507;
Sauer, Staatshaftungsrecht, JuS 2012, 695, 800.

Kapitel 20: Die Berufsfreiheit (Art. 12 GG)

468 Art. 12 GG lautet:

„(1) Alle Deutschen haben das Recht, Beruf, Arbeitsplatz und Ausbildungsstätte frei zu wählen. Die Berufsausübung kann durch Gesetz oder auf Grund eines Gesetzes geregelt werden.
(2) Niemand darf zu einer bestimmten Arbeit gezwungen werden, außer im Rahmen einer herkömmlichen allgemeinen, für alle gleichen öffentlichen Dienstleistungspflicht.
(3) Zwangsarbeit ist nur bei einer gerichtlich angeordneten Freiheitsentziehung zulässig."

I. Bedeutung und Inhalt des Grundrechts

469 Art. 12 Abs. 1 GG gewährleistet dem Einzelnen das Recht, jede Tätigkeit, für die er sich geeignet glaubt, als „Beruf" zu ergreifen und damit zur Grundlage seiner Existenz zu machen. Art. 12 Abs. 1 GG hat seine Wurzeln im überkommenen liberalen Grundrecht der Gewerbefreiheit, geht aber darüber hinaus. Die Gewerbefreiheit gehörte zu den ersten Forderungen des Bürgertums, das sich damit ebenso gegen die vom Landesherrn verliehenen Privilegien des Zugangs zu bestimmten Berufen wie gegen die Zugangssperren durch die (Handwerks-)Zünfte wandte. In den deutschen Einzelstaaten wurde die Gewerbefreiheit in der ersten Hälfte des 19. Jahrhunderts eingeführt.

470 Im Gegensatz zur Gewerbefreiheit schützt das Grundrecht der Berufsfreiheit nicht nur den (selbstständigen) Gewerbetreibenden. Für die große Mehrzahl der abhängig Arbeitenden ist dies durch die ausdrückliche Betonung der freien Wahl des Arbeitsplatzes klargestellt. Der Begriff „Beruf" in Art. 12 Abs. 1 GG ist weit auszulegen. Er umfasst jede Tätigkeit, die auf Dauer angelegt ist und der Schaffung und Erhaltung einer Lebensgrundlage dient. Die Frage, ob der Gesetzgeber eine bestimmte Tätigkeit erlauben oder verbieten darf, ist selbst an Art. 12 Abs. 1 GG zu messen. Damit werden durch diese Norm zunächst einmal alle „typischen" und „atypischen" Berufe geschützt, der des Astrologen ebenso wie der des kaufmännischen Angestellten.

471 Das Grundrecht der Berufsfreiheit ist von außerordentlicher Bedeutung für das gesamte Wirtschaftsleben. Jede staatliche Maßnahme, die lenkend, kontrollierend oder dirigierend in das Erwerbsleben Privater eingreift, muss sich daran auf ihre Verfassungsmäßigkeit hin messen lassen. Wenn die Staatsgewalt in die Freiheit der individuellen Erwerbs- und Leistungstätigkeit eingreift, ist der Schutzbereich der Berufsfreiheit berührt; wenn sie die Innehabung und Verwendung vorhandener Vermögensgüter begrenzt, kommt der Schutz des Art. 14 GG in Betracht.

472 Die Fassung des Art. 12 Abs. 1 GG ist missglückt. Dem Wortlaut nach wird zwischen zwei verschiedenen Vorgängen differenziert: der Berufswahl, die frei ist, und der Berufsausübung, die der Gesetzgeber regeln kann. Wahl und Ausübung lassen sich indessen nicht trennen. Die BRAO beispielsweise schreibt vor, dass Anwalt nur werden kann, wer zwei juristische Staatsexamina bestanden hat. Diese Regelung wirkt sich notwendigerweise auf

die **Berufswahl und** die **-ausübung** aus. Wer die erforderliche Qualifikation nicht besitzt, kann den Beruf weder wählen noch ausüben. Nach dem Wortlaut des Art. 12 Abs. 1 GG darf die Berufswahl jedoch keiner gesetzlichen Beschränkung unterliegen. Wer daraus allerdings die Konsequenz ziehen wollte, der Gesetzgeber dürfe auch die Berufsausübung nicht regeln, weil er dadurch mittelbar die Berufswahl erschwere, sollte die Folgen dieser Interpretation bedenken: Alle Berufe, vom Arzt bis zum Wirtschaftsprüfer dürften von jedermann ohne Vorbildung aufgenommen werden! Deswegen ist eine andere Auslegung des Art. 12 Abs. 1 GG geboten. Art. 12 Abs. 1 GG ist dahin zu interpretieren, dass sowohl Berufswahl als auch Berufsausübung unter dem Gesetzesvorbehalt stehen.

II. Drei-Stufen-Theorie

Da sich „Wahl" und „Ausübung" nicht streng trennen lassen, sondern 473 ineinander übergehen und einander bedingen, bilden beide zusammen das Grundrecht der Berufsfreiheit. Allerdings beschränken Eingriffe in die **Berufswahl** das Grundrecht der Berufsfreiheit mehr als solche in die **Berufsausübung.** Diesen Gedanken hat das Bundesverfassungsgericht aufgegriffen und zwischen drei, je nach der Eingriffsschwere unterschiedlichen Stufen möglicher gesetzgeberischer Eingriffe in das Grundrecht der Berufsfreiheit unterschieden:

1. Reine Ausübungsregelungen (1. Stufe)

Schwächster Eingriff in die Berufsfreiheit ist die reine **Ausübungsregelung.** 474 Es handelt sich dabei um Eingriffe, die nur Einzelheiten der beruflichen Tätigkeit betreffen und nicht auf die Freiheit der Berufswahl zurückwirken.

Für nahezu jeden Beruf gibt es eine Vielzahl von derartigen gesetzlichen 475 Berufsausübungsregelungen. Ihnen allen ist gemein, dass sie auf die Freiheit der Berufswahl nicht zurückwirken, vielmehr nur bestimmen, in welcher Art und Weise die Berufsangehörigen ihre Berufstätigkeit im Einzelnen zu gestalten haben.

Das Bundesverfassungsgericht hält denn auch eine weite Bandbreite von 476 Ausübungsregelungen für verfassungsgemäß und stellt an das Aufstellen solcher nur geringe Anforderungen:

> „Die Freiheit der Berufsausübung kann (...) beschränkt werden, soweit vernünftige 477 Erwägungen des Gemeinwohls es zweckmäßig erscheinen lassen. (...) Hier können in weitem Maße Gesichtspunkte der Zweckmäßigkeit zur Geltung kommen; nach ihnen ist zu bemessen, welche Auflagen den Berufsangehörigen gemacht werden müssen, um Nachteile und Gefahren für die Allgemeinheit abzuwehren. Auch der Gedanke der Förderung eines Berufes und damit der Erzielung einer höheren sozialen Gesamtleistung seiner Angehörigen kann schon gewisse die Freiheit der Berufsausübung einengende Vorschriften rechtfertigen. Der Grundrechtsschutz beschränkt sich insoweit auf die Abwehr in sich verfassungswidriger, weil etwa übermäßig belastender und nicht zumutbarer gesetzlicher Auflagen; von diesen Ausnahmen abgesehen, trifft die hier in Frage stehende Beeinträchtigung der Berufsfreiheit den Grundrechtsträger nicht allzu empfindlich, da er bereits im Beruf steht und die Befugnis, ihn auszuüben, nicht berührt wird" (BVerfGE 7, 377, 405 f.).

2. Subjektive Zulassungsvoraussetzungen (2. Stufe)

478 Den **Berufsausübungsregelungen** stehen **Berufsaufnahmeregelungen** gegenüber, die bestimmen, unter welchen Voraussetzungen die Berufsaufnahme zulässig ist. Man differenziert zwischen **objektiven** und **subjektiven Zulassungsvoraussetzungen.** Bei letzteren handelt es sich um in der Person des Bewerbers begründete Kriterien. Dazu das Bundesverfassungsgericht:

479 „Eine Regelung dagegen, die schon die Aufnahme der Berufstätigkeit von der Erfüllung bestimmter Voraussetzungen abhängig macht und die damit die Freiheit der Berufswahl berührt, ist nur gerechtfertigt, soweit dadurch ein überragendes Gemeinschaftsgut, das der Freiheit des Einzelnen vorgeht, geschützt werden soll. Dabei besteht offensichtlich ein (...) bedeutsamer Unterschied je nachdem, ob es sich um ‚subjektive' Voraussetzungen, vor allem solche der Vor- und Ausbildung handelt, oder um objektive Bedingungen der Zulassung, die mit der persönlichen Qualifikation des Berufsanwärters nichts zu tun haben und auf die er keinen Einfluss nehmen kann.
Die Regelung subjektiver Voraussetzungen der Berufsaufnahme ist ein Teil der rechtlichen Ordnung eines Berufsbildes; sie gibt den Zugang zum Beruf nur den in bestimmter – und zwar meist formaler – Weise qualifizierten Bewerbern frei. Eine solche Beschränkung legitimiert sich aus der Sache heraus; sie beruht darauf, dass viele Berufe bestimmte, nur durch theoretische und praktische Schulung erwerbbare technische Kenntnisse und Fertigkeiten (...) erfordern und dass die Ausübung dieser Berufe ohne diese Kenntnisse entweder unmöglich oder unsachgemäß wäre oder aber Schäden, ja Gefahren für die Allgemeinheit mit sich bringen würde. (...) Hier gilt das Prinzip der Verhältnismäßigkeit in dem Sinne, dass die vorgeschriebenen subjektiven Voraussetzungen zu dem angestrebten Zweck der ordnungsgemäßen Erfüllung der Berufstätigkeit nicht außer Verhältnis stehen dürfen" (BVerfGE 7, 377, 406 f.).

3. Objektive Zulassungsvoraussetzungen (3. Stufe)

480 Die stärkste Einschränkung der Berufsfreiheit erfolgt durch die **objektiven Zulassungsvoraussetzungen.** Sie machen die Aufnahme eines Berufes von Voraussetzungen abhängig, die völlig außerhalb der Sphäre des Bewerbers liegen. Eine objektive Beschränkung liegt z. B. vor, wenn der freie Zugang zu einem Beruf gesperrt wird und Ausnahmen nur im Falle eines volkswirtschaftlichen Bedürfnisses möglich sind oder wenn für einen Bezirk nur eine bestimmte Anzahl von Unternehmen zugelassen wird. Diese schwerwiegenden Eingriffe in die Berufsfreiheit sind nur in seltenen Ausnahmefällen und nur zur Abwehr schwerster Gefahren für ein überragend wichtiges Gemeinschaftsgut zulässig:

481 „Anders liegt es bei der Aufstellung objektiver Bedingungen für die Berufszulassung. Ihre Erfüllung ist dem Einfluss des Einzelnen schlechthin entzogen. Dem Sinn des Grundrechts wirken sie strikt entgegen, denn sogar derjenige, der durch Erfüllung aller von ihm geforderten Voraussetzungen die Wahl des Berufes bereits real vollzogen hat und hat vollziehen dürfen, kann trotzdem von der Zulassung zum Beruf ausgeschlossen bleiben. Diese Freiheitsbeschränkung ist umso gewichtiger und wird demgemäß auch umso schwerer empfunden, je länger und je fachlich spezialisierter die Vor- und Ausbildung war, je eindeutiger also mit der Wahl dieser Ausbildung zugleich dieser konkrete Beruf gewählt wurde. Da zudem zunächst nicht einsichtig ist, welche unmittelbaren Nachteile für die Allgemeinheit die Ausübung eines Berufes durch einen fachlich und moralisch qualifizierten Bewerber mit sich bringen soll, wird häufig der Wirkungszusammenhang zwischen dieser Beschränkung der freien Berufswahl und dem erstrebten Erfolg nicht einleuchtend dargelegt werden können. Die Gefahr des Eindringens sachfremder Motive ist daher besonders groß; vor allem liegt die Vermutung nahe, die Beschränkung des Zugangs zum Beruf solle dem Konkurrenzschutz der bereits im Beruf Tätigen dienen – ein Motiv, das nach allgemeiner Meinung niemals einen Eingriff in das Recht der freien Berufswahl rechtfertigen könnte. Durch die Wahl dieses gröbsten und

radikalsten Mittels der Absperrung fachlich und moralisch (präsumtiv) voll geeigneter Bewerber vom Beruf kann so – abgesehen von dem möglichen Konflikt mit dem Prinzip der Gleichheit – der Freiheitsanspruch des Einzelnen in besonders empfindlicher Weise verletzt werden. Daraus ist abzuleiten, dass an den Nachweis der Notwendigkeit einer solchen Freiheitsbeschränkung besonders strenge Anforderungen zu stellen sind; im allgemeinen wird nur die Abwehr nachweisbarer oder höchstwahrscheinlicher schwerer Gefahren für ein überragend wichtiges Gemeinschaftsgut diesen Eingriff in die freie Berufswahl legitimieren können (...)“ (BVerfGE 7, 377, 407 f.).

III. Schwierigkeiten im Umgang mit der Drei-Stufen-Theorie

Ihrem rechtlichen Gehalt nach ist die Drei-Stufen-Theorie nichts anderes als eine auf Art. 12 GG zugeschnittene, besondere Ausprägung des Übermaßverbotes in Gestalt des **Prinzips des geringst möglichen Eingriffs:** Der Gesetzgeber muss berufseinschränkende Regelungen jeweils auf der Stufe vornehmen, die den geringsten Eingriff in die Berufsfreiheit mit sich bringt und darf die nächste Stufe erst dann betreten, wenn nachgewiesen ist, dass die befürchteten Gefahren mit verfassungsmäßigen Mitteln der vorausgehenden Stufe nicht wirksam bekämpft werden können. 482

Die Anwendung der Stufenlehre auf den praktischen Fall ist keineswegs immer so praktikabel wie es zunächst den Anschein hat. Zum einen bereitet die Unterscheidung zwischen Berufswahl und Berufsausübung mitunter Schwierigkeiten, und zum anderen muss mit höchst unbestimmten Begriffen gearbeitet werden, die einen weiten Auslegungs- und Entscheidungsspielraum lassen. Diese unbestimmten Begriffe erschweren es mitunter außerordentlich, eine Voraussage darüber zu treffen, ob eine berufseinschränkende Regelung vom Bundesverfassungsgericht noch als zulässig hingenommen werden wird oder nicht. So hatten beispielsweise seinerzeit selbst gute Kenner der Rechtsprechung des Gerichts nicht damit gerechnet, dass es die in der Handwerksordnung vorgeschriebene Meisterprüfung als Voraussetzung für den selbstständigen Betrieb eines Handwerks für mit Art. 12 Abs. 1 GG vereinbar halten würde (BVerfGE 13, 97 ff.). Es war in der Tat schwer einzusehen, welches „wichtige Gemeinschaftsgut“ das Bundesverfassungsgericht als gefährdet ansah, wenn bestimmte Handwerker – z. B. Bürsten-, Schuh- oder Uhrmacher oder gar Elfenbeinschnitzer und Korbflechter – auch ohne Meisterprüfung einen Betrieb eröffnen würden. Schließlich kann die Meisterprüfung die Wirkung haben, jemandem mit Gesellenprüfung, der durchaus die notwendige Qualifikation hat, die Selbstständigkeit zu verwehren, weil er entweder nicht das Geld oder nicht die Zeit hat, sich auf diese Prüfung vorzubereiten. Das Bundesverfassungsgericht hat dennoch die Meisterprüfung als subjektive Zulassungsvoraussetzung generell für verfassungsgemäß angesehen mit der Begründung, die Leistungsfähigkeit des Handwerks und die Sicherung des Nachwuchses für die Wirtschaft seien ein wichtiges Gemeinschaftsgut. 483

Schwierigkeiten bei der Anwendung der Drei-Stufen-Theorie macht aber auch die Abgrenzung zwischen Berufswahl und Berufsausübung. Unter Umständen ist entscheidend, welches Berufsbild man zugrunde legt. 484

Das Bundesverfassungsgericht hatte eine Regelung zu überprüfen, wonach die Erlaubnis zum Handel mit loser Milch von einer Bedürfnisprüfung abhängig gemacht wurde. Wenn man als Beruf den „Händler mit loser Milch“ ansieht, kommt man zu dem Ergebnis, dass die Aufnahme eines Be- 485 rufes von einer Bedürfnisprüfung abhängig ist, folglich eine objektive Zulassungsschranke gegeben ist, die mangels eines zu schützenden „überragend wichtigen Gemeinschaftsgutes" verfassungswidrig ist (so BVerfGE 9, 39 ff.). Nimmt man jedoch als Beruf „Milchhändler" oder gar „Lebensmittelhändler", so wird nicht die Wahl des Berufes unmöglich gemacht, sondern lediglich die Ausübung in der Weise geregelt, dass nicht mit loser Milch gehandelt werden darf. Eine Ausübungsregelung aber ist immer schon dann verfassungsgemäß, wenn Gründe der Zweckmäßigkeit dafür sprechen.

486 Gerade in diesen Fällen, in denen die Stufenlehre eher von der eigentlichen Problematik ablenkt, tut man gut daran, sich darauf zu besinnen, dass sie ihre verfassungsrechtliche Grundlage im Verhältnismäßigkeitsprinzip hat. Wenn man dies erkennt, entlarvt sich der Streit, ob es einen eigenen Beruf des „Händlers mit loser Milch" gibt, als begriffsjuristische Spiegelfechterei. Solange nämlich auch nur ein einziger Händler in der Bundesrepublik sich auf diese Tätigkeit beschränkt, ist ein staatlicher Eingriff in seine Existenzgrundlage nur dann zulässig, wenn er durch Gründe des gemeinen Wohls legitimiert ist, die ihrem Gewicht nach den Interessen eines Einzelnen oder einer Gruppe vorgehen. Das Problem der zu strengen Formalisierung durch die Drei-Stufen-Theorie hat inzwischen auch das Bundesverfassungsgericht erkannt. Es rückt daher von diesen strengen Kategorien etwas ab; an ihrem Inhalt – einer Verhältnismäßigkeitsabwägung – hat sich nichts geändert.

IV. Anwendungsfälle der Drei-Stufen-Theorie

487 Zur Illustration der bisherigen Ausführungen sollen im Folgenden drei Anwendungsfälle der Drei-Stufen-Theorie vorgestellt werden:

1. Kreditwirtschaft

488 Das Gesetz über das Kreditwesen (KWG) soll die allgemeine Ordnung im Kreditwesen gewährleisten, die Funktionsfähigkeit des Kreditapparates auch in Krisenzeiten erhalten und die Gläubiger von Kreditinstituten vor Verlusten schützen. Dieses Ziel versucht das Gesetz dadurch zu erreichen, dass es Normativbestimmungen für die Kreditinstitute aufstellt, z. B. über Eigenkapitalausstattung, Liquidität, Großkredite, Bestimmungen über Zinsen, Provisionen und Werbung, Bilanzvorlagen und Prüfung des Jahresabschlusses.

489 Weiterhin unterstellt das Gesetz die Kreditinstitute der Aufsicht der **Bundesanstalt für Finanzdienstleistungsaufsicht (BAFin)**, die gemäß Art. 87 Abs. 3 GG als selbstständige Bundesoberbehörde mit Sitz in Bonn errichtet worden ist. § 6 KWG regelt die Aufgaben und Befugnisse der Bundesanstalt. Absatz 1 enthält die allgemeine Aufgabe, die Institute zu beaufsichtigen. In Absatz 2 ist geregelt, dass die Bundesanstalt Missständen entgegenzuwirken hat. Eine allgemeine Ermächtigungsgrundlage für Maßnahmen ist in Absatz 3 enthalten.

490 Der Bundesanstalt stehen zur Durchführung der Aufsicht über die Kreditinstitute im Wesentlichen folgende Mittel zur Verfügung: Erlaubniszwang für den, der Bankgeschäfte betreiben will, Rücknahme der Erlaubnis, Ab-

berufung von Geschäftsleitern, Einschreiten gegen ungesetzliche Geschäfte und Untersagung von Entnahmen durch Inhaber oder Gesellschafter bei unzureichendem Eigenkapital. Die Befolgung seiner Verfügungen kann die Bundesanstalt mit Zwangsmitteln durchsetzen. Außerdem enthält das Gesetz Straf- und Bußgeldvorschriften.

Die Bundesanstalt für Finanzdienstleistungsaufsicht ist eine Verwaltungsbehörde, allerdings ohne die Unabhängigkeit, wie sie die Deutsche Bundesbank genießt. Bundesanstalt und Deutsche Bundesbank arbeiten zusammen und haben einander Beobachtungen und Feststellungen mitzuteilen, die für die Erfüllung der beiderseitigen Aufgaben von Bedeutung sein können. 491

A., ein gescheiterter Student der Wirtschaftswissenschaften, möchte eine Bank gründen. Als er bei der BAFin um die nach § 32 KWG erforderliche Genehmigung bittet, wird sie ihm unter Berufung auf § 33 KWG untersagt mit der Begründung, seine 5000 Euro Eigenkapital reichten nicht aus; auch besitze er nicht die zur Leitung eines Kreditinstitutes erforderliche fachliche Eignung. Im Übrigen gebe es bereits genug Banken, bei denen A als Angestellter arbeiten könne. Ein Bedürfnis für neue Geschäftsbanken bestehe nicht. 492

§ 33 KWG lautet: 493

„(1) Die Erlaubnis ist zu versagen, wenn

1. die zum Geschäftsbetrieb erforderlichen Mittel, insbesondere ein ausreichendes Anfangskapital (...) im Inland nicht zur Verfügung stehen; (...)
4. Tatsachen vorliegen, aus denen sich ergibt, dass der Inhaber (...) nicht die zur Leitung des Instituts erforderliche fachliche Eignung hat und auch nicht eine andere Person nach § 1 Abs. 2 Satz 2 oder 3 als Geschäftsleiter bezeichnet wird; (...)

(2) Die fachliche Eignung der in Absatz 1 Satz 1 Nr. 4 genannten Personen für die Leitung eines Instituts setzt voraus, dass sie in ausreichendem Maße theoretische und praktische Kenntnisse in den betreffenden Geschäften sowie Leitungserfahrung haben. Die fachliche Eignung für die Leitung eines Instituts ist regelmäßig anzunehmen, wenn eine dreijährige leitende Tätigkeit bei einem Institut von vergleichbarer Größe und Geschäftsart nachgewiesen wird."

A hält § 33 KWG für verfassungswidrig. Seiner Ansicht nach verbietet es Art. 12 GG, ihm die Chance zu nehmen, als selbstständiger Bankier sein Glück zu machen. Hat A Recht? 494

Bei § 33 KWG handelt es sich um eine **subjektive Zulassungsbeschränkung.** Die Aufnahme des Berufs „selbstständiger Bankier" wird von zwei Voraussetzungen abhängig gemacht. Subjektive Zulassungsbeschränkungen (also solche, die die Aufnahme eines Berufes von Voraussetzungen abhängig machen, die in der Person des Bewerbers liegen und auf die er Einfluss nehmen kann) sind zulässig, wenn anders ein wichtiges Gemeinschaftsgut nicht geschützt werden kann. Die Eigenkapitalausstattung eines Kreditunternehmens dient der Sicherheit der Banken und dem Vertrauen, das ihnen zwangsläufig entgegengebracht werden muss, um überhaupt einen einigermaßen reibungslosen Zahlungsverkehr zu gewährleisten. Die Bundesanstalt für Finanzdienstleistungsaufsicht setzt die jeweils erforderliche Eigenkapitalausstattung – bei Wertpapierhandelsbanken etwa liegt das erforderliche Anfangskapital bei mindestens 730.000 Euro und bei Einlagenkreditinstituten bei mindestens fünf Millionen Euro – nach den Grundsätzen des § 10 KWG fest. Das Interesse der Allgemeinheit, bei illiquiden Kreditinstituten vor dem Verlust der Einlagen geschützt zu sein, ist größer als das Interesse eines Einzelnen, ohne finanziellen Hintergrund ein Kreditunternehmen zu 495 gründen. Die subjektive Zulassungsbeschränkung des § 33 Abs. 1 Nr. 1 KWG ist verfassungsgemäß.

496 Gleiches gilt für die Beschränkung des § 33 Abs. 1 Nr. 4 KWG. Die fachgemäße Leitung eines Kreditunternehmens stellt so hohe Anforderungen, dass der Gesetzgeber durchaus befugt ist – ähnlich wie bei Ärzten, Steuerberatern, Anwälten, Wirtschaftsprüfern usw. –, die Aufnahme des Berufes von bestimmten fachlichen Qualifikationen abhängig zu machen. Ein abgebrochenes Studium der Wirtschaftswissenschaften reicht als Qualifikation nicht aus, da die theoretische Ausbildung nicht kontrollierbar ist und Praxis vollkommen fehlt.

497 Wenn aber die Bundesanstalt für Finanzdienstleistungsaufsicht die Versagung der Genehmigung auch damit begründet, es gebe schon genug Banken und es bestehe kein Bedürfnis für neue, so handelt sie verfassungswidrig. Ohne Rücksicht darauf, ob ein volkswirtschaftliches Bedürfnis besteht, hat jeder Bewerber, der die Voraussetzungen des § 33 KWG erfüllt, einen Rechtsanspruch auf Zulassung zum Kreditgewerbe.

498 Das alte KWG in seiner ersten Fassung vom 25. 9. 1939 sah eine solche Bedürfnisprüfung vor. Das Bundesverwaltungsgericht beurteilte die damalige Regelung so:

499 „Es kann ohne Weiteres davon ausgegangen werden, dass die Einführung der Bedürfnisprüfung auf dem Gebiete des Kreditwesens – auch wenn sie im Ergebnis die vorhandenen Kreditinstitute vor einem unbeschränkten Wettbewerb schützen sollte – dieses Ziel nach dem Willen des Gesetzgebers nicht als Selbstzweck verfolgt, um den bestehenden Instituten ein sicheres Einkommen zu gewährleisten. Die Bedürfnisprüfung wurde vielmehr als geeignetes Mittel angesehen, um den Kreditapparat gesund zu erhalten und das wirtschaftliche Gefüge vor Erschütterungen zu bewahren. Es soll nicht verkannt werden, dass die Gesunderhaltung des Kreditapparates in seiner gesamtwirtschaftlichen Bedeutung und ein gefestigtes Wirtschaftsgefüge schutzwürdige Rechtsgüter sind. Diese wirtschaftspolitische Zielsetzung vermag aber einen Eingriff in die berufliche Freiheit des einzelnen (...) nicht zu rechtfertigen, weil eine so weitgehende Regelung zur Abwehr von Gefährdungen der hier in Betracht kommenden schutzwürdigen Gemeinschaftsgüter weder notwendig noch geeignet ist. (...) Das wesentlichste Bedenken, das gegen die unbegrenzte Neuzulassung von Kreditinstituten erhoben wird, ist die Befürchtung, dass die Ausweitung des Kreditapparats zu Zusammenbrüchen von Kreditinstituten führen werde, dass hierdurch das Vertrauen des Publikums in den Kreditapparat erschüttert und Wirtschaftskrisen heraufbeschworen werden könnten. (...) Bei der Beurteilung der Frage, ob die Ausweitung des Kreditapparates die Existenz der Institute ernstlich bedroht, muss zunächst beachtet werden, dass nach den Grundsätzen wirtschaftlicher Vernunft erfahrungsgemäß neue Kreditinstitute nur dann gegründet (...) werden, wenn die Unternehmer nach eingehender Prüfung der gesamtwirtschaftlichen Lage und der örtlichen Verhältnisse von der Rentabilität ihres Vorhabens überzeugt sind. Bei der erheblichen Kapitalinvestition, die die Errichtung eines jeden neuen Bankunternehmens (...) erfordert, bürgt also schon das eigene Interesse der gerade auf dem Gebiet des Kreditwesens besonders sorgfältig abwägenden Unternehmer im allgemeinen dafür, dass neue Institute (...) nur an solchen Plätzen errichtet werden, an denen sie lebensfähig sind. Allerdings lässt sich nicht bestreiten, dass die ungehemmte Zulassung neuer Institute die Ertragslage vorhandener Unternehmen beeinträchtigen und die Existenz schwacher Betriebe gefährden kann. Es kann demgegenüber jedoch allenfalls Aufgabe des Staates sein, im gesamtwirtschaftlichen Interesse die rechtzeitige Schließung solcher Kreditinstitute herbeizuführen, die sich im Konkurrenzkampf nicht mehr behaupten oder nicht durchsetzen können, nicht aber lebensfähigen Unternehmen die Betätigungsmöglichkeiten zu beschneiden. Ein ruinöser Wettbewerb unter den rivalisierenden Instituten durch ungesunde Unterbietung der Kreditkonditionen oder durch Zubilligung überhöhter Habenzinsen lässt sich durch eine scharfe Bankaufsicht sowie durch Festsetzung von Zins- und Provisionssätzen und durch andere wettbewerbs-

regelnde Maßnahmen ausschalten; seine Verhinderung gebietet jedenfalls nicht das Verbot der Zulassung neuer Institute“ (BVerwGE 8, 14, 15 ff.).

Das geltende KWG kennt daher eine solche Regelung nicht mehr. 500

2. Verkehrswirtschaft

Die Verkehrsmärkte in der Bundesrepublik sind noch weitgehend staatlich gelenkt. Dies gilt für den Eisenbahn- und den Güterverkehr ebenso wie für die Personenbeförderung im Straßenverkehr (Linienbusse, Taxis) und den Luftverkehr. Der Staat steuert die Verkehrsmärkte, er überwacht nicht nur die technische Seite, sondern bestimmt Preis, Angebot und den Zugang zum Verkehrsgewerbe. 501

In keinem Bereich finden sich (noch) so viele **objektive Zulassungsbeschränkungen** wie im Verkehrsgewerbe. Taxis werden nicht zugelassen, „wenn die öffentlichen Verkehrsinteressen dadurch beeinträchtigt werden, dass durch die Ausübung des beantragten Verkehrs das örtliche Taxengewerbe in seiner Funktionsfähigkeit bedroht wird“ (so § 13 Abs. 4 Personenbeförderungsgesetz). 502

Diese objektive Zulassungsbeschränkung des „numerus clausus“ für Taxis ist angreifbar. Das Bundesverwaltungsgericht suchte sie so zu rechtfertigen: 503

Bei der Anwendung des § 13 Abs. 3 [heute: § 13 Abs. 4] komme es darauf an, „ob das bestehende Droschkengewerbe bei der Zulassung neuer Unternehmer durch Übersetzung und ruinösen Wettbewerb in seiner Existenz bedroht sein würde. Dies ist der Fall, wenn eine derartige Gefahr eingetreten oder bedrohend näher gerückt ist. Es kommt somit (...) nicht auf den Schutz der wirtschaftlichen Interessen bestehender Kraftdroschkenunternehmen gegenüber der Konkurrenz an. Die Zugangssperre dient allein dem öffentlichen Verkehrsinteresse, nicht dagegen den wirtschaftlichen Interessen der einzelnen Droschkenunternehmer.“ Es müsse geprüft werden, „welcher Grad der Konkurrenzkampf zwischen den Droschkenunternehmern erreicht hat und ob dieser bereits dazu geführt hat, dass der Ruin einer nicht unerheblichen Zahl von Droschkenunternehmern eingetreten oder zu erwarten ist.“ Geprüft werden müsse insbesondere, „ob im Laufe der letzten Jahre einzelne Unternehmer in Konkurs gegangen sind, aus allgemeinen betrieblichen Gründen Vollstreckungsmaßnahmen ausgesetzt waren oder sogar wegen Unwirtschaftlichkeit ihren Betrieb aufgegeben haben. (...) Ferner kann von Bedeutung sein, ob den Anforderungen, die an die Betriebssicherheit der Kraftdroschken gestellt werden müssen, in erhöhtem Umfange nicht entsprochen wird und diese Entwicklung auf wirtschaftliches Unvermögen der Unternehmer zurückzuführen ist“ (BVerwGE 23, 314, 317 f.). 504

3. Numerus clausus

Seiner liberalen Konzeption nach ist Art. 12 Abs. 1 GG ein Schutzrecht des (berufstätigen) Individuums vor sachlich nicht gerechtfertigten Eingriffen des Staates. Der Staat soll bei der Berufswahl und -ausübung nicht bevormunden dürfen und Regelungsbefugnisse nur insoweit haben, als sie höherrangigen Zwecken zu dienen bestimmt sind. Aus dieser Sicht ist dem Art. 12 Abs. 1 GG ein Anspruchsdenken, das dem Individuum Ansprüche auf staatliche Leistungen gibt, fremd. Das Recht, den Arbeitsplatz frei zu wählen, verpflichtet den Staat nicht, Arbeitsplätze zu schaffen und zu erhalten; das Recht, den Beruf frei zu wählen, schließt nicht die Verpflichtung des Staates mit ein, die materiellen Voraussetzungen, die dafür nötig sind, zur Verfügung zu stellen. 505

506 Art. 12 Abs. 1 GG garantiert neben freier Berufs- und Arbeitsplatzwahl auch das Grundrecht auf freie Wahl der Ausbildungsstätte. Sieht man dieses Recht ebenfalls als reines Abwehrrecht, verkennt man, dass viele Ausbildungswege beim Staat monopolisiert sind. Insbesondere die akademische Ausbildung kann fast nur an staatlichen Universitäten erworben werden. An diesem Punkt setzt die Numerus-clausus-Problematik an. Das Bundesverfassungsgericht hat in seiner hierzu ergangenen Entscheidung die Möglichkeiten und Grenzen **sozialstaatlicher Grundrechtssicht** deutlich werden lassen.

507 „Der verfassungsrechtliche Grundrechtsschutz im Bereich des Ausbildungswesens erschöpft sich indessen nicht in der den Freiheitsrechten herkömmlich beigemessenen Schutzfunktion gegen Eingriffe der öffentlichen Gewalt. (...) Je stärker sich der moderne Staat der sozialen Sicherung und kulturellen Förderung der Bürger zuwendet, desto mehr tritt im Verhältnis zwischen Bürger und Staat neben das ursprüngliche Postulat grundrechtlicher Freiheitssicherung vor dem Staat die komplementäre Forderung nach grundrechtlicher Verbürgerung der Teilhabe an staatlichen Leistungen. (...) Die Problematik absoluter Zulassungsbeschränkungen ist dadurch gekennzeichnet, dass die vorhandene Kapazität nicht ausreicht, um jedem hochschulreifen Zulassungsberechtigten seinen Studienplatz zuzuteilen. Würde sich die verfassungsrechtliche Betrachtung von Anfang an auf die Teilhabe am Vorhandenen verengen, ginge sie daher am Kern der Schwierigkeiten vorbei. Während im Normalfall sozialstaatlicher Teilhabegewährung, nämlich bei finanziellen Begünstigungen, die nachteiligen Folgen einer Beschränkung auf vorhandene Mittel durch Umverteilung einigermaßen aufgefangen werden können, führt der absolute numerus clausus zu der krassen Ungleichheit, dass ein Teil der Bewerber alles und der andere Teil (...) nichts erhält. Übersteigt die Zahl der Abgewiesenen wie beim Medizinstudium sogar weit mehr als die Hälfte der Bewerber, dann droht der verfassungsrechtlich geschützte Zulassungsanspruch weitgehend leerzulaufen. Wegen dieser Auswirkungen ist nicht zu bestreiten, dass sich der absolute numerus clausus am Rande des verfassungsrechtlich Hinnehmbaren bewegt. (...) Auch soweit Teilhaberechte nicht von vornherein auf das jeweils Vorhandene beschränkt sind, stehen sie doch unter dem Vorbehalt des Möglichen im Sinne dessen, was der Einzelne vernünftigerweise von der Gesellschaft beanspruchen kann. Dies hat in erster Linie der Gesetzgeber in eigener Verantwortung zu beurteilen, der bei seiner Haushaltswirtschaft auch andere Gemeinschaftsbelange zu berücksichtigen und nach der ausdrücklichen Vorschrift des Art. 109 Abs. 2 GG den Erfordernissen des gesamtwirtschaftlichen Gleichgewichts Rechnung zu tragen hat." (...) Der Staat sei daher nicht verpflichtet, „für jeden Bewerber zu jeder Zeit den von ihm gewünschten Studienplatz bereitzustellen und auf diese Weise die aufwendigen Investitionen im Hochschulbereich ausschließlich von der häufig fluktuierenden und durch mannigfache Faktoren beeinflussbaren individuellen Nachfrage abhängig zu machen. Das liefe auf ein Missverständnis von Freiheit hinaus, bei dem verkannt würde, dass sich persönliche Freiheit auf die Dauer nicht losgelöst von Funktionsfähigkeit und Gleichgewicht des Ganzen verwirklichen lässt und dass ein unbegrenztes subjektives Anspruchsdenken auf Kosten der Allgemeinheit unvereinbar mit dem Sozialstaatsgedanken ist" (BVerfGE 33, 303, 330 ff.).

508 Grenze sozialstaatlicher Grundrechtssicht ist nach dieser Entscheidung die Befugnis des Parlaments, bei der staatlichen Ausgabenwirtschaft Prioritäten zu setzen.

Weiterführende Hinweise:

BVerfGE 7, 377 ff. (Apotheken-Urteil; Drei-Stufen-Theorie);
BVerfG, NJW 2006, 1261 ff. (Sportwetten-Monopol);
Frenz, Die Berufsfreiheit – Nichtraucherschutz, Sportwetten, Studiengebühren, JA 2009, 252;
Kaiser, Das Apotheken-Urteil nach 50 Jahren – Anfang oder Anfang vom Ende der Berufsfreiheit?, Jura 2008, 844.

Kapitel 21: Die Koalitionsfreiheit (Art. 9 Abs. 3 GG)

Art. 9 GG lautet: 509

„(1) Alle Deutschen haben das Recht, Vereine und Gesellschaften zu bilden.
(2) Vereinigungen, deren Zwecke oder deren Tätigkeit den Strafgesetzen zuwiderlaufen oder die sich gegen die verfassungsmäßige Ordnung oder gegen den Gedanken der Völkerverständigung richten, sind verboten.
(3) Das Recht, zur Wahrung und Förderung der Arbeits- und Wirtschaftsbedingungen Vereinigungen zu bilden, ist für jedermann und für alle Berufe gewährleistet. Abreden, die dieses Recht einschränken oder zu behindern suchen, sind nichtig, hierauf gerichtete Maßnahmen sind rechtswidrig. Maßnahmen nach den Artikeln 12a, 35 Abs. 2 und 3, Artikel 87a Abs. 4 und Artikel 91 dürfen sich nicht gegen Arbeitskämpfe richten, die zur Wahrung und Förderung der Arbeits- und Wirtschaftsbedingungen von Vereinigungen im Sinne des Satzes 1 geführt werden."

Art. 9 Abs. 1 GG garantiert dem Einzelnen das Recht, Vereine und Ge- 510
sellschaften zu gründen. Unter den Schutz dieser Vorschrift fallen auch alle erwerbswirtschaftlich orientierten Gesellschaften (z.B. Genossenschaften, Aktiengesellschaften, Gesellschaften mit beschränkter Haftung). Soweit Einzelgesetze für diese im Wirtschaftsleben tätigen Gesellschaften Mindesterfordernisse (z.B. Mindestkapital, Eintragung im Handelsregister) vorschreiben, müssen die Anforderungen auf den Ordnungszweck (z.B. Gläubigerschutz, Publizität) bezogen sein und dürfen nicht über das Notwendige hinausgehen.

Für die Wirtschafts- und Sozialordnung in der Bundesrepublik von erst- 511
rangiger Bedeutung ist das in Art. 9 Abs. 3 GG garantierte Recht der Koalitionsfreiheit für Arbeitnehmer und Arbeitgeber, das Abwehrrecht gegen staatliche Eingriffe ist und zugleich gemäß Satz 2 unmittelbare Drittwirkung im privatrechtlichen Bereich entfaltet. Von der allgemeinen Vereinigungsfreiheit in Art. 9 Abs. 1 GG unterscheidet sich die Koalitionsfreiheit durch Einbeziehung eines bestimmten Zweckes in den grundrechtlichen Schutz. Die Koalitionsfreiheit dient der sinnvollen Ordnung des Arbeitslebens. Art. 9 Abs. 3 GG enthält das Existenzgrundrecht der Arbeitgeber- und Arbeitnehmerorganisationen: Die verfassungsmäßige Zusicherung von Tarifautonomie als Ausprägung und Konkretisierung des Sozialstaatsprinzips und das Arbeitskampfrecht.

I. Tarifautonomie

Die Koalitionsfreiheit sichert Gewerkschaften und Arbeitgeberverbänden 512
einen Freiraum gesellschaftspolitischer Eigenverantwortung zu, innerhalb dessen sich die „Sozialpartner" unabhängig von staatlicher Einflussnahme um einen gemeinsamen Nenner für ihre unterschiedlichen Interessen bemühen können. Das Ergebnis ihres Kompromisses findet seinen Niederschlag im **Tarifvertrag.** Zweck des Tarifvertrages ist es, das wirtschaftliche Übergewicht der Arbeitgeber gegenüber den einzelnen Arbeitnehmern auszugleichen. Im 19. Jahrhundert waren die Arbeitgeber aufgrund dieser Überlegenheit in der Lage, die Arbeitsbedingungen einseitig festzusetzen; die Vertragsfreiheit denaturierte zu einem Recht des wirtschaftlich Stärkeren. Erst

durch den Zusammenschluss der Arbeitnehmer zu Gewerkschaften bildete sich ein Gegenpol zu dieser wirtschaftlichen Überlegenheit.

513 **Der Tarifvertrag ist ein privatrechtlicher Vertrag zwischen Arbeitgebern oder Arbeitgeberverbänden und Gewerkschaften über Inhalt, Abschluss und Beendigung von Arbeitsverhältnissen.** Er ist die wichtigste Rechtsquelle im Arbeitsrecht zur Gestaltung von Arbeitsbedingungen. In der modernen Marktwirtschaft und für den ihr zugehörigen freien Arbeitsmarkt hat sich der Tarifvertrag als **das** rechtliche Mittel herausgebildet, mit dem Arbeitgeber und Arbeitnehmer die Arbeitsbedingungen, insbesondere die Löhne und Gehälter für die verschiedenen Wirtschaftszweige und Berufe, festlegen. Die Besonderheit des Tarifvertrages ist darin zu sehen, dass er sich nicht auf die Festlegung von Rechten und Pflichten der Tarifvertragsparteien, also Gewerkschaften und Arbeitgeberverbände, beschränkt (sog. schuldrechtlicher Teil des Tarifvertrages), sondern rechtliche Wirkungen, genauso wie Gesetzesrecht auch für die Tarifunterworfenen erzeugt (sog. normativer Teil), vgl. hierzu § 4 Abs. 1 TVG. Weiterhin besteht die Möglichkeit auf Antrag einer Tarifvertragspartei, den Tarifvertrag durch den Bundesminister für Arbeit für **allgemeinverbindlich** erklären zu lassen, so dass auch die nicht tarifgebundenen Arbeitnehmer in den zwingenden Geltungsbereich des Tarifvertrages einbezogen werden. Die Allgemeinverbindlicherklärung nach § 5 Abs. 1 TVG hat demnach den Zweck, in Zeiten eines Arbeitskräfteüberhanges eine Benachteiligung der tarifgebundenen Arbeitnehmer zu vermeiden; denn eine solche könnte sich daraus ergeben, dass die Arbeitgeber nur noch nichtgebundene Arbeitnehmer einstellten, um sich so von den Lasten des Tarifvertrages zu befreien.

514 Der Tarifvertrag, dessen maßgebliche Wirkungen sich aus dem bereits genannten Tarifvertragsgesetz ergeben, hat im Wesentlichen drei Bedeutungen:

- Seine **Schutzfunktion** ergibt sich in erster Linie aus seiner unmittelbaren und zwingenden Wirkung, so dass Abweichungen grundsätzlich ausgeschlossen sind. Angesichts der Schutzfunktion sind entsprechend des sog. Günstigkeitsprinzips Abweichungen zugunsten des Arbeitnehmers möglich, vgl. § 4 Abs. 3 TVG.
- Seine **Ordnungsfunktion** resultiert aus der festgelegten Laufzeit des Tarifvertrages, während der die Arbeitnehmer unveränderte Arbeitsbedingungen und die Arbeitgeber kalkulierbare Personalkosten erwarten dürfen.
- Seine **Friedensfunktion** ergibt sich daraus, dass während der Laufzeit des Vertrages Arbeitskämpfe unzulässig sind.

II. Grundzüge des Arbeitskampfrechts

515 Neben der Tarifautonomie als Essentiale der Betätigungsfreiheit der Sozialpartner wird von Art. 9 Abs. 3 GG ebenfalls das Recht zum Arbeitskampf in Form von Streik auf Arbeitnehmerseite und Aussperrung auf Arbeitgeberseite garantiert. Streikrecht ist freilich eine etwas ungenaue Bezeichnung: Art. 9 Abs. 3 GG gibt nur ein Recht auf Unterbleiben staatlicher Unterdrückungsmaßnahmen im Falle eines Arbeitskampfes, garantiert aber kein Recht zum Streik in dem Sinne, dass es den Arbeitnehmern jeder-

zeit freisteht, im Kampf um bessere Arbeitsbedingungen die Arbeitsleistung zu verweigern. Ein Streik während der vertraglich vereinbarten Laufzeit ist nichts anderes als eine rechtswidrige Vertragsverletzung; diese steht nicht unter dem Schutz des Grundgesetzes. Andererseits beinhaltet die Garantie der Tarifautonomie zugleich das Recht zum Arbeitskampf. Das grundrechtlich geschützte System des Aushandelns von Arbeitsbedingungen wäre nicht wirkungsvoll, wenn Arbeitnehmer- und Arbeitgeberverbände nicht auch Druckmittel zur Durchsetzung von Forderungen gebrauchen dürften.

Das schärfste Druckmittel, dessen sich die Arbeitnehmerorganisationen 516
zur Durchsetzung ihrer Forderungen bedienen können, ist der Streik. **Streik ist die gemeinsame und planmäßig durchgeführte Arbeitsniederlegung durch eine größere Zahl von Arbeitnehmern zu einem bestimmten Kampfziel** (BAGE 1, 291, 304). Trotz Verletzungen des Arbeitsvertrages, in dem sich der Arbeitnehmer zur Arbeitsleistung verpflichtet hat, ist der Streik unter den folgenden Voraussetzungen rechtmäßig:

1. Der Tarifvertrag muss abgelaufen sein. Der Streik ist das Kampfmittel der Arbeitnehmer beim Aushandeln eines neuen Tarifvertrages. Bis zum Ablauf des alten Tarifvertrages sind auch die Arbeitnehmer daran gebunden, sog. Friedenspflicht. Daraus folgt zugleich die Rechtswidrigkeit des **spontanen (wilden) Streiks,** d.h. des nicht von einer Koalition bzw. während eines noch laufenden Tarifvertrages geführten Streiks. Art. 9 Abs. 3 GG gibt nur das Recht, Arbeitnehmer- oder Arbeitgeberorganisationen zur Förderung der Arbeits- und Wirtschaftsbedingungen beizutreten, nicht aber die Befugnis, nach Belieben die Arbeit niederzulegen.
2. Ziel des Streiks muss die **Verbesserung der Arbeitsbedingungen** sein. Der Streik muss deshalb auf die Verwirklichung tariflich regelbarer Ziele gerichtet sein. Adressat der Streikdrohung sind mithin die Arbeitgeberverbände. Ein politischer Streik, bei dem der Staat Adressat der Streikdrohung ist, er unter Druck gesetzt und zu einem bestimmten Handeln gezwungen werden soll, ist rechtswidrig.
3. Der Streik unterliegt dem **Verhältnismäßigkeitsprinzip;** mit Streikmaßnahmen darf immer erst dann begonnen werden, wenn ohne sie ein Abschluss im Wege von Verhandlungen nicht erreicht werden kann. Streik ist demnach nur als letztes Mittel einzusetzen, sog. ultima-ratio-Gedanke.

III. Negative Koalitionsfreiheit

Während es bei allen anderen Grundrechten zweifelhaft und umstritten 517
ist, ob ihr Inhalt sich auf die Bürger-Staat-Beziehung beschränkt oder sich auch auf privatrechtliche Verhältnisse erstreckt (Frage der sog. Drittwirkung der Grundrechte), ist dies für die Koalitionsfreiheit ausdrücklich im Sinne **unmittelbarer Drittwirkung** entschieden. Nach Art. 9 Abs. 3 Satz 2 GG sind alle Abreden, die die Koalitionsfreiheit einschränken oder behindern, nichtig. Art. 9 Abs. 3 GG ist sowohl verletzt, wenn Arbeitnehmer gehindert werden, überhaupt einer Gewerkschaft beizutreten als auch dann, wenn ihnen der Eintritt in eine bestimmte Gewerkschaft verwehrt wird. Verträge, die die Verpflichtung enthalten, keiner Gewerkschaft oder einer bestimmten Gewerkschaft beizutreten, sind nichtig.

518 Ebenso wie Art. 9 Abs. 3 GG ein unveräußerliches Recht auf Eintritt in eine Gewerkschaft gibt (**positive Koalitionsfreiheit**), garantiert er auch das Recht, einer Gewerkschaft fernzubleiben (**negative Koalitionsfreiheit**). Was die negative Koalitionsfreiheit angeht, zwingt der Wortlaut des Art. 9 Abs. 3 GG allerdings nicht zu diesem Schluss. Gleiches gilt für die systematische Stellung der Vorschrift im Grundgesetz. Auch die historische Auslegung könnte gegen die Garantie der negativen Koalitionsfreiheit sprechen, da eine dahingehende Bestimmung in den Beratungen des Parlamentarischen Rates gestrichen worden ist. Die teleologische Betrachtung spricht jedoch für den Schutz der negativen Koalitionsfreiheit als Pendant zur positiven Koalitionsfreiheit. Zweck der positiven Koalitionsfreiheit ist es, Arbeitnehmer- und Arbeitgeberorganisationen insoweit zu schützen, als es um ihr legitimes Wirken geht. Die positive Koalitionsfreiheit gibt ihnen jedoch kein Recht, Einzelne gegen ihren Willen zum Beitritt zu zwingen. Negative Koalitionsfreiheit ist daher als notwendiges Gegenstück zur positiven verfassungsrechtlich gewährleistet.

519 Das hat Konsequenzen: Gegen das Recht, einer Gewerkschaft fernzubleiben, wird nach der Rechtsprechung des Bundesarbeitsgerichts auch dann verstoßen, wenn im Tarifvertrag Gewerkschaftsmitglieder bessergestellt sind (z.B. mehr Urlaubsgeld erhalten) als Nichtgewerkschaftsmitglieder (sog. „Trittbrettfahrer"). Derartige qualifizierte Differenzierungsklauseln, welche dem Arbeitgeber verwehren an Nichtorganisierte tarifliche Leistungen zu gewähren, liefen auf den mittelbaren Zwang hinaus, einer Gewerkschaft beizutreten. Dies sei mit dem Grundrecht auf negative Koalitionsfreiheit nicht vereinbar. Es verwundert nicht, dass dieses Urteil heftig umstritten ist und insbesondere von Seiten der Gewerkschaften als Versuch gewertet wird, den Beitritt zu ihnen unattraktiv zu machen und sie dadurch in Bestand und Glaubwürdigkeit zu schwächen. Nach Auffassung des 4. Senats des Bundesarbeitsgerichts (NZA 2009, 1028) sind *einfache* Differenzierungsklausel*n zulässig*. Diese erheben die Mitgliedschaft in der Gewerkschaft zur Tatbestandsvoraussetzung des tariflichen Anspruchs, sodass folglich Nichtmitgliedern kein Anspruch zusteht. Dies gilt jedoch nur, soweit solche Klauseln nicht das Austauschverhältnis von Leistung und Gegenleistung betreffen.

Weiterführende Hinweise:

Günther/Franz, Grundfälle zu Art. 9 GG, JuS 2006, 788, 873;
Pieroth, Koalitionsfreiheit, Tarifautonomie und Mitbestimmung, in: Festschrift 50 Jahre BVerfG 2001, Band II, 293.

Kapitel 22: Die allgemeine Handlungsfreiheit (Art. 2 Abs. 1 GG)

Art. 2 Abs. 1 GG lautet: 520

„Jeder hat das Recht auf die freie Entfaltung seiner Persönlichkeit, soweit er nicht die Rechte anderer verletzt und nicht gegen die verfassungsmäßige Ordnung oder das Sittengesetz verstößt."

Neben den speziellen Freiheitsrechten der Art. 4ff. GG ist Art. 2 Abs. 1 521 GG das **allgemeine** Freiheitsgrundrecht. Ein Rückgriff auf Art. 2 Abs. 1 GG ist immer dann erforderlich, wenn die Gewährleistungen der speziellen Freiheitsgrundrechte nicht eingreifen. Art. 2 Abs. 1 GG ist somit nur ein zu den anderen Freiheitsgrundrechten subsidiärer Prüfungsmaßstab. Man kann ihn daher auch als „Auffanggrundrecht" bezeichnen. Darin erschöpft sich allerdings seine Bedeutung nicht; seine Garantie eines umfassenden Schutzes individueller Betätigungsfreiheit beinhaltet zugleich eine **allgemeine Freiheitsvermutung** zugunsten des Individuums. Das hat Konsequenzen: Immer dann, wenn der Staat in die grundrechtlich geschützte individuelle Betätigungsfreiheit eingreift, muss er sich auf Gründe berufen können, die es erlauben, im Einzelfall die individuelle Freiheit zu beschränken. Vor der allgemeinen Freiheitsvermutung können dabei nur solche Gründe bestehen, die höherrangigen Zielen (also insbesondere dem Gemeinwohl) zu dienen bestimmt sind.

I. Allgemeine Bedeutung

Die **Garantie der freien Entfaltung der Persönlichkeit** beschränkt sich 522 nicht auf die „höheren Sphären des Menschlichen", sondern **umfasst alle Ausprägungsformen menschlichen Tuns.** Garantiert ist die Vertragsfreiheit ebenso wie der Schutz der Privatsphäre, der es etwa verbietet, Aufnahmen eines Gespräches ohne Zustimmung des Partners zu machen; garantiert ist die Freiheit, das Gebiet der Bundesrepublik verlassen zu können ebenso wie die Freiheit, eine Haartracht seines Beliebens zu tragen. Sogar das Rauchen von Marihuana hat das Bundesverfassungsgericht dem Schutzbereich des Art. 2 Abs. 1 GG unterstellt –, wenn es auch die strafrechtliche Verfolgung im Grundsatz als zulässige Beschränkung anerkannt hat.

Mit dem weiten Schutzbereich dieses Grundrechts korrespondieren näm- 523 lich weite Einschränkungsmöglichkeiten, die allerdings ihrerseits wiederum an der allgemeinen Freiheitsvermutung zu messen sind. Sie sind zulässig, wenn sie Zielen zu dienen bestimmt sind, die gegenüber der individuellen Betätigungsfreiheit als höherrangig anzusehen sind. Die wichtigste Schranke des Rechts auf freie Entfaltung der Persönlichkeit ist die **verfassungsmäßige Ordnung.**

Zur verfassungsmäßigen Ordnung zählen alle formell und materiell gül- 524 tigen Rechtsnormen, mit anderen Worten: **Verfassungsmäßige Ordnung ist die gesamte Rechtsordnung.** Das bedeutet im Ergebnis, dass die individuelle Entfaltungsgarantie unter einem **umfassenden Gesetzesvorbehalt** steht. Dennoch wäre es verfehlt zu behaupten, damit komme der grundrechtlichen

Garantie gegenüber den sie einschränkenden einfachen Gesetzen kein Eigenwert mehr zu. Zu berücksichtigen ist nämlich, dass eine Norm, die das allgemeine Freiheitsrecht einschränkt,

1. in **formeller Hinsicht** (Gesetzgebungszuständigkeit, ordnungsgemäßes Verfahren und Form),
2. in **materieller Hinsicht** (Grundrechtsbindung, Verhältnismäßigkeitsprinzip) und
3. in **der Hinsicht ordnungsgemäß** sein muss, dass der allgemeinen Freiheitsvermutung, wonach individuelle Betätigung nur eingeschränkt werden darf, wenn dies aus höherrangigen Gründen erforderlich ist, genügt ist.

525 Bei dieser extensiven Auslegung des Begriffs „verfassungsmäßige Ordnung" ergeben sich weittragende Folgen für die Verfassungsbeschwerde (Art. 93 Abs. 1 Nr. 4a GG). Diese ist zulässig bei der Verletzung von Grundrechten. Art. 2 Abs. 1 GG ist ein Grundrecht, das durch alle formell und materiell ordnungsgemäßen Rechtsnormen eingeschränkt werden kann. Das bedeutet zugleich, dass dieses Grundrecht nur durch formell und materiell ordnungsgemäße Rechtsnormen eingeschränkt werden darf. Damit ist aber gesagt, dass jedes formell nicht ordnungsgemäße Gesetz gegen Art. 2 Abs. 1 GG verstößt. In der „Elfes"-Entscheidung führt das Bundesverfassungsgericht dazu aus: **„Verfahrensrechtlich bedeutet das: Jedermann kann im Wege der Verfassungsbeschwerde geltend machen, ein seine Handlungsfreiheit beschränkendes Gesetz gehöre nicht zur verfassungsgemäßen Ordnung, weil es formell oder inhaltlich gegen einzelne Verfassungsbestimmungen oder allgemeine Verfassungsgrundsätze verstoße; deshalb werde sein Grundrecht aus Art. 2 Abs. 1 GG verletzt."** (BVerfGE 6, 32, 41).

Neben der **verfassungsmäßigen Ordnung** haben die anderen Einschränkungen der allgemeinen Handlungsfreiheit, die **Rechte anderer** und das **Sittengesetz,** keine selbstständige Bedeutung mehr.

II. Spezielle Bedeutung für die Wirtschaft

526 Für die Wirtschaftsordnung relevante Aussagen trifft das Grundgesetz nicht nur in Art. 14, Art. 12 und Art. 9 GG. Fragen wie die nach der verfassungsrechtlichen Zulässigkeit von Ladenschlusszeiten oder der Entschädigungspflicht von staatlichen Eingriffen in den eingerichteten und ausgeübten Gewerbebetrieb beurteilen sich nach Art. 12 Abs. 1 und Art. 14 GG. Dies sind spezielle grundrechtliche Verbürgungen, neben denen das Grundrecht der allgemeinen Handlungsfreiheit nicht angewendet werden kann. Im wirtschaftlichen Bereich gewährleistet dieses Recht aber über die erwähnten speziellen Freiheitssicherungen hinaus eine allgemeine wirtschaftliche Grundfreiheit, gelegentlich auch **Unternehmensfreiheit** oder **Wettbewerbsfreiheit** genannt. Ein wesentlicher Bestandteil dieser allgemeinen wirtschaftlichen Entfaltungsfreiheit ist die **Vertragsfreiheit.** Vertragsfreiheit und Wettbewerbsfreiheit unterliegen vielfältigen gesetzlichen Einschränkungen. Für viele Unternehmen der Daseinvorsorge besteht **Kontrahierungszwang,** d.h., sie dürfen sich ihre Vertragspartner nicht frei wählen, sondern müssen ihre Dienstleistungen jedem erbringen, der den geforderten Preis zu zahlen

bereit ist. Nach § 22 Personenbeförderungsgesetz (PBefG) besteht z. B. eine grundsätzliche Beförderungspflicht. Bei Telekommunikationsdienstleitungen wählte der Gesetzgeber einen anderen Weg: Um eine flächendeckende Grundversorgung zu gewährleisten, wird eine Pflicht zum **Universaldienst** geschaffen. Nach § 78 Telekommunikationsgesetz (TKG) sind Universaldienstleistungen ein Mindestangebot an Diensten für die Öffentlichkeit, für die eine bestimmte Qualität festgelegt ist und zu denen alle Endnutzer unabhängig von ihrem Wohn- oder Geschäftsort zu einem erschwinglichen Preis Zugang haben müssen.

Die Wettbewerbsfreiheit gibt das Recht, anderen Unternehmen Konkurrenz 527
zu machen. Schranken dieser Befugnis enthält das Gesetz gegen den unlauteren Wettbewerb (UWG).

1. Vertragsfreiheit

Vertragsfreiheit und **Marktwirtschaft** bedingen einander. In einem markt- 528
wirtschaftlichen System richtet sich der Marktpreis für Güter und Dienstleistungen nach Angebot und Nachfrage, der Marktpreis steuert und koordiniert das Verhalten von Unternehmen, Händlern und Verbrauchern. Grundvoraussetzung für dieses System ist die **Privatautonomie** der am wirtschaftlichen Erzeugungs-, Verteilungs- und Konsumprozess Beteiligten; mit anderen Worten: **die Freiheit, eigenverantwortlich darüber zu bestimmen, ob überhaupt ein Vertrag geschlossen werden soll, wer der Vertragspartner sein und welchen Inhalt der Vertrag haben soll (Vertragsfreiheit).** Greift der Staat in diesen Prozess regulierend und dirigierend ein, gibt es keine freie Marktwirtschaft. Sind die Dispositionsbefugnisse von privaten Erzeugern, Händlern und Verbrauchern so weitgehend von öffentlich-rechtlichen Vorschriften eingeengt, dass für die Vertragsfreiheit kaum mehr Spielraum bleibt, herrscht kein System der **freien Marktwirtschaft,** sondern **Marktordnung.** Die Marktordnung steht zwischen dem privat(markt)wirtschaftlichen und dem staatswirtschaftlichen System. Überführung in Gemeineigentum kennt das Marktordnungssystem nicht. Auf der anderen Seite werden hierbei jedoch der Wettbewerb und die Privatautonomie ganz oder teilweise durch öffentlich-rechtliche Regelungen ausgeschaltet oder jedenfalls beeinträchtigt. Aus der Tatsache, dass Art. 2 Abs. 1 GG eine Einschränkung privatrechtlicher Tätigkeit nur zulässt, wenn dies durch überwiegende Gründe des Gemeinwohls gerechtfertigt ist, folgt, dass ein Marktordnungssystem nur unter engen Voraussetzungen zulässig ist.

Zu berücksichtigen ist freilich, dass mit Inkrafttreten des Vertrags von 529
Lissabon durch Art. 3 Abs. 2 Satz 2 EUV auf europäischer Ebene die soziale Marktwirtschaft ausdrücklich als Ziel im Unionsrecht verankert ist.

2. Staatswirtschaftliche Monopolbetriebe und freier Wettbewerb

Bei Versorgungs- und Produktionskrisen sowie bei Missständen im priva- 530
ten Dienstleistungsgewerbe hat der Staat nicht nur die Möglichkeit, durch Gewerbeaufsichts- oder Marktordnungsbestimmungen kontrollierend und dirigierend in das wirtschaftliche Geschehen einzugreifen. Ebenso denkbar ist es, dass der Staat den kriselnden Wirtschaftszweig übernimmt und bei sich monopolisiert. Soweit davon die Wirtschaftszweige des Art. 15 GG be-

troffen sind, stellen sich keine grundrechtlichen Probleme, weil in diesen Bereichen eine Gemeinwirtschaft gerade zulässig ist. Problematisch ist dann nur die haushaltsrechtliche Zulässigkeit, da nach § 65 Bundeshaushaltsordnung (BHO) und den entsprechenden haushaltsrechtlichen Vorschriften der Länder die erwerbswirtschaftliche Betätigung von Bund und Ländern nur unter engen Voraussetzungen zulässig ist. Art. 15 GG gibt jedoch keine Sozialisierungsmöglichkeiten für das Dienstleistungsgewerbe. In diesem Fall begegnet die Überführung erwerbswirtschaftlicher Tätigkeitsbereiche in die öffentliche Hand nicht nur haushaltsrechtlichen, sondern grundrechtlichen Bedenken.

531 Ein Gesetzentwurf enthält das Verbot privatwirtschaftlicher Wohnungsvermittlung. Diese darf nur noch von staatlichen Vermittlungsbehörden wahrgenommen werden. Die vorhandenen privaten Makler werden entschädigt. Wäre das Gesetz verfassungsgemäß?

532 In Betracht kommt eine Verletzung der Art. 15, Art. 14, Art. 12 und Art. 2 Abs. 1 GG.

533 **Art. 15 GG** ist nicht verletzt, weil von ihm keine Sperrwirkung dahingehend ausgeht, dass Staatswirtschaft für andere als die dort genannten Erwerbszweige verboten ist.

534 **Art. 14 GG** ist, weil das Gesetz eine Entschädigungsregelung vorsieht, nicht verletzt, sofern man der Ansicht ist, dass die Enteignung dem Wohle der Allgemeinheit dient; darüber lässt sich streiten.

535 Aus der Berufsfreiheit des **Art. 12 Abs. 1 GG** ist nach Inkrafttreten des Gesetzes für die gewerbliche private Wohnungsvermittlung ein Berufsverbot geworden. Dieses Verbot wirkt sich für den Betroffenen noch unvergleichlich schwerer aus als eine objektive Zulassungsbeschränkung. Von diesem Gedanken ausgehend misst das Bundesverfassungsgericht die Zulässigkeit eines derartigen staatlichen Monopols (es ging um das Monopol staatlicher Arbeitsvermittlung) an Art. 12 Abs. 1 GG.

536 „Im System einer grundsätzlich freien Wirtschaft bildet ein vom Gesetz geschaffenes wirtschaftliches Monopol einen gewissen Fremdkörper; es schließt nicht nur diejenigen, welche die monopolisierte Tätigkeit selbständig ausüben oder ausüben möchten, hiervon aus, sondern berührt auch entscheidend die freie wirtschaftliche Entfaltung weiterer Kreise. (...) Jedenfalls greift das Arbeitsvermittlungsmonopol in das Grundrecht der Berufsfreiheit (Art. 12 Abs. 1 GG) ein: es schließt die Staatsbürger von der Möglichkeit aus, den selbständigen Beruf des Arbeitsvermittlers zu ergreifen und auszuüben. (...) Das Vermittlungsmonopol richtet daher ein objektives Hindernis auf, den Beruf des selbständigen Arbeitsvermittlers zu wählen. (...) Ein Eingriff in das Grundrecht der freien Berufswahl von dieser Intensität kann nur unter zwei Bedingungen Bestand haben: erstens muss das Monopol den Schutz besonders wichtiger Gemeinschaftsgüter bezwecken, denen der Vorrang vor der Freiheit des einzelnen (...) eingeräumt werden muss; dabei müssen die Gefahren, von denen das Gemeinschaftsgut bedroht ist, schwer sowie nachweisbar oder wenigstens höchstwahrscheinlich sein. Zweitens muss das Monopol als Mittel zur Abwehr dieser Gefahren unentbehrlich sein" (BVerfGE 21, 245, 249 ff.).

537 Misst man die Zulässigkeit monopolisierter staatlicher Wohnungsvermittlung anhand dieser Kriterien, dann wird man zwangsläufig zur Verfassungswidrigkeit kommen müssen. Unentbehrlich zur Abwehr von Missständen bei der Wohnungsvermittlung ist ein Staatsmonopol keinesfalls. Ein milderes Mittel wäre eine verschärfte Gewerbeaufsicht oder – wie in einigen Städten geschehen – die Errichtung kommunaler Wohnungsvermittlungen als Ergänzung und Konkurrenz zum privaten Gewerbe.

Art. 2 Abs. 1 GG enthält eine grundsätzliche **Vermutung für private Betätigungsfreiheit.** Der Einzelne soll sich wirtschaftlich frei entfalten dürfen. Dieser grundrechtlichen Freiheitsvermutung widerspricht es, wenn der Staat beliebig Monopole gründen und mit eigenen Wirtschaftsbetrieben in Konkurrenz zur Privatwirtschaft treten dürfte. Die Freiheit der Privatwirtschaft darf daher nur beschränkt werden, wenn dies im Interesse der Gesamtheit notwendig ist, d. h. wenn dafür Gründe des Gemeinwohls sprechen. In der Freiheitsvermutung enthalten ist daher das **Prinzip der Subsidiarität:** Grundsätzlich ist es Aufgabe der Bürger, im privaten Erwerbs- und Zusammenleben für gedeihliche Lebensbedingungen zu sorgen, der Staat darf erst dann eingreifen, wenn ein gemeinschaftswichtiges Ziel anders nicht erreicht werden kann. Für die wirtschaftlichen Unternehmen der Gemeinden ist dieses Subsidiaritätsprinzip teilweise in den Kommunalgesetzen der Länder enthalten. 538

Das Subsidiaritätsprinzip untersagt dem Staat allerdings **nicht jede** erwerbswirtschaftliche Betätigung. Die Verwaltung überkommenen Vermögens ist damit vereinbar. Unvereinbar und zugleich verfassungswidrig wären allerdings umfangreiche, auf Dauer und Verdienst angelegte erwerbswirtschaftliche Unternehmen des Staates. Aus diesen Grundsätzen lässt sich auch eine Verpflichtung des Staates zur Privatisierung seiner Beteiligungen an Wirtschaftsunternehmen (z. B. VW, Bundespost und Telekom) ableiten, sobald der mit der Beteiligung verfolgte Zweck erreicht ist. 539

Diese Grundsätze gelten für jede wirtschaftliche Betätigung des Staates, mithin auch für die monopolisierte staatliche Wohnungsvermittlung. Öffentlicher Zweck, der hier ein Staatsmonopol rechtfertigen könnte, könnten Missstände im privaten Vermittlungsgewerbe und die Tatsache sein, dass die von ihm erhobenen Vermittlungsprovisionen für wirtschaftlich schwache Bevölkerungskreise untragbar hoch sind.

Nicht jeder öffentliche Zweck rechtfertigt aber Monopolisierung beim Staat. Hier wie bei jedem staatlichen Handeln ist der Grundsatz der **Verhältnismäßigkeit** zu beachten. Um Missstände im privaten Wohnungsvermittlungsgewerbe zu beseitigen, bedarf es keiner Übernahme dieser Tätigkeit durch den Staat. Milderes und mindestens ebenso geeignetes Mittel ist es, durch Gesetz die Maklertätigkeit zu reglementieren, beispielsweise Provisionshöchstsätze festzulegen. In jedem Fall verfassungswidrig wäre es daher, die Wohnungsvermittlung beim Staat zu monopolisieren. Ob es zulässig ist, dass kommunale Wohnungsvermittlungsinstitute privaten Maklern Konkurrenz machen, ist in der Literatur heftig umstritten. Es spricht viel dafür, dass Missständen bei der Wohnungsvermittlung mit milderen Mitteln begegnet werden kann als durch Errichtung kommunaler Konkurrenzinstitute. 540

Weiterführende Hinweise:

BVerfGE 6, 32 (Elfes-Entscheidung);
BVerfGE 80, 137, 152 ff. (Reiten im Walde);
BVerfGE 65, 1, 38 ff. (Volkszählungsgesetz);
Kahl, Grundfälle zu Art. 2 Abs. 1 GG, JuS 2008, 499, 595;
Lege, Die allgemeine Handlungsfreiheit gemäß Art. 2 Abs. 1 GG, Jura 2002, 753.

Kapitel 23: Der Gleichheitssatz (Art. 3 Abs. 1 GG)

541 Art. 3 Abs. 1 GG lautet:

„(1) Alle Menschen sind vor dem Gesetz gleich."

I. Der Inhalt des Gleichheitssatzes

1. Der Anwendungsbereich

542 Das Grundgesetz bestimmt in Art. 3 Abs. 1, dass alle Menschen vor dem Gesetz gleich sind. Art. 3 Abs. 1 GG gewährt rechtliche Gleichheit unter zwei Gesichtspunkten: Zum einen muss das Recht von der **Exekutive** und **Judikative** zugunsten oder zulasten aller Betroffenen gleich angewendet werden. Es besteht Gleichheit vor dem Gesetz (**Rechtsanwendungsgleichheit**). Zum zweiten ist der **Gesetzgeber** gemäß Art. 1 Abs. 3 GG an den Gleichheitssatz gebunden. Die von der Legislative beschlossenen Gesetze müssen inhaltlich dem Gleichheitssatz entsprechen (**Rechtsetzungsgleichheit**). Ein Verstoß gegen Art. 3 Abs. 1 GG ist damit sowohl beim **Erlass** eines Gesetzes als auch bei dessen **Anwendung** durch die Verwaltung möglich. Praktisch bedeutsam ist vor allem die Nichtbeachtung des Gleichheitssatzes bei der **Rechtsetzung.** Dabei geht es um den Regelungsinhalt von Gesetzen. Deshalb werden hier vor allem die Probleme der Rechtsetzungsgleichheit behandelt. Die aufgezeigten inhaltlichen Strukturen des Gleichheitssatzes lassen sich ohne Schwierigkeit auf die Rechtsanwendung übertragen. Bei der Rechtsanwendung kommt dem Gleichheitssatz hauptsächlich bei Ermessensentscheidungen Bedeutung zu.

543 Als allgemeines Menschenrecht gilt Art. 3 Abs. 1 GG für In- und Ausländer. Inländische juristische Personen des Privatrechts genießen den Schutz des Art. 3 Abs. 1 GG in den Grenzen des Art. 19 Abs. 3 GG.

2. Der Begriff „Gleichheit"

544 Die rechtliche Prüfung, ob der Gesetzgeber den Gleichheitssatz verletzt hat, beginnt immer damit, dass zwei Sachverhalte, die unterschiedlich geregelt wurden, miteinander verglichen werden.

545 Schadstoffarme Kraftfahrzeuge sind für einen bestimmten Zeitraum von der Kraftfahrzeugsteuer befreit worden. Will man nun prüfen, ob diese Regelung mit Art. 3 Abs. 1 GG vereinbar ist, muss der Lebenssachverhalt „schadstoffarmer Pkw" mit dem Sachverhalt „nicht schadstoffarmer Pkw" verglichen werden.

546 Dieses Beispiel zeigt, dass sich die beiden Sachverhalte in dem Merkmal „schadstoffarm" unterscheiden. Um festzustellen, ob der Gesetzgeber zwei Lebenssachverhalte in zulässiger Weise gleich oder ungleich behandelt hat, muss man zuvor je ein **wesentliches Merkmal** (oder mehrere wesentliche Merkmale) der beiden Sachverhalte auswählen. Nur diese Merkmale werden dann miteinander verglichen. Sind die als „wesentlich" ausgewählten Merkmale gleich, sind die beiden Lebenssachverhalte auch dann gleich zu behandeln, wenn sie sich in anderen Merkmalen unterscheiden. Sind hingegen die als wesentlich ausgewählten Merkmale ungleich, dürfen die Sach-

verhalte nicht gleich geregelt werden, auch wenn die sonstigen Merkmale gleich sind. Wählt man im Beispielsfall das Merkmal „nicht schadstoffarm" als wesentliches Merkmal eines Vergleichspaares aus, dann darf der Gesetzgeber an das Merkmal „schadstoffarm" die Steuerfreiheit knüpfen, weil sich dieses Merkmal vom Merkmal „nicht schadstoffarm" unterscheidet.

Art. 3 Abs. 1 GG enthält somit zwei Aussagen: Er **verbietet,** wesentlich Gleiches ungleich und wesentlich Ungleiches gleich zu behandeln. Er **fordert,** wesentlich Gleiches gleich und wesentlich Ungleiches ungleich zu behandeln. Art. 3 Abs. 1 GG verbietet, dass „eine Gruppe von Normadressaten im Vergleich zu einer anderen Gruppe von Normadressaten ohne sachlichen Grund anders behandelt wird". 547

Die Schwierigkeit bei der praktischen Anwendung des Gleichheitssatzes besteht darin festzustellen, welche Merkmale der beiden Sachverhalte „wesentlich" sind, um sie dann miteinander zu vergleichen. 548

Der Gesetzgeber hat beschlossen, den Verkauf schadstoffarmer Autos zu fördern. Er will hierzu Autoherstellern, die ihre Diesel-Fahrzeuge mit Rußfiltern ausstatten, eine Subvention gewähren. Diese Subvention sollen nicht alle Autohersteller erhalten, sondern nur diejenigen, die 80% ihrer Diesel-Fahrzeuge mit einem Rußfilter ausstatten. Die vergleichbaren Lebenssachverhalte lauten: 549
Autohersteller, die 80% ihrer Diesel-Fahrzeuge mit einem Rußfilter ausstatten, und Autohersteller, die nicht 80% mit einem Rußfilter ausstatten. Vergleicht man die Sachverhaltsmerkmale „Autohersteller" miteinander, dann unterscheiden sie sich nicht voneinander. Eine unterschiedliche Behandlung hinsichtlich der Subvention darf hier nicht erfolgen. Vergleicht man hingegen die Sachverhaltsmerkmale „80% mit Rußfilter" und „nicht 80% mit Rußfilter", dann sind diese verschieden. Die Subvention soll aber gerade deshalb erfolgen, weil ein bestimmter Autohersteller 80% seiner Diesel-Fahrzeuge mit Rußfiltern ausstattet. Dies ist der Grund für die Differenzierung von den sonstigen Herstellern.

Dasjenige Merkmal eines Sachverhalts, das den Grund für die Differenzierung darstellt, nennt man das **Differenzierungskriterium.** Die Auswahl dieses Differenzierungskriteriums erfolgt nicht durch einen logischen Denkvorgang, sondern sie beruht auf einer juristischen Wertung. Anhaltspunkte für diese Wertung bietet das vom Gesetzgeber mit der gesetzlichen Regelung verfolgte Ziel, das sog. **Differenzierungsziel.** 550

Die bisherige Darstellung hat sich nur mit dem **formalen** Aspekt des Gleichheitssatzes befasst. Noch nicht behandelt wurde die Frage, an welches Merkmal eines Sachverhalts der Gesetzgeber anknüpfen **darf,** um im Vergleich zu einem anderen Sachverhalt eine unterschiedliche Regelung zu treffen. Durfte z.B. der Gesetzgeber im Subventionsfall an das Merkmal „80% mit Rußfilter" anknüpfen? Das Bundesverfassungsgericht sieht den **materiellen** Gehalt des Gleichheitssatzes im **„Willkürverbot".** Es räumt dem Gesetzgeber einen weiten Gestaltungsspielraum ein bei der Auswahl des Merkmals, an das er bei seiner Regelung anknüpfen möchte. Die Auswahl eines bestimmten Merkmals darf nur nicht willkürlich sein. Nach einer oft verwendeten Formulierung des Bundesverfassungsgerichts ist dies nur dann der Fall, wenn sich kein vernünftiger, aus der Natur der Sache folgender oder sonst wie einleuchtender Grund für die Gleich- bzw. Ungleichbehandlung finden lässt. 551

Über die Deutung des Gleichheitssatzes als Willkürverbot bestand lange Zeit weitestgehend Einigkeit. Umstritten war gleichwohl oftmals die Frage, 552 ob ein sachlicher Grund für eine Ungleichbehandlung vorliegt, d. h., letztlich geht es um die **inhaltliche Grenze**, die der Gesetzgeber bei der Auswahl des Differenzierungskriteriums zu beachten hat.

553 In der neueren Rechtsprechung des Bundesverfassungsgerichts wird der dem Gesetzgeber gegebene Spielraum durch die Interpretation des Gleichheitssatzes als reines Willkürverbot indessen zunehmend als zu weit empfunden und dementsprechend einzuschränken versucht. Als Maßstab für die Frage, ob ein Differenzierungskriterium noch als sachlicher Grund i. S. d. Art. 3 Abs. 1 GG qualifiziert werden kann, dient dabei die Frage nach der Wesentlichkeit der vom Gesetzgeber vorgefundenen Unterschiede. Das Willkürverbot wird damit dahingehend erweitert, dass eine Verletzung des Gleichheitssatzes bereits dann vorliegt, wenn nicht „Gründe von solcher Art und solchem Gewicht bestehen, dass sie die ungleichen Rechtsfolgen rechtfertigen können" (BVerfGE 95, 39, 45).

II. Die inhaltlichen Grenzen der gesetzgeberischen Gestaltungsfreiheit

1. Differenzierungsverbote

554 Darüber hinaus ist es dem Gesetzgeber in einigen Fällen durch die Verfassung untersagt, **trotz** vorliegender Unterschiede zwei Sachverhalte ungleich zu behandeln. Solche **Differenzierungsverbote** sind im Grundgesetz selbst niedergelegt. So enthält der 1994 neugefasste Art. 3 Abs. 2 und Abs. 3 GG eine ganze Anzahl von Differenzierungsverboten. Der Gesetzgeber darf bei Regelungen nicht an die dort genannten Merkmale anknüpfen. Das bedeutet, dass z. B. Geschlecht, Abstammung, Rasse oder Sprache nicht als Differenzierungskriterium verwendet werden dürfen. Der neugefasste Art. 3 Abs. 2 Satz 2 GG soll, so der Staatsauftrag, gleiche Ausgangschancen für Männer und Frauen schaffen und die hierzu bereits bestehende Rechtsprechung des Bundesverfassungsgerichts stärken. Weitere Differenzierungsverbote sind in Art. 33 Abs. 1 bis 3, Art. 6 Abs. 5 und Art. 9 Abs. 3 GG enthalten.

2. Unzulässige Differenzierungsziele; Verhältnis von Differenzierungskriterium zu Differenzierungsziel

555 Das mit einer gesetzlichen Regelung angestrebte Ziel muss ebenfalls verfassungsgemäß sein. Verboten ist z. B. das Ziel, einem Menschen die wirtschaftliche Lebensgrundlage zu entziehen. Eine Steuer, die den Steuerpflichtigen übermäßig belasten und seine Vermögensverhältnisse grundlegend beeinträchtigen würde (sog. **Erdrosselungssteuer**), wäre wegen Verstoßes gegen das Sozialstaatsprinzip unzulässig. Verbotene Ziele können sich u. a. aus einzelnen Prinzipien und Wertentscheidungen der Verfassung ergeben (z. B. Demokratieprinzip, Rechtsstaatsprinzip, Sozialstaatsprinzip).

556 Der Gesetzgeber muss vor allem auf das richtige **Verhältnis** des Differenzierungskriteriums zum Differenzierungsziel achten. Hier fängt die eigentliche Willkürprüfung an und damit die Schwierigkeit, inhaltlich festzulegen, wann eine gesetzliche Regelung willkürlich ist. Die „Formel", wonach ein sachlicher Grund für eine gesetzliche Regelung vorliegen muss, steckt – wie bereits oben erläutert – nur den äußeren Rahmen der Willkürprüfung ab.

Neben verbotenen Differenzierungskriterien und Differenzierungszielen muss der Gesetzgeber vielmehr auch im Rahmen des Gleichheitssatzes all diejenigen verfassungsrechtlichen Grundsätze beachten, die auch sonst jeglichem staatlichen Handeln Grenzen setzen. Dazu zählt neben den Grundrechten vor allem der **Grundsatz der Verhältnismäßigkeit** mit seinem Inhalt, nur **geeignete** und **erforderliche** Maßnahmen zu treffen und dabei die **Mittel-Zweck-Relation** zu beachten. Wird dieser Grundsatz verletzt, ist die gesetzliche Regelung nicht sachgerecht.

Dabei unterliegen personenbezogene Differenzierungen nach der neueren 557
Rechtsprechung des Bundesverfassungsgerichts einer besonders intensiven Verhältnismäßigkeitsprüfung. Bei sachverhaltsbezogenen Differenzierungen, die sich nur mittelbar auf die betroffenen Personen auswirken, ist der Gestaltungsspielraum des Gesetzgebers in der Regel weitreichender.

3. Keine Gleichbehandlung im Unrecht

Art. 3 Abs. 1 GG gewährt **keinen Anspruch auf Gleichbehandlung im** 558
Unrecht. Ist eine staatliche Maßnahme unzulässig, weil sie den Gleichheitssatz verletzt, kann sich kein Dritter auf Art. 3 Abs. 1 GG berufen, um ebenfalls in den Genuss der gleichen rechtswidrigen Maßnahme zu gelangen. Andernfalls könnte eine „rechtswidrige Praxis" den Grundsatz der Gesetzmäßigkeit der Verwaltung (Art. 20 Abs. 3 GG) umgehen und die rechtswidrigen Zustände auch für die Zukunft perpetuieren.

Weiterführende Hinweise:

Blome, Der allgemeine Gleichheitssatz (Art. 3 I GG) – ein ordentliches Grundrecht!, JA 2011, 486;

Odendahl, Der allgemeine Gleichheitssatz: Willkürverbot und „neue Formel" als Prüfungsmaßstäbe, JA 2000, 170;

Schwarz, Grundfälle zu Art. 3 I GG, JuS 2009, 315, 417.

Kapitel 24: Übungsfall zum 2. Teil

559 **Fall:** Im Jahre 1965 wurde durch ein Bundesgesetz eine Bevorratungspflicht für Erdölerzeugnisse (Benzin, Dieselkraftstoff, Heizöl) eingeführt. Hauptzweck des Gesetzes ist es, die Energieversorgung auch in Krisenzeiten sicherzustellen (vgl. zur heutigen Rechtslage das Gesetz über die Bevorratung mit Erdöl und Erdölerzeugnissen vom 16. Januar 2012). Zur Vorratshaltung verpflichtet sind sowohl Raffinerieunternehmen, die eingeführtes Rohöl selbst verarbeiten, als auch Importunternehmen, die die eingeführten Erdölerzeugnisse lediglich importieren, ohne sie selbst weiterzuverarbeiten. Entschädigung oder Aufwendungsersatz sind für die wirtschaftlichen Belastungen im Gesetz nicht vorgesehen. Etwa 90% des Energiebedarfs des inländischen Marktes werden durch Unternehmen abgedeckt, die Erdölerzeugnisse einführen und daneben auch weiterverarbeiten. Für diese Unternehmen gehörte eine Vorratshaltung schon bisher zur sachnotwendigen und üblichen Wirtschaftstätigkeit – freilich in deutlich geringerem Umfang als jetzt durch Gesetz vorgeschrieben.

Die Firma M gehört zu jenen etwa 20 unabhängigen Unternehmen, die sich ausschließlich auf den Import von Mineralölerzeugnissen beschränken. Diese reinen Importunternehmen sehen ihre Marktfunktion hauptsächlich in der Spitzendeckung des Energiebedarfs, insbesondere in der Beseitigung auftretender Energieengpässe, indem sie kurzfristig die benötigte Energie vermitteln. Alle diese Firmen verfügen deshalb auch nur über ganz geringe Lagerkapazitäten.

M hält das Gesetz für verfassungswidrig, da es ihn zu einer betriebswirtschaftlich sinnlosen Lagerhaltung nötige; Lagerhaltung sei für reine Importunternehmen nicht erforderlich, sie widerspreche ihrer Marktfunktion. Die hohen Betriebskosten für die Vorratshaltung nötigten die Importunternehmen letztlich zur Geschäftsaufgabe. Im Übrigen sei die Sicherstellung der Energieversorgung eine öffentliche Aufgabe, die der Staat nicht ohne Entschädigung auf Private abwälzen dürfe.

(Erdölbevorratungsfall, BVerfGE 30, 292 ff.; das Urteil wurde teilweise wörtlich in die Falllösung eingearbeitet.)

1. Darf der Staat überhaupt private Unternehmen zur Erfüllung einer öffentlichen Aufgabe wie der Energiesicherung in Anspruch nehmen?
2. Ist die generelle Regelung des Gesetzes mit der verfassungsrechtlich garantierten Berufsfreiheit vereinbar? Welche Beurteilungskriterien sind dafür maßgeblich?
3. Ist es verfassungsrechtlich bedeutsam, dass M zu den Unternehmen gehört, die typischerweise ohne Vorratshaltung wirtschaften?
4. Berührt die Pflicht zur Vorratshaltung auch die Eigentumsgarantie und die allgemeine Handlungsfreiheit?
5. Nach welchen Bestimmungen des Grundgesetzes war der Bund zum Erlass des Gesetzes zuständig?
6. Wie kann M das Gesetz gerichtlich überprüfen lassen?

560 **1.** Das Gesetz legt privaten Unternehmen bestimmte Pflichten auf, um damit die Erfüllung einer öffentlichen Aufgabe, hier der ausreichenden Energieversorgung, sicherzustellen. Diese „Indienstnahme Privater für öffentliche Aufgaben" verbietet das Grundgesetz nicht generell. Zulässigkeit und Grenzen lassen sich nicht einheitlich beurteilen. Wichtig ist zunächst die Art der übertragenen Aufgaben. Da in einer auf dem Prinzip des freien Unternehmertums beruhenden Wirtschaftsordnung die Versorgung der Gesamtwirtschaft auch mit lebensnotwendigen Gütern grundsätzlich zu den Funktionen der privaten Unternehmen gehört, liegt es nahe, dass der Staat, wenn er im Gemeinwohlinteresse die Versorgung zu einer öffentlichen Aufgabe erklärt, sich zu ihrer Erfüllung dieser Unternehmen bedient. Bei der Mineralölbevorratung überträgt er ihnen keine typischen staatlichen Funktionen, die ihrem Wesen nach nur von Staatsorganen wahrgenommen wer-

den können (z. B. Polizei, Verteidigung, Rechtsprechung), sondern verpflichtet sie lediglich zu wirtschaftlichen Maßnahmen und Verhaltensweisen, die nach Form und Inhalt zu dem Bereich privater Unternehmertätigkeit gehören. Dagegen bestehen **grundsätzlich keine verfassungsrechtlichen Bedenken.** Die Grenzen der Belastbarkeit der Unternehmer durch eine solche Indienstnahme ergeben sich aus den Grundrechten.

Die Verfassungsmäßigkeit einer Indienstnahme privater Unternehmen für staatliche Aufgaben ist in erster Linie an Art. 12 Abs. 1 GG zu messen. 561

2. Die Auferlegung der Bevorratungspflicht könnte eine **Berufsausübungsregelung** sein. Betroffen ist der Beruf des Mineralölimporteurs. Der Zugang zu diesem Beruf wird weder durch eine **subjektive** noch durch eine **objektive Zulassungsbeschränkung** erschwert, da keine zusätzlichen Anforderungen an die Person des Bewerbers gestellt werden und die vorgesehene Regelung den Beruf des Mineralölimporteurs auch nicht generell zum Erliegen bringt, sondern allenfalls die Existenz der Unternehmer gefährdet, die ihren Aufgabenbereich in der Spitzendeckung des Energiebedarfs sehen. Eine von objektiven Kriterien abhängige Zulassungsschranke hat das Gesetz nicht errichtet. Es handelt sich mithin um eine Berufsausübungsregelung. Eine solche Regelung ist zulässig, wenn (a) sachliche Gründe dafür sprechen und wenn (b) der Gesetzgeber das Prinzip der Verhältnismäßigkeit gewahrt hat. Das bedeutet für den vorliegenden Fall: 562

(a) Der Eingriff in Art. 12 Abs. 1 GG muss sich mit vernünftigen Erwägungen begründen lassen.

(b) Das vom Gesetzgeber eingesetzte Mittel muss geeignet, erforderlich und angemessen sein, um den erstrebten Zweck zu erreichen. Das Mittel ist geeignet, wenn es den gewünschten Erfolg fördert; es ist erforderlich, wenn es eine gleich wirksame, das Grundrecht weniger einschränkende Möglichkeit nicht gibt, und es ist angemessen, wenn das eingesetzte Mittel zu dem verfolgten Zweck in einem nach vernünftigen Erwägungen angemessenen Verhältnis steht.

(**a**) Der Gesetzgeber hat die Bevorratungspflicht eingeführt, weil wegen der zunehmenden Einfuhrabhängigkeit der deutschen Energieversorgung selbst vorübergehende Unterbrechungen bestimmter Einfuhrströme ernste wirtschaftliche Störungen verursachen können und zur kurzfristigen Überbrückung möglicher Versorgungsschwierigkeiten die Unterhaltung ständiger Mindestvorräte der wichtigsten Erdölerzeugnisse unerlässlich ist. Diese wirtschaftlichen Ziele sind verfassungsrechtlich nicht zu beanstanden. 563

Bei der Gesamtabwägung zwischen den durch das Gesetz auferlegten Beschränkungen und den Gemeinschaftsinteressen, denen die gesetzliche Regelung dienen will, ist zu beachten, dass die Sicherung der Energieversorgung ein Gemeinschaftsinteresse höchsten Ranges ist. Die ständige Verfügbarkeit ausreichender Energiemengen ist eine entscheidende Voraussetzung für die Funktionsfähigkeit der gesamten Wirtschaft. Dieses Interesse an einer geordneten und langfristig gesicherten Energieversorgung wiegt so schwer, dass der durch das Gesetz bewirkte Eingriff in die erwerbswirtschaftliche Tätigkeit der Mineralölimporteure angemessen erscheint, zumal das Gesetz nicht die Abwälzung der Bevorratungskosten auf die Verbraucher durch Preiserhöhungen verbietet. 564

565 (**b**) Die zur Verwirklichung der Sicherung der Energieversorgung eingesetzten gesetzlichen Mittel müssen jedoch ferner auch geeignet und erforderlich sein, den angestrebten Zweck zu erreichen. Dass das vom Gesetzgeber gewählte Bevorratungssystem die Sicherheit der Energieversorgung erhöhen kann, liegt auf der Hand. Das Gesetz ist daher geeignet, da es den gewünschten Erfolg fördert. Bei der Prüfung, ob die getroffene Regelung zur Erreichung der gesetzgeberischen Ziele erforderlich ist, muss beachtet werden, dass eine weniger einschneidende Alternativlösung sachlich dasselbe leisten müsste, um der vom Gesetzgeber gewählten Regelung entgegengestellt werden zu können. Als Alternative kommt entweder die Übernahme der Vorratshaltung durch den Staat oder die Bevorratung durch andere als die vom Gesetzgeber gewählten Unternehmer in Betracht. Eine vollständige Übernahme der Vorratshaltung durch den Staat wäre für die Erreichung der gesetzgeberischen Ziele nicht gleichwertig. Abgesehen von den riesigen unwirtschaftlichen Aufwendungen für neue Anlagen würde eine umfassende Staatsbevorratung zu unmittelbaren staatlichen Interventionen auf dem Energiemarkt in einem Umfang führen, der die freie unternehmerische Initiative und den Wettbewerb auf diesem Markt unverhältnismäßig einschränken und bevormunden würde.

566 Die Heranziehung anderer Unternehmer als die Importeure und Hersteller könnte als Alternative in Betracht kommen. Für die Anknüpfung an den Import spricht jedoch die Erwägung, dass die Sicherheit der Energieversorgung gerade durch die Einfuhrabhängigkeit gefährdet ist. Die Herausnahme aller Mineralölimporteure und mineralölverarbeitenden Unternehmer würde eine Lücke ergeben, die nicht voll durch die Heranziehung anderer geeigneter Unternehmen geschlossen werden könnte. Das Gesetz ist daher auch erforderlich. Da es auch nicht außer Verhältnis zum erstrebten Zweck, der Sicherung der Energieversorgung, steht, handelt es sich mithin bei der Bevorratungspflicht um eine verfassungsrechtlich zulässige Berufsausübungsregelung, die die vom Verhältnismäßigkeitsgrundsatz gezogenen Schranken wahrt.

567 **3.** Es bleibt zu prüfen, ob das Gesetz, das hinsichtlich der Gesamtheit der Berufsgruppe der Mineralölimporteure den **Grundsatz der Verhältnismäßigkeit** auch insoweit wahrt, als es den strukturellen Unterschieden innerhalb der betroffenen Berufsgruppe, namentlich den besonderen Verhältnissen der unabhängigen Importeure, ausreichend Rechnung trägt. Ausübungsregelungen können nicht nur dann verfassungswidrig sein, wenn sie in ihrer generellen Wirkung auf die betroffene Berufsgruppe den Grundsatz der Verhältnismäßigkeit verletzen. Sie müssen auch die Ungleichheiten berücksichtigen, die typischerweise innerhalb des Berufes bestehen, dessen Ausübung geregelt wird. Werden durch eine Berufsausübungsregelung, die im ganzen verfassungsrechtlich nicht zu beanstanden ist, innerhalb der betroffenen Berufsgruppe nicht nur einzelne, aus dem Rahmen fallende Sonderfälle, sondern bestimmte Gruppen typischer Fälle ohne ausreichende sachliche Gründe wesentlich stärker belastet, dann kann Art. 12 Abs. 1 GG i. V. m. Art. 3 Abs. 1 GG verletzt sein. Es fragt sich, ob dies bei den unabhängigen Importeuren der Fall ist.

568 Diese bilden auf dem Mineralölmarkt eine nach objektiven Merkmalen abgrenzbare Unternehmensgruppe, die ein besonderes, sich aus der spezifi-

schen Struktur dieser Unternehmen ergebendes Marktverhalten aufweist. Als besondere Unternehmensgruppe sind sie durch die Auferlegung der unentgeltlichen Bevorratungspflicht gegenüber den anderen Importunternehmen, die Erdöl einführen und weiterverarbeiten, stärker belastet worden: Auf die Wettbewerbssituation der unabhängigen Importeure, die auf der Absatzseite in Konkurrenzkampf mit den internationalen Mineralölkonzernen stehen, wirken sich kostensteigernde Belastungen einschneidender aus als auf die übrigen Importunternehmen, die keine vergleichbare eigene Absatz- und Preispolitik betreiben müssen, sondern die Rohware erst verarbeiten. Die geringere Kapitalkraft der unabhängigen Importeure bewirkt bei ihnen auch eine größere Empfindlichkeit für die Verschlechterung ihrer Wettbewerbslage. Sie erschwert ihnen betriebswirtschaftlich die Anlage und ständige Unterhaltung größerer Vorräte, auf die die verarbeitenden Importeure zwangsläufig angewiesen sind.

Es steht also fest, dass bei einer zwar zahlenmäßig kleinen, aber nach ty- 569
pischen Merkmalen deutlich abgrenzbaren Gruppe von Unternehmen die Pflicht zur ständigen Vorratshaltung zu einer ungleich fühlbareren wirtschaftlichen Belastung führt. Dadurch, dass das Gesetz keine Möglichkeit vorsieht, diese Sonderfälle angemessen zu berücksichtigen, sie vielmehr unterschiedslos der allgemeinen Regelung unterwirft, insoweit also in einer das Gerechtigkeitsgefühl nicht befriedigenden Weise „Ungleiches gleich" behandelt, ist bei der in dem angefochtenen Gesetz enthaltenen Berufsausübungsregelung Art. 12 Abs. 1 i.V.m. Art. 3 Abs. 1 GG verletzt. Das Gesetz ist insoweit verfassungswidrig.

4. Die Frage, ob neben Art. 12 Abs. 1 GG auch die **Eigentumsgarantie** 570
des Art. 14 Abs. 1 GG betroffen ist, hängt davon ab, welche Freiheitsbereiche die beiden Grundrechte schützen. Art. 12 Abs. 1 GG schützt die Freiheit des Bürgers, jede Tätigkeit, für die er sich geeignet glaubt, als Beruf zu ergreifen. Das Grundrecht der Berufsfreiheit ist also in erster Linie persönlichkeitsbezogen. Es konkretisiert das Grundrecht auf freie Entfaltung der Persönlichkeit im Bereich der individuellen Leistung und Existenzerhaltung.

Art. 14 Abs. 1 GG garantiert dem Einzelnen vor allem den durch eigene 571
Arbeit, Leistung oder Erbgang erworbenen Bestand an vermögenswerten Gütern, er ist in erster Linie objektbezogen. Daraus folgt auch die grundsätzliche Abgrenzung zu Art. 12 Abs. 1 GG: **Art. 14 Abs. 1 GG** schützt das **Erworbene,** das Ergebnis der Betätigung, **Art. 12 Abs. 1 GG** dagegen den **Erwerb,** die Betätigung selbst. Greift ein Akt der öffentlichen Gewalt eher in die Freiheit der individuellen Erwerbs- und Leistungstätigkeit ein, so ist der Schutzbereich des Art. 12 Abs. 1 GG berührt; begrenzt er mehr die Innehabung und Verwendung vorhandener Vermögensgüter, so kommt der Schutz des Art. 14 Abs. 1 GG in Betracht.

Nach Auffassung des Bundesverfassungsgerichts in diesem Fall werden 572
die betroffenen Unternehmer zur Pflichtbevorratung herangezogen, weil sie bestimmte erwerbswirtschaftliche Tätigkeiten ausüben. Die Pflicht zur Vorratshaltung träfe sie in ihrer Eigenschaft als Unternehmer, nicht aber in ihrer Eigenschaft als Eigentümer eines Unternehmens. Indem das Gesetz den Betroffenen ein bestimmtes wirtschaftliches Verhalten zur Pflicht macht, regele es ihre gewerbliche Tätigkeit, nicht ihre Ausübung von Eigentümerbe-

fugnissen. Dem kann jedoch so nicht gefolgt werden. Wenn durch die Pflicht zur Erdölbevorratung Tankkapazität der freien Verfügung der Unternehmer entzogen wird, ist auch der Schutzbereich des Art. 14 GG betroffen. Die entgegengesetzte Ansicht des Bundesverfassungsgerichts in diesem Fall steht in Widerspruch zu seiner sonstigen Rechtsprechung zum Eigentumsschutz. Danach ist das durch Art. 14 GG gewährleistete Eigentum in seinem rechtlichen Gehalt durch Privatnützigkeit und grundsätzliche **Verfügungs- und Nutzungsbefugnis des Eigentümers** über den Eigentumsgegenstand gekennzeichnet. Wenn Erdöllagerkapazitäten für Bevorratung benötigt werden, sind diese Rechtspositionen betroffen. Es liegt **keine Enteignung** i. S. d. Art. 14 Abs. 3 GG vor, da es nicht um einen **zielgerichteten konkret-individuellen Entzug einer Eigentumsposition** geht. Der Gesetzgeber hat vielmehr das Eigentum durch eine allgemeine Regelung abstrakt-generell beschränkt. Eine solche Beschränkung stellt eine Inhaltsbestimmung des Eigentums dar. Da diese nach dem oben Genannten unverhältnismäßig ist, liegt ein rechtswidriger Eingriff in Art. 14 Abs. 1 Satz 2 GG vor. Eine Konkurrenz von Art. 12 und 14 GG braucht nicht geprüft werden, da Art. 12 und 14 GG ohne weiteres nebeneinander betroffen sein können, sog. Anspruchskonkurrenz. Die von Art. 2 Abs. 1 GG geschützte **allgemeine Handlungsfreiheit** ist nicht verletzt, da sich der Einzelne auf dieses allgemeine Grundrecht nur insoweit berufen kann, als seine Freiheit in dem betroffenen Lebensbereich unter dem gleichen Gesichtspunkt nicht bereits durch eine besondere Grundrechtsnorm geschützt wird. Im Bereich der Berufsfreiheit aber ist Art. 12 Abs. 1 GG die speziellere Norm.

573 5. Die Zuständigkeit des Bundes ergibt sich aus Art. 74 Nr. 11 GG. Der Begriff „Recht der Wirtschaft" ist in einem weiten Sinne aufzufassen. Dazu zählen alle Gesetze, die ordnend und lenkend in das Wirtschaftsleben eingreifen und sich in irgendeiner Form auf die Erzeugung, Herstellung und Verteilung von Gütern des wirtschaftlichen Bedarfs beziehen.

574 6. M kann innerhalb eines Jahres vom Inkrafttreten des Gesetzes an dagegen **Verfassungsbeschwerde** erheben (Art. 93 Abs. 1 Nr. 4a GG, § 93 Abs. 2 BVerfGG), da er vom Gesetz selbst gegenwärtig und unmittelbar betroffen ist. Seine Bevorratungspflicht hat er nämlich vom Inkrafttreten des Gesetzes an zu erfüllen, ohne dass die Exekutive sich noch einmal durch besondere Leistungsanforderung dazwischenschaltet.

Weitere Fälle zu den Grundrechten:

Bruch, Bankenabgabe, Jura 2011, 698;
Hatje/Terhechte, Warnhinweise auf alkoholischen Getränken, JuS 2007, 51;
Korte, Grundrechtsgeltung für Personengesellschaften, JuS 2003, 444;
Reimer, Die Unfalldatenschreiber-Pflicht, JuS 2004, 44.

3. TEIL
DIE BUNDESREPUBLIK DEUTSCHLAND ALS MITGLIED DER EUROPÄISCHEN UNION

Kapitel 25: Grundlagen des Europäischen Gemeinschaftsrechts

I. Die Entwicklung der europäischen Integration im Überblick

Der Beginn der europäischen Integrationsbestrebungen nach dem Zweiten Weltkrieg stand im Zeichen der Sorge um die politische Entwicklung des zweigeteilten Deutschlands während des sich verschärfenden Kalten Krieges. Mit dem Ziel, die kriegswichtigen Schlüsselindustrien gemeinschaftlich zu kontrollieren, gründeten Belgien, Deutschland (West), Frankreich, Italien, Luxemburg und die Niederlande bereits 1951 die **Europäische Gemeinschaft für Kohle und Stahl** (**EGKS** oder Montanunion), 1957 folgte die **Europäische Wirtschaftsgemeinschaft** (**EWG**) sowie die **Europäische Atomgemeinschaft** (**EAG**). Im Jahre 1965 erfolgte eine Verschmelzung von EGKS, EWG und EAG zu einer Organisation (sog. Fusionsvertrag). Der **Vertrag von Maastricht** (1992) gründete die **Europäische Union** (EU) und führte den Integrationsprozess in eine neue Dimension. Durch den **Vertrag von Amsterdam** von 1997, der am 1. 5. 1999 in Kraft trat, wurde das Vertragswerk an veränderte Rahmenbedingungen angepasst und die Erweiterung der EU nach Mittel- und Osteuropa vorbereitet. Weitere Vereinbarungen zur EU-Erweiterung enthielt der **Vertrag von Nizza** aus dem Jahre 2000. Im Zuge dieser Erweiterung wurden insbesondere die Weichen für eine grundlegende **institutionelle Reform** der EU gestellt. Schließlich gelang auf der Konferenz in Nizza erstmals auch die Proklamation einer europäischen **Grundrechte-Charta.** 575

Im **Vertrag von Lissabon** (am 1. 12. 2009 in Kraft getreten) erfolgte die Verschmelzung von bisheriger EU und alter EG zur neuen einheitlichen EU mit eigener Rechtspersönlichkeit. 576

II. Die Gründungsverträge

Im **Vertrag zur Gründung der Europäischen Gemeinschaft für Kohle und Stahl (EGKSV)** wurden für die Grundstoffindustrien Kohle, Eisen und Stahl Wettbewerbs- und Preisregeln sowie Subventionsvorschriften für die nationalen Regierungen und Freizügigkeitsregeln für Montanfacharbeiter getroffen. 577

Die **Europäische Atomgemeinschaft** wurde insbesondere auf Bestreben Frankreichs gegründet, um eine gemeinsame friedliche Nutzung der Kernenergie zu sichern. 578

579 Der **Vertrag zur Gründung einer Europäischen Wirtschaftsgemeinschaft** (**EWGV**, danach: EG; heute: EUV bzw. AEUV) stellt die nächste Etappe in der Geschichte der Europäischen Gemeinschaft dar. Er wurde vor allem auf Betreiben der Bundesrepublik geschlossen, die in der Schaffung eines Binnenmarktes eine große Chance für ihre nach dem Wiederaufbau rasch wachsende Exportindustrie sah. Er diente der Schaffung eines möglichst harmonisierten Wirtschaftsraums und dadurch der besseren Entwicklung des Wirtschaftslebens, einer größeren Stabilität und der Hebung des allgemeinen Wohlstands.

III. Der Unionsvertrag von Maastricht

580 Der am 7. 2. 1992 in Maastricht unterzeichnete Vertrag über die Europäische Union (EUV) bildete mit seinen 17 Zusatzprotokollen und 33 Erklärungen der Mitgliedstaaten eine wichtige Basis für die Fortentwicklung der Gemeinschaften. Er war als Mantelvertrag ausgestaltet und bildete damit gewissermaßen das Dach, unter dem der EG-Vertrag und der EAGV ihre alte Bedeutung als selbstständige Vertragswerke beibehielten. Der EUV brachte eine Reihe formaler Änderungen. So wurde etwa die Europäische Wirtschaftsgemeinschaft (EWG) in Europäische Gemeinschaft (EG) umbenannt; dementsprechend wurde der EWGV mit EG (heute: EUV bzw. AEUV) abgekürzt.

581 Durch die Schaffung der Europäischen Wirtschafts- und Währungsunion (WWU) wurden im Vertrag von Maastricht die bisher weitest gehenden Änderungen des EWG-Vertrages beschlossen. Wesentliche Bestandteile sind die Einführung einer einheitlichen Währung, die Errichtung eines europäischen Zentralbanksystems sowie die Koordination der Wirtschaftspolitik der Mitgliedstaaten.

IV. Der Vertrag von Amsterdam

582 Ziel der Konferenz von Amsterdam im Frühsommer 1997 war die Anpassung des EUV und der Gemeinschaftsverträge an veränderte politische und wirtschaftliche Rahmenbedingungen, die Festsetzung konkreter Vorgaben für die Schaffung einer einheitlichen europäischen Währung, die Verbesserung der Handlungsfähigkeit der EU durch eine teilweise Vergemeinschaftung der Außen- und Sicherheits- sowie der Innen- und Justizpolitik und auch eine Steigerung der Effizienz der Gemeinschaftsinstitutionen. Diese Anpassungen erfolgten nicht zuletzt im Hinblick auf eine mögliche Erweiterung der EU nach Mittel- und Osteuropa.

V. Der Vertrag von Nizza

583 Der Vertrag von Nizza vom Dezember 2000 enthielt zunächst weitere Regelungen bezüglich der Aufnahme neuer Mitgliedstaaten. Im Zuge einer grundlegenden institutionellen Reform wurde ferner eine Neugewichtung der Stimmen im Rat vorgenommen, welche den Einfluss bevölkerungsreicher Mitgliedstaaten wie insbesondere Deutschland stärkte. Demgegenüber ging der Einfluss der großen Mitgliedstaaten auf die Entscheidungen der Kommission insoweit zurück, als diese ab 2005 auf den ihnen nach bisherigem

Recht zustehenden zweiten Kommissar verzichteten. Um die Entscheidungsprozesse im Rat abzukürzen, wurde in Nizza auch eine deutliche Ausweitung der Mehrheitsentscheidung, mithin eine umfassende Streichung nationaler Vetorechte, vorgenommen. All diese und eine Reihe weiterer institutioneller Änderungen sollten gewährleisten, dass die EU auch bei einer annähernd verdoppelten Anzahl von Mitgliedstaaten ihre Handlungsfähigkeit bewahrt bzw. ihre Entscheidungsprozesse weiter effektiviert.

VI. Der Vertrag von Lissabon

Der Vertrag von Lissabon beendete die Krise der Gemeinschaft nach der gescheiterten EU- Verfassung. Dieser Reformvertrag übernimmt wesentliche Elemente des alten Verfassungsvertragentwurfs und soll die Union nach der größten Erweiterung ihrer Geschichte seit 2004 von 14 auf 27 Mitgliedstaaten handlungsfähiger und demokratischer machen. 584

Bis zum Inkrafttreten des Vertrages zum 1. 12. 2009 besaß die EU keine eigene Rechtspersönlichkeit. Unter ihrem Dach handelten die Organe der EG im Rahmen ihrer im EG-Vertrag von den Mitgliedstaaten verliehenen Kompetenzen supranational oder auf der Grundlage des EU-Vertrages von Maastricht auf den Gebieten der Gemeinsamen Außen- und Sicherheitspolitik (GASP) und der polizeilichen und justiziellen Zusammenarbeit in Strafsachen (PJZS) im Rahmen der intergouvernementalen Kooperation. Durch den Vertrag von Lissabon wurden diese „drei Säulen“ aufgelöst und der EU Rechtspersönlichkeit verliehen. 585

VII. Die Übertragung von Hoheitsrechten auf die EU

Für die Übertragung von Hoheitsrechten auf die Gemeinschaften stützte sich die Bundesrepublik bis 1992 ausschließlich auf **Art. 24 Abs. 1 GG.** Diese auch als „Integrationshebel“ bezeichnete Norm erlaubte es dem Bund, durch einfaches Gesetz Kompetenzen auf zwischenstaatliche Einrichtungen zu übertragen. 586

Mit Abschluss des Maastrichter Vertrages hatte sich die Bundesrepublik verpflichtet, zur Entwicklung eines vereinten Europas weitere Hoheitsrechte auf die EU zu übertragen. Um die verfassungsrechtlichen Voraussetzungen zu schaffen, wurde 1992 ein neuer **Art. 23 GG** in das Grundgesetz eingefügt. Diese Vorschrift regelt als **lex specialis** die Übertragung von Hoheitsrechten auf die EU. Art. 23 Abs. 1 Satz 1 GG enthält das Bekenntnis, dass die Bundesrepublik Deutschland an der Verwirklichung der Europäischen Union mitwirkt. Gleichzeitig wird verfassungsrechtlich gefordert, dass die EU einen dem Grundgesetz im Wesentlichen vergleichbaren Grundrechtsschutz gewährleistet. Ferner ist es erforderlich, dass die Union dem Grundsatz der Subsidiarität (Art. 5 Abs. 3 EUV) und den für die Bundesrepublik geltenden Staatszielen gemäß Art. 20 GG („demokratische, rechtsstaatliche, soziale und föderative Grundsätze“) verpflichtet ist. Die Übertragung von Hoheitsrechten geschieht nach Art. 23 Abs. 1 Satz 2 GG durch Gesetz mit Zustimmung des Bundesrates. Strenger sind die Anforderungen für Übertragungen, durch die das Grundgesetz seinem Inhalt nach geändert oder ergänzt wird. Hierfür bedarf es nach Art. 23 Abs. 1 Satz 2 GG i. V. m. Art. 79 Abs. 2 GG der Zustimmung von zwei Drittel der Mitglieder des 587

Bundestages sowie von zwei Drittel der Stimmen der Mitglieder des Bundesrates. Wesentlich ist ferner, dass Art. 23 Abs. 1 Satz 3 GG ausdrücklich auf die Geltung des Art. 79 Abs. 3 GG verweist. Bei der Verwirklichung der EU dürfen daher gemäß der „Ewigkeitsgarantie" des Art. 79 Abs. 3 GG die Gliederung des Bundes in Länder, die grundsätzliche Mitwirkung der Länder bei der Gesetzgebung oder die in Art. 1 und Art. 20 GG niedergeschriebenen Grundsätze nicht berührt werden.

Weiterführende Hinweise:

BVerfGE 123, 267 ff. (Lissabon-Vertrag);
Mayer, Der Vertrag von Lissabon im Überblick, JuS 2010, 189;
Oppermann, Vom Nizza-Vertrag 2001 zum Europäischen Verfassungskonvent 2002/2003, DVBl. 2003, 1.

Kapitel 26: Die Organe der Union

Durch den Vertrag von Lissabon hat die Union eine eigenständige Rechtspersönlichkeit erlangt (Art. 47 EUV) und verfügt über einen einheitlichen institutionellen Rahmen, Art. 13 Abs. 1 UAbs. 1 EUV. 588

Nur wenn sich für das Handeln der Organe der Union eine Grundlage im EUV oder im AEUV findet, dürfen sie tätig werden. Dieses Prinzip der enumerativen (begrenzten) Einzelfallermächtigung, welches auch in Art. 5 EUV normiert ist, betrifft zum einen die Verbandskompetenz der Union. Sie darf nur tätig werden, wenn ihr die Mitgliedstaaten die entsprechende Kompetenz übertragen haben, Art. 4 Abs. 1, 5 Abs. 1 und 2 EUV. Zum anderen bezieht sich das Prinzip auf die Organkompetenz, denn die Organe der Union dürfen nur nach Maßgabe der ihnen durch die Verträge zugewiesenen Ermächtigungen handeln, Art. 13 Abs. 2 EUV. 589

Art. 13 Abs. 1 UAbs. 2 EUV enthält eine abschließende Aufzählung der Organe der Union. Organe sind demnach das Europäische Parlament, der Europäische Rat, der Rat, die Europäische Kommission, der Gerichtshof der Europäischen Union, die Europäische Zentralbank und der Rechnungshof. 590

Der durch den Vertrag von Lissabon neu geschaffene Hohe Vertreter der Union für Außen- und Sicherheitspolitik stellt formal kein Organ der Union dar. Da der Bereich der Gemeinsamen Außen- und Sicherheitspolitik weiterhin intergouvernemental ausgestaltet ist, bedarf es keines Organs, welches für die Union handelt.

I. Der Europäische Rat

Erst mit dem Vertrag von Lissabon ist der Europäische Rat zu einem Unionsorgan geworden, Art. 13 Abs. 1 UAbs. 2 EUV. Er ist ein vorwiegend politisches Organ, welches nicht zentral in die exekutive oder legislative Betätigung der Union eingebunden ist. 591

Er setzt sich zusammen aus den Staats- und Regierungschefs der Mitgliedstaaten sowie dem Präsidenten der Europäischen Kommission und dem Präsidenten des Europäischen Rates, Art. 15 Abs. 2 EUV. 592

Gemäß Art. 15 Abs. 6 UAbs. 3 EUV wird der Präsident vom Europäischen Rat für eine Amtszeit von zweieinhalb Jahren gewählt und darf selbst kein einzelstaatliches Amt ausüben. Eine Wiederwahl ist möglich. Dadurch soll die Kontinuität im Europäischen Rat und damit die Effizienz seiner Arbeit gefördert werden. Der Präsident ist zuständig für die Einberufung und die Leitung der Sitzungen des Europäischen Rates, welche zweimal pro Halbjahr stattfinden. Er ist zur Koordinierung und zum Informationsaustausch mit Kommission, Rat und Parlament verpflichtet, Art. 15 Abs. 6 EUV.

Aufgabe des Europäischen Rates als politisches Leitorgan ist es, der Union Impulse für ihre Entwicklung zu geben und die politischen Zielvorstellungen und Prioritäten der Unionspolitik festzulegen (Art. 15 Abs. 1 EUV). Er ist außerdem bei bestimmten Änderungen der Verträge beteiligt (Art. 48 Abs. 2 und Abs. 6 EUV) und wacht über die Einhaltung bestimmter Grund- 593 prinzipien der Union durch die Mitgliedstaaten (Art. 7 Abs. 2 EUV). Andererseits ist es Aufgabe des Europäischen Rates sicherzustellen, dass wesentliche Interessen einzelner Mitgliedstaaten gegenüber der Union gewahrt werden (z. B. Art. 82 Abs. 3 AEUV).

594 Gemäß Art. 15 Abs. 1 Satz 2 EUV wird der Europäische Rat nicht im Bereich der Gesetzgebung tätig. Dem Europäischen Rat kommen außerdem Mitwirkungsbefugnisse bei der Besetzung anderer Organe zu (Art. 16 Abs. 6 EUV i. V. m. Art. 236 AEUV; Art. 17 Abs. 7 EUV; Art. 18 Abs. 1 EUV; Art. 283 Abs. 2 UAbs. 2 AEUV).

595 Art. 15 Abs. 4 EUV regelt, dass der Europäische Rat im Konsens entscheidet, soweit sich in den Verträgen keine anderweitigen Regelungen befinden. Konsens bedeutet jedoch nicht, dass Einstimmigkeit erforderlich ist, sondern dass kein Mitglied Einwände gegen den Beschluss erhebt. Ziel ist es folglich, dass im Rahmen des Verfahrens der politischen Willensbildung durch Verhandlungen ein einvernehmliches Ergebnis gefunden wird. In den Fällen, in denen die Verträge eine Entscheidung mit qualifizierter Mehrheit vorsehen (z. B. Art. 17 Abs. 7 EUV), gelten gemäß Art. 235 Abs. 1 UAbs. 2 AEUV die Mehrheitsregelungen für Beschlüsse des Rates in Art. 16 Abs. 4 EUV.

II. Der Rat

596 Der Rat ist das zentrale Beschluss- und Legislativorgan (vgl. Art. 16 Abs. 1 EUV). Er besteht gemäß Art. 16 Abs. 2 EUV aus Vertretern der Mitgliedstaaten, die jeweils ein Mitglied ihrer Regierung entsenden. Folglich hat der Rat seit dem 1. 1. 2007 27 Mitglieder. Welcher Regierungsvertreter anwesend ist, richtet sich nach dem zu behandelnden Sachgebiet; in der Regel werden die betroffenen Fachminister entsandt. Ausdrücklich genannt sind zwei besondere Formen, in denen der Rat zusammentreten kann: Als Rat „Allgemeine Angelegenheiten" nach Art. 16 Abs. 6 UAbs. 2 EUV sorgt er für die Kohärenz der Arbeiten des Rates in seinen verschiedenen Angelegenheiten. Der Rat tagt als Rat „Auswärtige Angelegenheiten" nach Art. 16 Abs. 6 UAbs. 3 EUV zur Gestaltung der auswärtigen Angelegenheiten und zur Sicherstellung der Kohärenz des auswärtigen Handelns der Union. Des Weiteren kann der Rat weitere Ratszusammensetzungen gemäß Art. 16 Abs. 6 UAbs. 1 EUV i. V. m. Art. 236 AEUV vereinbaren.

597 Dem Rat obliegen im Wesentlichen folgende Aufgaben:

598 Zum ersten ist der Rat das zentrale **Rechtsetzungs- und Entscheidungsorgan.** So trägt er – unter Mitwirkung des Europäischen Parlaments und der Kommission – maßgeblich die Verantwortung für europäische Rechtsakte. Zwar hat allein die Kommission das Vorschlags- und Initiativmonopol für Gesetzgebungsakte, jedoch kann der Rat die Kommission zur Unterbreitung von Vorschlägen auffordern, Art. 241 AEUV. Je nach Verfahrensart hat das Europäische Parlament Anhörungs-, Abänderungs-, und Mitentscheidungsrechte im Gesetzgebungsverfahren. Das Parlament kann keine Entscheidung herbeiführen, jedoch durch sein eingeschränktes Vetorecht nach Art. 249 AEUV Entscheidungen des Rates blockieren. Im Regelfall ist der Rat das zuständige Organ zum Erlass von Verordnungen und Richtlinien.

Die Koordinierung der Politik stellt ebenfalls eine Hauptaufgabe des Rates dar, Art. 16 Abs. 1 EUV. 599

Für die Vertretung der Union nach außen ist im Wesentlichen der Rat zuständig. Als Rat „Auswärtige Angelegenheiten“ gestaltet er das auswärtige Handeln der Union. In Art. 207 AEUV ist geregelt, dass die Grundsätze der Handelspolitik vom Rat festgelegt werden. Ebenso schließt der Rat Abkommen zwischen der Union und Drittstaaten oder internationalen Organisationen ab, Art. 218 AEUV. 600

Die Haushaltsbefugnisse übt der Rat nach Art. 16 Abs. 1 EUV gemeinsam mit dem Parlament aus. Er nimmt des Weiteren eine maßgebliche Stellung bei der Kontrolle der mitgliedstaatlichen Haushalte ein (vgl. Art. 126 Abs. 6 bis 11 AEUV). 601

Zum zweiten hat der Rat im Rahmen der **Außenbeziehungen** der EU die Aufgabe, völkerrechtliche Verträge der Gemeinschaften zu ratifizieren (Art. 218 AEUV). Er entscheidet über den Beitritt neuer Staaten (Art. 49 EUV) und schließt Assoziierungsabkommen (Art. 217 AEUV). In der Praxis ist vor allem Art. 207 AEUV bedeutsam, wonach der Rat die Grundsätze der Handelspolitik der EU festlegt. 602

Zum dritten ist der Rat nach Art. 314 AEUV das letztlich entscheidende Organ in **Haushaltsfragen.** So beschließt er nach Beratung mit den anderen Organen in einem komplizierten Verfahren den Haushaltsplan und hat aufgrund dieser finanzpolitischen Kompetenz erheblichen Einfluss auf alle Entwicklungen in der EU. 603

Für die **Abstimmungen im Rat** gelten je nach Wichtigkeit eines Beschlusses verschiedene Mehrheitsanforderungen. Das Unionsrecht kennt die einfache Mehrheit, die qualifizierte Mehrheit sowie die Einstimmigkeit. Für normale Beschlussfassungen legt Art. 16 Abs. 3 EUV als Regel die qualifizierte Mehrheit der Mitglieder fest. 604

Die Beschlussfassung mit einfacher Mehrheit oder Einstimmigkeit findet nur statt, wenn dies ausdrücklich im Vertrag angeordnet wird. Ein einstimmiger Beschluss des Rates ist in den Bereichen erforderlich, die die Interessen der Union in besonderem Maße berühren, z.B. bei der Aufnahme neuer Mitglieder nach Art. 49 EUV. 605

In der Praxis wird weiterhin unabhängig von den Abstimmungsregeln nach dem sog. **„Luxemburger Kompromiss“** von 1966 verfahren. Danach behalten es sich die Mitgliedstaaten vor, bei für ihr Land besonders bedeutsamen Angelegenheiten Einstimmigkeit selbst dann zu verlangen, wenn die Verträge eine einfache oder qualifizierte Mehrheit genügen lassen. Wenn „sehr wichtige Interessen“ eines Mitgliedstaates berührt werden, sollen sich die Mitgliedstaaten bemühen, „innerhalb eines angemessenen Zeitraumes“ zur Einstimmigkeit zu gelangen. Dieser Kompromiss bedeutet im Ergebnis eine Aufhebung des Mehrheitsprinzips. Rechtlich bindend ist eine solch schlichte Vereinbarung zwischen den Ratsmitgliedern nicht, trotzdem findet die Absprache Anwendung und führt dazu, dass einzelne Mitgliedstaaten ihre Interessen auf Kosten der Union durchsetzen. 606

III. Die Kommission

607 Die Kommission ist **Vorschlags- und Durchführungsorgan** der Gemeinschaften. Als **„Hüterin der Verträge"** ist sie gemäß Art. 17 Abs. 1 AEUV die Vertreterin des Unionsinteresses.

608 Zur Erhaltung der Arbeitsfähigkeit des Organs wurde im Vertrag von Nizza ein Kompromiss über die Zusammensetzung der Kommission erarbeitet. Danach entsendet seit November 2004 jeder Mitgliedstaat einen Kommissar, Art. 17 Abs. 4 AEUV. Gleichzeitig ist jeder neue Mitgliedstaat zur Stellung eines Kommissars berechtigt, was zu einer Kommissionsgröße von 27 Mitgliedern einschließlich des Kommissionspräsidenten sowie des Hohen Vertreters der Union für Außen- und Sicherheitspolitik (gemäß Art. 18 Abs. 4 AEUV als Vizepräsident der Kommission), führt. Diese Regelung hat Bestand bis zum 31. Oktober 2014. Danach wird gemäß Art. 17 Abs. 5 AEUV die Anzahl der Kommissare auf zwei Drittel der Anzahl der Mitgliedstaaten, demnach auf 18 Kommissare, verringert. Demnach wird zukünftig nicht jeder Mitgliedstaat ständig durch einen Kommissar vertreten sein, vielmehr wird ein Rotationssystem eingeführt, das die gleichberechtigte Vertretung der Mitgliedstaaten sichern soll (Art. 17 Abs. 5 UAbs. 2 AEUV, Art. 244 AEUV). Die Regeln über die Zusammensetzung und Organisation der Kommission müssen nicht denselben demokratischen Grundsätzen entsprechen wie es bei Rat und Parlament notwendig ist. Dies lässt sich damit begründen, dass die Nationalität der Kommissare bei der Wahrnehmung der Aufgaben der Kommission in den Hintergrund tritt.

609 Die **Ernennung der Mitglieder und des Präsidenten der Kommission** ist in Art. 17 Abs. 7 EUV geregelt. Der Europäische Rat schlägt mit qualifizierter Mehrheit dem Parlament eine Person als zukünftigen Kommissionspräsidenten vor, welcher von der Mehrheit der Mitglieder des Parlaments gewählt werden muss (Art. 17 Abs. 7 Satz 2 EUV). Die Regierungen der Mitgliedstaaten schlagen einen (oder mehrere) Staatsangehörige(n) für einen Posten in der Kommission vor, es entscheidet allerdings der Rat mit qualifizierter Mehrheit im Einvernehmen mit dem designierten Kommissionspräsidenten, wer tatsächlich die Funktion eines Kommissars ausüben soll. Nach der Zustimmung des Europäischen Parlaments ernennt der Europäische Rat die Kommission für fünf Jahre durch qualifizierten Mehrheitsbeschluss.

610 Der Kommissionspräsident legt gemäß Art. 17 Abs. 6 lit. a) EUV, Art. 248 AEUV die Leitlinien der Kommissionspolitik fest und entscheidet über die interne Organisation der Kommission. Die Kommissionsmitglieder üben im Gegensatz zu den Mitgliedern des Rates ihr Amt unabhängig von den Weisungen ihrer Regierungen aus (Art. 245 AEUV).

611 Die Beschlussfassung der Kommission erfolgt mit einfacher Mehrheit (Art. 250 UAbs. 1 AEUV), sodass derzeit 14 von 27 Stimmen notwendig sind.

Art. 17 Abs. 1 und Abs. 2 EUV normiert die wichtigsten Aufgaben und Befugnisse der Kommission.

612 Als Vertreterin des Unionsinteresses obliegt der Kommission die Kontrolle der Einhaltung und Anwendung des Unionsrechts. Sie überwacht, ob die Mitgliedstaaten und die anderen Organe der Union das Unionsrecht beachten. So kann die Kommission etwa Auskünfte einholen und Nachprüfungen vornehmen, Art. 337 AEUV. Meist dient das Auskunftsrecht der Vorbereitung eines

Vertragsverletzungsverfahrens gemäß Art. 258 AEUV. Dieses Verfahren stellt das schärfste Schwert zur Durchsetzung des Unionsrechts dar. Gelingt eine außergerichtliche Lösung in einem ersten Schritt nicht, erhebt die Kommission Klage vor dem Gerichtshof der Europäischen Union. Der Gerichtshof stellt in einem Urteil die Vertragsverletzung fest und erlässt gegebenenfalls Sanktionen in Form von Strafgeldern. Die Kommission überwacht ebenfalls das Wettbewerbsverhalten Privater, die Beihilfenvergabe durch die Kommission (Art. 101 ff., Art. 107 ff. AEUV) sowie die Haushalte und die jeweiligen Staatsdefizite der Mitgliedstaaten.

Eine wichtige Kompetenz der Kommission im Rahmen des Gesetzge- 613
bungsprozesses ist ihr **Vorschlagsmonopol.** Ein Gesetzgebungsakt darf gemäß Art. 17 Abs. 2 EUV nur auf Vorschlag der Kommission erlassen werden, wenn nicht die Verträge eine abweichende Regelung beinhalten. Dieses Monopol der Kommission wird jedoch dadurch beschränkt, dass die Kommission nach Aufforderung des Rates bzw. des Parlaments diesen einen Vorschlag für einen Gesetzgebungsakt zu unterbreiten hat (Art. 241 bzw. Art. 255 AEUV). In Ausnahmefällen kann die Kommission allein rechtsetzend tätig werden, vgl. z. B. Art. 106 Abs. 3 AEUV.

Der Verwaltungsvollzug obliegt nach Art. 290 Abs. 1 AEUV zunächst 614
den Mitgliedstaaten. Die Kommission übt in der Hinsicht zunächst ihre Überwachungs- und Kontrollfunktion aus. Jedoch nimmt sie in einem gewissen Umfang selbst Verwaltungstätigkeiten wahr (sog. direkte Gemeinschaftsverwaltung), so z. B. im Bereich der Verkehrs-, Wettbewerbs- und Agrarpolitik.

IV. Das Europäische Parlament

Das Europäische Parlament (EP) verkörpert das demokratische Element 615
in der EU und damit den engen Bezug zum Konzept der politischen Union. Die Anzahl der Mitglieder ist gemäß Art. 14 Abs. 2 EUV auf 751 (750 Mitglieder und der Parlamentspräsident) begrenzt. Es besteht derzeit aus 736 Abgeordneten, da der Vertrag von Lissabon erst nach den Europawahlen 2009 in Kraft getreten ist und somit noch die Regelung des EG-Vertrages gilt. Ab der neuen Legislaturperiode 2014 richtet sich die Anzahl der Abgeordneten eines Mitgliedstaates degressiv proportional nach der Anzahl der repräsentierten Bürgerinnen und Bürger. Dabei beträgt die Mindestanzahl der Abgeordneten je Mitgliedstaat 6, die Höchstzahl 96. Folglich unterscheidet sich der Erfolgswert der Stimmabgabe in den einzelnen Mitgliedstaaten. Das Bundesverfassungsgericht hat diese Regelung zwar als problematisch im Hinblick auf die Gleichheit der Wahl angesehen, jedoch im Ergebnis als zulässig erachtet (BVerfGE 123, 267, 370 ff.).

Bis 1979 wurden die Abgeordneten von den nationalen Parlamenten ent- 616
sandt. Seit der Wahlakte von 1978 werden sie in den einzelnen Mitgliedstaaten in allgemeiner unmittelbarer Wahl für eine fünfjährige Periode gewählt. Das Wahlverfahren richtet sich nach nationalem Recht; so gilt etwa in Deutschland das Europawahlgesetz und die Europawahlordnung. Eine Vereinheitlichung des Wahlrechts scheiterte bisher am Widerstand Großbritanniens, das sich der Einführung eines Verhältniswahlrechts in der EU widersetzt.

617 Die Aufgaben des EP lassen sich nicht mit denen nationaler Parlamente vergleichen. So ist das EP insbesondere nicht das maßgebliche Gesetzgebungsorgan in der EU. Die Gesetzgebung ist traditionell eine Aufgabe des Rates. Dem Parlament stehen jedoch drei Formen von Mitwirkungsbefugnissen zu: die **Anhörung**, die **Zustimmung** und die **Beteiligung am Gesetzgebungsverfahren.** Die **Anhörung** stellt die schwächste Form der Beteiligung am Gesetzgebungsverfahren dar. Da es sich jedoch um ein wichtiges Mittel der Beteiligung und damit um eine wesentliche Formvorschrift handelt, hat die Missachtung die Nichtigkeit der betroffenen Handlung zur Folge (EuGH, Slg. 1980, 3333- „Roquette Frères-Isoglucose").

618 Eine stärkere Einbindung stellt die **Zustimmung** dar, so etwa beim Eintritt neuer Mitgliedstaaten (Art. 49 UAbs. 1 EUV).

619 Im Rahmen des **„Ordentlichen Gesetzgebungsverfahrens"** (Art. 289 Abs. 1 AEUV) finden bis zu drei Lesungen statt, die Einberufung eines Vermittlungsausschusses ist vorgesehen; doch schließlich kann das Parlament durch sein Veto den Rechtsakt verhindern. Das Ordentliche Gesetzgebungsverfahren kommt zur Anwendung, wenn darauf ausdrücklich verwiesen wird, so z. B. auf dem Gebiet der Niederlassungsfreiheit (Art. 50 ff. AEUV) und der Arbeitnehmerfreizügigkeit (Art. 46 AEUV). Die Bereiche, in denen das Ordentliche Gesetzgebungsverfahren Anwendung gefunden hat, wurden im Laufe der Zeit immer weiter ausgedehnt, auf diese Weise hat die Bedeutung des Europaparlaments im Gesetzgebungsverfahren kontinuierlich zugenommen.

620 Im Rahmen des **„Besonderen Gesetzgebungsverfahrens"** (Art. 289 Abs. 2 AEUV), eingeführt durch den Vertrag von Lissabon, wird der Gesetzgebungsakt selbst durch das Parlament unter Mitwirkung des Rates erlassen. Es findet Anwendung, wenn in den Verträgen ausdrücklich darauf verwiesen wird (z. B. Art. 223 Abs. 2 AEUV).

V. Der Gerichtshof der Europäischen Union

621 Rechtsprechungsorgan der Union ist der Gerichtshof der Europäischen Union. Er besteht gemäß Art. 19 Abs. 1 UAbs. 1 EUV aus dem Gerichtshof (früher: Europäischer Gerichtshof, EuGH), dem Gericht (vormals Gericht erster Instanz, EuG) und den Fachgerichten.

622 Es gilt gemäß Art. 19 Abs. 2 EUV das Prinzip „Ein Mitgliedstaat, ein Richter" und damit die **gleichberechtigte Repräsentation der Mitgliedstaaten** und der Rechtsordnungen. Die steigende Richterzahl im Rahmen der Erweiterung ist durchaus gerechtfertigt, gewährt doch die Repräsentation der Rechtsordnungen jedes einzelnen Mitgliedstaates durch einen Richter am Gerichtshof die Anerkennung des Gerichtshofs und Befolgung seiner Urteile im Unionsgebiet.

623 Dem Gerichtshof stehen acht Generalanwälte zur Seite (Art. 252 AEUV), die in anhängigen Rechtssachen öffentlich in voller Unabhängigkeit und Überparteilichkeit Plädoyers (sog. Schlussanträge) halten. Die zentrale Aufgabe des Gerichtshofs ist in Art. 19 Abs. 1 UAbs. 1 Satz 2 EUV umschrieben: Danach hat er „die Wahrung des Rechts bei der Auslegung und Anwendung der Verträge" zu sichern. Diese Aufgabe nimmt er in verschiedenen Verfahrensarten wahr, die in Spezialvorschriften enumerativ und abschließend festgelegt sind.

Weiterführender Hinweis:

Ambos/Rackow, Institutionelle Ordnung der Europäischen Union und Europäischen Gemeinschaft, Jura 2006, 505.

Kapitel 27: Rechtsordnung und Rechtsetzung der Union

I. Das Verhältnis des deutschen zum europäischen Recht

624 Das Recht der Union lässt sich in zwei große Bereiche unterteilen.

625 Das Primärrecht bildet die zentrale Rechtsquelle des Unionsrechts. Es besteht aus den zwischen den Mitgliedstaaten geschlossenen Verträgen; die „Rechtsetzung" wird als Änderung der Verträge (EUV und AEUV) durchgeführt. Die Änderung der Verträge richtet sich nach Art. 48 EUV: Die Mitgliedstaaten selbst haben die „verfassungsgebende Gewalt" und werden daher als „Herren der Verträge" bezeichnet. Auch zum Primärrecht gehören die den Verträgen beigefügten Protokolle, welche in Art. 51 EUV als „Bestandteil der Verträge" charakterisiert werden. Hiervon abzugrenzen ist das **sekundäre Gemeinschaftsrecht.** Es umfasst alle Rechtsakte der Unionsorgane, die auf Grundlage des primären Gemeinschaftsrechts erlassen wurden. Hierunter fallen folglich Verordnungen, Richtlinien, Beschlüsse, Empfehlungen und Stellungnahmen (vgl. Art. 288 UAbs. 1 AEUV).

626 Um das Verhältnis des deutschen zum europäischen Recht klären zu können, muss man sich zunächst über die Qualifikation des Europarechts klar sein. Das Bundesverfassungsgericht ist in Übereinstimmung mit dem Gerichtshof der Europäischen Union der Ansicht, dass „das Gemeinschaftsrecht (heute: Unionsrecht) weder Bestandteil der nationalen Rechtsordnung, noch Völkerrecht ist, sondern eine eigenständige Rechtsordnung bildet, die aus einer autonomen Rechtsquelle fließt" (BVerfGE 37, 271). Das **Unionsrecht** stellt mithin eine **eigenständige Rechtsquelle** dar und genießt im Grundsatz Vorrang vor allen nationalen Rechtsnormen.

627 Die nationale und die gemeinschaftliche Rechtsordnung stehen jedoch nicht beziehungslos nebeneinander. Vielmehr sind sie in vielfacher Weise miteinander verschränkt. Das zeigt sich insbesondere bei der verwaltungsmäßigen Durchführung des Europarechts. Sie liegt, abgesehen von der Durchführung der Wettbewerbsvorschriften, bei den Behörden der Mitgliedstaaten. Diese wenden dabei ergänzend zum Europarecht das nationale Verwaltungsrecht an.

628 Aus der besonderen Natur und der Eigenständigkeit des Europarechts hat der EuGH hergeleitet, dass diesem keine wie auch immer gearteten nationalen Rechtsvorschriften vorgehen können. Damit besteht ein **absoluter Vorrang des Europarechts** auch vor deutschen Normen. Dies bedeutet jedoch nicht, dass dem Gemeinschaftsrecht zuwiderlaufendes Recht nichtig ist, vielmehr ist dem Gemeinschaftsrecht nur ein Anwendungsvorrang vor nationalem Recht einzuräumen. Im Falle einer Kollision ist deutsches Recht daher nicht unwirksam, sondern nur **unanwendbar.**

629 Diesem Standpunkt des Europäischen Gerichtshofs ist das Bundesverfassungsgericht in Bezug auf das Verhältnis des Europarechts zum einfachen deutschen Gesetzesrecht gefolgt. Zweifelhaft hingegen ist die Stellung des

Europarechts zum deutschen Verfassungsrecht, insbesondere zu den Grundrechten. In dem vielzitierten **„Solange I"-Beschluss** behielt sich das Bundesverfassungsgericht eine Prüfung von sekundärem Gemeinschaftsrecht an den Grundrechten des Grundgesetzes „solange vor, wie der Integrationsprozess der Gemeinschaft nicht soweit fortgeschritten ist, dass das Gemeinschaftsrecht auch einen vom Parlament beschlossenen und in Geltung stehenden Katalog von Grundrechten enthält, der dem Grundrechtskatalog des Grundgesetzes adäquat ist" (BVerfGE 37, 271). Das Bundesverfassungsgericht wollte also Gemeinschaftsrecht an den deutschen Grundrechten messen.

Die bis heute gültige Wende in der Rechtsprechung des Bundesverfassungsgerichts trat erst mit dem sog. **„Solange II"-Beschluss** ein: „Solange die Europäischen Gemeinschaften, insbesondere die Rechtsprechung des Gerichtshofs der Gemeinschaften, einen wirksamen Schutz der Grundrechte gegenüber der Hoheitsgewalt der Gemeinschaften generell gewährleisten, der dem vom Grundgesetz als unabdingbar gebotenen Grundrechtsschutz im wesentlichen gleichzuachten ist, (...) wird das Bundesverfassungsgericht seine Gerichtsbarkeit über die Anwendbarkeit von abgeleitetem Gemeinschaftsrecht (...) nicht mehr ausüben und dieses Recht mithin nicht mehr am Maßstab der Grundrechte des Grundgesetzes überprüfen" (BVerfGE 73, 339). Zur Begründung verwies das Bundesverfassungsgericht darauf, dass der vor allem vom Europäischen Gerichtshof entwickelte europarechtliche Grundrechtsschutz „nach Konzeption, Inhalt und Wirkungsweise dem Grundrechtsstandard des Grundgesetzes im wesentlichen gleichzuachten" ist. 630

Im **„Maastricht-Urteil"** des Bundesverfassungsgerichts vom 12. 10. 1993 (BVerfGE 89, 155) wurde diese Rechtsprechung konkretisiert und die Grenzen des unionsrechtlichen Anwendungsvorrangs aufgezeigt. Das BVerfG behält sich unter dem Gesichtspunkt des grundgesetzlichen Demokratieprinzips vor zu prüfen, ob sich unionsrechtliche Rechtsakte in den Grenzen der durch das deutsche Zustimmungsgesetz zum Unionsvertrag eingeräumten Hoheitsrechte halten oder aus ihnen ausbrechen. In dem letzten Fall seien die deutschen Staatsorgane aus verfassungsrechtlichen Gründen an der Anwendung der Hoheitsakte gehindert. Die Zustimmungsgesetze stellen eine „Brücke" dar, über welche das Unionsrecht in Deutschland Geltung erlangt. Was eine solche „Brücke" nicht trägt, kann jedoch folglich in Deutschland keine Rechtsverbindlichkeit erlangen. Dies hat das BVerfG nochmals ausdrücklich im „Lissabon-Urteil" (sog. „ultra-vires-Kontrolle", BVerfGE 123, 267) bestätigt. Eine sog. ultra-vires-Kontrolle kommt durch das Bundesverfassungsgericht jedoch nur in Betracht, „wenn ersichtlich ist, dass Handlungen der europäischen Organe und Einrichtungen außerhalb der übertragenen Kompetenzen ergangen sind" (BVerfG, Urt. vom 6. Juli 2010, 2 BvR 2661/06, Rz. 58 – „Mangold"). 631

II. Rechtsetzungskompetenzen der Union

Bei der Frage der Rechtsetzungszuständigkeit muss die Union zum einen als supranationale Organisation befugt sein, eine bestimmte Materie zu regeln (Verbandskompetenz); zum anderen muss klargestellt werden, welches 632

Organ innerhalb der Union für die Rechtsetzung zuständig ist (Organkompetenz).

633 Die Union besitzt keine generelle Ermächtigungsgrundlage zum Erlass von Rechtsakten. Vielmehr gilt gemäß Art. 5 Abs. 1 EUV das **„Prinzip der begrenzten (enumerativen) Einzelermächtigung“.** Dieses Prinzip besagt, dass für jeden Rechtsakt eine eigene Ermächtigungsgrundlage vorhanden sein muss.

634 Neben diesem Prinzip enthält Art. 5 EUV zusätzlich Kompetenzausübungsschranken: das Subsidiaritätsprinzip für den Bereich sog. „geteilter Zuständigkeit“ der Union und das Verhältnismäßigkeitsprinzip. Die Vertragsabrundungskompetenz des Art. 352 AEUV modifiziert das Prinzip der enumerativen Einzelermächtigung. Der Rat kann demnach mit Zustimmung des Parlaments geeignete Vorschriften erlassen, wenn die erforderlichen Befugnisse in den Verträgen nicht vorgesehen sind und ein Tätigwerden der Union erforderlich ist um ein Vertragsziel zu erreichen.

Die Union besitzt **keine** sog. **„Kompetenz-Kompetenz“**, d.h. nicht das Recht, Befugnisse aus eigener souveräner Machtvollkommenheit auszuweiten. Die Kompetenzen beruhen vielmehr ausschließlich auf einer Übertragung von Hoheitsrechten durch die Mitgliedstaaten. Eine „Kompetenz-Kompetenz“ wird auch durch Art. 352 AEUV nicht begründet. Denn Art. 352 AEUV ist nur anwendbar, wenn im Grundsatz die Unionszuständigkeit durch die Verträge vorgesehen ist, es jedoch an einer ausreichenden Handlungskompetenz fehlt.

III. Rechtsakte der Union

635 In Art. 288 UAbs. 1 AEUV sind die wichtigsten Rechtsakte des sekundären Unionsrechts zusammengefasst: Verordnungen, Richtlinien, Beschlüsse, Empfehlungen und Stellungnahmen. Diese Aufzählung ist nicht abschließend; es können auch andere als die genannten Rechtsakte erlassen werden, so z. B. Programme im Rahmen einzelner Politikfelder (Art. 182 AEUV).

1. Die Verordnung

636 Die **Verordnung** hat allgemeine Geltung; sie ist in allen ihren Teilen verbindlich und gilt unmittelbar in jedem Mitgliedstaat (Art. 288 UAbs. 2 AEUV). Damit erfüllt sie materiell alle Merkmale eines Gesetzes. Die unmittelbare Geltung der Verordnung im innerstaatlichen Recht ergibt sich aus ihrer Definition; ihr Vorrang vor entgegenstehendem nationalem Recht ist anerkannt.

2. Die Richtlinie

637 Die **Richtlinie** ist für jeden Mitgliedstaat, an den sie gerichtet wird, hinsichtlich des zu erreichenden Ziels verbindlich (Art. 288 UAbs. 3 AEUV). Die Richtlinie setzt nicht unmittelbar innerstaatliches Recht, sondern enthält nur den verbindlichen Auftrag an die Mitgliedstaaten, sie innerhalb einer festgelegten Frist in nationales Recht umzusetzen (Umsetzungspflicht). Den Mitgliedstaaten steht nur insoweit ein Gestaltungsspielraum zu, als er ihnen durch die Richtlinie eingeräumt wird. Die Wahl der Form und Mittel

der Umsetzung des Rechtsaktes und die Rechtstechnik ist den Mitgliedstaaten überlassen. Es besteht jedoch das Gebot der klaren und eindeutigen Umsetzung von Richtlinien. Die Mitgliedstaaten sind aber verpflichtet, diejenige Maßnahme zur Umsetzung einer Richtlinie zu wählen, die zur Gewährung ihrer praktischen Wirksamkeit („**effet utile**") am besten geeignet ist. So müssen etwa Umsetzungsrechtsakte rangmäßig denjenigen entsprechen, die die bisherige Materie geregelt haben. Keine ordnungsgemäße Umsetzung liegt daher beispielsweise dann vor, wenn ein Mitgliedstaat lediglich auf eine bestehende Verwaltungspraxis verweist oder ein Rundschreiben erlässt (vgl. EuGH, Slg. 1991-I, 2567; Slg. 1991-I, 2607 – „Kommission/Deutschland"). Weiterhin ist zu berücksichtigen, dass nationale Umsetzungsakte bei Zweifelsfragen immer im Sinne der ihnen zugrunde liegenden europäischen Richtlinie auszulegen sind (sog. richtlinienkonforme Auslegung).

Sofern ein Mitgliedstaat seine Umsetzungspflicht nicht erfüllt hat, kommt 638
die unmittelbare Direktwirkung der Richtlinie in Betracht. Denkbar ist die unmittelbare Direktwirkung gegenüber den Mitgliedstaaten (sog. **vertikale Direktwirkung**), aber auch im Rechtsverhältnis zwischen zwei Privaten (sog. **horizontale Direktwirkung**). Der Gerichtshof lehnt letzteres in ständiger Rechtsprechung ab (z. B. EuGH, Slg. 1996-I, 1281 – „El Corte Inglés/Cristina Blázquez Rivero").

Zur Begründung der unmittelbaren Direktwirkung einer Richtlinie in der 639
Rechtsbeziehung zwischen Bürger und Staat muss deren Funktion berücksichtigt werden. Eine Richtlinie, die für die Mitgliedstaaten in ihrem Ziel verbindlich sein soll, verfehlte ihre Wirkung, wenn die Mitgliedstaaten durch die Nichtumsetzung der Richtlinie über deren Geltungskraft befinden könnten. Der effet utile fordere eine wirksame Anwendung der Vertragsvorschriften. Wenn die Mitgliedstaaten durch bloße Nichtumsetzung über die Geltungskraft einer Richtlinie entscheiden könnten, wäre sie in ihrer Wirkung stark eingeschränkt. Daneben weist der Gerichtshof der Europäischen Union noch auf den Rechtsgedanken des „venire contra factum proprium" hin: Ein Mitgliedstaat soll sich dem Bürger gegenüber nicht auf die unterbliebene Umsetzung einer Richtlinie berufen können, wenn er selbst seiner Pflicht zur Umsetzung nicht nachgekommen ist. Die Verletzung der Pflicht zur Umsetzung wird also mit der unmittelbaren Direktwirkung der Richtlinie sanktioniert.

Da diese Begründung nur gegenüber den zur Umsetzung verpflichteten 640
Mitgliedstaaten, nicht aber gegenüber den Marktbürgern greift, hat der EuGH mehrfach klargestellt, dass unmittelbar wirkende Richtlinien nur gegenüber den Mitgliedstaaten (sog. **vertikale Direktwirkung**), nicht aber gegenüber den Marktbürgern (sog. **horizontale Direktwirkung**) geltend gemacht werden können.

Die unmittelbare Wirkung von Richtlinien hat der EuGH davon abhän- 641
gig gemacht,

- dass die Richtlinie **nicht fristgemäß** oder **inhaltlich nicht ordnungsgemäß umgesetzt** worden ist,
- dass die Bestimmungen der Richtlinie **inhaltlich unbedingt** sind, und
- dass die Bestimmungen der Richtlinie **hinreichend genau** sind.

642 Nach der Betriebsordnung der staatlichen Southampton Health Authority enden die Arbeitsverhältnisse mit Erreichen einer Altersgrenze, die für Männer bei 65 Jahren und für Frauen bei 60 Jahren liegt. Frau Marshall hat beinahe das 60. Lebensjahr erreicht und soll entlassen werden. Da sie jedoch bis zu ihrem 65. Lebensjahr arbeiten möchte, will sie die Entlassung verhindern. Zu ihrem Schutz beruft sie sich auf die EU-Richtlinie 76/207, die Großbritannien nicht innerhalb der vorgeschriebenen Frist umgesetzt hat. Die Richtlinie regelt in sehr detaillierten Vorschriften die Gleichbehandlung von Männern und Frauen hinsichtlich des Berufszugangs und der Berufsausübung. Ausnahmen und Vorbehalte von der Gleichbehandlung von Männern und Frauen sind nicht vorgesehen. Kann sich Frau Marshall mit Erfolg gegen die Entlassung wehren? (EuGH, Slg. 1986, 723 – „Marshall")

643 In der Betriebsordnung ist vorgesehen, dass Frauen mit Erreichen des 60. Lebensjahres entlassen werden. Dem könnte aber die Richtlinie 76/207 entgegenstehen, wenn sie unmittelbar für das Verhältnis zwischen Frau Marshall und ihrem Arbeitgeber gelten würde.

644 Grundsätzlich entfaltet eine Richtlinie keine unmittelbare Rechtswirkung im innerstaatlichen Bereich. Unter bestimmten Voraussetzungen hat der Gerichtshof der Europäischen Union jedoch eine unmittelbare Wirkung von Richtlinien angenommen. Die Richtlinie 76/207 wurde nicht innerhalb der vorgeschriebenen Frist umgesetzt. Da die Richtlinie die Gleichbehandlung nicht von Vorbehalten und Ausnahmen abhängig macht, sind die Bestimmungen der Richtlinie auch inhaltlich unbedingt. Des Weiteren enthält die Richtlinie sehr detaillierte Vorschriften. Hieraus kann man entnehmen, dass die Vorschriften ohne weitere Konkretisierung angewendet werden können. Die Richtlinie ist also auch hinreichend genau.

645 Da eine Richtlinie nur gegenüber dem für ihre Umsetzung verantwortlichen Mitgliedstaat, nicht aber gegenüber einem Marktbürger geltend gemacht werden kann, ist weiterhin zu prüfen, ob Frau Marshall von einem privaten Arbeitgeber oder dem Staat beschäftigt wird. Auch wenn die Southampton Health Authority eine von dem Staat Großbritannien unabhängige Rechtspersönlichkeit haben sollte, so ist sie doch eine staatliche Stelle. Deshalb liegt kein Fall einer horizontalen, sondern der vertikalen Direktwirkung einer Richtlinie vor.

646 Folglich kann sich Frau Marshall gegenüber der Southampton Health Authority direkt auf die Richtlinie berufen. Die Richtlinie ist als Gemeinschaftsrecht höherrangig als die Betriebsordnung. Da die Betriebsordnung aber gegen die von der Richtlinie festgelegte Gleichbehandlung verstößt, ist die Southampton Health Authority verpflichtet, Männer und Frauen in Bezug auf die Entlassungsbedingungen gleich zu behandeln. Wie die Southampton Health Authority dieser Gleichbehandlungspflicht nachkommt (möglich ist z. B. eine Festsetzung der Altersgrenze für alle Beschäftigten auf 60, 65 oder auch 63 Jahre), ist freilich ihr selbst überlassen.

647 Der Gerichtshof hat die „Sanktionen" gegen Mitgliedstaaten, die eine Richtlinie nicht ordnungsgemäß umsetzen, sogar noch verstärkt. Für den Fall der (teilweisen) Nichtumsetzung einer Richtlinie hat er eine **Staatshaftung** des betreffenden Mitgliedstaates angenommen.

648 Um den Arbeitnehmern einen finanziellen Mindestschutz bei Zahlungsunfähigkeit des Arbeitgebers zu gewährleisten, wurde die Richtlinie 80/987 erlassen, die dem Arbeitnehmer einen gewissen Anteil an nicht erfüllten Lohnforderungen gegen den Arbeitgeber garantiert. Da Italien die Richtlinie nicht in der vorgegebenen Frist umsetzte, ver-

langte der italienische Staatsangehörige Francovich von Italien Schadensersatz. Als Begründung führte er an, sein in Konkurs gegangener Arbeitgeber habe seine Lohnforderung nicht erfüllen können; wegen der Nichtumsetzung der Richtlinie 80/987 habe dann auch keine Mindestlohngarantie bestanden. (EuGH, Slg. 1991-I, 357 ff. – „Francovich")

Der Gerichtshof prüfte zunächst, ob sich eine Haftung Italiens unmittelbar 649 aus einer Direktwirkung der Richtlinie ergibt. Eine diesbezügliche Haftung lehnte der Gerichtshof jedoch ab, da nach dem Inhalt der Richtlinie der Staat nicht zwingend als Schuldner des Garantieanspruchs vorgesehen war. Die Richtlinie sei deshalb nicht hinreichend genau genug. Es stellte sich daher die Frage, ob die italienische Republik nicht allein deshalb haftet, weil sie die Richtlinie nicht innerhalb der vorgesehenen Frist umgesetzt hat.

Diese Staatshaftung wegen **Nichtumsetzung einer Richtlinie** hat der Gerichtshof von vier Voraussetzungen abhängig gemacht: 650

- Der Mitgliedstaat muss gegen seine Verpflichtung zur ordnungs- und fristgemäßen Umsetzung der Richtlinie verstoßen haben.
- Die Richtlinie muss eine „Verleihung von Rechten an Einzelne" beinhalten; d. h., es muss ein rechtlich geschütztes Interesse eines Marktbürgers betroffen sein.
- Das betroffene Recht muss durch die Richtlinie hinreichend bestimmt sein.
- Zwischen dem Verstoß gegen die Umsetzungsverpflichtung und dem beim berechtigten Marktbürger eingetretenen Schaden muss ein unmittelbarer Kausalzusammenhang bestehen.

Da der Gerichtshof die vier Voraussetzungen als gegeben ansah, hat er eine 651 Schadensersatzverpflichtung Italiens wegen der Nichtumsetzung der Richtlinie 80/987 ausgesprochen.

Die weitreichenden Folgen dieser Entscheidung zeigt das Beispiel der 652 Nichtumsetzung der Richtlinie 90/314 durch die Bundesrepublik, die den Schutz der Verbraucher bei Konkurs von Reiseveranstaltern bezweckt. Nach Art. 7 der Richtlinie muss der Reiseveranstalter dem Kunden nachweisen, dass im Fall der Zahlungsunfähigkeit oder des Konkurses die Erstattung gezahlter Beträge und die Rückreise des Kunden sichergestellt ist. Die Bundesrepublik hatte die Pflicht, die Richtlinie bis zum 31. 12. 1992 in nationales Recht umzusetzen. Da die Bundesrepublik dieser Pflicht aber nicht nachgekommen war und im Sommer 1993 viele deutsche Reisende aufgrund des Konkurses eines Reiseveranstalters einen Schaden erlitten, erhoben betroffene Reisende eine auf Art. 34 GG, § 839 BGB gestützte Amtshaftungsklage gegen die Bundesrepublik. Auf Vorlage des LG Bonn griff der Gerichtshof (Slg. 1996-I, 4845 – „Dillenkofer") die in der „Francovich"-Entscheidung dargelegten Haftungsgrundsätze auf und verfestigte sie.

Richtlinien binden nicht nur die nationale Gesetzgebung, sondern haben 653 auch auf die Rechtsprechung Auswirkungen. So leitet der EuGH aus Art. 288 UAbs. 3 AEUV und Art. 4 Abs. 3 UAbs. 3 EUV eine Verpflichtung der nationalen Gerichte zur **richtlinienkonformen Auslegung** des nationalen Rechts ab. Schließlich hat der EuGH Richtlinien vor Ablauf der Umsetzungsfrist eine **Vorwirkung** für die nationale Gesetzgebung zugesprochen. Bereits ab dem Zeitpunkt ihrer Bekanntgabe verbiete der Grundsatz der Vertragstreue in Art. 4 Abs. 3 UAbs. 3 EUV, dass Mitgliedstaaten vor Ablauf der Umsetzungsfrist Vorschriften erlassen, die geeignet sind, das durch die Richtlinie vorgegebene Ziel zu gefährden.

654 Die zuvor erörterte, auf Art. 4 Abs. 3 UAbs. 3 EUV sowie den Rechtsgedanken des „effet utile“ und des „venire contra factum proprium“ gestützte Rechtsprechung des EuGH zur Staatshaftung bei nicht rechtzeitig umgesetzten Richtlinien wurde inzwischen auf ein weiteres Feld ausgedehnt, welches mit der Richtlinienproblematik unmittelbar nichts mehr zu tun hat. Es handelt sich um die **Staatshaftung für legislatives Unrecht.** Seit 1996 bejaht der EuGH nicht nur die unmittelbare Haftung eines Mitgliedstaates gegenüber dem Marktbürger bei Nichtumsetzung einer Richtlinie, sondern auch für den Fall eines gegen den AEUV verstoßenden nationalen Parlamentsgesetzes (EuGH, EuZW 1996, 205 – „Brasserie du Pêcheur“). Diese europarechtlich begründete Haftung des Mitgliedstaates für seine eigenen Rechtsetzungsakte greift unter den folgenden drei Voraussetzungen ein:

- Die Rechtsnorm des AEUV, gegen die das nationale Gesetz verstößt, bezweckt, dem Einzelnen Rechte zu verleihen.
- Der Verstoß des nationalen Gesetzes gegen diese Norm ist hinreichend qualifiziert, d. h., es liegt ein offenkundiger und erheblicher Ermessensfehler vor.
- Zwischen dem Verstoß des Mitgliedstaates gegen seine Verpflichtung zu europarechtskonformer Rechtsetzung und dem dem einzelnen EU-Bürger entstandenen Schaden besteht ein unmittelbarer Kausalzusammenhang.

655 Das vom EuGH entwickelte, im AEUV nicht ausdrücklich vorgesehene **gemeinschaftsrechtlich begründete Staatshaftungsrecht** geht damit weit über das national begründete Staatshaftungsrecht hinaus. Denn eine Amtshaftung für legislatives Unrecht wird im deutschen Recht von der Rechtsprechung in der Regel verneint.

656 Inzwischen wurde der gemeinschaftsrechtliche Staatshaftungsanspruch auf Fehlentscheidungen von Gerichten ausgedehnt, wenn offensichtlich europarechtswidrig entschieden wurde. Mit der Anerkennung einer **Staatshaftung für judikatives Unrecht** ist nun jedes europarechtswidrige Staatshandeln anspruchbegründend. Damit ist ein umfassender, **allgemeiner europarechtlicher Staatshaftungsanspruch** kreiert worden.

3. Beschlüsse

657 Der Rechtsakt des Beschlusses (Art. 288 UAbs. 4 AEUV) hat im Vertrag von Lissabon die vorherige Entscheidung gemäß Art. 249 Abs. 4 EG abgelöst. Beschlüsse sind „in allen ihren Teilen für diejenigen verbindlich, die sie bezeichnet“. Im Gegensatz zur Verordnung ist der Adressat bestimmt oder zumindest bestimmbar; dies kann ein Mitgliedstaat oder auch eine Einzelperson sein. Anders als die Richtlinie ist der Beschluss in allen Teilen verbindlich und entfaltet gegenüber dem jeweiligen Adressaten unmittelbare Wirkung. Er ist somit mit dem Verwaltungsakt des deutschen öffentlichen Rechts vergleichbar.

4. Empfehlungen und Stellungnahmen

Empfehlungen und Stellungnahmen gemäß Art. 288 UAbs. 5 AEUV sind nicht verbindlich. Ihr Adressatenkreis ist offen; gleichwohl richten sie sich meistens an die Mitgliedstaaten. Sie haben keinen unmittelbaren Geltungsbereich. Meist sind sie Teil eines mehrstufigen Verfahrens oder enthalten politische Absichtserklärungen, welche jedoch häufig freiwillig von den Adressaten befolgt werden 658

Weiterführende Hinweise:

Colneric, Auslegung des Gemeinschaftsrechts und gemeinschaftsrechtskonforme Auslegung, ZEuP 2005, 225;
Dörr, Rechtsprechungskonkurrenz zwischen nationalen und europäischen Verfassungsgerichten, DVBl. 2006, 1088;
Frenz/Kuhl, Deutsche Grundrechte und Europarecht, Jura 2009, 401;
Möller, Verfassungsgerichtlicher Grundrechtsschutz gegen Gemeinschaftsrecht, Jura 2005, 298;
Schöndorf-Haubold, Die Haftung der Mitgliedstaaten für die Verletzung von EG-Recht durch nationale Gerichte, JuS 2006, 112.

Kapitel 28: Der Rechtsschutz vor dem Gerichtshof der Europäischen Union

659 Der Gerichtshof der Europäischen Union sichert nach Art. 19 Abs. 1 UAbs. 1 Satz 2 EUV die Wahrung des Rechts bei Auslegung und Anwendung der Verträge. Diese Aufgabe nimmt der Gerichtshof in verschiedenen Verfahrensarten wahr, die ihm durch den AEUV enumerativ und abschließend zugewiesen sind. Der Gerichtshof kann keiner der typischen deutschen Gerichtsarten zugeordnet werden. Vielmehr fungiert er als Verfassungsgericht bei Streitigkeiten zwischen Mitgliedstaaten und Organen der Union oder zwischen verschiedenen Unionsorganen, als Verwaltungsgericht bei Streitigkeiten zwischen Unionsbürgern, Unternehmen, EU-Bediensteten und Unionsorganen und als Zivilgericht bei Amtshaftungsklagen gegen die Organe der Union.

660 Ebenso kann der Gerichtshof nach Art. 218 Abs. 11 AEUV zur Erstellung von Gutachten verpflichtet werden.

I. Vertragsverletzungsverfahren (Art. 258 AEUV)

661 Bei dem Vertragsverletzungsverfahren gemäß Art. 258 ff. AEUV handelt es sich um ein Verfahren der objektiven Rechtskontrolle mit dem Ziel der Durchsetzung des Unionsrechts.

662 Ist die Kommission der Auffassung, ein Mitgliedstaat habe **gegen eine Verpflichtung aus den Verträgen verstoßen,** gibt sie eine mit Gründen versehene Stellungnahme hierzu ab. Kommt der betroffene Staat der in der Stellungnahme geäußerten Forderung nicht innerhalb einer gesetzten Frist nach, so kann der Gerichtshof angerufen werden. Neben der Kommission ist jeder Mitgliedstaat klagebefugt, auch wenn er von dem Verhalten des anderen Mitgliedstaates selbst nicht unmittelbar betroffen ist (Art. 259 AEUV). Zuvor ist ein Vorverfahren durchzuführen, nach dessen erfolglosem Ablauf ist die Klage zulässig.

663 Hat ein Mitgliedstaat tatsächlich seine Pflichten aus den Verträgen verletzt, wird dies durch den Gerichtshof festgestellt. Hieraus ergibt sich dann gemäß Art. 260 Abs. 1 AEUV die Verpflichtung des Mitgliedstaates, Abhilfe zu schaffen. Kommt er der Verpflichtung nicht nach, kann die Kommission gemäß Art. 260 Abs. 2 AEUV erneut den Gerichtshof anrufen. Der EuGH kann dann die Zahlung eines Pauschalbetrags oder eines Zwangsgeldes verhängen.

II. Nichtigkeitsklage (Art. 263 AEUV)

664 Mit dieser Verfahrensart überwacht der Gerichtshof die **Rechtmäßigkeit von Handlungen der Unionsorgane,** soweit es sich nicht um Empfehlungen oder Stellungnahmen handelt. Zu diesem Zweck ist er für Klagen zuständig, die ein Mitgliedstaat, der Rat oder die Kommission wegen Unzuständigkeit, Verletzung wesentlicher Formvorschriften, Verletzung der Verträge oder einer bei seiner Durchführung anzuwendenden Rechtsnorm oder wegen Ermessensmissbrauchs erhebt. Unter den gleichen Voraussetzungen ist

der Gerichtshof zuständig für Klagen des Europäischen Parlaments, des Rechnungshofs und des Ausschusses der Regionen sowie der Europäischen Zentralbank, die auf die Wahrung ihrer Rechte abzielen. Klagebefugt ist daneben auch jede natürliche oder juristische Person, soweit sie unmittelbar und individuell betroffen ist (Art. 263 UAbs. 4 AEUV).

Die Klage ist begründet, wenn die angefochtene Handlung wegen Unzuständigkeit, Verletzung wesentlicher Formvorschriften, Rechtsverletzungen oder Ermessensmissbrauch rechtswidrig ist. Die Handlung wird dann vom Gerichtshof als von vornherein nichtig erklärt. 665

III. Untätigkeitsklage (Art. 265 AEUV)

Unterlässt es das Europäische Parlament, der Europäische Rat, der Rat, die Kommission oder die EZB unter Verletzung der Verträge, **einen Beschluss zu fassen,** so kann durch jeden Mitgliedstaat und die anderen Organe der Union beim Gerichtshof Klage auf Feststellung dieser Vertragsverletzung erhoben werden. Antragsbefugt sind nicht nur die Mitgliedstaaten und sämtliche Organe der Union, sondern gemäß Art. 265 UAbs. 3 AEUV auch alle natürlichen oder juristischen Personen, soweit sie durch die Untätigkeit eines Organs, einer Einrichtung oder einer sonstigen Stelle der Union unmittelbar betroffen sind. 666

Die Untätigkeitsklage ist begründet, wenn das Organ (bzw. die Einrichtung oder Stelle) aus den Verträgen oder aus sekundärem Unionsrecht verpflichtet ist, den unterlassenen Beschluss zu fassen. 667

IV. Amtshaftungsklage (Art. 268 i. V. m. Art. 340 UAbs. 2, 3 AEUV)

Eine weitere Zuständigkeit des Gerichtshofs besteht für haftungsrechtliche Fragen. Ist durch Handlungen oder Unterlassungen eines Unionsorgans eine natürliche oder juristische Person rechtswidrig geschädigt worden, so kann sie ihren Schaden von der Union ersetzt erhalten. Ein vorausgehendes Nichtigkeits- oder Untätigkeitsverfahren gegen den verletzenden Rechtsakt ist nicht notwendig. Vielmehr kann die Union direkt auf Ersatz des Schadens in Anspruch genommen werden. Der Schadensersatz richtet sich nach den allgemeinen Rechtsgrundsätzen, die den Rechtsordnungen der Mitgliedstaaten gemeinsam sind (Art. 340 UAbs. 2, 3 AEUV). 668

V. Vorabentscheidungsverfahren (Art. 267 AEUV)

Gemäß Art. 267 AEUV entscheidet der Gerichtshof im Wege der Vorabentscheidung über die Auslegung oder Gültigkeit des Unionsrechts, sobald eine derartige Frage von einem Gericht eines Mitgliedstaates gestellt wird, dieses Gericht eine Entscheidung darüber zum Erlass seines Urteils für erforderlich hält und dem Gerichtshof die Frage deshalb zur Entscheidung vorlegt. 669

Das Vorabentscheidungsverfahren ist auf nationaler Ebene mit der konkreten Normenkontrolle des Art. 100 GG vergleichbar. Es soll insbesondere die Einheitlichkeit der Rechtsanwendung gewährleisten und es nicht den nationalen Instanzgerichten überlassen, über die Auslegung der Verträge zu entscheiden. Über das Vorabentscheidungsverfahren besitzt der Gerichtshof 670 das **Auslegungs- und Verwerfungsmonopol** für das gesamte Unionsrecht. Dieses Verfahren ist damit in der Praxis das mit Abstand bedeutsamste.

671 Im Gegensatz zu Art. 100 GG besteht bei Art. 267 AEUV für nationale Gerichte aber nicht immer die Pflicht, dem Gerichtshof eine Zweifelsfrage vorzulegen. Diese Verpflichtung besteht insbesondere, wenn das Urteil des nationalen Gerichts nicht mehr mit Rechtsmitteln anfechtbar ist (Art. 267 UAbs. 3 AEUV).

672 Beantragt z.B. ein französischer Steuerberater seine Niederlassung in Deutschland und verweigert ihm die deutsche Steuerberaterkammer die Zulassung, so wäre im Rahmen einer Klage vor einem deutschen Finanzgericht (§ 33 Abs. 1 Nr. 3 FGO) entscheidend, ob die Versagung der Zulassung gegen die Dienstleistungsfreiheit der Art. 56 bis 62 AEUV verstößt. Diese Frage **könnte** das Gericht dem Gerichtshof vorlegen. Der Bundesfinanzhof als letzte Instanz **müsste** vorlegen.

Weiterführende Hinweise:

Böhm, Rechtsschutz im Europarecht, JA 2009, 679;
Gärditz, Europäisches Verwaltungsprozessrecht, JuS 2009, 385;
Wernsmann/Behrmann, Das Vorabentscheidungsverfahren nach Art. 234 EG, Jura 2006, 181.

Kapitel 29: Die europäischen Grundrechte

I. Ansatzpunkte zur Herleitung eines Grundrechtsschutzes in der Union

673 Im Unionsrecht findet sich im Gegensatz zum Grundgesetz (bisher) **kein geschriebener Grundrechtskatalog.** Dennoch gibt es auch auf europäischer Ebene einen Grundrechtsschutz. Er wurde seit den 70er Jahren vom Gerichtshof der Europäischen Union entwickelt und ist dem grundgesetzlichen deutschen Grundrechtsschutz mittlerweile zumindest im Grundsatz ebenbürtig. Am 8. 12. 2000 proklamierte der Europäische Rat in Nizza die **Charta der Grundrechte der Europäischen Union.** Diese war (zunächst) unverbindlich, wurde jedoch zunehmend als Rechtserkenntnisquelle in der europäischen Gerichtsbarkeit herangezogen (vgl. etwa EuG, EuZW 2002, 186, 187 Tz. 48 – „max.mobil").

674 Durch den Vertrag von Lissabon hat der Grundrechtsschutz in der Union eine weitere Aufwertung erfahren. So erkennt Art. 6 Abs. 1 EUV die in der Grundrechte-Charta (i.d.F. vom 12. 12. 2007) niedergelegten Rechte, Freiheiten und Grundsätze als rechtsverbindlich an, gleichrangig mit dem EUV und AEUV. Des Weiteren sieht Art. 6 Abs. 2 AEUV eine Ermächtigung und zugleich eine Verpflichtung zum Beitritt der Union zur EMRK vor. Gemäß Art. 6 Abs. 3 EUV sind die Grundrechte, wie sie in der Europäischen Konvention zum Schutz der Menschenrechte und Grundfreiheiten gewährleistet sind und wie sie sich aus den gemeinsamen Verfassungsüberlieferungen der Mitgliedstaaten ergeben, als allgemeine Grundsätze Teil des Unionsrechts.

II. Der Schutz einzelner Grundrechte

1. Das Eigentumsgrundrecht

675 Der Gerichtshof hat mehrfach entschieden, dass das Eigentum auch im Unionsrecht grundrechtlich gewährleistet wird.

676 Das Eigentumsgrundrecht wird in der Grundrechte-Charta durch Art. 17 GRCh geschützt. Bei der genaueren Ausgestaltung dieses Schutzes sind umfangreiche Parallelen zu Art. 14 GG festzustellen. Ein Hauptgrund dafür ist, dass gerade in der Bundesrepublik durch die umfangreiche Rechtsprechung des Bundesverfassungsgerichts zum Eigentumsschutz eine intensive Durchdringung dieser Rechtsfragen erreicht wurde.

677 So umfasst der Schutzbereich des Eigentumsgrundrechts auch auf europäischer Ebene alle vermögenswerten Rechte. Explizit genannt wird auch das geistige Eigentum. Unterschieden wird zwischen dem Rechtsentzug und der Beschränkung der Rechtsausübung. Im Hinblick auf eine Beschränkung des Eigentumgrundrechts untersucht der Gerichtshof, ob die umstrittene Maßnahme tatsächlich dem allgemeinen Wohl der Union dient und ob der Eingriff bezüglich des verfolgten Ziels verhältnismäßig ist.

2. Die Berufsfreiheit

678 Die Berufsfreiheit ist in der Grundrechte-Charta auf zwei Bestimmungen aufgeteilt: Nach Art. 15 GRCh hat jede Person das Recht, zu arbeiten und einen frei gewählten oder angenommenen Beruf auszuüben. Außerdem wird nach Art. 16 GRCh die unternehmerische Freiheit nach dem Unionsrecht und den einzelstaatlichen Rechtsvorschriften und Gepflogenheiten anerkannt.

679 Bei der Frage nach der Zulässigkeit eines Eingriffs wird vom Gerichtshof – ähnlich wie bei Art. 12 GG – zwischen unterschiedlich stark belastenden Eingriffen in die Berufsausübung und in die Berufswahl differenziert und dem Verhältnismäßigkeitsprinzip große Bedeutung beigemessen.

680 Größere Aufmerksamkeit wurde den in den Grundfreiheiten garantierten Teilaspekten der Berufsfreiheit, der Freizügigkeit der Arbeitnehmer (Art. 45 bis Art. 55 AEUV), der Niederlassungsfreiheit (Art. 49 bis 55 AEUV) und der Dienstleistungsfreiheit (Art. 56 bis 62 AEUV) gewidmet.

3. Der allgemeine Gleichheitsgrundsatz

681 Die Grundrechte-Charta greift mit Art. 20 GRCh die Rechtsprechung des EuGH auf, dass der allgemeine Gleichheitssatz als Grundrecht anerkannt wird. Art. 20 GRCh regelt: „Alle Personen sind vor dem Gesetz gleich". Jedoch ist nicht jede Ungleichbehandlung unzulässig; sie kann aus sachlichen Gründen gerechtfertigt sein. Die Prüfung des europarechtlichen Gleichheitssatzes erfolgt, angelehnt an die Formel des Bundesverfassungsgerichtes, dreistufig. Nachdem die Vergleichbarkeit der fraglichen Sachverhalte festgestellt wurde und eine Diskriminierung bejaht wurde, muss untersucht werden, ob die Ungleichbehandlung durch objektive Gründe gerechtfertigt werden kann.

4. Die Unverletzlichkeit der Wohnung

682 Art. 7 GRCh regelt die Achtung des Privat- und Familienlebens und garantiert die Unverletzlichkeit der Wohnung. An diesem Beispiel wird deutlich, dass der europäische Grundrechtsschutz zum Teil hinter dem des Grundgesetzes zurückbleibt. Geschützt wird die Unverletzlichkeit der Wohnung für Privatpersonen. Nicht umfasst ist der Schutz von Geschäftsräumen. Das Bundesverfassungsgericht und das herrschende Schrifttum dehnen jedoch den Schutzbereich auch auf Geschäftsräume aus.

5. Grundrechtsgleiche Gewährleistungen

683 Neben den „klassischen Grundrechten" lassen sich der Rechtsprechung des Gerichtshofs eine Reihe von grundrechtsgleichen Gewährleistungen entnehmen. Dazu gehört vor allem der **Verhältnismäßigkeitsgrundsatz.** Rechtsakte von Unionsorganen dürfen danach nicht die Grenzen dessen überschreiten, was für die Erreichung des verfolgten Zieles erforderlich und angemessen ist.

684 Ein weiteres tragendes Prinzip ist der Grundsatz des **Vertrauensschutzes.** Damit garantiert auch der Gerichtshof das berechtigte Vertrauen in die Fort-

dauer eines bestimmten Sach- und Rechtszustandes. Jedoch ist – wie im nationalen Recht – nicht jede Rücknahme von Verwaltungsakten oder jede Rückwirkung von Rechtsakten ausgeschlossen. Eine Rückwirkung ist zulässig, wenn das auf diesem Wege angestrebte Ziel das schutzwürdige Vertrauen der Betroffenen auf Fortdauer des bisherigen Zustandes überwiegt.

Weitere wichtige grundrechtsgleiche Gewährleistungen im Unionsrecht 685 sind der Grundsatz der Gesetzmäßigkeit der Verwaltung, die Begründungspflicht von Einzelfallentscheidungen, der Grundsatz des rechtlichen Gehörs, der Anspruch auf effektiven gerichtlichen Rechtsschutz und auf einen fairen Prozess und schließlich noch der Grundsatz „ne bis in idem".

6. Das arbeitsrechtliche Diskriminierungsverbot (Art. 157 AEUV)

Art. 157 AEUV postuliert den **Grundsatz des gleichen Entgelts für Männer** 686 **und Frauen bei gleicher Arbeit,** d.h., er garantiert ein spezifisches arbeitsrechtliches Diskriminierungsverbot, das nicht nur für die Mitgliedstaaten unmittelbare Bindungswirkung besitzt, sondern auch private Rechtsbeziehungen wie beispielsweise Tarif- oder Einzelarbeitsverträge erfasst.

Beweggrund für die Aufnahme dieser Vorschrift war ursprünglich nicht 687 deren sozialpolitische Zielsetzung, sondern die Befürchtung einiger Mitgliedstaaten, dass andere Mitgliedstaaten **ungerechtfertigte Wettbewerbsvorteile** durch Lohndumping für weibliche Arbeitnehmer erlangen könnten. Dieser ursprünglichen Zielsetzung zum Trotz lässt sich Art. 157 AEUV heute als **grundrechtsgleiche Gewährleistung mit unmittelbarer Drittwirkung** begreifen.

Ergänzt und erweitert wird die Gewährleistung des Art. 157 AEUV durch 688 **sekundärrechtliche Maßnahmen.** So wurde der Gleichbehandlungsgrundsatz in den siebziger Jahren durch Richtlinien z.B. auf die Bereiche des Zugangs zur Beschäftigung, zur Berufsausbildung und zum beruflichen Aufstieg, der Arbeitsbedingungen und der gesetzlichen Systeme der sozialen Sicherheit ausgedehnt. In den achtziger Jahren erfolgten Ergänzungen u.a. auf den Gebieten der betrieblichen Systeme der sozialen Sicherheit, der selbstständig Erwerbstätigen und des Mutterschutzes.

Inhalt und Tragweite des Grundsatzes der Entgeltgleichheit sind durch 689 den Gerichtshof in zahlreichen Entscheidungen näher bestimmt worden. So hat er klargestellt, dass Art. 157 AEUV nicht nur unmittelbare Diskriminierungen untersagt, die unterschiedliche Behandlungen ausdrücklich mit dem Geschlecht begründen, sondern auch **mittelbare Diskriminierungen** erfasst. Zu dem Begriff der mittelbaren Diskriminierung, der bei allen Diskriminierungsverboten der Verträge von Bedeutung ist, findet sich eine umfangreiche Rechtsprechung, die sich zu folgenden Tatbestandsmerkmalen zusammenfassen lässt:

(a) Die in Rede stehende Maßnahme knüpft formal nicht an das Geschlecht, sondern an geschlechtsunspezifische Maßnahmen (z.B. Teilzeitarbeit, Dauer der Betriebszugehörigkeit) an.
(b) Durch die Regelung werden erheblich mehr Angehörige eines Geschlechts tatsächlich benachteiligt (z.B. wenn in Teilzeit vornehmlich Frauen beschäftigt sind).

(c) Die nachteiligen Auswirkungen für ein Geschlecht können nicht mit anderen Gründen als denen des Geschlechts bzw. der Geschlechterrollen erklärt werden.

(d) Die Maßnahme ist nicht objektiv gerechtfertigt, d. h., sie dient nicht einem „wirklichen Bedürfnis des Unternehmens" und ist auch nicht zur Erreichung des mit ihr verfolgten Ziels geeignet und erforderlich.

690 Als unzulässige mittelbare Diskriminierungen hat der EuGH beispielsweise die Zahlung niedrigerer Stundensätze an Teilzeitbeschäftigte sowie die einseitige, ein Geschlecht begünstigende Ausgestaltung eines beruflichen Einstufungssystems oder auch die Ungleichbehandlung in Bezug auf das Rentenzugangsalter angesehen.

Weiterführende Hinweise:

Dorf, Zur Interpretation der Grundrechtecharta, JZ 2005, 126;
Kirchhof, Grundrechtsschutz durch europäische und nationale Gerichte, NJW 2011, 3681;
Pache/Rösch, Die neue Grundrechtsordnung der EU nach dem Vertrag von Lissabon, EuR 2009, 769.

Kapitel 30: Die wirtschaftsrechtlichen Grundlagen der Union

I. Der europäische Binnenmarkt

1. Ziele

Die Mitgliedstaaten haben es sich zur Aufgabe gemacht durch die Errichtung eines Binnenmarktes eine harmonische, ausgewogene und nachhaltige Entwicklung anzustreben. Art. 26 AEUV sieht die Errichtung eines Binnenmarktes vor, der einen Raum ohne Binnengrenzen erfasst und der freien Verkehr von Waren, Personen, Dienstleistungen und Kapital gewährleistet. Ziel ist es, auf den Märkten der Mitgliedstaaten eine faire Wettbewerbslage für alle Wirtschaftsgüter unabhängig ihrer Herkunft zu schaffen (Liberalisierung der Märkte). Dies setzt zunächst die Freiheit des Marktzugangs voraus. 691

2. Grundsatz: Freier Wettbewerb ohne Wettbewerbsverzerrungen

Die Grundstruktur der europäischen Wirtschaftsordnung lässt sich wie folgt beschreiben: Grundsätzlich ist wirtschaftliches Handeln frei. Diese Freiheit wird beschränkt durch notwendige Interventionen zum Schutze des Allgemeinwohls entweder durch EU-Recht oder den nationalen Gesetzgeber. Damit dieser sich bei seinen Maßnahmen nur im Rahmen des Erforderlichen bewegt, haben die im AEU-Vertrag enthaltenen Vorschriften die Aufgabe, notwendige Beschränkungen des freien Handels (Schutz höherrangiger Rechtsgüter wie Gesundheit, Eigentum etc.) von Maßnahmen protektionistischer Natur zu trennen. 692

Näher befasst sich der AEUV mit dem Warenverkehr, der Landwirtschaft, der Freizügigkeit von Arbeitskräften und Dienstleistungen sowie dem Verkehr. Weiter konkretisiert der Vertrag, wie die Politik der Gemeinschaft auf dem Gebiet von Wettbewerb, der Wirtschaftspolitik, der Angleichung von Rechtsvorschriften sowie der Sozialpolitik aussehen soll. 693

Die lange umstrittene Frage, ob auf europäischer Ebene eine bestimmte **Wirtschaftsverfassung** vorgegeben wird, hat mit Inkrafttreten des Vertrags von Lissabon eine Klärung dahingehend erfahren, dass nunmehr durch Art. 3 Abs. 2 Satz 2 EUV die soziale Marktwirtschaft als Ziel normativ im Unionsrecht verankert ist. Auch wenn sich diese Verpflichtung zunächst an die Unionsorgane richtet, wirkt sie als unmittelbar geltendes Primärrecht auch auf das nationale Recht ein. Dabei ist allerdings zu bedenken, dass es sich bei der sozialen Marktwirtschaft nicht um ein starres Konzept handelt, sondern durchaus unterschiedliche Schwerpunktsetzungen erlaubt. Fest steht lediglich, dass weder ein Manchester-Liberalismus noch eine Planwirtschaft als jeweilige Extremposition in Europa zulässig wären. 694

3. Ausnahme: Marktordnung

695 Für bestimmte, vermeintlich sensible Wirtschaftszweige war man bei den Verhandlungen über den EWG-Vertrag nicht bereit, das eben beschriebene Modell der grundsätzlichen wirtschaftlichen Freiheit zu übernehmen. Auch heute werden deshalb noch einige Wirtschaftssparten durch Gemeinschaftsorgane gelenkt und kontrolliert. Paradebeispiel hierfür ist die **Landwirtschaft.** Dies hängt insbesondere mit der Bedeutung dieses Wirtschaftszweiges für manche schwächeren Volkswirtschaften zusammen. Man befürchtete, durch Gewährung von Wettbewerbsfreiheit und die daraus resultierende Konkurrenz könnten in den betroffenen Mitgliedstaaten Existenzprobleme für die jeweilige nationale Landwirtschaft entstehen. Die daraus folgende Ablehnung der Gründungsverträge hätte die europäische Einigung gefährden können. Deshalb wurden Marktordnungen eingeführt, die sich z. T. nicht unerheblich voneinander unterscheiden. Sie reichen von vollständigen Preissystemen über preisregulierende Beihilfen bis hin zu einfachen Handelsregelungen oder Qualitätsnormierungen.

696 Nach Art. 38 AEUV umfasst der EU-Agrarmarkt sowohl die klassische Landwirtschaft als auch den Handel mit landwirtschaftlichen Erzeugnissen. Über 90% des Agrarmarktes der Gemeinschaft unterliegen besonderen, vom freien Wettbewerb abweichenden Bestimmungen. Es handelt sich dabei um ein nahezu klassisches Marktordnungsmodell mit all seinen Vor- und Nachteilen, bei dem an die Stelle der Vertragsfreiheit ein enges Bündel normativer Vorschriften getreten ist. Hierdurch wurde der freie Markt praktisch abgeschafft und ein planwirtschaftliches Geflecht von detaillierten Steuerungsinstituten geschaffen.

II. Die Grundfreiheiten

1. Allgemeine Grundfreiheitslehren

a) Systematischer Überblick

697 Die Grundfreiheiten sind das **wesentliche** Mittel, um den in Art. 26 AEUV geforderten Gemeinsamen Markt zu formen und zu erhalten. Sie gliedern sich systematisch in vier Gruppen: den **freien Warenverkehr** (Art. 28 bis 37 AEUV), die **Personenverkehrsfreiheiten** (Art. 45 bis 55 AEUV), der **freie Dienstleistungsverkehr** (Art. 56 bis 62 AEUV) und die **Kapital- und Zahlungsverkehrsfreiheit** (Art. 63 bis 66 AEUV). Der freie Warenverkehr ist seinerseits unterteilt in die **Zollunion** und die **Warenverkehrsfreiheit im engeren Sinne.** Zu den Personenverkehrsfreiheiten zählen die **Arbeitnehmerfreizügigkeit und** die **Niederlassungsfreiheit.** Die Dienstleistungsfreiheit ist gegenüber den Vorschriften über den freien Waren- und Kapitalverkehr und der Freizügigkeit der Personen **subsidiär,** Art. 57 Abs. 1 AEUV.

698 Sämtliche Grundfreiheiten sind **grundrechtsähnlich** ausgestaltet. Sie verbürgen **subjektive Rechte,** auf die sich der einzelne EU-Bürger berufen kann. Da es sich bei den Grundfreiheiten um **unmittelbar anwendbare** Rechtsnormen handelt, kann jeder EU-Bürger vortragen, bei einem grenzüberschreitenden Rechtsakt, durch den er betroffen ist, sei eine nationale

Rechtsnorm nicht anzuwenden, da sie gegen eine Grundfreiheit des AEUV verstoße.

b) Schutzumfang

Ein Verstoß gegen die Grundfreiheiten liegt vor, wenn eine nationale Maßnahme EU-Ausländer im Schutzbereich einer Grundfreiheit benachteiligt. Werden ausländischen EU-Gewerbetreibenden von einer inländischen Rechtsordnung Auflagen gemacht, die ihre inländischen Konkurrenten nicht zu erfüllen haben, liegt hierin eine EU-rechtswidrige Diskriminierung. Dies zu verhindern ist die ursprüngliche Funktion der Grundfreiheiten. Insoweit spricht man auch vom **Gebot der Inländergleichbehandlung.** 699

Problematischer ist, ob die Grundfreiheiten auch solche staatlichen Maßnahmen verbieten, die **unterschiedslos In- und Ausländer in gleicher Weise belasten,** so dass eine Diskriminierung gerade nicht vorliegt. Eine solche unterschiedslos wirkende Maßnahme ist beispielsweise gegeben, wenn eine nationale Norm allen Gewerbetreibenden, unabhängig von ihrer Staatsangehörigkeit, bestimmte in den Schutzbereich einer Grundfreiheit eingreifende Auflagen macht. Der Wortlaut mancher Grundfreiheiten indiziert eher, dass diese unterschiedslos wirkenden Maßnahmen nicht erfasst sind. Um Schutzlücken zu vermeiden, wendet die Rechtsprechung die Grundfreiheiten jedoch auch auf unterschiedslos wirkende Maßnahmen an. Auf diese Weise hat der EuGH die Grundfreiheiten im Laufe der Zeit zu **Beschränkungsverboten** weiterentwickelt, welche auch unterschiedslos wirkende, Inländer und EU-Ausländer gleichermaßen betreffende Maßnahmen erfassen, soweit diese sich beeinträchtigend auf den **Marktzugang** von EU-Ausländern auswirken. 700

Verstößt ein Staat durch das Handeln seiner nationalen Organe gegen eine Grundfreiheit, so führt dies nicht – wie im deutschen Verfassungsrecht – als **Rechtsfolge** zur Nichtigkeit der Norm. Da die Grundfreiheiten nur den grenzüberschreitenden Verkehr regeln, können ihnen auch nur Rechtsfolgen für den zwischenstaatlichen Bereich zugeordnet werden: Die angegriffene Norm ist daher zwar **im grenzüberschreitenden Verkehr** innerhalb der Gemeinschaft **unanwendbar;** im übrigen – d. h. im innerstaatlichen und außergemeinschaftlichen – Bereich bleibt sie jedoch in Kraft. 701

Ein französischer Kasehersteller exportiert Käse mit einem Fettgehalt von 30% nach Italien, wo der Vertrieb von Käse mit geringerem Fettgehalt als 45% verboten ist (EuGH, Slg. 1990, 3647; EuGH, Slg. 1990, 3697 – „Französischer Käse“). 702

Die italienische Norm diskriminiert zwar nicht EU-Ausländer gegenüber Italienern, behindert aber gleichwohl als unterschiedslos wirkende Maßnahme den grenzüberschreitenden Warenverkehr mit Käse. Dies ist gemäß Art. 34, 36 AEUV unzulässig, da die in Art. 36 AEUV genannten Rechtfertigungsgründe – z. B. Gesundheitsschutz – nicht greifen. Für Produkte aus dem EU-Ausland ist diese Norm unanwendbar: Der französische Hersteller darf den Käse in Italien vertreiben. Allerdings bleibt die Vorschrift für alle Italiener und Nicht-EU-Ausländer anwendbar. 703

An diesem Beispiel zeigt sich das Problem der sog. **Inländerdiskriminierung.** Der französische Hersteller darf seinen Käse nach Italien einführen 704 und dort vertreiben; Italienern ist der Vertrieb hingegen aufgrund nationalen Rechts untersagt.

c) Rechtfertigungstatbestände

705 Wie die Grundrechte des Grundgesetzes benötigen auch die Grundfreiheiten immer dann, wenn ein Eingriff in den Schutzbereich zu bejahen ist, d.h. eine Diskriminierung oder Beschränkung vorliegt, eine Rechtfertigung. Ohne eine solche Rechtfertigung ist die in den Schutzbereich einer Grundfreiheit eingreifende nationale Norm im grenzüberschreitenden Verkehr unanwendbar.

706 Besonders deutlich wird die Struktur zwischen Grundfreiheit und Rechtfertigung am Beispiel der Warenverkehrsfreiheit: Art. 34 AEUV formuliert den Schutzbereich, an den sich der Art. 36 AEUV mit einer enumerativen Aufzählung diverser Rechtfertigungsgründe anschließt.

707 Beschränkungen der Arbeitnehmerfreizügigkeit können nach Art. 45 Abs. 3 AEUV aus Gründen der öffentlichen Ordnung, Sicherheit oder Gesundheit gerechtfertigt werden. Eingriffe in die Niederlassungsfreiheit sind auf Art. 52 Abs. 1 AEUV zu stützen, wobei dessen Rechtfertigungsgründe mit denen des Art. 45 AEUV übereinstimmen. Allerdings mit einer Einschränkung: Art. 52 Abs. 1 AEUV setzt voraus, dass der Eingriff in einem Verstoß gegen das Gebot der Inländergleichbehandlung besteht („die eine Sonderregelung für Ausländer vorsehen"). Auf eben diesen Tatbestand verweist auch Art. 62 AEUV, soweit es um die Rechtfertigung von Diskriminierungen des freien Dienstleistungsverkehrs geht.

708 Schließlich gibt es noch Normen, die eine Heranziehung einer Grundfreiheit schon auf der Schutzbereichsebene ausschließen. Aufgrund der Bestimmungen der Art. 45 Abs. 4 AEUV, Art. 62 i.V.m. Art. 51 Abs. 1 AEUV werden Tätigkeiten, die eng mit der **Ausübung öffentlicher Gewalt** verbunden sind, vom Geltungsbereich der Grundfreiheiten ausgenommen. Dieses Tatbestandsmerkmal wird vom Gerichtshof restriktiv ausgelegt. Ausgenommen von den Grundfreiheiten sind danach im Prinzip nur **Tätigkeiten hoheitlichen Charakters** (Polizei, Streitkräfte, Rechtspflege, Steuerverwaltung), während staatliche Einrichtungen, die mit der Verwaltung und Erbringung von Dienstleistungen betraut sind, nicht zur Ausübung öffentlicher Gewalt zählen.

709 Zusätzlich zu den geschriebenen Rechtfertigungstatbeständen sind ungeschriebene Einschränkungen der Grundfreiheiten, die sog. **immanenten Schranken,** anerkannt. Bekanntestes Beispiel für die immanenten Schranken ist die sog. „Cassis-de-Dijon"-Formel zur **Warenverkehrsfreiheit** i.S.d. Art. 36 AEUV (EuGH, Slg. 1979, 649, 662 – „Cassis de Dijon"):

710 „(Tz. 8) (...) Hemmnisse für den Binnenhandel der Gemeinschaft (heute: Union), die sich aus den Unterschieden der nationalen Regelungen ergeben, müssen hingenommen werden, soweit diese Bestimmungen notwendig sind, um zwingenden Erfordernissen gerecht zu werden, insbesondere den Erfordernissen einer wirksamen steuerlichen Kontrolle, des Schutzes der öffentlichen Gesundheit, der Lauterkeit des Handelsverkehrs und des Verbraucherschutzes. (...)"

711 Die hier skizzierte Entwicklung hat aber nicht nur im Bereich der Warenverkehrsfreiheit stattgefunden, sondern lässt sich auch für die **Dienstleistungs-** und **Niederlassungsfreiheit** nachzeichnen. Ausgangspunkt in diesem

Bereich ist der Fall „van Binsbergen“ (EuGH, Slg. 1974, 1299) gewesen, bei dem der EuGH erstmals – und seitdem in ständiger Rechtsprechung – **„zwingende Gründe des Allgemeininteresses“** als ungeschriebene Einschränkungen des Anwendungsbereichs genügen ließ, um einen Verstoß zu rechtfertigen. Solche immanenten Schranken können jedoch nicht Diskriminierungen, sondern nur unterschiedslos wirkende Maßnahmen rechtfertigen.

Alle Rechtfertigungstatbestände müssen sich allerdings ihrerseits an bestimmten Maßstäben messen lassen. Dieser **allgemeine Rechtsgedanke,** wonach auch die Zulässigkeit einer Rechtfertigung gesondert zu prüfen ist, liegt auch Art. 36 Satz 2 AEUV zugrunde: „Diese Verbote oder Beschränkungen dürfen weder ein Mittel zur willkürlichen Diskriminierung noch eine verschleierte Beschränkung des Handels zwischen den Mitgliedstaaten darstellen.“ Mithin darf einerseits die auf einen Rechtfertigungsgrund gestützte Maßnahme **nicht diskriminierend wirken.** Zum anderen aber – und dies ist in der Praxis von wesentlich höherer Bedeutung – legt der Gerichtshof den Begriff einer verschleierten Beschränkung des Handels so aus, dass er dabei auf den **Grundsatz der Verhältnismäßigkeit** zurückgreift. Es ist also vor allem die Frage zu prüfen ist, ob nicht ein **milderes Mittel** den Zweck in gleicher Weise zu erfüllen vermag wie die zu beurteilende staatliche Maßnahme. 712

d) Adressatenkreis

Unstrittig ist, dass Gesetzgebung, Rechtsprechung und Verwaltung der Mitgliedstaaten und auch die Union selbst an die Grundfreiheiten gebunden sind. Im Einzelnen ungeklärt ist hingegen die Frage, ob und inwieweit die einzelnen Grundfreiheiten auch zwischen privaten Dritten Geltung entfalten (**unmittelbare Drittwirkung**). 713

Bei den **Personenverkehrsfreiheiten** und den Dienstleistungsfreiheiten befürwortet der Gerichtshof eine unmittelbare Drittwirkung, wenn es sich um **privatrechtliche Vereinigungen** handelt, die durch **Kollektivvereinbarungen** Hindernisse aufbauen. Bezüglich der Arbeitnehmerfreizügigkeit hat der Gerichtshof den Adressatenkreis nochmals erweitert, als das Inländergleichbehandlungsgebot auch für einzelne **Privatpersonen** Geltung beanspruche. 714

Die **Warenverkehrsfreiheit** und die Kapitalverkehrsfreiheit haben keinerlei Wirkung im Verkehr zwischen privaten Individuen. 715

2. Die Warenverkehrsfreiheit (Art. 28 ff. AEUV)

a) Der Anwendungsbereich des freien Warenverkehrs

Der räumliche Anwendungsbereich des freien Warenverkehrs folgt aus Art. 28 Abs. 2 AEUV: Die Freiheit des Warenverkehrs gilt für die aus den Mitgliedstaaten stammenden Waren sowie für Waren aus Drittstaaten, die sich in den Mitgliedstaaten im freien Verkehr befinden. 716

Eine Drittlandsware befindet sich dann im freien Verkehr innerhalb der Union, wenn sie gemäß Art. 29 AEUV rechtmäßig und unter Zahlung der erforderlichen Einfuhrabgaben in einen Mitgliedstaat eingeführt worden ist. Hieraus folgt, dass eine Ware nach ihrer rechtmäßigen Einfuhr in das EU-Zollgebiet im gesamten Bereich der Union Freizügigkeit genießt. 717

b) Struktur der Warenverkehrsfreiheit

718 Aus den Formulierungen der Art. 34, 36 AEUV ergibt sich die **Struktur** der Warenverkehrsfreiheit: Zunächst werden sämtliche **mengenmäßigen Beschränkungen und Maßnahmen gleicher Wirkung** verboten, die den Handel zwischen den Mitgliedstaaten beeinträchtigen. Da es jedoch Handelsbeschränkungen gibt, die ihren guten Sinn haben, erklärt Art. 36 AEUV Beschränkungen aus den dort genannten Gründen für gerechtfertigt. Weitere Voraussetzung ist jedoch, dass eine solche Rechtfertigung nicht nur vordergründig die in Art. 36 AEUV angesprochenen Zwecke verfolgt. Wenn es sich dabei in Wirklichkeit um eine **verschleierte Handelsbeschränkung** handelt, greift die Rechtfertigung nicht. Art. 34 AEUV richtet sich seinem Sinn und Zweck nach gegen Maßnahmen der Mitgliedstaaten auf dem Gebiet des Warenverkehrs. Praktisch bedeutet dies, dass nationale Verwaltungsakte, Rechtsverordnungen, Gesetze wie sonstiges rechtliches Handeln der Mitgliedstaaten an Art. 34 AEUV zu messen sind.

c) Auslegung des Begriffs „Maßnahmen gleicher Wirkung"

719 Nach dem Wortlaut des Art. 34 AEUV ist es zunächst verboten, Kontingentierungen einzelner Produkte, d.h. eine mengenmäßige Einfuhrbeschränkung, zu errichten. Mehr Schwierigkeiten bereitet die Auslegung des Begriffes „Maßnahmen gleicher Wirkung". Unter diesen Begriff fallen nach der Rechtsprechung des Gerichtshofs **sämtliche Maßnahmen** der Mitgliedstaaten, **die geeignet sind, den innergemeinschaftlichen Handel unmittelbar oder mittelbar, tatsächlich oder potenziell zu behindern** (sog. „Dassonville"-Formel; vgl. EuGH, Slg. 1974, 837, 853). Möchte z.B. ein Franzose eine Ware nach Deutschland ausführen und wird er hierbei durch eine deutsche Norm behindert, so ist dies gemäß Art. 34 AEUV unzulässig, sollte nicht ausnahmsweise ein Rechtfertigungstatbestand greifen.

720 Problematisch wird es, wenn eine inländische Norm nicht nur einen Ausländer benachteiligt, sondern sowohl für Inländer als auch für Ausländer gilt. Ob solche sog. **unterschiedslos wirkenden Maßnahmen** ebenfalls „Maßnahmen gleicher Wirkung" sind, war lange Zeit streitig. In seiner Entscheidung „Cassis de Dijon" (EuGH, Slg. 1979, 649) hat der EuGH festgestellt, dass auch solche Maßnahmen, die In- und Ausländer gleichermaßen behindern, Maßnahmen gleicher Wirkung i.S.d. Art. 34 AEUV sind. Damit hat er den **Schutzbereich** des Art. 34 AEUV erheblich **erweitert.**

721 Durch das Urteil „Keck" hat der EuGH (EuGH, Slg. 1993-I, 6097) den dadurch erweiterten Schutzbereich des Art. 34 AEUV insoweit wieder **eingeschränkt,** als nationale Bestimmungen, die nur **Verkaufsmodalitäten** betreffen, von Art. 34 AEUV nicht erfasst werden, soweit sie den Absatz der inländischen und der Erzeugnisse aus anderen Mitgliedstaaten rechtlich wie tatsächlich in der gleichen Weise berühren. Besonders einsichtig wird diese Rechtsprechung am Beispiel des britischen Verbots für Einzelhändler, sonntags ihre Geschäfte zu öffnen. Dieses Verbot betrifft nur die Verkaufsmodalitäten und fällt somit nicht in den Schutzbereich des Art. 34 AEUV.

d) Art. 36 AEUV und die sog. „Cassis-de-Dijon"-Formel

722 Verstößt eine Maßnahme gegen Art. 34 AEUV ist zu prüfen, ob sie ausnahmsweise zulässig ist. Dafür stellt **Art. 36 AEUV** eine Reihe von Recht-

fertigungsgründen zur Verfügung. Kann eine handelshemmende Maßnahme eines Mitgliedstaates mit einem dieser Topoi gerechtfertigt werden, so ist sie ausnahmsweise zulässig.

Darüber hinaus hat der EuGH diese Systematik durch seine als immanente Schranke zu qualifizierende **„Cassis-de-Dijon"-Formel** durchbrochen. Auch den Umwelt- und Verbraucherschutz zählt der EuGH inzwischen zu den **zwingenden Erfordernissen des Allgemeinwohls** im Sinne der „Cassis"-Rechtsprechung. 723

Konsequenz der Rechtsprechung des Gerichtshofs ist, dass ein in einem Mitgliedstaat rechtmäßig hergestelltes und vermarktetes Erzeugnis grundsätzlich in das Hoheitsgebiet der anderen Vertragsstaaten importiert werden darf, sofern nicht einer der Beschränkungsgründe des Art. 36 AEUV oder die „Cassis-de-Dijon"-Formel eingreift. 724

Firma R will in Deutschland französischen „Cassis de Dijon" (Johannisbeerlikör) vertreiben, der einen Alkoholgehalt von 15–20 Vol.% hat. Das Branntweinmonopolgesetz erlaubt jedoch in Deutschland nur den Vertrieb von Likör mit über 25 Vol.% Alkoholgehalt. Folglich untersagt diese Norm es der R, französischen „Cassis de Dijon" nach Deutschland einzuführen (EuGH, Slg. 1979, 649). 725

Da hier ein französisches Produkt über die Grenze nach Deutschland eingeführt werden soll, ist der grenzüberschreitende Verkehr betroffen. Damit ist Art. 34 AEUV anwendbar. Das Branntweinmonopolgesetz normiert keine mengenmäßige Beschränkung. Da diese Vorschrift aber praktisch ein Einfuhrverbot für Cassis de Dijon bewirkt, ist sie ein Handelshemmnis und damit zunächst eine Maßnahme gleicher Wirkung i.S.d. Art. 34 AEUV. Zweifel an der Anwendbarkeit des Art. 34 AEUV könnte man haben, weil nicht nur Ausländern die Einfuhr verboten wird, sondern in ganz Deutschland der Vertrieb von Cassis de Dijon – gleichgültig ob von In- oder Ausländern – untersagt ist. Nach der seit dieser Entscheidung ständigen Rechtsprechung des EuGH ist dies jedoch nicht entscheidend, es kommt nur darauf an, ob sich die Norm als Handelshemmnis auswirkt. Dies ist der Fall. Man könnte nun überlegen, ob das Branntweinmonopolgesetz sich über Art. 36 AEUV rechtfertigen lässt. Dies setzt allerdings voraus, dass diese Vorschrift zum Schutz der Gesundheit erlassen worden ist. Man könnte die Ansicht vertreten, das Vertriebsverbot von Alkoholika mit 15–20 Vol.% Alkohol diene dem Schutz der Gesundheit. Da das Branntweinmonopolgesetz allerdings den Vertrieb von Alkoholika über 25 Vol.% Alkohol wieder zulässt, ist diese Argumentation widersinnig. Warum ausgerechnet Alkoholika zwischen 15 und 25 Vol.% Alkohol besonders schädlich sein sollen, ist nicht einsichtig. Eine Rechtfertigung gemäß Art. 36 AEUV kommt somit nicht in Betracht. Mit dieser Argumentation hätte der EuGH bereits die Unanwendbarkeit der entsprechenden Vorschrift des Branntweinmonopolgesetzes im grenzüberschreitenden Verkehr feststellen können. Stattdessen entwickelte er – in dieser Entscheidung eigentlich überflüssig – die „Cassis-de-Dijon"-Formel und siedelte den Gesundheitsschutz in dieser Formel an, obgleich er in Art. 36 AEUV ausdrücklich genannt ist. Richtigerweise ist diese Formel nur dann anzuwenden, wenn es um zwingende Erfordernisse des Allgemeinwohls, wie z.B. um Verbraucher- oder Umweltschutz, geht, die in Art. 36 AEUV nicht ausdrücklich genannt sind. 726

e) Die Problematik der Verhältnismäßigkeit

727 Gemäß Art. 36 AEUV reicht es nicht aus, dass sich ein Mitgliedstaat auf diese Norm bzw. auf die „Cassis-de-Dijon"-Formel beruft. Denn die Berufung auf diese Rechtfertigungsgründe darf nicht dazu dienen, willkürlicher Diskriminierung oder einer verschleierten Beschränkung des Handels zwischen den Mitgliedstaaten Vorschub zu leisten. Ob dies der Fall ist, ist vor allem eine Frage der **Verhältnismäßigkeit**.

728 Ist z.B. eine die Warenverkehrsfreiheit beschränkende nationale Maßnahme angeblich aufgrund des Schutzes der öffentlichen Gesundheit erlassen worden, so ist die Frage, ob die Maßnahme wirklich dem Gesundheitsschutz dient und nicht in Wahrheit ein verschleiertes Handelshemmnis darstellt, am Maßstab des Verhältnismäßigkeitsprinzips zu beantworten. Ist die Maßnahme unverhältnismäßig, so indiziert dies, dass der Mitgliedstaat – z.B. mit dem Erlass einer Norm unter dem Etikett des Gesundheitsschutzes – in Wahrheit ein verschleiertes Handelshemmnis anstrebt.

729 In diesem Fall wird die Norm für den grenzüberschreitenden Verkehr, und auch nur für diesen, für unanwendbar erklärt. Im innerstaatlichen Verkehr ist sie jedoch – dies sei hier nochmals betont – nach wie vor wirksam. Im Einzelnen ist es allerdings oftmals höchst **strittig**, inwiefern sich die Mitgliedstaaten bei ihren handelshemmenden innerstaatlichen Vorschriften auf den Gesundheits-, Verbraucher- und Umweltschutz als Rechtfertigungsgrund berufen können. Denn die „Cassis-de-Dijon"-Formel bzw. die Tatbestandsmerkmale des Art. 36 AEUV sind durchaus **unscharf**.

730 Nach dem deutschen Biersteuergesetz dürfen zur Zubereitung von untergärigem Bier nur Gerstenmalz, Hopfen, Hefe und Wasser verwendet werden. Enthält ein ausländisches Bier andere Stoffe, darf das Getränk nicht unter der Bezeichnung „Bier" in den Verkehr gebracht werden. Werden künstliche Zusatzstoffe hinzugefügt, steht seiner Einfuhr ein absolutes Verkehrsverbot entgegen. Verstößt diese Regelung gegen Art. 34 AEUV? (Beispiel: EuGH, Slg. 1987, 1227 – „Reinheitsgebot")

731 Die Regelungen des Biersteuergesetzes stellen Handelshemmnisse i.S.d. Art. 34 AEUV dar, da sie den Handel zwischen den Mitgliedstaaten beeinträchtigen. Wer Bier aus anderen Stoffen als den in Deutschland zulässigen gebraut hat und dieses Erzeugnis nach Deutschland einführen will, sieht sich einem Bezeichnungsverbot und einem Einfuhrverbot gegenüber. Dieses Einfuhrverbot basiert auf dem Reinheitsgebot, das somit ein Handelshemmnis darstellt. Dies ist als Maßnahme gleicher Wirkung i.S.d. Art. 34 AEUV zu qualifizieren. Entscheidend ist, ob die Regelungen des Biersteuergesetzes gemäß Art. 36 AEUV dem Verbraucher- und Gesundheitsschutz dienen. Ein deutscher Verbraucher verbindet mit dem Begriff Bier ein Getränk, das nach dem Reinheitsgebot gebraut wurde. Enthält ein Bier andere Stoffe, so wird der Verbraucher über die Beschaffenheit des Getränkes getäuscht. Folglich dient die Bezeichnungsregelung dem Verbraucherschutz. Eine Rechtfertigung durch die „Cassis-de-Dijon"-Formel kommt aber nur in Frage, wenn die Regelung nicht ein verschleiertes Handelshemmnis darstellt. Maßstab dafür ist der Verhältnismäßigkeitsgrundsatz. Um eine Täuschung der Verbraucher zu vermeiden, würde auch eine Etikettierung des Bieres, die in deutlicher Weise die verwendeten Stoffe aufzeigt, ausreichen. Da ein milderes Mittel dem Verbraucherschutz in gleicher Weise gerecht

wird, ist ein Verkehrsverbot für Bier mit Zusatzstoffen unverhältnismäßig. Im Hinblick auf das Verwenden von künstlichen Zusatzstoffen könnte der Grundsatz des Gesundheitsschutzes nach Art. 36 AEUV einschlägig sein. Ein solches pauschales Verbot lässt sich jedoch nicht rechtfertigen, da darauf abgestellt werden muss, ob der einzelne Zusatzstoff im konkreten Fall gesundheitsschädigend ist.

Dann aber ist es über Art. 36 AEUV nicht zu rechtfertigen und somit wegen Art. 34 AEUV im grenzüberschreitenden Verkehr unzulässig. Konsequenz ist, dass ausländische Produzenten Biere, die nicht dem Reinheitsgebot entsprechen, in die Bundesrepublik einführen und hier vertreiben dürfen, während deutsche Produzenten nach wie vor an das Reinheitsgebot gebunden sind. Hier zeigt sich das Problem der **Inländerdiskriminierung** erneut in voller Deutlichkeit. 732

3. Die Personenverkehrsfreiheiten (Art. 45 ff. AEUV)

Die in den Art. 45 bis 55 AEUV geregelten zwei Freiheiten verfolgen sowohl ökonomische Zwecke als auch die soziale Verflechtung innerhalb der Union. Sie beinhalten im Einzelnen 733

- die **Freizügigkeit der Arbeitnehmer** (Art. 45 bis 48 AEUV),
- die **freie Niederlassung** (Art. 49 bis 55 AEUV).

Ziel aller Personenverkehrsfreiheiten ist die Herstellung der sog. **Inländergleichbehandlung.** Dies bedeutet, dass EU-Ausländer und Bürger der einzelnen Mitgliedstaaten vor dem Gesetz gleich sind und gleich behandelt werden müssen. Insofern haben die Freiheiten des Personenverkehrs primär den Charakter von Gleichheitsrechten. Sinn und Zweck dieser Vorschriften leuchten unmittelbar ein: Ein Binnenmarkt funktioniert nur dann, wenn außer den Waren auch der Produktionsfaktor Arbeit, das Kapital sowie Dienstleistungen ohne Beschränkungen frei verkehren können. Problematisch ist dabei allerdings, dass zwischen den einzelnen Mitgliedstaaten teilweise ein erhebliches Gefälle hinsichtlich der Qualität der sozialen Absicherung besteht. Unternehmen können in einzelnen Mitgliedstaaten bei Dienstleistungen, der Einstellung von Arbeitnehmern oder der Errichtung eines Unternehmens „Sozialdumping" betreiben und sich dadurch einen Wettbewerbsvorteil verschaffen, der den Zielen der Verträge (Hebung des sozialen Standards und Besserung der Lebens- und Arbeitsbedingungen) widerspricht. 734

Auf diese Befürchtungen lässt sich die Struktur der Personenverkehrsfreiheiten zurückführen, die nicht deutlich als Rechte der einzelnen EU-Bürger ausformuliert wurden, sondern eher wie an die einzelnen Regierungen adressierte Programmsätze anmuten, innerhalb einer bestimmten Zeit die gewünschten Zustände herbeizuführen. Nichtsdestoweniger ist heute anerkannt, dass auch die **Personenverkehrsfreiheiten unmittelbar anwendbares Recht** sind. Wie bei der Warenverkehrsfreiheit kann sich somit jeder Bürger eines EU-Mitgliedstaates auf die Personenfreiheiten berufen; sie sind in einem Rechtsstreit von jedem nationalen Gericht zu beachten. 735

a) Die Freizügigkeit der Arbeitnehmer (Art. 45 bis 48 AEUV)

In Form eines konkreten Diskriminierungsverbotes verbietet Art. 45 AEUV jede auf der Staatsangehörigkeit beruhende unterschiedliche Be- 736 handlung der Arbeitnehmer der Mitgliedstaaten in Bezug auf Beschäftigung, Entlohnung und sonstige Arbeitsbedingungen. Darüber hinaus verleiht er das Recht, sich um tatsächlich angebotene Stellen zu bewerben und statuiert ein Aufenthaltsrecht für die Arbeitssuche, für die Ausübung der Beschäftigung und, nach Maßgabe von Verordnungen, auch für die Zeit nach Beendigung der Beschäftigung. Vergleichbar der Warenverkehrsfreiheit steht auch ein Verstoß gegen die Freizügigkeit der Arbeitnehmer unter dem Rechtfertigungsvorbehalt der öffentlichen Ordnung, Sicherheit und Gesundheit (Art. 45 Abs. 3 AEUV).

737 Der belgische Staatsangehörige T, der in Belgien den Beruf des Fußballtrainers erlernt hatte und im Besitz eines belgischen Fußballtrainerdiploms war, wurde vom „Lille Olympic Sporting Club“ als Trainer der Berufsfußballmannschaft dieses Clubs angestellt. In Frankreich ist jedoch der Zugang zum Beruf des Fußballtrainers vom Besitz eines französischen Fußballtrainerdiploms oder eines als gleichwertig anerkannten ausländischen Diploms abhängig. Die französische Regierung weigerte sich, das belgische Trainerdiplom als dem französischen gleichwertig anzuerkennen, weil sie der Ansicht war, ausländische Trainer hätten in der französischen Fußballliga nichts zu suchen, es gäbe außerdem genug französische arbeitslose Trainer (EuGH, Slg. 1987, 4097 – „UNECTEF“).

738 Die französische Auffassung könnte mit Art. 45 f. AEUV unvereinbar sein. In den Genuss dieser Vorschriften kommt jeder Arbeitnehmer, der als EU-Ausländer in einem Mitgliedstaat der EU gegenüber Inländern unterschiedlich behandelt wird. Arbeitnehmer ist hierbei derjenige, der einer dauerhaften, abhängigen Tätigkeit nachgeht oder nachgehen will. Hierunter fällt auch ein Fußballtrainer. Da T entgegen dem von Art. 45 Abs. 2 AEUV geforderten Inländergleichbehandlungsgrundsatz behandelt wird, ist die Maßnahme der französischen Regierung unzulässig, wenn sie nicht von Art. 45 Abs. 3 AEUV, der den einzelnen Mitgliedstaaten das Recht gibt Beschränkungen einzuführen, die aus Gründen der öffentlichen Ordnung, Sicherheit und Gesundheit notwendig sind, gedeckt ist. Die französische Regierung begründet ihre Maßnahme aber nicht mit solchen Erwägungen, vielmehr knüpft ihre Untersagung allein an die Staatsangehörigkeit an. Gemäß Art. 18 AEUV ist jedoch jede Diskriminierung aus Gründen der Staatsangehörigkeit verboten. Die genannten Erwägungen sind somit unzulässig. Die Ansicht der französischen Regierung verstößt gegen Art. 45 AEUV.

739 In Zusammenhang mit der Freizügigkeit der Arbeitnehmer sei noch auf die **soziale Sicherung der Arbeitnehmer im grenzüberschreitenden Verkehr** hingewiesen. Das Europäische Parlament und der Rat wurden durch Art. 48 AEUV beauftragt, zur sozialen Sicherung und zur Herstellung der Freizügigkeit der Arbeitnehmer die notwendigen Maßnahmen zu treffen; zu diesem Zweck sollte er insbesondere ein System einführen, welches aus- und einwandernden Arbeitnehmern und deren anspruchsberechtigten Angehörigen Sozialversicherungsansprüche auch gegen die Sozialversicherungsträger im EU-Ausland sichert. Ein Großteil dieser Verordnungen ist in der Zwischenzeit ergangen. Durch ein ausgewogenes System der sozialen Sicherung, das niemanden benachteiligt, der im EU-Ausland eine Tätigkeit aufnimmt, wird gewährleistet, dass die Freizügigkeit der Arbeitnehmer auch tatsächlich zum Gelingen des Gemeinsamen Marktes beiträgt.

b) Die Niederlassungsfreiheit (Art. 49 bis 55 AEUV)

Die Niederlassungsfreiheit umfasst die Aufnahme und Ausübung selbstständiger Erwerbstätigkeiten sowie die Gründung und Leitung von Unternehmen nach den Bestimmungen des Aufnahmestaats für seine eigenen Angehörigen. Sachlich sind behindernde staatliche und solche kollektiven Maßnahmen angreifbar, die eine ähnliche Wirkung haben können wie z. B. Berufsordnungen oder Tarifverträge. Falls derartige Maßnahmen die Niederlassungsfreiheit beeinträchtigen, können sich sämtliche davon betroffenen EU-Staatsangehörigen vor Gericht unmittelbar dagegen wenden, ebenso Gesellschaften, die in einem EU-Mitgliedstaat rechtmäßig gegründet worden sind. Dies gilt unabhängig von der Ansässigkeit einer Person. Eine Berufung auf Art. 49 AEUV ist Personen versagt, deren Tätigkeit mit der Ausübung öffentlicher Gewalt verbunden ist, Art. 51 Abs. 1 AEUV. Auch Art. 49 AEUV steht unter dem Vorbehalt der öffentlichen Sicherheit und Ordnung bzw. Gesundheit (Art. 52 Abs. 1 AEUV). Verhältnismäßige Maßnahmen, die diese Rechtsgüter schützen, dürfen die Niederlassungsfreiheit beschränken. 740

Die deutsche Gesanglehrerin C möchte sich in Griechenland niederlassen, um dort privat Gesangstunden zu erteilen. Die zuständige griechische Behörde untersagt ihr dies, weil sie als Deutsche aus einem Land komme, wo die Krankheit Aids verbreitet sei. Erst nach einem negativen Aids-Test dürfe sie ihre Tätigkeit ausüben. Von Inländern verlangt die griechische Behörde den Aids-Test nicht. 741

Die Beschränkung der Niederlassungsfreiheit könnte gegen Art. 49, 52 AEUV verstoßen. Da Art. 49f. AEUV unmittelbar anwendbar sind, kann sich auch C in einem Rechtsstreit auf diese Normen berufen. Da C in selbstständiger Art und Weise eine Erwerbstätigkeit in einem EU-Mitgliedstaat aufnehmen will, fällt sie auch sachlich unter die Niederlassungsfreiheit. Der von ihr verlangte Aids-Test wäre somit unzulässig, wenn er nicht über Art. 52 AEUV zu rechtfertigen wäre. Danach sind Sonderregelungen für Ausländer zulässig, wenn die öffentliche Sicherheit es erfordert. Hier behauptet die Behörde, eine Übertragung der Krankheit Aids zu verhindern gebiete es, der C die Tätigkeit zu untersagen. Eine Maßnahme lässt sich jedoch nur über Art. 52 AEUV rechtfertigen, wenn sie verhältnismäßig ist. Es ist äußerst zweifelhaft, ob Aids überhaupt durch die Tätigkeit einer Gesanglehrerin übertragen werden kann. Da dies nach dem heutigen Stand der Medizin auszuschließen ist, eignet sich die Maßnahme der Behörde nicht, die Gesundheit der griechischen Bevölkerung zu schützen. Es ist ferner nicht einzusehen, warum eine Aids-Gefahr nur von Ausländern ausgehen soll. Da Krankheiten von jedem Menschen übertragen werden können, müsste als wirksamer Gesundheitsschutz der Aids-Test von allen, also auch von inländischen Lehrern, verlangt werden. Mangels Eignung der Maßnahme kann sie somit nicht über Art. 52 AEUV gerechtfertigt werden. Sie ist unzulässig. 742

Wie bereits festgestellt, sind alle **„Beschränkungen"** der Niederlassungsfreiheit von Art. 49 AEUV verboten. Die Frage ist nun, wie der Begriff der „Beschränkung" i. S. d. Art. 49 AEUV zu bestimmen ist. Einigkeit besteht insofern, dass Art. 49 AEUV **zumindest** ein **Diskriminierungsverbot** auf- 743 stellt. Das bedeutet: EU-Ausländer können sich in einem Mitgliedstaat unter den gleichen Bedingungen wie Inländer niederlassen (Prinzip der Inländergleichbehandlung).

744 Der Gerichtshof hat die Niederlassungsfreiheit zu einem **Beschränkungsverbot** ausgebaut. Die überwiegende Lehre begrenzt die Reichweite des Beschränkungsverbotes auf solche nichtdiskriminierenden innerstaatlichen Regelungen, die den Marktzugang als solchen betreffen. Bei Berufsausübungsregelungen als Schutzgegenstand greift wie bei der Arbeitnehmerfreizügigkeit grundsätzlich nur das Diskriminierungsverbot. Der Gerichtshof hat sich jedoch noch nicht ausdrücklich dazu geäußert, ob er sich im Hinblick auf die Niederlassungsfreiheit diesem restriktiven Ansatz anschließt.

4. Die Dienstleistungsfreiheit (Art. 52 bis 62 AEUV)

745 Art. 56 AEUV gilt für Staatsbürger und Gesellschaften der Mitgliedstaaten, die in einem anderen Mitgliedstaat ansässig sind als in demjenigen, in dem die Dienstleistung erbracht wird. Eine Dienstleistung i.S.d. Art. 57 AEUV ist jede Leistung, die gegen Entgelt erbracht wird, grenzüberschreitenden Bezug hat und nur von vorübergehender Dauer ist, soweit sie nicht den Vorschriften über den freien Waren- und Kapitalverkehr und über die Freizügigkeit der Personen unterliegt. Mit dem Zusatz „soweit“ erweist sich der freie Dienstleistungsverkehr als Auffangtatbestand der anderen Freiheiten, insbesondere des freien Warenverkehrs. Es sind drei Formen denkbar, in denen eine Dienstleistung i.S.d. Art. 56 AEUV erbracht werden kann:

- Der Leistungserbringer begibt sich zur Erbringung seiner Leistung in einen anderen Mitgliedstaat (aktive Dienstleistungsfreiheit),
- der Empfänger der Dienstleistung begibt sich zum Leistungserbringer in dessen Heimatstaat (passive Dienstleistungsfreiheit),
- Leistungserbringer und Empfänger verbleiben in ihren Heimatstaaten und nur die Dienstleistung überschreitet die Grenze (sog. Korrespondenzdienstleistung).

746 Dabei ist die Dienstleistung ein europäischer Begriff, der jede am Ort der Erbringung erlaubte Handlung umfasst. Ein legaler Schwangerschaftsabbruch ist deshalb eine Dienstleistung i.S.d. der Verträge. Dementsprechend darf die Ausreise einer Irin zum Zwecke eines legalen Schwangerschaftsabbruchs in England nicht behindert oder der Abbruch nachträglich in Irland bestraft werden. Art. 56 AEUV untersagt sowohl diskriminierende als auch unterschiedslos wirkende Maßnahmen. Verboten sind also nicht nur Maßnahmen, die EU-Ausländer diskriminieren, sondern auch Regelungen, die für In- und Ausländer gleichermaßen gelten, aber gleichwohl zu einer Beeinträchtigung der Dienstleistungsfreiheit führen.

5. Die Freiheit des Kapital- und Zahlungsverkehrs (Art. 63 ff. AEUV)

747 In einem gemeinsamen Binnenmarkt müssen nicht nur geldwerte Waren und Dienstleistungen umlauffähig sein und Arbeitnehmer und Angehörige der freien Berufe ihren Tätigkeitsort frei wählen können, sondern es muss

auch ein liberalisierter Kapitalfluss ermöglicht werden. Erst dann kann von einer unbeschränkten Mobilität der Produktionsfaktoren und Produkte die Rede sein. Aus diesem Grund regelt der AEUV auch die Freiheit des Kapital- und Zahlungsverkehrs.

In den Genuss der **Kapitalverkehrsfreiheit** kommt jeder, dessen Kapital im Bereich der Union „ansässig“ ist, unabhängig von der Staatsangehörigkeit seines Eigners. Geschützt sind sowohl Sachkapital (z.B. Unternehmensanteile), Geldkapital (z.B. Darlehen) als auch die grenzüberschreitende Übertragung eines Vermögens im Wege der Erbschaft. 748

Wenn im AEUV selbst auch keine Definition des Kapitalverkehrs zu finden ist, so handelt es sich dabei nach allgemeiner Meinung um eine im Wesentlichen einseitige Wertübertragung von einem Mitgliedstaat in einen anderen, ohne dass sie Zug um Zug gegen eine andere Leistung erfolgt. 749

Nach Art. 63 Abs. 1 AEUV sind alle Beschränkungen des Kapitalverkehrs zwischen den Mitgliedstaaten sowie zwischen den Mitgliedstaaten und dritten Ländern verboten. 750

Dies bedeutet jedoch nicht, dass die Freiheit des Kapitalverkehrs schrankenlos gilt: Der AEUV sieht in Art. 64ff. AEUV eine Reihe von Ausnahmen vor. Die Ausnahmen der Kapitalverkehrsfreiheit sind damit primärrechtlich festgeschrieben. Beispielsweise lässt Art. 64 Abs. 1 AEUV bestimmte Beschränkungen der Kapitalverkehrsfreiheit gegenüber Drittstaaten, die bereits am 31. 12. 1993 bestanden, fortbestehen. 751

Im Gegensatz zur Kapitalverkehrsfreiheit schützt die **Zahlungsverkehrsfreiheit** des Art. 63 Abs. 2 AEUV den einseitigen Transfer von Kapitalmitteln, die als Gegenleistung im Rahmen eines Vertrages fließen. Die Zahlungsverkehrsfreiheit ist also das **notwendige Gegenstück** zu den **Grundfreiheiten:** Soweit die Grundfreiheit Schutz gewährt, ist auch die Gegenleistung zu der von der Grundfreiheit geschützten Betätigung frei von Beschränkungen. 752

III. Wettbewerbsrecht

Durch staatliche Beihilfen ist es den **Mitgliedstaaten** möglich, freien Wettbewerb im Binnenmarkt zugunsten ihrer nationalen Unternehmen zu verzerren. Durch Kartelle und den Missbrauch marktbeherrschender Stellungen sind es die **Unternehmen** selbst, die der Versuchung verfallen, durch Absprachen, Marktaufteilung oder sonstige Verhaltensweisen eigennützig den Wettbewerb zu verfälschen. In beiden Fällen ist es Aufgabe des europäischen Wettbewerbsrechts, einen fairen und offenen Wettbewerb im europäischen Binnenmarkt zu sichern. 753

1. Das Kartellverbot

Art. 101 AEUV verbietet alle aufeinander abgestimmten Verhaltensweisen zwischen Unternehmen und Unternehmensvereinigungen, die den Handel zwischen den Mitgliedstaaten zu beeinträchtigen geeignet sind, soweit sie eine Verhinderung, Einschränkung oder Verfälschung des Wettbewerbs innerhalb des Gemeinsamen Marktes bezwecken oder bewirken. Bereits die Formulierung zeigt, dass Art. 101 AEUV **unmittelbar anwendbares** Recht ist. Adressaten der Norm sind alle Subjekte, die sich am Wirtschaftsverkehr beteiligen, unabhängig von der Rechtsform, in der sie organisiert sind. Dies 754 bedeutet, dass alle Wirtschaftsunternehmen, Freiberufler und Künstler, aber auch Berufs- und Interessenverbände erfasst sind.

755 Das Kartellverbot ist immer dann zu prüfen, wenn **aufeinander abgestimmte Verhaltensweisen** vorliegen, die **wirtschaftlich relevant** sind. Dies sind insbesondere Verträge, aber auch Beschlüsse von Unternehmensvereinigungen und sonstige Verhaltensweisen wie Empfehlungen oder die Ausübung von Druck gehören hierzu. Dabei ist es ohne Bedeutung, ob die Abstimmung im Verhalten auf **horizontaler** Ebene zwischen Konkurrenten (z. B. Preisabsprachen), oder im **vertikalen** Bereich, also zwischen Angehörigen der verschiedenen Wirtschaftsstufen (z. B. Alleinvertriebsvereinbarungen) stattfindet. Die auf diese Weise festgestellten wettbewerbsbeschränkenden Folgen einer Vereinbarung müssen des Weiteren **spürbar** sein, was voraussetzt, dass einer Vereinbarung europaweit Bedeutung zukommt. Eine Preisabsprache zwischen einem Straßburger Bäcker und einem Bäcker aus Baden-Baden wird insofern kaum unter Art. 101 AEUV fallen. Ob Spürbarkeit vorliegt, muss im Einzelfall geprüft werden; als Anhaltspunkt hat die Kommission einen Umsatzanteil der Beteiligten von 5% am relevanten Markt vorgegeben.

756 Die Feststellung, ob im Einzelfall ein Kartell vorliegt, kann durchaus problematisch sein. Für die Unternehmen ist es aber von größter Bedeutung, zu wissen, ob ihr Verhalten erlaubt oder verboten ist. Sie können sich deshalb von der Kommission bestätigen lassen, dass sie durch ihr Verhalten nicht gegen Art. 101 AEUV verstoßen. Diese Bestätigung wird **Negativattest** genannt.

757 Das Kartellverbot gilt allerdings nicht uneingeschränkt, sondern richtet sich nur gegen solche Kartelle, die den Wettbewerb schädigen. In der Praxis existieren auch Kartelle, die **wirtschaftlich sinnvoll** und deshalb **erwünscht** sind. Da diese prinzipiell ebenfalls von Art. 101 AEUV erfasst werden, ist der Kommission Ermessen eingeräumt worden, in bestimmten Einzelfällen das Kartellverbot für nicht anwendbar zu erklären. In diesem sog. **Freistellungsverfahren** gemäß Art. 101 Abs. 3 AEUV können abgestimmte Verhaltensweisen ausnahmsweise genehmigt werden, wenn sie der angemessenen Beteiligung der Verbraucher am entstehenden Gewinn, der Verbesserung der Warenerzeugung oder Warenverteilung oder der Förderung des technischen bzw. wirtschaftlichen Fortschritts dienen. Dies trifft z. B. auf Rationalisierungs-, Spezialisierungs-, Forschungs-, Transport- und Servicekartelle zu.

758 **Rechtsfolge** eines Verstoßes gegen das Kartellverbot ist grundsätzlich die **Nichtigkeit** der Vereinbarung. Nach nationalem Recht können Kartellrechtsverstöße Unterlassungs- und Schadensersatzansprüche (z. B. gemäß § 823 Abs. 2 BGB i. V. m. Art. 101 Abs. 1 AEUV) begründen. Darüber hinaus kann die Kommission bestimmte Verhaltensweisen untersagen und Bußgelder verhängen.

2. Das Verbot des Missbrauchs einer marktbeherrschenden Stellung

759 Gefahr für die Aufrechterhaltung wettbewerblicher Konkurrenzsituationen kann aber nicht nur von Unternehmensvereinbarungen, sondern auch

von dem **Verhalten einzelner am Wirtschaftsleben Beteiligter** ausgehen. Haben diese eine überragende Stellung, können sie Preise und Vertragsbedingungen diktieren, andere Mitbewerber im Preiskampf unterbieten oder gar vom Markt drängen. Deshalb verbietet Art. 102 AEUV „die missbräuchliche Ausnutzung einer beherrschenden Stellung auf dem Binnenmarkt oder auf einem wesentlichen Teil desselben durch ein oder mehrere Unternehmen, soweit dies dazu führen kann, den Handel zwischen den Mitgliedstaaten zu beeinträchtigen“. Entscheidendes Problem des Art. 102 AEUV ist der Nachweis einer **marktbeherrschenden Stellung** eines Unternehmens. Sie liegt vor, wenn das Unternehmen **wirksamem Wettbewerb entgehen** oder ihn **verhindern** kann. Das Vorliegen dieses Kriteriums wird in der Realität an verschiedenen Indizien verifiziert: So führt die Fähigkeit, Preise autonom, d.h. vom Wettbewerb unabhängig, festzulegen ebenso zu einer marktbeherrschenden Stellung wie eine vollständige Produktions- und Absatzkontrolle der relevanten Güter, die Beherrschung von Rohstoffmärkten, das Innehaben eines Schlüsselpatents oder die Beherrschung von Vertriebskanälen. Entscheidendes Kriterium ist allerdings der Marktanteil. Eine marktbeherrschende Stellung ist bei einem Anteil von über 40% am relevanten Markt oder auch bei einem den Marktanteil der übrigen Wettbewerber deutlich überragenden Anteil anzunehmen. Zwischen 25% und 40% Marktanteil muss genauer untersucht werden, ob eine marktbeherrschende Stellung vorliegt. Eine Marktbeherrschung kann dabei nicht nur von einem Unternehmen ausgehen, sondern ebenso von einer Mehrzahl von Unternehmen, z.B. den Mineralölgesellschaften. Dann spricht man von einem **marktbeherrschenden Oligopol.** Das Innehaben einer marktbeherrschenden Stellung ist im modernen Wirtschaftsleben allerdings nichts Außergewöhnliches. Als natürliche Folge des Wettbewerbs führt eine solche Stellung nur dann zur Missbilligung, wenn sie von dem oder den betroffenen Unternehmen **missbräuchlich ausgenutzt** wird. Dies ist der Fall, wenn andere unter Ausnutzung der marktbeherrschenden Stellung ausgebeutet bzw. in ihrem Wettbewerb behindert werden. Art. 102 AEUV nennt hierfür einige Beispiele: So ist die Erzwingung von unangemessenen Preisen bzw. Geschäftsbedingungen ebenso verboten wie die Einschränkung der Erzeugung, des Absatzes oder der technischen Entwicklung zum Schaden der Verbraucher.

3. Das Beihilfeverbot

Wettbewerbsverzerrungen entstehen nicht nur durch Zölle, Einfuhrbe- 760
schränkungen, Maßnahmen gleicher Wirkung, diskriminierende Steuern oder durch die unzulässige Zusammenarbeit von Unternehmen, sondern ebenso durch **staatliche Unterstützung** bestimmter Wirtschaftszweige. Subventionierte inländische Güter können auf dem Markt billiger verkauft werden als vergleichbare nichtsubventionierte Güter aus dem Ausland. Dennoch verbietet das Zusammenwachsen des Gemeinsamen Marktes einen schlagartigen Abbau aller staatlichen Beihilfen. Diese tragen sozialen und regionalen Besonderheiten Rechnung und verhindern, dass durch den Untergang einzelner Wirtschaftszweige ganze Wirtschaftsordnungen gefährdet werden. In diesem Spannungsfeld versuchen die Art. 107 bis 109

AEUV angemessene Regelungen zu treffen. Wegen der engen Verzahnung mit dem nationalen Verwaltungsrecht wird hierauf im Einzelnen in Kapitel 36 eingegangen.

Weiterführende Hinweise:

Dörr, Das Wettbewerbsrecht des EGV, JuS 2001, 313;
Ohler, Das Beschränkungsverbot der Grundfreiheiten, JA 2006, 939;
Ruffert, Die Grundfreiheiten im Recht der Europäischen Union, JuS 2009, 97.

Kapitel 31: Übungsfall zum 3. Teil

761 *Der deutsche Bundesligaverein V steht nach einem Drittel der laufenden Saison kurz vor einem Abstiegsplatz. Er will daher als Verstärkung den niederländischen Jungnationalspieler S verpflichten. Nach den Statuten des Deutschen Fußball-Bundes (DFB) darf ein Verein aber nicht mehr als drei Nichtdeutsche in einem Spiel einsetzen. V hat bereits drei Spieler aus dem EU-Ausland unter Vertrag. Diese Spieler gelten als Leistungsträger der Mannschaft – sie spielen nahezu jedes Spiel.*

Aufgabe 1: *Der Manager von V ist der Ansicht, dass die Ausländerklausel des DFB eine unzulässige Beschränkung der Arbeitnehmerfreizügigkeit darstellt. Hat er Recht?*

Aufgabe 2: *Der DFB hebt seine Ausländerklausel auf, nachdem ihm im Hinblick auf eine unionsrechtliche Zulässigkeit Bedenken gekommen sind. Daraufhin treffen die Vereine der Bundesliga eine Absprache, dass sie auch weiterhin auf einen Einsatz von mehr als drei Ausländern pro Spiel verzichten wollen. Verstößt die Absprache gegen Art. 101 AEUV?*

Aufgabe 3: *Die Kommission ist der Ansicht, dass die Vereinbarung der Bundesliga gegen Unionsrecht verstößt und will daher gegen die Vereine vorgehen. Um Beweisstücke zu sichern, durchsucht die Kommission die Vereinsräume einiger Fußballclubs. Die Kommission stützt ihre Maßnahme auf Art. 20 EG-Verordnung Nr. 1/2003, der den Bediensteten der Kommission u.a. die Befugnis einräumt, bei der Vornahme von Nachprüfungen „alle Räumlichkeiten, Grundstücke und Transportmittel von Unternehmen und Unternehmensvereinigungen zu betreten", „die Bücher und sonstigen Geschäftsunterlagen, unabhängig davon, in welcher Form sie vorliegen, zu prüfen" sowie „Kopien oder Auszüge gleich welcher Art aus diesen Büchern und Unterlagen anzufertigen oder zu erlangen". Ist diese Maßnahme mit den EU-Grundrechten vereinbar?*

Aufgabe 1

762 Es kommt im Falle des Spielers S ein Verstoß gegen **Art. 45 AEUV (Arbeitnehmerfreizügigkeit)** in Betracht.

763 **I.** Der **persönliche Anwendungsbereich** des Art. 45 AEUV müsste eröffnet sein. Nach Art. 45 Abs. 2 AEUV gilt die Grundfreiheit für Arbeitnehmer, die Staatsangehörige eines Mitgliedstaates sind. Fraglich ist, ob professionelle Fußballspieler als Arbeitnehmer i.S.d. Art. 45 AEUV anzusehen sind. Nach der Rechtsprechung des Gerichtshofs sind die wesentlichen Merkmale eines Arbeitnehmers, dass er Leistungen von gewissem wirtschaftlichen Wert für einen Anderen, von dessen Weisungen er abhängig ist, erbringt und dass er als Gegenleistung eine Vergütung erhält. Diese Merkmale erfüllt S; er ist ein Arbeitnehmer nach Art. 45 AEUV.

764 **II.** Ebenfalls ist der **sachlich-räumliche Anwendungsbereich** des Art. 45 AEUV eröffnet. Der Fall des Niederländers S, der ein Arbeitsverhältnis in

Deutschland eingehen will, weist einen zwischenstaatlichen Bezug auf. Die Arbeitnehmerfreizügigkeit innerhalb der Union ist betroffen.

765 **III.** Weiter müsste ein **Verstoß** gegen die Gewährleistung des Art. 45 AEUV vorliegen. Problematisch ist, ob sich die Statuten des DFB überhaupt an Art. 45 AEUV messen lassen müssen. Dies könnte insofern zweifelhaft sein, als sich Art. 45 AEUV als Grundfreiheit zunächst nur gegen Maßnahmen von Mitgliedstaaten richtet und es sich bei der Satzung des DFB um die Maßnahme eines Sportverbandes handelt. Der DFB müsste ein tauglicher **Normadressat** des Art. 45 AEUV sein.

766 Der EuGH hat festgestellt, dass die Normadressaten des Art. 45 AEUV zwar in erster Linie die Mitgliedstaaten sind. Von Art. 45 AEUV würden aber auch solche Maßnahmen erfasst, die eine kollektive Regelung im Arbeits- und Dienstleistungsbereich enthalten. Dies wurde vom Gerichtshof damit begründet, dass andernfalls privatrechtlich autonome Vereinigungen durch Kollektivregelungen Hindernisse für die Freizügigkeit schaffen könnten, die den Mitgliedstaaten verboten sind. Damit wäre aber die Gewährleistung der Freizügigkeit zwischen den Mitgliedstaaten in erheblichem Umfang gefährdet.

767 **IV.** Nun müsste die Satzung des Fußballverbandes die durch Art. 45 AEUV gewährleistete Freizügigkeit in rechtswidriger Weise **beeinträchtigen.** Art. 45 Abs. 2 AEUV sieht vor, dass die Arbeitnehmerfreizügigkeit die Abschaffung jeder auf der Staatsangehörigkeit beruhenden unterschiedlichen Behandlung der Arbeitnehmer in Bezug auf Beschäftigung, Entlohnung und sonstige Arbeitsbedingungen umfasst. Damit enthält Art. 45 Abs. 2 AEUV ein **Diskriminierungsverbot,** das die Ungleichbehandlung von Arbeitnehmern aus dem Inland und dem EU-Ausland verbietet. Die Ausländerklausel des deutschen Verbandes hat einen diskriminierenden Charakter, da die Zahl der Spieler aus dem EU-Ausland, die in einem Spiel eingesetzt werden dürfen, auf drei beschränkt wird, während der zahlenmäßige Einsatz von inländischen Spielern nicht limitiert ist. Dies stellt eine **Benachteiligung** der Spieler aus dem EU-Ausland gegenüber den inländischen Spielern dar.

768 Nun könnte man einwenden, dass sich die Ungleichbehandlung nur auf den Einsatz der Spieler in einem Spiel bezieht, die Vereine aber das Recht hätten, beliebig viele Spieler aus dem EU-Ausland zu verpflichten. Diese Argumentation übersieht jedoch, dass die Beschäftigungschancen eines Fußballers davon abhängen, inwieweit er in einem Spiel auch eingesetzt werden darf. Jeder Verein wird eine Ausländerklausel bei der Verpflichtung von Spielern berücksichtigen, sodass eine Ausländerklausel auch die Beschäftigungsmöglichkeiten eines Spielers bei einem Verein im EU-Ausland beeinträchtigt. An dem diskriminierenden Charakter der Ausländerklausel ist daher nicht zu zweifeln.

769 **V.** Zu erwägen ist allerdings, ob die Diskriminierung nicht **zulässig** ist.

770 **1.** Im AEUV niedergelegte Schranken für Diskriminierungen im Rahmen der Arbeitnehmerfreizügigkeit finden sich in **Art. 45 Abs. 3 AEUV.** Nach Art. 45 Abs. 3 AEUV können Beschränkungen aus Gründen der öffentlichen Ordnung, Sicherheit und Gesundheit gerechtfertigt sein. Die Ausländerklausel der Satzung des Deutschen Fußball-Bundes dient aber nicht die-

sen Zwecken, sodass Art. 45 Abs. 3 AEUV nicht eingreift. Nicht im AEUV genannt, aber gleichwohl vom Gerichtshof anerkannt, ist eine Rechtfertigung nationaler Beschränkungen der Arbeitnehmerfreizügigkeit aus **zwingenden Gründen des Allgemeininteresses.** Dieser Rechtfertigungsgrund kann aber grundsätzlich nur bei unterschiedslos geltenden Maßnahmen herangezogen werden, sodass er im Fall der hier vorliegenden Diskriminierung nicht geprüft werden darf.

2. Über diese Schranken hinaus hat der Gerichtshof für den Bereich des Sports einen weiteren Rechtfertigungsgrund für Diskriminierungen anerkannt. So bejaht der Gerichtshof eine Vereinbarkeit mit dem AEUV in dem Fall, dass ausländische Sportler aus **objektiven, nichtwirtschaftlichen Gründen,** die nur den Sport als solchen betreffen, ausgeschlossen werden. Als Beispiel hierfür hat der Gerichtshof die Aufstellung von Nationalmannschaften angeführt. Dieser besondere Rechtfertigungsgrund ist hier aber nicht einschlägig, da der Zusammensetzung von Mannschaften im Profisport gerade wirtschaftliche Erwägungen zugrunde liegen. 771

3. Ein Verstoß gegen Art. 45 AEUV liegt damit vor. 772

Aufgabe 2

In Betracht kommt ein Verstoß gegen **Art. 101 AEUV,** der Vereinbarungen zwischen Unternehmen, welche den Handel zwischen Mitgliedstaaten zu beeinträchtigen geeignet sind und eine Verhinderung, Einschränkung oder Verfälschung des Wettbewerbs innerhalb des Binnenmarktes bezwecken oder bewirken, verbietet. Bereits oben wurde die generelle **Anwendbarkeit des Gemeinschaftsrechts** auf den Bereich des Sports dargelegt. Der Sport unterliegt – auch wenn er nicht nur wirtschaftliche, sondern zudem soziale und kulturelle Bezugspunkte aufweist – prinzipiell der Wettbewerbskontrolle der EU. 773

I. Eine Anwendbarkeit der Art. 101 ff. AEUV setzt zunächst voraus, dass es sich bei den Vereinen des Profifußballs um Unternehmen i. S. d. Art. 101 AEUV handelt. Nach der Rechtsprechung des Gerichtshofs ist ein Unternehmen **jede** eine **wirtschaftliche Tätigkeit ausübende Einheit,** unabhängig von der jeweiligen Rechtsform und der Art der Finanzierung. Dass Fußballvereine der Profiliga eine wirtschaftliche Tätigkeit ausüben, ist – angesichts der finanziellen Transaktionen und der Umsätze der Vereine – unmittelbar einsichtig. 774

II. Des Weiteren müsste eine in Art. 101 AEUV genannte Maßnahme der Unternehmen vorliegen. Hier haben die Vereine untereinander eine **Absprache** getroffen, an der Ausländerklausel festzuhalten. Diese Absprache stellt eine Vereinbarung i. S. d. Art. 101 AEUV dar, da eine Willenseinigung der Vereine vorliegt, durch die sie sich zu einem bestimmten Tun bzw. Unterlassen verpflichten. 775

III. Weitere Voraussetzung des Art. 101 Abs. 1 AEUV ist, dass der **Handel zwischen den Mitgliedstaaten beeinträchtigt wird.** Durch die Ausländerklausel wird der Wechsel von Fußballern aus dem EU-Ausland in die deutsche Profiliga behindert und damit auf den Wirtschaftsverkehr zwischen den Mitgliedstaaten Einfluss genommen. 776

777 **IV.** Art. 101 AEUV setzt darüber hinaus voraus, dass die Vereinbarung eine **Beschränkung des Wettbewerbs** (Verhinderung, Einschränkung oder Verfälschung) innerhalb des Binnenmarktes **bezweckt** oder **bewirkt.** Die Vereinbarung, nicht mehr als drei ausländische Spieler pro Begegnung einzusetzen, beschränkt den Wettbewerb innerhalb des Binnenmarktes, denn den Vereinen wird die Möglichkeit genommen, sich durch Einstellung von zusätzlichen ausländischen Spielern gegenseitig Konkurrenz zu machen. Der Wettbewerb zwischen den Profiligavereinen wird damit eingeschränkt.

778 **V. Ausnahmen** vom Kartellverbot sind nur in Art. 101 Abs. 3 AEUV vorgesehen. Hiernach kann die Kommission eine Freistellung vom Kartellverbot erteilen. Dies ist aber nicht geschehen, sodass sich über Art. 101 Abs. 3 AEUV die nach Art. 101 Abs. 1 AEUV verbotene Absprache nicht legitimieren lässt. Zudem wäre hier eine Freistellung nach der Praxis der Kommission ohnehin ausgeschlossen: Ausnahmen von kartellrechtswidrigen Vereinbarungen sollen nur möglich sein, wenn diese nicht das Recht der Arbeitnehmerfreizügigkeit berühren. Dies ist aber hier der Fall, sodass sich im Ergebnis festhalten lässt: Die Vereinbarung der Vereine verstößt gegen das Kartellverbot des Art. 101 AEUV.

Aufgabe 3

779 **I.** Die Kommission hat ihre Durchsuchung der Vereinsräume auf Art. 20 EG-Verordnung Nr. 1/2003 gestützt. Diese Vorschrift ermächtigt die Kommission in Abs. 2 lit. a)–c), die Räumlichkeiten von Unternehmen zu betreten, Geschäftsunterlagen zu prüfen und Kopien anzufertigen. Die Maßnahmen der Bediensteten der Kommission liegen an sich noch im Rahmen der Kartellverordnung.

780 **II.** Grundsätzlich ist in der Rechtsprechung des EuGH anerkannt, dass dem einzelnen Marktbürger gegenüber der Hoheitsgewalt der EU auf der Ebene des Unionsrechts ein **Grundrechtsschutz** zusteht. Danach ist auch die Unverletzlichkeit der Wohnung grundrechtlich verbürgt. Die Frage ist aber, ob dieser Grundrechtsschutz – wie dies nach der Rechtsprechung des Bundesverfassungsgerichts im Rahmen des Grundgesetzes der Bundesrepublik Deutschland der Fall ist – nicht nur für **Privatwohnungen,** sondern auch für **Geschäftsräume** gilt.

781 Dies hat der Gerichtshof unter Hinweis auf die für die Ableitung des Grundrechtsschutzes in der EU wesentlichen Ansatzpunkte abgelehnt. Gegen eine Einbeziehung von Geschäftsräumen in den Schutzbereich spreche zunächst die Europäische Menschenrechtskonvention (EMRK). Nach Art. 8 Abs. 1 EMRK habe jedermann Anspruch auf Achtung seines Privat- und Familienlebens, seiner Wohnung und seines Briefverkehrs. Dieser Argumentation hat der Europäische Gerichtshof für Menschenrechte freilich ihre Grundlage entzogen, indem er Geschäftsräume ausdrücklich dem Schutz des Art. 8 Abs. 1 EMRK unterstellt hat: Es sei kein plausibler Grund ersichtlich, den beruflichen Bereich – der sich ohnehin nicht trennscharf vom Privatleben abgrenzen lasse – von dem Schutzbereich auszunehmen.

782 Allerdings hat der Gerichtshof noch weitere Argumente für seine Sichtweise angeführt: Eine Einbeziehung von Geschäftsräumen in den Schutz

der Wohnung könne auch nicht aus einer Gesamtschau der Verfassungsordnungen in den einzelnen Mitgliedstaaten abgeleitet werden. Denn die Rechtsordnungen der Mitgliedstaaten weisen – in Bezug auf Art und Umfang von Geschäftsräumen – nicht unerhebliche Unterschiede auf; ein gemeinsamer Grundsatz für einen Grundrechtsschutz von Geschäftsräumen sei daher nicht zu erkennen. Diese restriktive Auslegung des EuGH wird bestätigt durch weitere für die Herleitung des europäischen Grundrechtsschutzes relevante Gesichtspunkte: In den Erklärungen der Organe der Union zum Grundrechtsschutz findet sich kein Hinweis auf einen Schutz von Geschäftsräumen. Vielmehr sieht die Erklärung des Europäischen Parlaments vom 12. 4. 1989 in Art. 6 des vorgelegten Grundrechtskatalogs lediglich den Schutz des Privatlebens vor. Schließlich lässt sich auch mit dem geschriebenen Unionsrecht kein Grundrechtsschutz von Geschäftsräumen begründen.

Die Vereine können sich daher im vorliegenden Fall nicht mit Erfolg auf **783** das europäische Grundrecht der Unverletzlichkeit der Wohnung berufen. Ob sich die rechtliche Beurteilung dann ändern wird, wenn die in Nizza proklamierte **Charta der Grundrechte der Europäischen Union** Verbindlichkeit erlangt, erscheint zweifelhaft. Denn der Wortlaut von Art. 7 Grundrechts-Charta orientiert sich weitgehend an Art. 8 Abs. 1 EMRK und statuiert damit einen Schutz der Wohnung ohne explizite Einbeziehung der Geschäftsräume.

Weiterführende Hinweise:

Arndt/Fischer, Europarecht 20 Fälle mit Lösungen, 7. Auflage 2010;
Haus/Cole, Grundfälle zum Europarecht, JuS 2002, 1181; JuS 2003, 145, 353, 561, 760, 978, 1179;
Manger-Nestler/Noack, Ohne Risiken und Nebenwirkungen?, ZJS 2012, 213.

4. TEIL
VERWALTUNGSRECHT

Kapitel 32: Die Gewerbeüberwachung

Fall: Unternehmer A möchte am Rande der Kleinstadt X eine Fabrik errichten, in der Rohre aus nahtlosem Stahl hergestellt werden sollen. Die voraussichtlichen Investitionskosten betragen 80 Mio. €. Welche öffentlich-rechtlichen Erfordernisse hat A zu beachten, um sein Vorhaben verwirklichen zu können? 784

I. Einführung

Üblicherweise wird der Stoff des Verwaltungsrechts in juristischen Lehrbüchern untergliedert in das **allgemeine Verwaltungs- und Verwaltungsverfahrensrecht,** das **Verwaltungsprozessrecht** und das **besondere Verwaltungsrecht.** 785

Das allgemeine Verwaltungs- und Verwaltungsverfahrensrecht enthält die Grundsätze, an denen sich jedes Verwaltungshandeln auszurichten hat. Das Verwaltungsprozessrecht umfasst die außergerichtlichen und vor allem die gerichtlichen Rechtsschutzmöglichkeiten für den Bürger, der ihn betreffendes Verwaltungshandeln für rechtswidrig hält. Zum besonderen Verwaltungsrecht schließlich gehören die zahllosen Gesetze, die sich mit einzelnen Erscheinungsformen staatlicher Verwaltung befassen, – von Schul-, Polizei- und Gewerberecht bis hin zum Sozialversicherungs-, Bauplanungs- und Immissionsschutzrecht. 786

Bei der Darstellung dieser drei Zweige des Verwaltungsrechts gehen die juristischen Lehrbücher üblicherweise vom Allgemeinen zum Besonderen, d.h., sie stellen zunächst das allgemeine Verwaltungs- und Verwaltungsverfahrensrecht vor, sodann das Verwaltungsprozessrecht und schließlich die Einzelgebiete des besonderen Verwaltungsrechts. Im Folgenden wird eine andere, induktive Vorgehensweise gewählt. Anhand eines Ausgangsfalles gelangt sie von Teilgebieten des besonderen Verwaltungsrechts – dem für Wirtschaftswissenschaftler bedeutsamen Gewerbe- und Immissionsschutzrecht – über das Verwaltungsprozessrecht schließlich zu den wichtigsten Regelungen des allgemeinen Verwaltungsrechts. 787

II. Beginn und Aufnahme eines Gewerbes

Im Ausgangsfall muss das Vorhaben des A zunächst gewerberechtlich zulässig sein. Grundlegendes Gesetz für diese Materie ist die – inzwischen mehrfach geänderte – Gewerbeordnung (GewO). Daneben gibt es eine Vielzahl gewerberechtlicher Spezialgesetze, beispielsweise das Gaststättengesetz oder die Handwerksordnung. 788

In § 1 Abs. 1 GewO ist der **Grundsatz der Gewerbefreiheit** niedergelegt. Er besagt, dass grundsätzlich jedermann der Betrieb eines Gewerbes gestattet ist; jedermann darf also jedwede gewerbliche Tätigkeit ausüben, ohne 789 bei Beginn und Fortsetzung des Gewerbebetriebs anderen verwaltungsrechtlichen Beschränkungen unterworfen zu sein als denjenigen, die durch Bundesgesetz festgelegt sind (vgl. Art. 74 Nr. 11 GG, konkurrierende Gesetzgebungskompetenz des Bundes auf dem Gebiet des Gewerberechts). Seine Bedeutung besteht also vorwiegend darin, dass er landesrechtliche Beschränkungen verbietet. Es ist danach gleichgültig, in welchem Bundesland sich Unternehmer A niederlassen will: Die öffentlich-rechtlichen Regelungen, von denen Beginn und Fortsetzung seines geplanten Gewerbebetriebes abhängen, sind in jedem Bundesland die gleichen.

790 Mit dem Erlass des Grundgesetzes und der Statuierung der Berufsfreiheit in Art. 12 GG hat die Garantie der Gewerbefreiheit in § 1 GewO an Bedeutung verloren. Da Art. 12 GG nur für Deutsche gilt, hat § 1 GewO nach wie vor für Ausländer Relevanz, weil er die Gewerbefreiheit „jedermann" zugesteht. Auf den Grundsatz der Gewerbefreiheit kann sich A allerdings nur dann berufen, wenn es sich bei der von ihm beabsichtigten Tätigkeit um eine „gewerbliche" i. S. d. Gewerbeordnung handelt. Die Gewerbeordnung enthält keine Definition des Gewerbebegriffs. § 6 GewO bestimmt nur, welche Erwerbstätigkeiten nicht unter die Gewerbeordnung fallen. Dazu gehören Landwirtschaft, Fischerei, Bergbau (**Urproduktion**) und Tätigkeiten, die besondere Qualifikationen verlangen, wie die der Ärzte, Apotheker, Rechtsanwälte, Kapitäne und Lotsen (**freie Berufe**). Diese Tätigkeiten sind in besonderen Gesetzen geregelt.

791 Der Begriff des Gewerbes wird wie folgt definiert: **Gewerbe ist jede erlaubte, selbstständige, auf Gewinnerzielung gerichtete und auf Dauer angelegte Tätigkeit, die nicht Urproduktion, Verwaltung eigenen Vermögens oder ein freier Beruf ist.**

792 Unter den Begriff des Gewerbes i. S. d. Gewerbeordnung fallen danach insbesondere die industrielle und handwerkliche Produktion, Dienstleistungsbetriebe sowie der Groß-, Einzel- und Kleinhandel. Also kann sich auch Unternehmer A auf den Grundsatz der Gewerbefreiheit berufen.

III. Einschränkung der Gewerbefreiheit durch die Gewerbeordnung

793 Die Gewerbeordnung hält ein abgestuftes rechtstechnisches Instrumentarium zur Kontrolle von Gewerbebetrieben bereit. Anknüpfungspunkt für die unterschiedlichen Regelungen ist zunächst die Art der Gewerbeausübung. Danach werden **Reisegewerbe, Marktverkehr** und **stehende Gewerbebetriebe** unterschieden.

794 Beim **Reisegewerbe** (vgl. Legaldefinition in § 55 Abs. 1 GewO) fordert die Gewerbeordnung eine vorbeugende Kontrolle; wer ein Reisegewerbe betreibt, bedarf grundsätzlich einer behördlichen Erlaubnis (**Reisegewerbekarte** – § 55 Abs. 2 GewO), ohne die der Betrieb eines Reisegewerbes verboten ist (sog. **Verbot mit Erlaubnisvorbehalt**). Nach § 57 GewO ist die Reisegewerbekarte zu versagen, wenn die Behörde Grund zu der Annahme hat, dass der Bewerber die für die beabsichtigte Tätigkeit erforderliche Zuverlässigkeit nicht besitzt. Die Verwendung des unbestimmten Rechtsbegriffs „Zuverlässigkeit" ermöglicht der Behörde eine flexible Handhabung der Vorschrift. Unbestimmte Rechtsbegriffe sind voll justiziabel, was bedeutet, dass die Entscheidung der Behörde, ob jemand zuverlässig ist oder

nicht, durch die Gerichte überprüfbar ist. Nach allgemeiner Auffassung ist eine Person unzuverlässig i. S. d. Gewerbeordnung, wenn sie nach dem Gesamteindruck ihres Verhaltens nicht die Gewähr dafür bietet, dass sie in Zukunft ihr Gewerbe ordnungsgemäß betreiben wird. In Betracht kommt dabei, dass die Person nicht ein Mindestmaß an Sachkenntnis besitzt, oder dass ihr ein Mindestmaß an sozialer Rücksichtnahme und Rechtstreue abgeht. Der Eingriff in den Grundsatz der Gewerbe- und Berufsfreiheit durch § 57 GewO ist gerechtfertigt, weil vom Reisegewerbe besondere Gefahren für die Bevölkerung ausgehen: Zum einen sind Markttransparenz und Vergleichsmöglichkeiten erschwert, zum anderen kann das Reisegewerbe durch die Verwaltung nur ungleich schwerer kontrolliert werden als etwa ein stehender Gewerbebetrieb.

Für den **Marktverkehr** dagegen gilt wiederum uneingeschränkt der 795
Grundsatz der Marktfreiheit. Jeder kann mit den gleichen Befugnissen alle Märkte besuchen und auf allen Märkten ein- und verkaufen. Marktfreiheit bedeutet im Wesentlichen **Teilnahmefreiheit.** Probleme ergeben sich dann, wenn es für einen Markt mehr Bewerber als Platz gibt. Es stellt sich dann die Frage, nach welchen, den Vorgaben des § 70 Abs. 2 GewO Rechnung tragenden sachlichen Kriterien die Auswahl der Teilnehmer erfolgen kann. Als solche Kriterien werden in der Rechtsprechung insbesondere die Reihenfolge der Anmeldung, Bekanntheit und Bewährung sowie Ortsansässigkeit angesehen. **Markt i. S. d. Gewerbeordnung ist die nach Ort und Zeit von einer Behörde festgesetzte Möglichkeit, für eine bestimmte Vielzahl von Anbietern und Nachfragern an Ort und Stelle ihre Austauschgeschäfte abzuschließen.** Privatmärkte sind keine Märkte i. S. d. Gewerbeordnung. Die Gewerbeordnung umschreibt die Gegenstände des Marktverkehrs abschließend. Auf Wochenmärkten dürfen grundsätzlich nur Lebensmittel, Produkte des Obst- und Gartenbaus, der Land- und Forstwirtschaft sowie der Fischerei und rohe Naturerzeugnisse mit Ausnahme des größeren Viehs feilgeboten werden (§ 67 GewO), auf Jahrmärkten Waren aller Art (§ 68 Abs. 2 GewO). Dienstleistungen sind keine Gegenstände des Marktverkehrs. Wer also auf Märkten Dienstleistungen anbietet, benötigt dazu eine Reisegewerbekarte.

Beim **stehenden Gewerbe** hält die Gewerbeordnung nicht die Rechtsfigur 796
eines Verbotes mit Erlaubnisvorbehalt (vorbeugende Kontrolle), sondern die einer genehmigungsfreien **Erlaubnis mit Verbotsvorbehalt** für angemessen. Nach § 14 GewO braucht derjenige, der den selbstständigen Betrieb eines stehenden Gewerbes aufnehmen will, dieses Vorhaben lediglich der zuständigen Behörde **anzuzeigen.** Eine behördliche **Genehmigung** ist **nicht erforderlich.** Durch den in § 35 GewO enthaltenen Verbotsvorbehalt ist der Behörde nur eine nachträgliche Korrekturmöglichkeit an die Hand gegeben. Wenn sich nach Eröffnung des Gewerbes herausstellt, dass der Ausübende den Anforderungen nicht gewachsen ist, kann die zuständige Behörde die Ausübung des Gewerbes untersagen. Dazu müssen Tatsachen vorliegen, welche die Unzuverlässigkeit des Gewerbetreibenden in Bezug auf dieses Gewerbe dartun, und darüber hinaus muss die Untersagung zum Schutze der Allgemeinheit oder der im Betrieb Beschäftigten erforderlich sein.

797 Wenn ein Klempner Rohre so verlegt, dass ein Haus alsbald unter Wasser steht, mag zwar auch er – mangels weiterer Aufträge – alsbald wirtschaftlich ruiniert sein, in vielen Fällen aber vor allem die Bauherren. Gerade das soll § 35 GewO vermeiden helfen.

798 Unzuverlässig i. S. d. § 35 GewO ist nicht nur, wer für sein Gewerbe nicht ein Mindestmaß an Sachkenntnis mitbringt. Gerade beim Handwerk kann man im Regelfall davon ausgehen, fachlich qualifizierten Anbietern zu begegnen, da der selbstständige Betrieb eines Handwerks als (zulässige) subjektive Zulassungsbeschränkung die bestandene Meisterprüfung voraussetzt. Unzuverlässig i. S. d. § 35 GewO ist vielmehr auch, wem ein Mindestmaß an Ehrlichkeit und sozialer Rücksichtnahme fehlt. Der fachlich qualifizierte Kraftfahrzeugmeister, der seine Kenntnisse dazu missbraucht, auch nicht reparaturbedürftige Teile zu reparieren oder gar zu ersetzen, ist für sein Gewerbe nicht tragbar. Unzuverlässig in diesem Sinne ist insbesondere auch, wer einschlägige gesetzliche Bestimmungen missachtet, beispielsweise Sozialversicherungsbeiträge für seine Arbeitnehmer nicht abführt.

799 In einigen enumerativ aufgeführten Fällen macht die Gewerbeordnung die Ausübung eines stehenden Gewerbes und den Betrieb einer stehenden gewerblichen Anlage von einer Erlaubnis abhängig. Die gewerbliche Tätigkeit ist dann so lange verboten, bis die Erlaubnis erteilt ist. Das Verbot mit Erlaubnisvorbehalt dient dazu, wegen der potenziellen Gefahr eine vorbeugende Kontrolle zu ermöglichen. Wer „gefährliche" oder „anrüchige" Gewerbe betreibt, wie Spielhallen, Pfandleihen, Bewachungen und Versteigerungen, braucht zur Aufnahme eines solchen Gewerbes eine besondere Genehmigung (**Personalkonzession**). Gleiches gilt für die Unternehmer von Privatkrankenanstalten (§§ 30 bis 34e GewO). Die Aufzählung der Gewerbeordnung ist abschließend. Der Ausdruck „Personalkonzession" weist darauf hin, dass die Konzession an die Person des Bewerbers gebunden ist und dass an sie bestimmte Anforderungen gestellt werden. Die Personalkonzession ist eine subjektive Zulassungsbeschränkung, wie es sie für eine Vielzahl von Berufen – Ärzte, Rechtsanwälte, selbstständige Handwerker etc. – gibt. Die Rechtfertigung einer Beschränkung ist deshalb gegeben, weil diese dem Schutz wichtiger Gemeinschaftsgüter dient.

800 Art. 12 GG, das Grundrecht der Berufsfreiheit, verbietet es jedoch, die Entscheidung darüber, ob eine Personalkonzession erteilt wird, in das Belieben der Behörde zu stellen. Die Erteilung einer Personalkonzession darf nur bei Vorliegen ganz bestimmter, gesetzlich fixierter Gründe verweigert werden. So muss beispielsweise jedem Bewerber die Genehmigung zum Grundstücks- und Wohnungsmaklergewerbe erteilt werden, wenn nicht einer der beiden Ausnahmetatbestände des § 34c Abs. 2 GewO vorliegt:

801 „Die Erlaubnis ist zu versagen, wenn

1. Tatsachen die Annahme rechtfertigen, dass der Antragsteller oder eine der mit der Leitung des Betriebes oder einer Zweigniederlassung beauftragten Personen die für den Gewerbebetrieb erforderliche Zuverlässigkeit nicht besitzt; die erforderliche Zuverlässigkeit besitzt in der Regel nicht, wer in den letzten fünf Jahren vor Stellung des Antrages wegen eines Verbrechens oder wegen Diebstahls, Unterschlagung, Erpressung, Betruges, Untreue, Urkundenfälschung, Hehlerei, Wuchers oder einer Insolvenzstraftat rechtskräftig verurteilt worden ist, oder

2. der Antragsteller in ungeordneten Vermögensverhältnissen lebt; dies ist in der Regel der Fall, wenn über das Vermögen des Antragstellers das Insolvenzverfahren eröffnet worden oder er in das vom Insolvenzgericht oder vom Vollstreckungsgericht zu führende Verzeichnis (...) eingetragen ist."

Zurück zum Ausgangsfall: Bei dem Betrieb einer Fabrik für Röhren aus nahtlosem Stahl handelt es sich um ein stehendes Gewerbe. Eine gewerberechtliche Personalkonzession braucht Unternehmer A nicht, da er keinen der in den §§ 30 bis 34e GewO abschließend aufgezählten Berufe betreiben will. Infolgedessen genügt eine Anzeige. Weitere Hindernisse legt ihm die Gewerbeordnung zur Verwirklichung seines Vorhabens nicht in den Weg. 802

IV. Einschränkung der Gewerbefreiheit durch das Bundes-Immissionsschutzgesetz

Eine schlichte Anzeige beim Gewerbeaufsichtsamt kann für die Errichtung einer großen Fabrik natürlich nicht genügen. Zerstörung der Landschaft und verheerende Folgen für die Umwelt wären unvermeidlich, wenn Industrieansiedlungen dieses Ausmaßes unkontrolliert entstehen dürften. Insbesondere gilt es, Anlieger und Nachbarn eines geplanten Betriebes vor Geruchs- und Lärmbelästigungen zu verschonen. 803

Entsprechend der Personalkonzession der Gewerbeordnung kennt das **Bundes-Immissionsschutzgesetz** (BImSchG) eine **Anlagen- oder Sachkonzession** für alle Gewerbebetriebe, die „auf Grund ihrer Beschaffenheit (...) in besonderem Maße geeignet sind, schädliche Umwelteinwirkungen hervorzurufen oder in anderer Weise die Allgemeinheit oder die Nachbarschaft zu gefährden, erheblich zu benachteiligen oder erheblich zu belästigen" (§ 4 Abs. 1 Satz 1 BImSchG). Für solche Betriebe macht das Bundes-Immissionsschutzgesetz also eine Ausnahme von dem gewerberechtlichen Grundsatz, dass die Errichtung und der Betrieb gewerblicher Anlagen keiner behördlichen Vorkontrolle unterliegen. Welche Anlagen immissionsschutzrechtlich genehmigungsbedürftig sind, ist gemäß § 4 Abs. 1 Satz 3 BImSchG der 4. Durchführungsverordnung zum BImSchG zu entnehmen. 804

Zweck dieses Gesetzes ist das Bedürfnis, Menschen sowie Tiere, Pflanzen und andere Sachen vor schädlichen Umwelteinwirkungen zu schützen und dem Entstehen schädlicher Umwelteinwirkungen vorzubeugen. Schädliche Umwelteinwirkungen i.S.d. Bundes-Immissionsschutzgesetzes sind **Immissionen,** also alle auf Menschen sowie Tiere, Pflanzen oder andere Sachen **einwirkenden** Luftverunreinigungen, Geräusche, Erschütterungen, ebenso Licht, Wärme, Strahlen und ähnliche Umwelteinwirkungen, soweit sie nach Art, Ausmaß oder Dauer geeignet sind, Gefahren, erhebliche Nachteile oder erhebliche Belästigungen für die Allgemeinheit oder die Nachbarschaft herbeizuführen (§ 3 Abs. 1 und 2 BImSchG). Unter **Emissionen** werden gemäß § 3 Abs. 3 BImSchG die von einer – meist industriellen – Anlage **ausgehenden** Luftverunreinigungen, Geräusche, Erschütterungen, Licht, Wärme, Strahlen und ähnliche Erscheinungen verstanden. Hier wird also nicht auf die Betroffenen, sondern auf die Verursacher der Störung abgestellt. 805

Der Zweck des BImSchG, schädliche Umwelteinwirkungen so weitgehend wie möglich zu verhindern, lässt sich nur erreichen, wenn vor Beginn der Bauarbeiten an einem Industriebetrieb sichergestellt ist, dass belästigende Umwelteinwirkungen auf ein zumutbares Mindestmaß reduziert werden. Gewerbebetriebe, von denen Gefahren und Belästigungen für die Umwelt ausgehen können, bedürfen daher vorab einer behördlichen immissionsschutzrechtlichen Genehmigung (§ 4 Abs. 1 BImSchG). 806

1. Formelles Genehmigungsverfahren

807 Ein stehendes Gewerbe kann ohne Genehmigung aufgenommen werden, wenn die **Gewerbeordnung** dafür keine **Personalkonzession** und das **Bundes-Immissionsschutzgesetz** keine **Anlagen- oder Sachkonzession** vorschreibt.

808 Ob Unternehmer A für den Bau einer Stahlröhrenfabrik eine Sachkonzession benötigt, richtet sich nach § 4 Abs. 1 Satz 3 BImSchG. Danach bestimmt die Bundesregierung durch Rechtsverordnung mit Zustimmung des Bundesrates die gewerblichen Anlagen, die einer Genehmigung (Sachkonzession) bedürfen. Ziffer 3.16 des Anhangs zur 4. BImSchV führt „Anlagen zur Herstellung von warmgefertigten nahtlosen oder geschweißten Rohren aus Stahl" auf. Unternehmer A benötigt daher für die geplante Fabrik eine Sachkonzession.

809 Den formellen Verfahrensablauf regelt § 2 Abs. 1 BImSchV i. V. m. § 10 BImSchG i. V. m. der 9. Verordnung zur Durchführung des Bundes-Immissionsschutzgesetzes.

810 **Acht Verfahrensabschnitte** müssen unterschieden werden:

811 **1.** Die Genehmigungserteilung setzt nach § 10 Abs. 1 BImSchG zunächst einen **schriftlichen Antrag** an die zuständige Behörde voraus. Dem Antrag sind sämtliche Zeichnungen, Erläuterungen und sonstigen Unterlagen beizufügen, die notwendig sind, um erkennen zu können, welches Ausmaß die vom Betrieb ausgehenden Luftverunreinigungen, Geräusche, Erschütterungen usw. haben werden. Die Planungsarbeiten für das Röhrenwerk müssen schon sehr weit vorangeschritten sein, um diesem Erfordernis genügen zu können. In der Praxis müssen daher bereits erhebliche Investitionssummen aufgebracht werden, bevor überhaupt Pläne zwecks Erteilung der Sachkonzession bei der zuständigen Behörde eingereicht werden können. Welche Behörde jeweils zuständig ist, regeln die Länder durch Rechtsverordnung.

812 **2.** Die Behörde muss nunmehr das geplante Vorhaben **öffentlich bekanntmachen,** § 10 Abs. 3 und 4 BImSchG. Die Bekanntgabe muss im amtlichen Veröffentlichungsblatt und außerdem im Internet oder in den örtlichen Tageszeitungen, die im Bereich des Standorts der Anlage verbreitet sind, erfolgen. Dabei müssen Standort und Art der geplanten Anlage bezeichnet werden. Es ist mitzuteilen, wann und wo der Antrag auf Erteilung der Genehmigung und die Unterlagen zur Einsicht ausgelegt sind. Weiter muss darauf hingewiesen werden, dass Einwendungen gegen die geplante Anlage nur innerhalb einer Frist von zwei Wochen nach Ablauf der Auslegungsfrist geltend gemacht werden können, § 10 Abs. 3 Satz 4 BImSchG. Gleichzeitig wird ein Erörterungstermin bekannt gegeben, an dem über die Einwendungen verhandelt wird.

813 Diese Verfahrensstufe bezweckt, möglichst frühzeitig auf das geplante Vorhaben aufmerksam zu machen, um den betroffenen Anrainern Gelegenheit zu geben, ihre Interessen zu wahren. Andernfalls könnten die Anlieger ihre Bedenken erst vorbringen, wenn bereits mit den Bauarbeiten begonnen wurde. Dies würde sie oftmals vor vollendete Tatsachen stellen. Dadurch würde der ihnen zur Verfügung stehende Rechtsschutz (Grundsatz des effektiven Rechtsschutzes – Art. 19 Abs. 4 GG) geschmälert, da der Abbruch einer bereits errichteten Anlage wegen der immensen Kosten kaum je in Be-

tracht kommen wird. Das Verfahren hat ferner den Sinn, späteren verwaltungsgerichtlichen Klagen gegen die Errichtung einer Anlage vorzubeugen.

3. Nach der Bekanntgabe im Amtsblatt und in den Tageszeitungen werden der Antrag und die Unterlagen **öffentlich** für einen Monat **ausgelegt.** Nur bis zwei Wochen nach Ablauf dieser Zeit können Einwendungen bei der Genehmigungsbehörde erhoben werden. 814

4. § 10 Abs. 5 BImSchG sieht eine **Behördenbeteiligung** vor. Die Genehmigungsbehörde hat die Stellungnahme derjenigen anderen Behörden einzuholen, deren Aufgabenbereich durch das beantragte Vorhaben berührt wird. 815

5. Nach dem Ablauf der Einwendungsfrist kann ein **Erörterungstermin** stattfinden (§ 10 Abs. 6 BImSchG). Wer seine Einwendungen bis zum Fristablauf nicht geltend gemacht hat, kann sie in dem weiteren Verfahren nicht mehr vorbringen und später auch nicht mehr gerichtlich geltend machen. Er hat sich seiner Rechte begeben und muss die Anlage hinnehmen, § 10 Abs. 3 Satz 5 BImSchG. Dies gilt allerdings nicht für Einwendungen, die auf besonderen privatrechtlichen Rechtsansprüchen beruhen: Wenn Unternehmer A sich gegenüber einem Anlieger in einem privatrechtlichen Vertrag verpflichtet hat, die Anlage nicht zu bauen, kann der Vertragspartner jederzeit vor dem Zivilgericht auf Einstellung der Bauarbeiten klagen, § 10 Abs. 3 Satz 6 BImSchG. 816

Solche besonderen, privatrechtlich fundierten Einwendungen haben mit der öffentlich-rechtlichen Genehmigung nichts zu tun, da die zuständige Behörde nur befugt ist zu prüfen, ob die öffentlich-rechtlichen Voraussetzungen für eine Genehmigung vorliegen. Zur Prüfung von privatrechtlichen Ansprüchen aus dem Nachbarschaftsverhältnis ist sie nicht befugt. Andernfalls würde sich die Behörde Befugnisse anmaßen, die dem Zivilgericht vorbehalten sind. 817

6. Gemäß § 3 Abs. 1 Satz 1 des Gesetzes über die Umweltverträglichkeitsprüfung (UVPG) ist für bestimmte, in der Anlage zu § 3 UVPG aufgeführte Anlagen eine **Umweltverträglichkeitsprüfung** durchzuführen. Dies betrifft vor allem die Errichtung einer nach §§ 4, 10 BImSchG genehmigungspflichtigen Anlage sowie die eine Änderungsgenehmigung nach § 16 BImSchG erfordernde wesentliche Änderung der Lage, der Beschaffenheit oder des Betriebes einer derartigen Anlage. 818

7. Nunmehr prüft die Genehmigungsbehörde, ob das geplante Vorhaben allen übrigen öffentlich-rechtlichen Vorschriften entspricht. Wenn dies der Fall ist, muss sie die **Genehmigung erteilen,** vgl. § 6 BImSchG. Wie bei dieser Prüfung im Einzelnen vorgegangen wird, wird im nächsten Abschnitt, in dem es um die materiell-rechtlichen Voraussetzungen der Genehmigung geht, zu erörtern sein. 819

8. Gelangt die Behörde zu der Ansicht, dass öffentlich-rechtliche Vorschriften und allgemeine privatrechtliche Ansprüche dem Vorhaben nicht entgegenstehen, erlässt sie einen **schriftlichen Genehmigungsbescheid,** der dem Antragsteller und allen denen, die Einwände gegen das Vorhaben erhoben haben, zugestellt wird, § 10 Abs. 7 BImSchG. 820

In der Praxis verläuft das Genehmigungsverfahren beim Bau einer größeren Industrieanlage jedoch oftmals etwas anders: Bei umfangreichen oder 821 neuartigen Anlagen wird häufig die Planung und der Aufbau einer Anlage abschnitts- oder stufenweise vorgenommen werden. Diesen Formen moderner Industrieplanung würde eine gesetzliche Regelung, nach der die Errichtung und die Inbetriebnahme stets von einer vorherigen Genehmigung der gesamten Anlage abhängig gemacht wird, nicht immer gerecht. § 8 BImSchG sieht deshalb die Möglichkeit einer abschnittsweisen Genehmigung in Form einer **Teilgenehmigung** vor. Diese Lösung trägt sowohl dem Schutz der Allgemeinheit und der Nachbarschaft als auch den Belangen der Wirtschaft Rechnung.

822 Eine Teilgenehmigung soll unter folgenden Voraussetzungen erteilt werden:

(1) Für den zu genehmigenden Teilbereich müssen alle öffentlich-rechtlichen Erfordernisse erfüllt sein.

(2) Hinsichtlich der gesamten Anlage muss eine vorläufige Prüfung ergeben, dass die Genehmigungsvoraussetzungen auch beim Endausbau der Anlage erfüllt sein werden.

(3) Es muss ein berechtigtes Interesse an der Erteilung der Teilgenehmigung bestehen.

823 Eine Teilgenehmigung darf nur auf Antrag erteilt werden. Ihrer Rechtsnatur nach ist sie eine gültige Genehmigung, da sie für den Teilbereich, über den entschieden wird, grundsätzlich die gleichen Rechtswirkungen wie eine Vollgenehmigung hat. Einwendungen Dritter sind gemäß § 11 BImSchG gegen jede Teilgenehmigung zu erheben; bei Anfechtung einer Teilgenehmigung können keine Einwendungen geltend gemacht werden, die sich gegen frühere bestandskräftige Teilgenehmigungen wenden (materielle Präklusion).

824 Bei größeren Investitionsvorhaben ist neben der Teilgenehmigung nach § 8 BImSchG vor allem noch der **Vorbescheid** nach § 9 BImSchG von Bedeutung.

825 Während die Teilgenehmigung die Aufgliederung der geplanten Industrieansiedlung in Genehmigungsabschnitte zulässt, schafft der Vorbescheid die Möglichkeit, über einzelne Genehmigungsvoraussetzungen sowie über den Standort der Anlage vorweg zu entscheiden. Der Vorbescheid enthält keine Genehmigung, sondern eine Auskunftserteilung mit Feststellungswirkung. Er erlaubt im Gegensatz zur Teilgenehmigung kein Tätigwerden. Er darf nur dann erteilt werden, wenn ein vorläufiges Gesamturteil mit hinreichender Sicherheit die Genehmigungsfähigkeit der Anlage ergibt. Der Vorbescheid dient vor allem dazu, bei komplexen oder neuartigen Anlagen wichtige Vorfragen, zu denen vor allem die Standortwahl zählt, vorab zu klären, um das Investitionsrisiko in Grenzen zu halten.

826 § 9 BImSchG lautet:

„(1) Auf Antrag kann durch Vorbescheid über einzelne Genehmigungsvoraussetzungen sowie über den Standort der Anlage entschieden werden, sofern die Auswirkungen der geplanten Anlage ausreichend beurteilt werden können und ein berechtigtes Interesse an der Erteilung eines Vorbescheides besteht.

(2) Der Vorbescheid wird unwirksam, wenn der Antragsteller nicht innerhalb von zwei Jahren nach Eintritt der Unanfechtbarkeit die Genehmigung beantragt; die Frist kann auf Antrag bis auf vier Jahre verlängert werden.

(3) (…).“

Nach der Rechtsprechung des Bundesverwaltungsgerichts ist der Vorbescheid für alle von der Industrieansiedlung Betroffenen von Vorteil: Der Antragsteller kann nach Erlangung „des Vorbescheids ohne unangemessenes Kostenrisiko die Pläne für die Einholung der Genehmigung anfertigen lassen; Dritte, die sich durch das Vorhaben beeinträchtigt fühlen, können schon in diesem Stadium des Verfahrens Einwendungen gegen die neue Anlage erheben und ihre Rechte im Verwaltungsprozess geltend machen; die Behörde hat bei umfangreichen oder komplizierten Anlagen keine Veranlassung, den Bau stillschweigend zu dulden oder erst die Inbetriebnahme der Anlage von der Genehmigung der Errichtung der Anlage abhängig zu machen" (BVerwGE 24, 23, 28 f.). 827

Der Vorbescheid stellt zwar keine teilweise Genehmigung der Anlage dar, doch entfaltet er hinsichtlich der entschiedenen Fragen eine nicht unerhebliche Rechtswirkung. Bei gleichbleibender Sach- und Rechtslage ist die Genehmigungsbehörde bei ihrer Entscheidung über den Genehmigungsantrag an den positiven Vorbescheid gebunden, soweit in ihm über eine Genehmigungsvoraussetzung oder über den Standort entschieden ist. 828

2. Materielle Voraussetzungen der Genehmigung

Nach § 6 BImSchG muss die Genehmigung erteilt werden, wenn dem geplanten Vorhaben keine immissionsrechtlichen oder sonstigen öffentlichrechtlichen Hindernisse entgegenstehen. 829

Für die sachgemäße Prüfung dieser gesetzlichen Anforderungen ist ein umfangreiches Prüfungsverfahren notwendig. Von der Genehmigungsbehörde wird hoher technischer Sachverstand und spezielle technische und betriebliche Erfahrung verlangt. Diese Voraussetzungen werden in besonderem Maße von den Gewerbeaufsichtsbehörden erfüllt. Die Gewerbeaufsicht hat sich bei der Immissionsüberwachung, bei der technischen Gefahrenabwehr in der Unfallverhütung und in der Betriebshygiene bewährt. 830

Die immissionsrechtliche Genehmigung wird nur erteilt, wenn die Voraussetzungen des § 6 BImSchG vorliegen. Zunächst muss geprüft werden, ob die immissionsschutzrechtlichen Pflichten eingehalten werden. Dazu verweist § 6 Abs. 1 Nr. 1 BImSchG auf die Betreiberpflichten nach § 5 BImSchG und auf die sonstigen Verpflichtungen nach § 7 BImSchG i. V. m. Rechtsverordnungen (TA-Luft, TA-Lärm). Danach sind Anlagen zulässig, wenn 831

„1. schädliche Umwelteinwirkungen und sonstige Gefahren, erhebliche Nachteile und erhebliche Belästigungen für die Allgemeinheit und die Nachbarschaft nicht hervorgerufen werden können, 832
2. Vorsorge gegen schädliche Umwelteinwirkungen und sonstige Gefahren, erhebliche Nachteile und erhebliche Belästigungen getroffen wird (...) und
3. Abfälle vermieden, nicht zu vermeidende Abfälle verwertet und nicht zu verwertende Abfälle ohne Beeinträchtigung des Wohls der Allgemeinheit beseitigt werden (...)" (§ 5 Abs. 1 Satz 1 Nr. 1 bis 3 BImSchG).

Diese Generalklauseln sind viel zu unbestimmt, um das im Einzelfall verbindliche Höchstmaß zulässiger Emissionen ermitteln zu können. Die Bundesregierung hat deshalb durch das Bundes-Immissionsschutzgesetz die Möglichkeit erhalten, mit Zustimmung des Bundesrates allgemeine Verwaltungsvorschriften zu erlassen, § 7 Abs. 1 BImSchG. Diese Verwaltungsvorschriften enthalten insbesondere Bestimmungen über: 833

(1) Immissionswerte, die zum Schutz vor schädlichen Umwelteinwirkungen nicht überschritten werden dürfen,
(2) Emissionswerte, deren Überschreiten nach dem Stand der Technik vermeidbar ist, und
(3) das Verfahren zur Ermittlung der Emissionen und Immissionen.

834 Es gibt eine Fülle von einzelnen Verwaltungsvorschriften über die Höchstwerte zulässiger Emissionen, beispielsweise allein zehn detaillierte Vorschriften zum Schutz gegen Baulärm, die auf das Genaueste die zulässigen Geräuschhöchstwerte für Betonpumpen, Planierraupen, Kompressoren etc. enthalten. Obgleich diese Verwaltungsvorschriften – da sie keine Rechtsnormen sind – nur die zuständige Behörde binden, kann ihre Bedeutung für die Praxis gar nicht groß genug eingeschätzt werden. Für den Gewerbeaufsichtsbeamten konkretisieren sie verbindlich die oben genannten Generalklauseln. Auch die Rechtsprechung, die ja rechtlich keineswegs an Verwaltungsvorschriften, sondern allein an Rechtsnormen gebunden ist, akzeptiert die dort niedergelegten Werte.

835 Die beiden in der Praxis mit Abstand wichtigsten Verwaltungsvorschriften auf dem Gebiet des Umweltschutzrechts sind die novellierte Technische Anleitung zur Reinhaltung der Luft (TA-Luft) und die Technische Anleitung zum Schutz gegen Lärm (TA-Lärm), die beide auf § 48 BImSchG zurückzuführen sind. Diese Verwaltungsvorschriften haben rechtlich gesehen nur verwaltungsinterne Wirkung, allerdings haben sie mit ihren technischen, physikalischen und chemischen Begriffen für Fachleute in der Praxis eine nicht unerhebliche Außenwirkung erlangt und werden auch von der Rechtsprechung bei der Auslegung der unbestimmten Rechtsbegriffe des § 5 BImSchG herangezogen.

836 Der Gerichtshof hat allerdings gefordert, dass die Umsetzung von Richtlinien – auf solche gehen die TA-Luft und TA-Lärm zurück – durch Rechtsnormen geschehen muss. Die bloße Festlegung von Grenzwerten in einer Verwaltungsvorschrift genüge daher nicht. Mittlerweile hat die Bundesregierung Konsequenzen aus diesem Urteil gezogen und ihre Umsetzungspflicht durch den Erlass der 22. BImSchV erfüllt, in der Grenzwerte für den Gehalt von Blei, Schwebestaub, Schwefel- und Stickstoffdioxid in der Luft festgelegt werden.

837 Nur wenn die geplante Röhrenfabrik diesen Anforderungen der TA-Luft und der TA-Lärm sowie der 22. BImSchV entspricht, hat sie Aussicht, genehmigt zu werden. Wenn sich aus den von Unternehmer A eingereichten Unterlagen ergibt, dass die geplante Röhrenfabrik sämtlichen immissionsschutzrechtlichen Richt- und Grenzwerten entsprechen wird, ist damit die Prüfung noch nicht abgeschlossen. In einem zweiten Schritt muss gemäß § 6 Abs. 1 Nr. 2 BImSchG ferner sichergestellt sein, dass „andere öffentlich-rechtliche Vorschriften und Belange des Arbeitsschutzes der Errichtung und dem Betrieb der Anlage nicht entgegenstehen“.

838 Die geplante Anlage muss allen öffentlich-rechtlichen Gesichtspunkten genügen, also insbesondere noch den bau-, feuer-, wasser- und gesundheitsrechtlichen Vorschriften. Diese umfassende Prüfungspflicht hat den Vor-

teil, dass die Genehmigung dann, wenn sie erteilt wird, alle anderen die geplante Anlage betreffenden behördlichen Entscheidungen mitumfasst, § 13 BImSchG (**Konzentrationswirkung der Genehmigung**). Die Tatsache, dass eine Genehmigungsbehörde über alle öffentlich-rechtlichen Fragen entscheidet, bietet eine Reihe weiterer Vorzüge: Sie dient der Verwaltungsvereinfachung, insbesondere der Beschleunigung des Verfahrens und verhindert einander eventuell widersprechende Entscheidungen der verschiedenen, für die einzelnen Rechtsgebiete zuständigen Behörden. Sie ermöglicht ferner, die sich aus den verschiedensten rechtlichen Gesichtspunkten an die Anlage zu stellenden Anforderungen in optimaler Weise aufeinander abzustimmen. Für den Unternehmer bringt sie die größtmögliche Rechtsklarheit und Rechtssicherheit, eine wichtige Voraussetzung für zügige Planung und Produktionsaufnahme.

Es ist in der Praxis selten, dass die eingereichten Unterlagen den eindeu- 839
tigen und sicheren Schluss zulassen, dass das geplante Unternehmen allen öffentlich-rechtlichen Anforderungen entsprechen wird. Damit steht jedoch noch nicht fest, dass die Genehmigung zu versagen ist. Auch dann, wenn sich beispielsweise herausstellt, dass das geplante Röhrenwerk staubhaltige Abgase in einer Menge emittieren wird, die mit der TA Luft unvereinbar ist, muss der Bau der Fabrik nicht zum Scheitern verurteilt sein. Wenn sich der Staubgehalt durch technische Vorkehrungen, wie etwa durch die Verwendung von Filtern, unter die Schädlichkeitsgrenze reduzieren lässt, muss die Genehmigung dennoch erteilt werden. Sie ist jedoch mit einer Bedingung oder Auflage zu versehen.

3. Nebenbestimmungen zur Genehmigung

Nach § 12 Abs. 1 BImSchG können der Genehmigung Nebenbestimmun- 840
gen beigefügt werden, wenn dies notwendig ist, um die Voraussetzungen der Genehmigung – insbesondere die Umweltverträglichkeit – zu erfüllen:

„§ 12 Nebenbestimmungen zur Genehmigung 841
(1) Die Genehmigung kann unter Bedingungen erteilt und mit Auflagen verbunden werden, soweit dies erforderlich ist, um die Erfüllung der in § 6 genannten Genehmigungsvoraussetzungen sicherzustellen. (...)

Die Behörde wird daher einen Antrag, der erkennen lässt, dass die ge- 842
plante Anlage nicht den gesetzlichen Voraussetzungen entspricht, nicht ohne weiteres ablehnen. Sie wird vielmehr untersuchen, ob es nicht technische Mittel und Wege gibt, mit deren Hilfe die Genehmigungsvoraussetzungen erfüllt werden könnten und die Genehmigung dann mit einer entsprechenden **Bedingung** oder **Auflage** erteilen.

a) Bedingung

Bedingung bedeutet, dass die Wirksamkeit der Genehmigung „von dem 843
ungewissen Eintritt eines zukünftigen Ereignisses“ (so § 36 Abs. 2 Nr. 2 VwVfG) abhängt. Bis zum Eintritt der Bedingung oder bis zu ihrem endgültigen Ausfall bleibt in der Schwebe, ob die Genehmigung wirksam wird.

Die Erteilung einer bedingten Genehmigung kommt nur in Ausnahmefäl- 844
len in Betracht. Die Bedeutung der Genehmigung besteht gerade darin, dem

Unternehmer eine gesicherte Rechtsstellung zu verschaffen; eine bedingte Genehmigung bringt jedoch Ungewissheit mit sich. Dennoch kann ein Bedürfnis für eine bedingte Genehmigung nicht schlechthin verneint werden. Sie kommt beispielsweise dann in Betracht, wenn die gegenwärtige technische Entwicklung es noch nicht erlaubt, einem bestimmten Genehmigungserfordernis, etwa einem niedrigen Geräuschpegel, zu genügen, es jedoch mit hoher Wahrscheinlichkeit zu erwarten ist, dass die Technik in naher Zukunft dazu imstande sein wird. In diesem Fall kann eine bedingte Genehmigung erteilt werden.

b) Auflage

845 Die in der Praxis weitaus bedeutsamere Nebenbestimmung zur Genehmigung ist die **Auflage** (vgl. § 36 Abs. 2 Nr. 4 VwVfG). Mit Auflagen können Unternehmer verpflichtet werden, bestimmte Erfordernisse bei der Errichtung, der Beschaffenheit, der Unterhaltung oder der Wartung des Betriebes zu beachten.

846 Lassen die eingereichten Unterlagen erkennen, dass die geplante Anlage den Genehmigungsvoraussetzungen nicht entsprechen wird, obgleich dies nach dem technischen Stand der Dinge durchaus möglich wäre, wird die Genehmigungsbehörde die Genehmigung mit der Auflage erteilen, dem erhöhten technischen Standard zu genügen.

847 Die **Bedingung unterscheidet** sich von der **Auflage** insbesondere dadurch, dass sie die Wirksamkeit der Genehmigung von **einem ungewissen Ereignis** abhängig macht. Sie ist unselbstständiger Bestandteil der Genehmigung und von dieser nicht zu trennen, wohingegen eine Auflage getrennt neben der Genehmigung steht. Sie ist nur eine zusätzliche Anordnung, die befolgt werden muss. Ob die Auflage erfüllt wird oder nicht, hat keinen Einfluss auf die Wirksamkeit der Genehmigung. Nach § 20 Abs. 1 BImSchG kann die Behörde den Betrieb der Anlage allerdings ganz oder teilweise untersagen, wenn der Unternehmer einer Auflage nicht nachgekommen ist. Das bedeutet in concreto, dass die Erfüllung einer Auflage auf diese Weise erzwungen werden kann. Die Ermächtigung, eine Anlage ganz oder teilweise stillzulegen, ist sehr einschneidend, jedoch lässt die Beachtung des Grundsatzes der Verhältnismäßigkeit der Mittel nur selten eine Anwendung dieser Vorschrift zu. Ist damit zu rechnen, dass weniger einschneidende Maßnahmen wie z.B. die Verhängung eines Bußgeldes zum gleichen Ziel führen, sind diese zuvor zu ergreifen.

848 Die Bedeutung von Bedingungen und Auflagen beschränkt sich nicht auf das Bundes-Immissionsschutzgesetz oder das Gewerberecht. Bedingungen und Auflagen sind Hilfsmittel, mit denen bei jeder Spielart staatlicher Verwaltungstätigkeit gearbeitet wird. Immer dann, wenn der Bürger einen Rechtsanspruch auf eine staatliche Leistung hat, darf die Erfüllung dieses Anspruchs nicht beliebig durch Bedingungen oder Auflagen erschwert werden. Dies ist nur dann zulässig, wenn sich eine solche Nebenbestimmung als notwendig erweist, um überhaupt den Voraussetzungen des Anspruchs genügen zu können (vgl. § 36 VwVfG). Dem Unternehmer, aus dessen Unterlagen hervorgeht, dass sein geplantes Vorhaben allen immissionsschutz- und sonstigen öffentlich-rechtlichen Vorschriften genügt, gibt § 6 BImSchG

einen Rechtsanspruch auf Genehmigung. Seine Geltendmachung darf die Genehmigungsbehörde nicht durch zusätzliche Bedingungen oder Auflagen erschweren. Es besteht insoweit für die Behörde kein Ermessen, sog. **gebundene Entscheidung.**

849 Auch einen Studenten, dem nach dem Bundesausbildungsförderungsgesetz ein Rechtsanspruch auf Ausbildungsbeihilfe zusteht, darf das Amt für Ausbildungsförderung nicht mit der Begründung abweisen, zuvor müsse er noch zusätzliche, nicht im Gesetz vorgesehene Bedingungen oder Auflagen erfüllen.

c) Widerrufsvorbehalt und befristete Genehmigung

850 Weitere Nebenbestimmungen zur Genehmigung finden sich in § 12 Abs. 2 BImSchG. Es handelt sich um den **Widerrufsvorbehalt** und um die **befristete Genehmigung.**

851 Da die Genehmigung nach dem Bundes-Immissionsschutzgesetz dem Unternehmer eine besonders gesicherte Rechtsstellung verschaffen soll, ist eine befristete Genehmigung oder eine Genehmigung unter dem Vorbehalt eines Widerrufs mit der Natur der Genehmigung schwer zu vereinbaren. Gleichwohl kann, gerade im Interesse des Unternehmers, in bestimmten Fällen auf derartige Nebenbestimmungen nicht verzichtet werden. Bei neuartigen Anlagen können die Auswirkungen mitunter erst nach Ablauf einer längeren Betriebszeit ausreichend beurteilt werden. § 12 Abs. 2 Satz 1 BImSchG erklärt deshalb eine **Befristung** für zulässig, falls der Unternehmer einen dahingehenden Antrag stellt. Dieser Antrag hat für den Unternehmer den Vorteil, dass er jedenfalls vorläufig eine Genehmigung erhält, während die Behörde ohne diese Möglichkeit die Erteilung der Genehmigung abgelehnt hätte.

852 Einen ähnlichen Zweck erfüllt der Widerrufsvorbehalt. Nach § 12 Abs. 2 Satz 2 BImSchG ist der Vorbehalt eines Widerrufs zulässig, vorausgesetzt, dass die Anlage Erprobungszwecken dienen soll. Ohne diese Möglichkeit würde die Genehmigung häufig versagt werden, was im Interesse der Entwicklung neuer Industrien nicht vertretbar wäre. Glaubt der Unternehmer nach Ablauf der Erprobungszeit, eine unbeschränkte Genehmigung beanspruchen zu können, kann er einen dahingehenden Antrag stellen.

4. Rechtsfolgen der Genehmigung

853 Die immissionsschutzrechtliche Genehmigung ersetzt zunächst alle anderen für die Anlage erforderlichen öffentlich-rechtlichen Genehmigungen (§ 13 BImSchG; Konzentrationswirkung). Ausgenommen hiervon sind gemäß § 13 BImSchG Planfeststellungen, die Zulassung bergrechtlicher Betriebspläne sowie Entscheidungen auf Grund atom- oder wasserrechtlicher Vorschriften. Nicht erfasst sind ferner behördliche Zustimmungen, wie das gemeindliche Einvernehmen bei Baugenehmigungen nach § 36 BauGB.

854 Wenn A schließlich die Genehmigung zur Errichtung und zum Betrieb seiner industriellen Anlage bekommen hat, hat er damit außerdem eine gesicherte Rechtsposition erhalten, die ihm eine Reihe von Vorteilen bietet: § 14 BImSchG schützt genehmigte Industrieanlagen vor zivilrechtlichen Ansprüchen von Nachbarn, die wegen Immissionsbelästigung auf Einstellung

des Betriebes klagen. Nach erfolgter Genehmigung können die Nachbarn nicht mehr Betriebseinstellung verlangen, sondern nur Vorkehrungen, die die benachteiligenden Wirkungen ausschließen. Wenn solche Schutzmaßnahmen nach dem Stand der Technik nicht durchführbar oder wirtschaftlich für den Betrieb nicht vertretbar sind, bleibt den Nachbarn nur ein Schadensersatzanspruch.

855 Die Röhrenfabrik des A hat ihren Betrieb aufgenommen. Schweinezüchter B, dem ein großer Teil der Grundstücke in der Nähe der Fabrik gehört, hatte, da er große Teile davon sehr günstig an Unternehmer A verkaufen konnte, keine Einwendungen gegen die Anlage im Genehmigungsverfahren vorgebracht. Obgleich das Röhrenwerk dem neuesten technischen Standard entspricht, sterben aufgrund der Geräusch- und Geruchsbelästigung, die von der Fabrik ausgeht, doppelt so viele Tiere des B als früher. Welche Ansprüche hat B?

856 Gegen die öffentlich-rechtliche Betriebsgenehmigung kann B schon deshalb nicht vorgehen, weil er bis zum Ablauf der Einwendungsfrist keine Einwendungen vorgebracht hat und nunmehr damit nach § 10 Abs. 3 Satz 5 BImSchG ausgeschlossen ist.

857 In Betracht kommt ein zivilrechtlicher Unterlassungsanspruch nach § 1004 BGB:

858 „(1) Wird das Eigentum in anderer Weise als durch Entziehung oder Vorenthaltung des Besitzes beeinträchtigt, so kann der Eigentümer von dem Störer die Beseitigung der Beeinträchtigung verlangen. Sind weitere Beeinträchtigungen zu besorgen, so kann der Eigentümer auf Unterlassung klagen.
(2) Der Anspruch ist ausgeschlossen, wenn der Eigentümer zur Duldung verpflichtet ist.“

859 Die Voraussetzungen des § 1004 Abs. 1 Satz 2 BGB sind gegeben, da das Eigentum des B „in anderer Weise als durch Entziehung oder Vorenthaltung des Besitzes beeinträchtigt“ wurde und aufgrund der bereits angelaufenen Produktion auch zukünftig mit Beeinträchtigungen zu rechnen ist. Nach § 1004 Abs. 1 Satz 2 BGB hat B daher einen Anspruch auf Unterlassen der gewerblichen Tätigkeit, soweit sie störende Immissionen hervorruft.

860 Die Durchsetzung dieses zivilrechtlichen Anspruchs aus § 1004 Abs. 1 Satz 2 BGB wird jedoch durch § 1004 Abs. 2 BGB i.V.m. § 14 BImSchG verhindert. Ist die Genehmigung erteilt, kann nicht mehr auf Betriebseinstellung geklagt werden, da die Nachbarn insoweit gemäß § 14 BImSchG zur Duldung verpflichtet sind. Sie können nur – wenn dies möglich und zumutbar ist – auf verbesserte technische Schutzvorrichtungen oder andernfalls auf einen Schadensausgleich in Geld klagen. § 14 BImSchG soll verhindern, dass hohe Investitionen umsonst getätigt werden.

861 § 14 BImSchG steht allen Ansprüchen auf Betriebseinstellung entgegen mit Ausnahme derer, die auf einer vertraglichen oder durch das Grundbuch abgesicherten Sonderbeziehung zwischen dem Unternehmer und einem Anlieger beruhen.

862 Die Betriebseinstellung einer genehmigungspflichtigen Anlage kann ansonsten nur durch fristgemäßes Vorbringen entgegenstehender Einwendungen im Verfahren nach § 10 BImSchG und, wenn die Genehmigung dennoch erteilt wurde, durch fristgemäße Klage vor dem Verwaltungsgericht erzwungen werden.

Dem Inhaber einer genehmigten Anlage wird, wie sich insbesondere aus § 14 BImSchG ergibt, eine Rechtsposition eingeräumt, die der Anlage erhöhten Bestandsschutz sichert. Dies ist im Hinblick auf die der Erteilung der Genehmigung vorausgehende eingehende Prüfung und die damit verbundene Anhörung der Nachbarn gerechtfertigt. Der Bestandsschutz darf jedoch nicht so weit gehen, dass die Allgemeinheit oder die Nachbarschaft für alle Zeit gegenüber den durch die Industrieanlage hervorgerufenen schädlichen Umwelteinwirkungen oder sonstigen Gefahren schutzlos gestellt ist. § 17 BImSchG trifft deshalb eine ausgleichende Regelung. Der Unternehmer kann auch nach Erteilung der Genehmigung verpflichtet werden, Schutzmaßnahmen durchzuführen. Von dieser Ermächtigung soll die Behörde Gebrauch machen, wenn festgestellt wird, dass die Allgemeinheit oder die Nachbarschaft nicht ausreichend vor Beeinträchtigungen geschützt wird. Bei der behördlichen Entscheidung wird der Schutz der Allgemeinheit die größere Rolle spielen, da die Nachbarn im eingeschränkten Rahmen von § 1004 BGB, § 14 BImSchG ihre Rechte selbst einklagen können. 863

Nach der behördlichen Genehmigung der Anlage darf der Unternehmer jedoch nicht mehr uneingeschränkt verpflichtet werden. Die nachträgliche Anordnung darf nur getroffen werden, wenn sie nicht unverhältnismäßig ist; vor allem darf der mit der Erfüllung der Anordnung verbundene Aufwand nicht außer Verhältnis zu dem mit der Anordnung angestrebten Erfolg stehen. Ist eine nachträgliche Anordnung wegen Unverhältnismäßigkeit nicht möglich, soll die zuständige Behörde jedoch die Genehmigung unter den Voraussetzungen des § 21 Abs. 1 Nr. 3 bis 5 BImSchG ganz oder teilweise widerrufen. Allerdings wäre in einem solchen Fall die Behörde verpflichtet, den Betroffenen nach Maßgabe des § 21 Abs. 4 bis 6 BImSchG zu entschädigen (§ 17 Abs. 2 Satz 2 BImSchG). 864

Die gesicherte Rechtsposition, die der Unternehmer mit der Erteilung der Genehmigung zum Betrieb der genehmigungsbedürftigen Anlage erhält, zeigt sich schließlich auch in § 21 BImSchG, der die Voraussetzungen regelt, unter denen eine rechtmäßig erteilte Genehmigung widerrufen werden darf. Wenn die Genehmigung – ausnahmsweise – mit einem Widerrufsvorbehalt versehen oder der Unternehmer einer mit ihr verbundenen Auflage nicht nachgekommen ist, ist ein Widerruf auch ohne Entschädigung zulässig. In allen anderen Fällen aber, also insbesondere dann, wenn sich ein Widerruf als unumgänglich erweist, um schwere Nachteile für das Gemeinwohl abzuwenden (§ 21 Abs. 1 Nr. 5 BImSchG), erhält der Unternehmer eine Entschädigung für den Vermögensnachteil, den er dadurch erlitten hat, dass er auf den Bestand der Genehmigung vertraute. 865

In der Praxis ist der Widerruf einer genehmigten Anlage aufgrund der Vorschrift des § 21 Abs. 1 Nr. 3 bis 5 BImSchG außerordentlich selten. Das liegt insbesondere daran, dass schon im Genehmigungsverfahren Zukunftsprognosen gestellt werden. Da genehmigungsbedürftige Anlagen ihrer Natur nach potenzielle Gefahrenquellen darstellen und in aller Regel über längere Zeiträume betrieben werden, genügt es nicht, schädliche Umwelteinwirkungen im Augenblick der Genehmigung auszuschließen. An die Möglichkeit künftiger Beeinträchtigungen muss ebenfalls gedacht werden. Immissionsschutz bei genehmigungsbedürftigen Anlagen ist stets auch vorbeugender Immissionsschutz. 866

867 Der entschädigungspflichtige Widerruf einer genehmigten Anlage ist auch deshalb so selten, weil in den meisten Fällen der Erlass einer nachträglichen Anordnung nach § 17 BImSchG genügt. Sollte der nachträglichen Anordnung nicht nachgekommen werden, eröffnet § 20 Abs. 1 BImSchG der Behörde die Möglichkeit, die Weiterführung des Betriebes bis zur Erfüllung der Auflagen zu untersagen, ohne hierfür eine Entschädigung leisten zu müssen.

5. Betrieb nicht genehmigter genehmigungsbedürftiger Anlagen

868 Nach § 20 Abs. 2 BImSchG soll eine Anlage, die ohne die erforderliche Genehmigung betrieben wird, **stillgelegt oder beseitigt** werden. Diese Formulierung ist missverständlich. Zwei Fälle sind zu unterscheiden:

(1) Die Anlage wird ohne Genehmigung betrieben, obgleich alle Genehmigungsvoraussetzungen des Bundes-Immissionsschutzgesetzes erfüllt sind. In einem solchen Fall ist die Anlage wegen der fehlenden Genehmigung gleichwohl **formell** illegal.
(2) Die Anlage wird ohne Genehmigung betrieben. Sie genügt zugleich nicht den Ansprüchen, die das Bundes-Immissionsschutzgesetz an die Umweltverträglichkeit stellt. Da die Anlage nicht den Anforderungen des Gesetzes entspricht, ist sie in diesem Fall nicht nur formell, sondern auch **materiell** illegal.

869 Wenn die Anlage lediglich formell illegal ist, kommt eine Beseitigungsverfügung nie in Betracht. Sie wäre rechtswidrig, da der Abbruch einer Anlage, die materiell dem Anspruch des Bundes-Immissionsschutzgesetzes genügt, ein sinnloser und unverhältnismäßig belastender Eingriff wäre. Bei formeller Illegalität darf die Anlage lediglich so lange stillgelegt werden, bis das Genehmigungsverfahren nachgeholt und abgeschlossen ist. Die **Stilllegung** allerdings wird sich immer als angebracht erweisen, da man Sinn und Zweck des Bundes-Immissionsschutzgesetzes, bei bestimmten industriellen Anlagen eine vorbeugende Kontrolle zu ermöglichen, unterlaufen könnte, wenn man eine formell illegale Anlage während der Nachholung des Genehmigungsverfahrens weiter betreiben dürfte. Andernfalls würde der Unternehmer, der sich gesetzestreu verhalten hat, schlechter gestellt als der, der sich gesetzeswidrig verhielt und ohne Genehmigung eine genehmigungspflichtige Anlage betrieb.

870 Auch dann, wenn die Anlage formell und materiell illegal ist, muss sich die Behörde sehr genau überlegen, ob sie statt zur Stilllegungsanordnung zum stärkeren Mittel der Beseitigungsanordnung greift. Eine materiell illegale Anlage kann nämlich durchaus in vielen Fällen durch technische Verbesserungen auf einen Stand gebracht werden, der den Anforderungen des Bundes-Immissionsschutzgesetzes genügt. Eine Beseitigungsverfügung ist nur dann verhältnismäßig, wenn diese Möglichkeit auszuschließen und die Umweltgefahr anders nicht zu beseitigen ist.

6. Vereinfachte Genehmigung und genehmigungsfreie Anlagen

871 Die Genehmigung genehmigungsbedürftiger Anlagen nach dem Bundes-Immissionsschutzgesetz wird grundsätzlich in dem oben dargestellten **förm-**

lichen Verfahren erteilt. § 19 BImSchG ermächtigt die Bundesregierung, durch Rechtsverordnung für bestimmte Anlagengruppen eine Genehmigung in einem **vereinfachten Verfahren** vorzuschreiben. Diese Ermächtigung hat die Bundesregierung durch § 2 Abs. 1 Nr. 2 4. BImSchV i. V. m. Spalte 2 des Anhangs zur 4. BImSchV ausgefüllt. Sie nennt knapp 100 gewerbliche Industrieanlagen, für die eine Genehmigung im vereinfachten Verfahren erteilt werden kann, beispielsweise „Anlagen zum Rösten von Kaffee, Kakao und Getreide". Hierbei handelt es sich generell um Anlagen, bei denen mit Rücksicht auf ihre Art oder ihren Umfang auf ein so weitreichendes Prüfungsverfahren, wie es § 10 BImSchG vorschreibt, verzichtet werden kann, ohne dadurch den Schutz der Allgemeinheit oder der Nachbarschaft zu beeinträchtigen. Sinnvoll ist das vereinfachte Verfahren für solche Anlagen, bei denen mit Rücksicht auf bestimmte umweltfreundliche Produktionsverfahren erfahrungsgemäß nicht mit erheblichen Emissionen zu rechnen ist.

Das vereinfachte Verfahren zeichnet sich insbesondere dadurch aus, dass 872
(1) der Antrag und die Unterlagen nicht zur Einsicht ausgelegt werden,
(2) das Vorhaben nicht öffentlich bekannt gemacht wird, und
(3) keine förmlichen Einwendungen gegen das Vorhaben erhoben werden können.

Eine Genehmigung, die im vereinfachten Verfahren erteilt wird, bietet 873 dem Unternehmer nicht so viel Schutz und Rechtssicherheit wie eine Genehmigung im Verfahren nach § 10 BImSchG; insbesondere gilt § 14 BImSchG für diese Anlagen nicht. Die Rechte der Nachbarn in der in § 14 BImSchG vorgesehenen Weise zu beschränken ist nämlich nur dann gerechtfertigt, wenn die Nachbarn Gelegenheit hatten, ihre Einwendungen gegen die Errichtung und Inbetriebnahme der Anlage in einem förmlichen Verfahren geltend zu machen.

Die meisten gewerblichen Anlagen in der Bundesrepublik rufen in der 874 Regel nicht in einem solchen Maß schädliche Umwelteinwirkungen hervor, dass sie einer eingehenden Prüfung in einem Genehmigungsverfahren oder zumindest einer Prüfung im vereinfachten Genehmigungsverfahren bedürfen. Alle gewerblichen Betriebe, die in der Verordnung über genehmigungsbedürftige Anlagen nicht aufgezählt sind, können daher eröffnet werden, ohne dass eine vorbeugende Kontrolle nach dem Bundes-Immissionsschutzgesetz notwendig ist.

Je nach den Betriebsverhältnissen oder ihrer Lage können jedoch auch 875 diese Betriebe zu erheblichen Störungen der Nachbarschaft oder, etwa wegen ihrer Häufung an einem Standort, zu Beeinträchtigungen der Allgemeinheit führen. § 22 BImSchG nennt daher für die Errichtung und den Betrieb nicht genehmigungsbedürftiger Anlagen drei Grundpflichten, um schädliche Umwelteinwirkungen zu vermeiden oder jedenfalls auf ein vertretbares Maß zu beschränken:

1. Schädliche Umwelteinwirkungen sind zu verhindern, soweit sie nach dem Stand der Technik vermeidbar sind,
2. nach dem Stand der Technik unvermeidbare schädliche Umwelteinwirkungen müssen auf ein Mindestmaß beschränkt und
3. die beim Betrieb der Anlagen entstehenden Abfälle müssen ordnungsgemäß beseitigt werden.

876 Diese Vorschrift ist notwendigerweise weit gefasst. Die Verschiedenartigkeit der Anlagen und die rasch fortschreitende technische Entwicklung lassen eine starre gesetzliche Regelung von Einzelanforderungen nicht zu, zumal die Auswirkungen der Anlage je nach den örtlichen Gegebenheiten sehr unterschiedlich sein können. Wegen ihrer allgemeinen Forderung ist die Vorschrift des § 22 BImSchG in vielen Fällen konkretisierungsbedürftig. Dies geschieht entweder durch eine Rechtsverordnung nach § 23 BImSchG oder durch eine behördliche Anordnung nach § 24 BImSchG.

Weiterführende Hinweise:

Hamdan, Grundzüge des Gewerberechts, JA 2007, 249;
Leidinger, Schwerpunktklausur – Umwelt und Planungsrecht, JuS 2006, 816.

Kapitel 33: Der Verwaltungsakt und seine verwaltungsinterne sowie verwaltungsgerichtliche Kontrolle

Art. 20 Abs. 3 GG verpflichtet die Verwaltung, sich bei allen ihren Aktivitäten strikt an das Gesetz zu halten. Mit dem Bestehen dieses Grundsatzes allein ist dem Bürger aber noch nicht viel geholfen. Vielfältig sind die Fehler, die der Verwaltung zu seinen Ungunsten unterlaufen können. 877

Einem Unternehmer kann der immissionsschutzrechtliche Genehmigungsbescheid oder eine Subvention zu Unrecht versagt werden, einem Studenten der Übungsschein zu Unrecht nicht anerkannt oder eine Beurlaubung wegen Tätigkeit in der studentischen Mitverwaltung nicht genehmigt werden. 878

Zur Sicherung des Grundsatzes der Gesetzmäßigkeit der Verwaltung bestehen zwei streng voneinander zu trennende Kontrollmöglichkeiten: die verwaltungsinterne Kontrolle und die verwaltungsgerichtliche Kontrolle. 879

Die **verwaltungsgerichtliche Kontrolle** ist verfassungsmäßig durch Art. 19 Abs. 4 GG abgesichert: „Wird jemand durch die öffentliche Gewalt in seinen Rechten verletzt, so steht ihm der Rechtsweg offen." Die **verwaltungsinterne Kontrolle** hat vor allem die Funktion, durch Selbstkontrolle der Verwaltung die Verwaltungsgerichtsbarkeit zu entlasten. Der Verwaltung wird die Möglichkeit gegeben, eventuelle Fehler selbst zu korrigieren, bevor der Fall zum Verwaltungsgericht gelangt. 880

Dem hierarchischen Prinzip der Verwaltung ist es eigen, dass die höhere Behörde des jeweiligen Verwaltungsaufbaus die untere kontrollieren und ihr verbindliche Anweisungen geben darf. Die Oberfinanzdirektion beispielsweise kann jederzeit in den Verwaltungsbetrieb der ihr unterstellten Finanzämter eingreifen, wenn sie dies für zweckmäßig oder notwendig hält. Eine Ausnahme von der generellen Eingriffsbefugnis der jeweils höheren Verwaltungsinstanz bilden nur die staatliche Aufsicht über die kommunale Selbstverwaltung und die Tätigkeit staatlicher Aufsichtsbehörden gegenüber selbstständigen juristischen Personen des öffentlichen Rechts, z. B. des Kultusministeriums gegenüber der Universität. Hier hat die Aufsichtsbehörde nur die Befugnis, die Rechtmäßigkeit einer Maßnahme zu kontrollieren, nicht jedoch deren Zweckmäßigkeit. Deshalb sind die staatlichen Rechtsaufsichtsbehörden den Behörden der Selbstverwaltungskörperschaften nicht in dem Sinn übergeordnet, wie dies sonst im Bereich staatlicher Verwaltung der Fall ist. 881

Die Aufsichtsmaßnahmen werden von der Aufsichtsbehörde selbstständig aufgrund eigener Entschließung getroffen. Ein Antrag eines mit einer Verwaltungsentscheidung unzufriedenen Bürgers ist hierfür nicht erforderlich. Aber auch der betroffene Bürger hat die Möglichkeit, mittels **formloser** und **förmlicher Rechtsbehelfe** ein Verfahren verwaltungsinterner Selbstkontrolle einzuleiten. 882

Das Recht, formlose Rechtsbehelfe einzulegen, ist durch Art. 17 GG, der es jedermann gestattet, sich mit Bitten und Beschwerden an die zuständigen Stellen zu wenden, verfassungsrechtlich verbürgt. Man unterscheidet dabei 883 die **Gegenvorstellung,** mit der man sich an die Behörde wenden kann, die die beanstandete Maßnahme erlassen hat, die **sachliche Dienstaufsichtsbeschwerde,** die sich mit dem gleichen Ziel an die übergeordnete Behörde wendet und die **persönliche Dienstaufsichtsbeschwerde,** mit der missliebiges persönliches Verhalten eines Beamten bei seinem Vorgesetzten beanstandet werden kann. Die formlosen Rechtsbehelfe sind an keine Formen und Fristen gebunden. Da die Aussicht, auf formlosem Wege eine Änderung behördlicher Maßnahmen zu erreichen, nicht sehr groß ist, ist auch die praktische Bedeutung der formlosen Rechtsbehelfe gering. In dem Merksatz, sie seien form-, frist- und fruchtlos, steckt mehr als ein Körnchen Wahrheit.

884 Von sehr großer Bedeutung hingegen ist der förmliche Rechtsbehelf des **Widerspruchs,** vgl. §§ 68 ff. VwGO. Die Frist zur Einlegung des Widerspruchs beträgt gemäß § 70 Abs. 1 VwGO einen Monat. Die beiden wichtigsten verwaltungsgerichtlichen Klagearten, die Anfechtungs- und die Verpflichtungsklage, dürfen erst dann erhoben werden, wenn der betroffene Bürger im fristgerecht eingelegten Widerspruchsverfahren keine Änderung der von ihm beanstandeten Maßnahme hat erreichen können. Hier zeigt sich die Filterfunktion verwaltungsinterner Selbstkontrolle: Die Verwaltungsgerichtsbarkeit soll erst dann eingeschaltet werden, wenn keine Möglichkeit mehr besteht, dass die Meinungsverschiedenheiten zwischen Verwaltung und Bürger auf anderem Wege beigelegt werden können. Da ein abgeschlossenes Widerspruchsverfahren in den meisten Fällen Voraussetzung dafür ist, dass überhaupt das Verwaltungsgericht angerufen werden darf, ist das Widerspruchsverfahren in dem Gesetz, das den Zugang zu den Verwaltungsgerichten und das verwaltungsgerichtliche Verfahren regelt, der **Verwaltungsgerichtsordnung** (VwGO), ausgestaltet.

885 § 68 VwGO lautet:

> „(1) Vor Erhebung der Anfechtungsklage sind Rechtmäßigkeit und Zweckmäßigkeit des Verwaltungsaktes in einem Vorverfahren nachzuprüfen. Einer solchen Nachprüfung bedarf es nicht, wenn ein Gesetz dies für besondere Fälle bestimmt oder wenn
> 1. der Verwaltungsakt von einer obersten Bundesbehörde oder von einer obersten Landesbehörde erlassen worden ist, außer wenn ein Gesetz die Nachprüfung vorschreibt, oder
> 2. der Abhilfebescheid oder der Widerspruchsbescheid erstmalig eine Beschwer enthält.
> (2) Für die Verpflichtungsklage gilt Absatz 1 entsprechend, wenn der Antrag auf Vornahme des Verwaltungsaktes abgelehnt worden ist."

886 § 68 VwGO enthält drei wichtige Begriffe: **Verwaltungsakt, Anfechtungs-** und **Verpflichtungsklage.** Sie sollen zunächst erläutert werden.

I. Der Verwaltungsakt

887 Ein Widerspruchsverfahren schreibt die Verwaltungsgerichtsordnung nur vor, wenn der Bürger sich gegen einen ihn **belastenden Verwaltungsakt** wendet (§ 68 Abs. 1 VwGO) oder wenn die Verwaltungsbehörde seinen Antrag auf einen **begünstigenden Verwaltungsakt** abgelehnt hat (§ 68 Abs. 2 VwGO).

1. Der Begriff des Verwaltungsakts

Wenn Verwaltungshandeln einen konkreten individuellen Einzelfall betrifft, wenn also der einzelne Bürger einen Eingriff dulden muss oder ihm eine Leistung gewährt wird, wird die Verwaltung regelmäßig durch Erlass eines **Verwaltungsaktes** handeln. Dies stellt die gebräuchlichste und in der Praxis mit Abstand wichtigste Form des Verwaltungshandelns dar. Unter Verwaltungsakt versteht man **„jede Verfügung, Entscheidung oder andere hoheitliche Maßnahme, die eine Behörde zur Regelung eines Einzelfalles auf dem Gebiet des öffentlichen Rechts trifft und die auf unmittelbare Rechtswirkung nach außen gerichtet ist“** (§ 35 Satz 1 VwVfG). Der Begriff des Verwaltungsaktes i.S.d. § 35 Satz 1 VwVfG wird im Folgenden näher erläutert: 888

Als **Maßnahme** (Verfügung, Entscheidung) ist jede Handlung anzusehen, die einen Erklärungsgehalt aufweist. Die Bedeutung des Tatbestandsmerkmals „Behörde“ ergibt sich aus der Legaldefinition des § 1 Abs. 4 VwVfG. Die Maßnahme muss des Weiteren auf dem **Gebiet des öffentlichen Rechts** getroffen werden. Ob dies der Fall ist, bestimmt sich nach den allgemeinen für die Abgrenzung des öffentlichen Rechts vom Privatrecht entwickelten Kriterien. Für die Verwaltungsakt-Qualität ist darüber hinaus Voraussetzung, dass die behördliche Maßnahme, in Abgrenzung zum schlichten Verwaltungshandeln, eine **Regelung** enthält. Eine solche liegt immer dann vor, wenn die Maßnahme unmittelbar auf die Herbeiführung einer Rechtsfolge gerichtet ist. Keine Regelungen und damit schlichtem Verwaltungshandeln zuzuordnen sind damit die sog. Realakte wie: Mitteilungen, Warnungen oder etwa Dienstfahrten. Die Regelung i.S.d. § 35 VwVfG muss dabei einen **Einzelfall** betreffen. Die Einzelfallregelung zeichnet sich im Gegensatz zu einer Rechtsnorm durch einen konkret-individuellen Charakter aus, indem sie einen konkreten Sachverhalt betrifft und sich an eine bestimmte Person richtet. Bei einem generellen Adressatenkreis liegt hingegen eine Einzelfallregelung nur dann vor, wenn die Voraussetzungen des § 35 Satz 2 VwVfG für die Allgemeinverfügung erfüllt sind. Schließlich muss der Verwaltungsakt auf **Außenwirkung** gerichtet sein. Dies ist anzunehmen, wenn die beabsichtigten Rechtsfolgen gegenüber einer außerhalb der Verwaltung stehenden natürlichen oder juristischen Person eintreten sollen, indem insbesondere deren Rechtsposition erweitert, eingeschränkt oder sonst regelnd in sie eingegriffen wird. Hieran fehlt es, wenn die Maßnahme nur Rechtswirkungen innerhalb der staatlichen Verwaltung entfaltet (z.B. Verwaltungsvorschriften). 889

Wird von der Polizei ein Platzverweis erteilt, handelt es sich dabei ebenso um einen Verwaltungsakt, wie wenn das Gewerbeaufsichtsamt eine immissionsschutzrechtliche Genehmigung nach § 6 BImSchG erteilt. In beiden Fällen liegt eine behördliche Maßnahme auf dem Gebiet des öffentlichen Rechts vor, die einen Einzelfall entscheidet und den betroffenen Bürger unmittelbar in seinen Rechten berührt. Die Genehmigung erweitert seine Rechte; er darf mit dem Bau der Fabrik beginnen, was er zuvor nicht durfte. Der Platzverweis dagegen schränkt seine Rechte ein. Im ersten Fall handelt es sich um einen **begünstigenden,** im zweiten Fall um einen **belastenden Verwaltungsakt.** 890

Sobald die Verwaltung bei ihrer Tätigkeit Rechte des Bürgers erweitert oder einschränkt, bedient sie sich dabei typischerweise der einseitigen Verfügung in Form des **Verwaltungsaktes.** Sie handelt atypisch, wenn sie sich 891 im Umgang mit dem Bürger anderer Mittel bedient, beispielsweise mit ihm einen **Vertrag** über einen nach öffentlich-rechtlichen Vorschriften zu beurteilenden Gegenstand, z.B. über die Vorauszahlung baurechtlicher Erschließungsbeiträge oder über den Standort einer industriellen Anlage, schließt (sog. öffentlich-rechtlicher Vertrag gemäß §§ 54 bis 62 VwVfG). Durch Vertrag ein bestimmtes Ergebnis zu erreichen ist für die Verwaltung im Regelfall schwieriger, da ein Vertrag das Einverständnis aller Beteiligten voraussetzt. Beim Verwaltungsakt hingegen kommt es nicht auf die Übereinstimmung mit dem Willen des betroffenen Bürgers an. Über seinen Erlass entscheidet die zuständige Behörde einseitig. Diese Entscheidung ist allerdings nicht in ihr Belieben gestellt. Art. 20 Abs. 3 GG bindet alles Verwaltungshandeln an das Gesetz. Rechtmäßig ist ein Verwaltungsakt nur, wenn die Verwaltung durch Gesetz zu dessen Erlass befugt ist.

2. Erforderlichkeit einer gesetzlichen Ermächtigungsgrundlage

892 Der Verwaltungsakt bedarf einer gesetzlichen **Ermächtigungsgrundlage.** Dies ist für belastende Verwaltungsakte unbestritten. Bei begünstigenden Verwaltungsakten dagegen wird teilweise die Auffassung vertreten, sie bedürften keiner gesetzlichen Grundlage, da sie die Rechtsposition des Bürgers erweitern. Dabei wird jedoch übersehen, dass die Begünstigung eines Unternehmers für den Konkurrenten durchaus belastende Folgen haben kann. Daher ist auch für begünstigende Verwaltungsakte in der Regel eine gesetzliche Ermächtigungsgrundlage erforderlich. Verwaltungsakte, zu deren Erlass die Verwaltung nicht durch Gesetz ermächtigt ist, sind daher in der Regel rechtswidrig.

3. Die Bestandskraft

893 In aller Regel, d.h. immer dann, wenn der Verwaltungsakt eine **Rechtsmittelbelehrung** enthält, beträgt die Widerspruchsfrist einen Monat. Nur dann, wenn keine Rechtsmittelbelehrung erteilt wurde, beträgt die Widerspruchsfrist ein Jahr (§ 70 Abs. 2 i.V.m. § 58 VwGO). Der Bürger hat daher in der Regel einen Monat Zeit, um die Entscheidung darüber zu treffen, ob er einen belastenden Verwaltungsakt oder die Ablehnung eines begünstigenden Verwaltungsaktes hinnehmen will oder ob er sich zum Widerspruch und nach erfolglosem Vorverfahren zur verwaltungsgerichtlichen Klage entschließt. Nach Ablauf der Widerspruchsfrist kann – von Ausnahmen abgesehen (vgl. z.B. § 60 VwGO) – weder ein Vorverfahren noch eine verwaltungsgerichtliche Klage durchgeführt werden. Der Verwaltungsakt wird **bestandskräftig** und zwar unabhängig davon, ob er rechtmäßig oder rechtswidrig ist. **Auch ein rechtswidriger Verwaltungsakt ist also nach Ablauf der Widerspruchsfrist vom Bürger zu befolgen, ohne dass dagegen noch etwas unternommen werden kann.**

894 Die nach Ablauf der Widerspruchsfrist eintretende Bestandskraft hat ihren guten Grund: Die Behörde muss sich darauf verlassen können, dass die Angelegenheit nach Ablauf eines Monats erledigt ist, und der Bürger muss die betreffende Entscheidung der Verwaltung zur Grundlage seiner Disposition machen können. Das Interesse an der Bestandskraft eines Verwaltungsaktes beruht demnach auf der Rechtssicherheit.

Unter bestimmten, eng umgrenzten Voraussetzungen kann die Bestandskraft eines Verwaltungsaktes jedoch ausnahmsweise durch die Möglichkeit der Behörde, ihn zurückzunehmen oder zu widerrufen, durchbrochen werden. „Rücknahme" i. S. d. § 48 VwVfG ist dabei die Aufhebung eines rechtswidrigen Verwaltungsaktes, „Widerruf" i. S. d. § 49 VwVfG bezeichnet die Aufhebung eines rechtmäßigen Verwaltungsaktes. 895

Eine weitere, noch unbedeutendere Ausnahme von dem Grundsatz, dass gegen Verwaltungsakte nach Ablauf der einmonatigen Frist nichts mehr unternommen werden kann, enthält § 43 Abs. 2 Satz 2 VwGO. Nach dieser Bestimmung kann auch nach Ablauf der Widerspruchsfrist noch auf Feststellung geklagt werden, dass ein Verwaltungsakt **nichtig** sei. Diese Klage hat nur selten Erfolg, da **rechtswidrige** Verwaltungsakte nur in Ausnahmefällen zugleich **nichtig** sind (vgl. § 44 VwVfG). 896

Rechtswidrig ist jeder Verwaltungsakt, der unter Verstoß gegen Rechtsvorschriften erlassen wurde und nicht nichtig ist; der Verwaltungsakt muss auf einer gesetzlichen Ermächtigungsgrundlage beruhen und formell und materiell rechtmäßig sein. So wird etwa innerhalb der materiellen Rechtmäßigkeit geprüft, ob die Behörde ihre Entscheidung ermessensfehlerfrei getroffen hat. Rechtswidrige Verwaltungsakte müssen gleichwohl befolgt werden, denn sie sind so lange rechtswirksam, bis sie auf Antrag des betroffenen Bürgers im Vorverfahren oder von den Verwaltungsgerichten aufgehoben werden. Befolgt werden müssen sie deshalb, weil es oft nicht leicht ist, zwischen rechtmäßigem und rechtswidrigem Verwaltungshandeln zu unterscheiden, und es in vielen Fällen nicht in das Belieben des betroffenen Bürgers gestellt werden kann, ob er den von ihm für rechtswidrig gehaltenen Verwaltungsakt befolgt oder nicht. 897

Nichtig ist ein Verwaltungsakt hingegen nur **„soweit er an einem besonders schwerwiegenden Fehler leidet und dies bei verständiger Würdigung aller in Betracht kommenden Umstände offenkundig ist"** (§ 44 Abs. 1 VwVfG); etwa wenn das Gewerbeaufsichtsamt einen Einberufungsbescheid erlässt oder wenn die Untersagung der Gewerbeerlaubnis nach § 35 GewO damit begründet wird, „Unzuverlässigkeit" im Sinne dieser Bestimmung läge auch bei einem außerehelichen Seitensprung vor. Nichtige Verwaltungsakte werden nicht bestandskräftig. Gegen sie kann der Betroffene auch noch nach Ablauf der Monatsfrist vorgehen. Da vergleichbares, auf den ersten Blick erkennbares rechtswidriges Staatshandeln glücklicherweise auf seltene Ausnahmen begrenzt ist, bleibt es bei dem **Grundsatz, dass nach Versäumung der einmonatigen Widerspruchsfrist gegen einen Verwaltungsakt in der Regel nichts mehr unternommen werden kann.** 898

II. Die Anfechtungsklage

Ein Bürger kann sowohl durch den Erlass eines ihn unmittelbar oder mittelbar belastenden Verwaltungsakts (z. B. Bußgeldbescheid, Genehmigung einer Schweinemast auf dem Nachbargrundstück), als auch durch die Unterlassung eines ihn begünstigenden Verwaltungsakts (z. B. Versagung einer behördlichen Genehmigung) in seinen Rechten verletzt werden. Als Rechts- 899 schutzmöglichkeiten sieht § 42 Abs. 1 VwGO für den ersten Fall die Anfechtungsklage, für den zweiten die Verpflichtungsklage vor.

900 Über die Anfechtungs- und die Verpflichtungsklage bestimmt § 42 VwGO:

901 „(1) Durch Klage kann die Aufhebung eines Verwaltungsaktes (Anfechtungsklage) sowie die Verurteilung zum Erlass eines abgelehnten oder unterlassenen Verwaltungsaktes (Verpflichtungsklage) begehrt werden.
(2) Soweit gesetzlich nichts anderes bestimmt ist, ist die Klage nur zulässig, wenn der Kläger geltend macht, durch den Verwaltungsakt oder seine Ablehnung oder Unterlassung in seinen Rechten verletzt zu sein."

902 Eine Anfechtungsklage ist immer dann in Betracht zu ziehen, wenn sich der von einem belastenden Verwaltungsakt betroffene Bürger gegen diesen wehren will.

903 Wenn die Röhrenfabrik von A gemäß § 6 BImSchG genehmigt, diese Genehmigung jedoch vom Gewerbeaufsichtsamt mit der Auflage versehen wird, in der Fabrik mindestens 1200 Arbeitsplätze zu schaffen, obgleich bei rationeller Auslastung nur 1000 vonnöten wären, wird man dem Unternehmer raten müssen, dagegen vorzugehen, da das Bundes-Immissionsschutzgesetz die Verwaltung zum Erlass derartiger Auflagen nicht ermächtigt.
Ebenso kommt für den Nachbarn, dem die Röhrenfabrik in seiner Nähe nicht gefällt, nach erfolgloser Durchführung eines Vorverfahrens die Erhebung einer Anfechtungsklage gegen die Genehmigung in Betracht.

1. Das Vorverfahren gemäß § 68 VwGO und sonstige Zulässigkeitsvoraussetzungen der Anfechtungsklage

904 Nach § 68 Abs. 1 VwGO sind Rechtmäßigkeit und Zweckmäßigkeit eines Verwaltungsaktes vor Erhebung der Anfechtungsklage in einem **verwaltungsinternen Vorverfahren** nachzuprüfen. Erst wenn die Verwaltung im Widerspruchsverfahren dem Begehren des Widerspruchsführers nicht stattgibt, darf der Bürger den ihn belastenden Verwaltungsakt vor dem Verwaltungsgericht anfechten.

905 Nach § 68 Abs. 2 VwGO ist das Widerspruchsverfahren auch dann zu durchlaufen, wenn die Verwaltung den Antrag eines Bürgers auf einen ihn begünstigenden Verwaltungsakt, z. B. einen positiven BAföG-Bescheid, abgelehnt hat. Bevor mit der Verpflichtungsklage nach § 42 Abs. 1 VwGO auf Erlass des abgelehnten begünstigenden Verwaltungsaktes geklagt werden kann, muss der Verwaltung im Widerspruchsverfahren Gelegenheit zur Überprüfung gegeben worden sein. Die Einreichung eines Widerspruchs kann aber nicht zeitlich unbeschränkt erfolgen. Wird die in § 70 VwGO vorgeschriebene Frist nicht eingehalten, so hat der betroffene Bürger keine Möglichkeit mehr, sich gegen den Verwaltungsakt zu wehren. Der Verwaltungsakt ist bestandskräftig, auch wenn er rechtswidrig ist.

906 Der Widerspruch wird bei der Behörde eingelegt, die den Verwaltungsakt erlassen oder den Erlass des beantragten Verwaltungsaktes abgelehnt hat. Wenn sie den Widerspruch für begründet hält, hilft sie ihm ab (vgl. § 72 VwGO). Der Verwaltungsrechtsstreit hat dann bereits auf dieser Ebene sein Ende gefunden. Wird dem Widerspruch nicht abgeholfen, entscheidet in der Regel die nächsthöhere Behörde durch **Widerspruchsbescheid** (vgl. § 73 VwGO).

Dieser Widerspruchsbescheid kann im Einzelfall auch eine **Verschlechterung** der Rechtsposition des betroffenen Bürgers mit sich bringen. Der Unternehmer, der gegen eine ihn belastende Auflage zur immissionsschutzrechtlichen Genehmigung Widerspruch eingelegt hat, kann durchaus das Pech haben, dass bei der Überprüfung seines Widerspruchs entdeckt wird, dass die Auflage den immissionsschutzrechtlichen Anforderungen noch immer nicht genügt und demzufolge verschärft werden muss. In einem solchen Fall darf der Widerspruch zurückgewiesen und eine neue, kostspieligere Auflage verfügt werden. Die Zulässigkeit einer solchen „reformatio in peius" ist allerdings zwischen Rechtsprechung und Schrifttum umstritten, sie ist jedenfalls nur dann zulässig, wenn der Widerspruchsbescheid keinen völlig neuen Inhalt hat und die Widerspruchsbehörde nicht nur die Rechtsaufsicht, sondern auch die Fachaufsicht über die Ausgangsbehörde ausübt. Bevor man sich zum Widerspruch entschließt, sollte man auch dieses Risiko bedenken. Die Gefahr der Verschlechterung besteht allerdings nur im Vorverfahren, nicht mehr im verwaltungsgerichtlichen Verfahren. 907

Der Widerspruchsbescheid ist zu begründen und mit einer Rechtsmittelbelehrung zu versehen. Aus ihr muss hervorgehen, dass gegen den Bescheid binnen eines Monats vor dem Verwaltungsgericht Klage erhoben werden kann. 908

Zwingende Vorschriften darüber, in welcher Frist der Widerspruchsbescheid ergehen muss, sind in der Verwaltungsgerichtsordnung nicht enthalten. Nach § 75 VwGO kann jedoch im Rahmen der Untätigkeitsklage vor dem Verwaltungsgericht auch ohne Abschluss eines Widerspruchsverfahrens Klage erhoben werden, wenn über den Widerspruch in angemessener Frist nicht entschieden wurde. In der Regel ist dafür mindestens der Ablauf von drei Monaten notwendig, § 75 Abs. 2 VwGO. Sinn dieser Vorschrift ist es, zu verhindern, dass die Verwaltung dadurch, dass sie die Entscheidung über den Widerspruch über Gebühr hinauszögert, dem Bürger den Gang vor das Verwaltungsgericht verwehrt. 909

2. Sonstige Zulässigkeitsvoraussetzungen der Anfechtungsklage

Neben dem Vorverfahren gibt es weitere Zulässigkeitsvoraussetzungen, die vorliegen müssen, damit das Verwaltungsgericht überhaupt zu den Sachfragen Stellung nimmt. Die wichtigsten davon sind: 910

a) Zulässigkeit des Verwaltungsrechtsweges (§ 40 VwGO),
b) statthafte Klageart (§§ 42, 43 VwGO),
c) Rechtsbeeinträchtigung des Klägers (sog. Klagebefugnis; § 42 Abs. 2 VwGO) und
d) sachliche und örtliche Zuständigkeit des Verwaltungsgerichts (§§ 45 ff. VwGO),
e) ordnungsgemäße Klageerhebung (§§ 81, 82 VwGO),
f) Frist (§ 74 VwGO).

Eine nähere Erörterung ist nur für a), b) und c) notwendig. 911

a) Zulässigkeit des Verwaltungsrechtsweges

Die Zulässigkeit einer Klage vor dem Verwaltungsgericht hängt zunächst davon ab, ob der Rechtsstreit überhaupt vor dieses Gericht gehört (Zulässigkeit des Verwaltungsrechtsweges). 912

913 Der Rechtsweg zu den allgemeinen Verwaltungsgerichten ist nach § 40 Abs. 1 VwGO grundsätzlich in allen **öffentlich-rechtlichen Streitigkeiten nicht verfassungsrechtlicher Art** gegeben, soweit die Streitigkeit nicht durch Gesetz ausdrücklich einem anderen Gericht zugewiesen ist.

914 Alle nicht im öffentlichen Recht wurzelnden – also privatrechtlichen – Streitigkeiten gehören danach nicht vor die Verwaltungsgerichte. Folgende öffentlich-rechtlichen Streitigkeiten gehören ebenfalls nicht vor die Verwaltungsgerichte:

(1) **Verfassungsrechtliche Streitigkeiten**, d. h. Rechtsstreite, bei denen auf beiden Seiten ein Verfassungsorgan beteiligt ist und bei denen es materiell um Verfassungsrecht geht. Verfassungsrechtliche Streitigkeiten entscheidet das **Bundesverfassungsgericht** (vgl. dazu Art. 93 Abs. 1 Nr. 1 bis 4 GG).

(2) Streitigkeiten, für die **besondere Zuweisungen zu anderen Gerichten** bestehen. Das ist der Fall für:
- Angelegenheiten der Sozialversicherung, die den Sozialgerichten zugewiesen sind (§ 51 SGG), und
- Streitigkeiten mit Bundes- und Landesfinanzbehörden, die den Finanzgerichten zugewiesen sind (§ 33 FGO).

(3) Öffentlich-rechtliche Streitigkeiten, die ausdrücklich den **ordentlichen Gerichten** zugewiesen sind:
- Streitigkeiten über die Höhe der Enteignungsentschädigung (Art. 14 Abs. 3 Satz 4 GG),
- Streitigkeiten über Aufopferungsansprüche und wegen enteignungsgleicher Eingriffe (§ 40 Abs. 2 VwGO),
- Streitigkeiten über Schadenersatzansprüche aus Amtspflichtverletzung (Art. 34 GG).

915 Hält ein Verwaltungsgericht den Verwaltungsrechtsweg für nicht eröffnet, so verweist es nach Anhörung der Parteien von Amts wegen die Sache an das Gericht, zu dem es den Rechtsweg für gegeben hält (§ 17a Abs. 2 GVG). Dieser Beschluss ist für das Gericht, an das die Streitigkeit verwiesen wird, bindend.

b) Statthafte Klageart

916 Außer der Anfechtungsklage und der Verpflichtungsklage kennt die Verwaltungsgerichtsordnung noch **weitere Klagearten** der Hauptsache, die sich durch ihr Klageziel (**Klägerbegehren**) unterscheiden. Die Anfechtungsklage zielt – wie erläutert – auf die Aufhebung eines Verwaltungsaktes; das Ziel der Verpflichtungsklage ist es, die Verwaltung zum Erlass eines Verwaltungsakts gerichtlich zu verpflichten. Daneben gibt es die **allgemeine Leistungsklage**. Diese Klage ist gesetzlich nicht ausdrücklich geregelt; ihr Vorhandensein wird jedoch in mehreren Normen vorausgesetzt (§§ 43 Abs. 2, 111, 113 Abs. 4 VwGO). Deren Begehr richtet sich auf sonstiges Verwaltungshandeln (Vornahmeklage) und das Unterlassen von Verwaltungshandeln (Unterlassungsklage) in Bezug auf das Unterlassen weiterer Realakte, das Unterlassen erstmaliger zukünftiger Realakte (vorbeugende Unterlassungsklage) und ausnahmsweise auch im Hinblick auf das Unterlassen zukünftiger Verwaltungsakte (vorbeugende Unterlassungsklage). Mit der **Fest-**

stellungsklage soll das Bestehen oder Nichtbestehen eines konkreten öffentlich-rechtlichen Rechtsverhältnisses geklärt werden oder die Nichtigkeit eines Verwaltungsaktes festgestellt werden. Eine besondere Klageart ist die **Fortsetzungsfeststellungsklage** gemäß § 113 Abs. 1 Satz 4 VwGO. Da ein Gerichtsverfahren einige Zeit dauert, kann es vorkommen, dass der Verwaltungsakt, der angefochten werden soll, keine Wirkung mehr auf den Kläger hat. In diesem Fall spricht man von einem erledigten Verwaltungsakt (§ 43 VwVfG). Mit der Fortsetzungsfeststellungsklage kann nun dennoch die Rechtswidrigkeit des Verwaltungsaktes festgestellt werden.

Diese verschiedenen Klagearten haben unterschiedliche Zulässigkeitsvoraussetzungen, so ist etwa nur für Anfechtungs- und Verpflichtungsklagen ein Vorverfahren nach § 68 VwGO vorgesehen. Neben den allgemeinen Voraussetzungen einer Verwaltungsgerichtsentscheidung (allgemeine Sachurteilsvoraussetzungen) – wie etwa der Eröffnung des Verwaltungsrechtsweges – spricht man bei den Zulässigkeitsvoraussetzungen, die nur für eine Klageart gedacht sind, von **besonderen Sachentscheidungsvoraussetzungen.** Im Prüfungspunkt der statthaften Klageart wird festgestellt, welche besonderen Sachentscheidungsvoraussetzungen zu beachten sind. Dazu ist das Klagebegehren (§ 88 VwGO) festzustellen. 917

Begehrt der Kläger z. B. die Erteilung einer immissionsschutzrechtlichen Genehmigung, so möchte er, dass ein Verwaltungsakt erlassen wird. Statthafte Klageart ist die Verpflichtungsklage. Wird ihm hingegen aufgegeben, dass er seine Fabrik schließen muss, so begehrt er, dass das Gericht die als Verwaltungsakt ausgestaltete Schließungsverfügung aufhebt. Die statthafte Klageart ist die Anfechtungsklage. 918

c) Klagebefugnis

Anfechtungs- und Verpflichtungsklage darf nach § 42 Abs. 2 VwGO nur erheben, wer geltend machen kann, die Verwaltung habe ihn in seinen subjektiv- öffentlichen Rechten verletzt. Diese Vorschrift hat einzig und allein den Sinn, sog. **Popularklagen,** die jedermann nach Belieben erheben kann, wenn er einen fehlerhaften Verwaltungsakt entdeckt zu haben meint, auszuschließen. 919

Erhält A einen Gewerbesteuerbescheid, von dem B der Ansicht ist, dieser sei überhöht, so kann B dennoch nicht dagegen klagen, da der Bescheid ihn unmöglich in seinen Rechten der Finanzverwaltung gegenüber beeinträchtigen kann. 920

Unzulässig ist die Anfechtungs- oder Verpflichtungsklage wegen Fehlens der Klagebefugnis nur dann, wenn der Kläger schlechthin nicht plausibel geltend machen kann, dass zumindest die Möglichkeit besteht, der streitige Verwaltungsakt beeinträchtige seine Rechte. 921

Unproblematisch ist die Klagebefugnis immer dann, wenn der Kläger **Adressat** des belastenden Verwaltungsaktes ist. In diesem Fall ist die Möglichkeit niemals auszuschließen, dass die Verwaltung in seine Rechte zu Unrecht eingegriffen hat. 922

Problematisch ist die Frage, ob der Kläger klagebefugt ist jedoch dann, wenn der Verwaltungsakt nicht an ihn, sondern an einen anderen gerichtet ist. In der Regel wird er dann kaum darlegen können, er sei durch den an einen anderen gerichteten Verwaltungsakt in seinen Rechten verletzt. B ist nicht befugt, den Steuerbescheid des A anzufechten. 923

924 Es gibt jedoch Ausnahmen von dem Grundsatz, dass in der Regel nur der Adressat eines Verwaltungsaktes eine Rechtsverletzung i.S.d. § 42 Abs. 2 VwGO geltend machen kann: § 10 BImSchG gibt den **Nachbarn** einer geplanten genehmigungsbedürftigen industriellen Anlage die Möglichkeit, innerhalb einer Frist gegen den Antrag auf Genehmigung Einwendungen zu erheben. Wenn die Genehmigungsbehörde nach Anhörung der Einwendungen trotzdem die Genehmigung erteilt, ist diese nicht an die Nachbarn, sondern ausschließlich an den Unternehmer der industriellen Anlage gerichtet. Dass die Genehmigung nach § 10 Abs. 7 BImSchG auch den Nachbarn, die rechtzeitig Einwendungen erhoben haben, zugestellt werden muss, ändert daran nichts. Obgleich die Nachbarn nicht Adressat der Genehmigung sind, können sie diese jedoch nach erfolglosem Vorverfahren anfechten. Die Möglichkeit, dass die Genehmigung, die die Rechtsposition des Unternehmers erweitert, diejenige der Nachbarn zu Unrecht einengt, ist nicht auszuschließen. Als möglicherweise verletztes Recht kommt das Eigentum an ihren Grundstücken in Betracht. Zum Inhalt des Eigentums gehört nämlich nicht nur das Grundstück in seinem Bestand, sondern auch die räumliche Situation und die Umgebung, in die es hineingestellt ist. Diese Ausstrahlung des Eigentums über die Grundstücksgrenze hinweg wird aber entscheidend durch den Bau einer industriellen Anlage in der Nachbarschaft beeinträchtigt.

925 Voraussetzung in den Fällen des Drittschutzes ist, dass eine Norm neben dem Schutz öffentlich-rechtlicher Interessen zumindest auch dazu bestimmt ist, dem Interesse einzelner Personen oder Personengruppen zu dienen (Schutznormtheorie). Wegen der Möglichkeit der Rechtsbeeinträchtigung kann daher den Nachbarn die Klagebefugnis nicht abgesprochen werden. Ob die Genehmigung tatsächlich rechtswidrig ist oder nicht, ist nicht eine Frage der Zulässigkeit, sondern der Begründetheit der Klage. Der Filter des § 42 Abs. 2 VwGO hat lediglich die Funktion, Popularklagen auszuschließen. Die eigentliche Prüfung der materiellen Rechtslage bleibt immer der Begründetheitsprüfung der Klage vorbehalten.

926 Im Ausgangsbeispiel kann die Zulässigkeit der Klage problemlos bejaht werden: Bei der Auflage, in der geplanten Röhrenfabrik mindestens 1200 Arbeitnehmer zu beschäftigen, handelt es sich um eine belastende Nebenbestimmung zu einem Verwaltungsakt. Es liegt eine öffentlich-rechtliche Streitigkeit nichtverfassungsrechtlicher Art vor, für die die Verwaltungsgerichte zuständig sind, da keine andere Rechtswegzuweisung gegeben ist. Nach erfolglosem Vorverfahren ist A als Adressat des Verwaltungsaktes auch klagebefugt.

3. Begründetheit der Anfechtungsklage bei nicht ausreichender Ermächtigungsgrundlage

927 A wurde aufgegeben, dass er seine Röhrenfabrik zwar betreiben darf, er muss jedoch mindestens 1200 Arbeitnehmer anstellen. Gegen diese Auflage wehrt sich A mit einer zulässigen Anfechtungsklage.

928 Bei der Begründetheit der Klage geht es um die Rechtsfrage, ob eine immissionsschutzrechtliche Genehmigung mit einer derartigen Auflage versehen werden darf. Wenn dies der Fall ist, wird die Klage als unbegründet abgewiesen; andernfalls ist sie begründet.

Die Frage ist leicht zu entscheiden: Nach § 6 BImSchG ist die Genehmigung zu erteilen, wenn sichergestellt ist, dass die Anlage allen immissionsschutzrechtlichen und sonstigen öffentlich-rechtlichen Erfordernissen genügen wird. Unter dieser Voraussetzung gibt § 6 BImSchG einen Rechtsanspruch auf Erteilung einer Genehmigung. Eine Vorschrift, die den Staat ermächtigt, dem Antragsteller vorzuschreiben, wie viele Arbeitnehmer er zu beschäftigen hat, gibt es nicht. Da hier allen öffentlich-rechtlichen Vorschriften bereits Genüge getan war, war die Auflage auch nicht zur Sicherstellung der Einhaltung der gesetzlichen Voraussetzungen des Verwaltungsaktes erforderlich (vgl. § 12 BImSchG). Die Genehmigung durfte daher nicht mit einer Auflage versehen werden. Die Auflage ist rechtswidrig. Die Klage ist begründet. § 113 Abs. 1 Satz 1 VwGO bestimmt für diesen Fall: 929

„Soweit der Verwaltungsakt rechtswidrig und der Kläger dadurch in seinen Rechten verletzt ist, hebt das Gericht den Verwaltungsakt und den etwaigen Widerspruchsbescheid auf." 930

Das Verwaltungsgericht wird daher die Auflage aufheben.

Im Ausgangsbeispiel war die Auflage als belastender Verwaltungsakt rechtswidrig, weil kein Gesetz die Verwaltung zu einem derartigen Eingriff ermächtigt. 931

Das Vorhandensein einer gesetzlichen Ermächtigungsgrundlage allein macht einen Verwaltungsakt allerdings noch nicht rechtmäßig. Die Verwaltungsbehörde muss sich bei ihrem Vorgehen auch an bestimmte formelle Voraussetzungen halten; sie muss insbesondere für die Angelegenheit zuständig sein, ihre Maßnahmen begründen und die in einzelnen Gesetzen mitunter vorgeschriebenen besonderen Verfahrens- (z.B. § 10 BImSchG) und Formvorschriften beachten. Verstöße gegen diese formellen Vorschriften führen in der Regel ebenfalls zur Rechtswidrigkeit des Verwaltungsaktes. 932

Immer dann, wenn eine Anfechtungsklage gegen einen belastenden Verwaltungsakt in Betracht gezogen wird, ist jedoch die mit Abstand wichtigste Frage diejenige nach der **gesetzlichen Ermächtigungsgrundlage** für den Eingriff. Nur selten liegt allerdings die Rechtswidrigkeit staatlichen Handelns so offen zutage wie im Beispielsfall, wo der Verwaltung überhaupt keine gesetzliche Vorschrift zur Verfügung stand, auf die sie ihr Vorgehen hätte stützen können. In vielen Fällen wird die Verwaltung ihr Vorgehen mit einer gesetzlichen Vorschrift begründen, der betroffene Bürger hingegen einwenden, sie verkenne Sinn und Zweck eben dieser Norm, die in seinem individuellen Fall nicht als Ermächtigungsgrundlage herhalten könne. Das ist insbesondere dann der Fall, wenn ein Gesetz der Verwaltung einen **Ermessensspielraum** einräumt. 933

4. Begründetheit der Anfechtungsklage bei fehlerhafter Ermessensausübung

Oft knüpft ein Gesetz an einen Tatbestand nur eine Rechtsfolge. Dann ist die Verwaltung gebunden. Nur eine Entscheidung, nämlich die vom Gesetz vorgeschriebene, ist rechtmäßig: 934

935 Wer die Voraussetzungen des § 6 BImSchG erfüllt, hat einen Rechtsanspruch auf Genehmigung; wer Einkünfte ab einer bestimmten Höhe bezieht, wird besteuert; wer sich als unzuverlässig i. S. d. § 35 GewO erweist, dem ist die Ausübung seines Gewerbes zu untersagen.

936 In diesen Fällen hat die Behörde keinerlei Wahl, ob sie die Genehmigung erteilen, ob sie besteuern oder die Ausübung des Gewerbes untersagen soll. Wenn die Verwaltung meint, die gesetzlichen Tatbestandsvoraussetzungen seien gegeben, muss sie den Gesetzesbefehl vollstrecken. Im Streitfall bleibt dem Gericht die Nachprüfung vorbehalten, ob die gesetzlichen Voraussetzungen tatsächlich vorgelegen haben. Dieses gesetzlich eindeutig festgelegte, **gebundene Verwaltungshandeln** hat einen großen Nachteil: Es hindert die Verwaltung daran, unvorhersehbaren Wechselfällen des Lebens und besonderen Gegebenheiten des Einzelfalles Rechnung zu tragen. Aus diesem Grund verzichtet der Gesetzgeber oft darauf, an einen Tatbestand nur eine Rechtsfolge zu knüpfen. Er beschränkt sich vielmehr darauf, die Verwaltung zu gewissen Verhaltensweisen, zu Gewährungen, zu Versagungen oder auch zu Eingriffen zu ermächtigen, ohne ihr dies zur verbindlichen Pflicht zu machen. Das Gesetz legt dann zwar die tatbestandlichen Voraussetzungen eines Einschreitens fest, überlässt aber die Setzung der Rechtsfolge dem **Ermessen** (§ 40 VwVfG) der zuständigen Behörde. Der Gesetzgeber vermeidet damit, der Verwaltung nur eine – im Ausnahmefall vielleicht unzweckmäßige oder ungerechte – Möglichkeit zur Regelung eines bestimmten Sachverhaltes zu geben.

937 So ist etwa nach § 35 Abs. 1 GewO die Ausübung eines Gewerbes zu untersagen, wenn Tatsachen vorliegen, welche die Unzuverlässigkeit des Gewerbetreibenden in Bezug auf dieses Gewerbe dartun, sofern die Untersagung zum Schutz der Allgemeinheit oder der im Betrieb Beschäftigten erforderlich ist.

938 § 35 Abs. 1 GewO lautet:

„Die Ausübung eines Gewerbes ist von der zuständigen Behörde ganz oder teilweise zu untersagen, wenn Tatsachen vorliegen, welche die Unzuverlässigkeit des Gewerbetreibenden oder einer mit der Leitung des Gewerbebetriebes beauftragten Person in bezug auf dieses Gewerbe dartun, sofern die Untersagung zum Schutze der Allgemeinheit oder der im Betrieb Beschäftigten erforderlich ist. Die Untersagung kann auch auf die Tätigkeit als Vertretungsberechtigter eines Gewerbetreibenden oder als mit der Leitung des Gewerbebetriebes beauftragte Person sowie auf einzelne andere oder auf alle Gewerbe erstreckt werden, soweit die festgestellten Tatsachen die Annahme rechtfertigen, dass der Gewerbetreibende auch für diese Tätigkeiten oder Gewerbe unzuverlässig ist. Das Untersagungsverfahren kann fortgesetzt werden, auch wenn der Betrieb des Gewerbes während des Verfahrens aufgegeben wird."

939 Dieser gesetzliche Tatbestand ist sicher dann erfüllt, wenn ein Unternehmer mehrfach die Sozialversicherungsbeiträge für seine Arbeitnehmer nicht abgeführt, sondern zu eigenen Zwecken verwendet hat.

940 Wenn die Röhrenfabrik ihren Betrieb aufgenommen hat, Unternehmer A jedoch wiederholt Arbeitnehmer- und Arbeitgeberbeiträge zur Kranken- und Rentenversicherung seiner über 1000 Mitarbeiter im Betrieb belassen hat, bleibt der zuständigen Behörde nach § 35 Abs. 1 GewO gar keine andere Wahl, als ihm die Ausübung seines Gewerbes zu untersagen: Nur diese Entscheidung ist rechtmäßig.

§ 35 Abs. 2 GewO bestimmt nun: 941

„Dem Gewerbetreibenden kann auf seinen Antrag von der zuständigen Behörde gestattet werden, den Gewerbebetrieb durch einen Stellvertreter (§ 45) fortzuführen, der die Gewähr für eine ordnungsgemäße Führung des Gewerbebetriebes bietet."

Die sprachliche Fassung von § 35 Abs. 1 und Abs. 2 GewO unterscheidet sich erheblich: Wer sich als unzuverlässig erweist, dem ist die Ausübung des Gewerbes zu untersagen. Wenn er daraufhin beantragt, den Betrieb durch einen Stellvertreter fortzuführen, dann kann ihm das gestattet werden. Im ersten Fall hat die Behörde, wenn der Gewerbetreibende die gesetzlichen Tatbestandsvoraussetzungen erfüllt hat, keine Wahl mehr: Sie ist in ihrer Entscheidung **gebunden (gebundene Verwaltungsentscheidung).** Im zweiten Fall kann die Behörde die Fortführung des Betriebes durch einen geeigneten Stellvertreter gestatten; ob sie es tut, ist in ihr **Ermessen** gestellt (**Ermessensentscheidung**). 942

In der Regel stellen Gesetze, die Eingriffe in den grundrechtlich gesicherten Bereich zulassen, diese nicht in das Ermessen der Behörde, sondern verpflichten bei Vorliegen der gesetzlichen Tatbestandsvoraussetzungen zu einem bestimmten Eingriff. Angesichts des Grundrechts der Berufsfreiheit beispielsweise ist bei Vorliegen der gesetzlichen Voraussetzungen die immissionsschutzrechtliche Genehmigung zu erteilen. Wenn hingegen Gesetze von einer Regelvorschrift Ausnahmen oder, wie im Falle des § 35 Abs. 2 GewO, Vergünstigungen zulassen, überlassen sie es meist dem Ermessen der Behörde, ob davon im individuellen Fall Gebrauch gemacht werden soll. Die Befugnis, Ermessen auszuüben, drückt das Gesetz mit Worten wie **„kann"**, **„darf"**, **„ist berechtigt"**, **„Entscheidung ist in pflichtgemäßes Ermessen gestellt"** etc. aus. Dass die Behörde gebunden sein soll, erkennt man an den Formulierungen **„ist"** oder **„muss"**. 943

Gebundene Verwaltungsentscheidung und Ermessensentscheidung haben eines gemeinsam: In beiden Fällen darf der Gesetzesbefehl erst vollstreckt bzw. die Ermessensentscheidung erst getroffen werden, wenn der gesetzliche Tatbestand erfüllt ist. Der Unterschied zwischen beiden Formen des Verwaltungshandelns ist darin zu sehen, dass die Behörde bei gebundener Verwaltung nur eine einzige rechtmäßige Entscheidung treffen kann, während sie, wenn das Gesetz ihr einen Ermessensspielraum zubilligt, unter Umständen mehrere voneinander abweichende Entscheidungen treffen könnte, die allesamt rechtmäßig wären. 944

Der Ausdruck „Ermessen" darf nicht dahin missverstanden werden, dass die Verwaltung ihre Entscheidung willkürlich oder auch nur nach Belieben treffen darf. Die Verwaltung hat ihr Ermessen **pflichtgemäß** auszuüben. Sie muss ihre Entscheidung nach sachlichen Gesichtspunkten unter gerechter und billiger Abwägung des öffentlichen Interesses und der Einzelinteressen treffen. Sie ist dabei nicht frei von rechtlichen Bindungen, sondern insbesondere auch an die Grundrechte gebunden. 945

§ 40 VwVfG bestimmt: 946

„Ist die Behörde ermächtigt, nach ihrem Ermessen zu handeln, hat sie ihr Ermessen entsprechend dem Zweck der Ermächtigung auszuüben und die gesetzlichen Grenzen des Ermessens einzuhalten."

947 In der Praxis ist die Ermessensausübung von Verwaltungsbehörden weitgehend gebunden durch Verwaltungsvorschriften und die eigene ständige Übung, von der zur Vermeidung von Ungleichbehandlungen nur ausnahmsweise und nur unter besonderer Begründung im Einzelfall abgewichen werden darf, sog. **Selbstbindung der Verwaltung.** Dies ist verfassungsrechtlich durch Art. 3 Abs. 1 GG verbürgt, der gewährleistet, dass gleiche Sachverhalte auch gleich behandelt werden müssen.

948 Der Unternehmer, dem die Verwaltung zu Recht gemäß § 35 Abs. 1 GewO die weitere Ausübung seines Gewerbes untersagt hat, ist also dann, wenn es um seinen Antrag nach § 35 Abs. 2 GewO geht, keinesfalls schutzlos dem Belieben der Verwaltung ausgeliefert. Diese muss vielmehr seinen Antrag sorgfältig unter Berücksichtigung aller Umstände des Einzelfalles prüfen. Wenn der Antrag dennoch negativ beschieden wird, braucht A sich damit nicht abzufinden: Art. 19 Abs. 4 GG eröffnet jedem, der sich durch die öffentliche Gewalt in seinen Rechten verletzt fühlt, den Rechtsweg. Es wäre allerdings ein Widerspruch in sich, wenn das Verwaltungsgericht bei einer gesetzlichen Vorschrift, die ausdrücklich der Verwaltungsbehörde einen Ermessensspielraum zubilligt, im Streitfalle sein eigenes Ermessen an die Stelle des behördlichen Ermessens setzen dürfte. Bei der Ermessensentscheidung können im Einzelfall mehrere unterschiedliche Entscheidungen gleichermaßen rechtmäßig sein. Sinn und Zweck der Ermessensvorschrift ist es, die Behörde aufgrund ihrer Verwaltungserfahrung wählen zu lassen, welche aller zulässigen und rechtmäßigen Handlungsmöglichkeiten die zweckmäßigste ist. Die Verwaltungsgerichte entscheiden daher lediglich über die **Rechtmäßigkeit** eines Verwaltungsaktes, nicht jedoch über seine **Zweckmäßigkeit.** Die gerichtliche Überprüfung von Ermessensentscheidungen ist notwendigerweise beschränkt.

949 § 114 VwGO bestimmt:

> „Soweit die Verwaltungsbehörde ermächtigt ist, nach ihrem Ermessen zu handeln, prüft das Gericht auch, ob der Verwaltungsakt oder die Ablehnung oder Unterlassung des Verwaltungsaktes rechtswidrig ist, weil die gesetzlichen Grenzen des Ermessens überschritten sind oder von dem Ermessen in einer dem Zweck der Ermächtigung nicht entsprechenden Weise Gebrauch gemacht ist. Die Verwaltungsbehörde kann ihre Ermessenserwägungen hinsichtlich des Verwaltungsaktes auch noch im verwaltungsgerichtlichen Verfahren ergänzen."

950 § 114 VwGO nennt in Übereinstimmung mit § 40 VwVfG zwei Grenzen, die die Verwaltung bei der Ausübung von Ermessensentscheidungen zu beachten hat. Sind diese Grenzen überschritten, ist ein verwaltungsgerichtlich nachprüfbarer sog. **Ermessensfehler** gegeben. Der Ermessensgebrauch ist in einem solchen Fall rechtswidrig, weil er dem Sinn des das Ermessen einräumenden Gesetzes widerspricht.

951 Ermessensfehler liegen vor, wenn „die gesetzlichen Grenzen des Ermessens überschritten" worden sind (**Ermessensüberschreitung**) oder wenn „von dem Ermessen in einer dem Zweck der Ermächtigung nicht entsprechenden Weise Gebrauch gemacht ist" (**Ermessensmissbrauch**).

952 Bei der **Ermessensüberschreitung** verlässt die Verwaltung die ihr vom Gesetz gezogenen Grenzen. Es ist selbstverständlich, dass eine Verwaltungsentscheidung, die nicht mehr aus dem Gesetz begründbar ist, rechtswidrig ist.

Im Beispielsfall würde die Verwaltung die ihr von § 35 Abs. 2 GewO gesetzten Grenzen überschreiten, wenn sie dem unzuverlässigen Unternehmer A gestatten würde, sein eigener Stellvertreter zu sein und mit der Ausübung seines Gewerbes fortzufahren. Aus § 35 Abs. 2 GewO ergibt sich nämlich eindeutig, dass als Stellvertreter nur eine andere, zuverlässige Person in Betracht kommt.

Aus einleuchtenden Gründen hat die Rechtsprechung der Ermessens- 953 überschreitung die **Ermessensunterschreitung** gleichgestellt. Ermessensunterschreitung liegt vor, wenn die Behörde bei Anwendung einer Ermessensnorm nicht alle Möglichkeiten der Entscheidung und alle in Betracht kommenden Gesichtspunkte prüft, sei es, weil sie sich gebunden meint, obwohl sie in Wahrheit die Wahl zwischen mehreren Entscheidungen hat, sei es, dass sie aus anderen Gründen eine nähere Prüfung unterlässt.

Der häufigste Ermessensfehler ist der **Ermessensmissbrauch.** Im Gegen- 954 satz zur Ermessensüberschreitung hält sich ein ermessensmissbräuchlicher Verwaltungsakt durchaus im äußeren Rahmen der vom Gesetz zur Verfügung gestellten Möglichkeiten. Ermessensmissbräuchlich handelt die Verwaltung jedoch dann, wenn sie die inneren Schranken ihres Spielraums absichtlich oder irrtümlich missachtet. Der ermessensmissbräuchliche Verwaltungsakt hätte unter anderen Umständen und aus anderen Erwägungen, nicht aber bei den gegebenen Umständen, aufgrund der tatsächlich angestellten Erwägungen getroffen werden dürfen. Hauptfälle des Ermessensmissbrauches sind **sachfremde Erwägungen** und die **Verletzung des Gleichheitsgrundsatzes.**

Sachfremd sind **Erwägungen,** aufgrund derer die getroffene Entscheidung 955 nicht hätte getroffen werden dürfen, weil sie in keinem Zusammenhang mit dem zu entscheidenden Sachverhalt stehen. Wird dem Antrag nach § 35 Abs. 2 GewO nicht entsprochen, weil der Unternehmer bei der zuständigen Behörde unbeliebt ist, weil er einer bestimmten Religion oder Partei angehört oder weil „ein Exempel“ statuiert werden soll, sind diese Erwägungen ebenso sachfremd, wie wenn dem Antrag entsprochen wird, weil er der richtigen Partei, Religion etc. angehört.

Sachgemäß sind im Rahmen des § 35 Abs. 2 GewO nur solche Erwägun- 956 gen, die sich mit dem öffentlichen Interesse, insbesondere mit Sinn und Zweck der Gewerbeuntersagung, und dem privaten Interesse des Betroffenen beschäftigen.

Im öffentlichen Interesse liegt es sicher, den Betrieb und damit die Ar- 957 beitsplätze zu erhalten. Gleichfalls muss jedoch auch sichergestellt werden, dass derjenige, der sich als unzuverlässig erwiesen hat, auf die Entscheidungen seines Stellvertreters, der in seiner Person allen gesetzlichen Anforderungen genügt, keinen Einfluss nehmen kann. Das private Interesse desjenigen, der sich als unzuverlässig erwiesen hat, verlangt, den staatlichen Eingriff in seine Freiheitssphäre strikt auf die Maßnahmen zu beschränken, die erforderlich sind, um den Schutz der in § 35 Abs. 1 GewO angesprochenen Rechtsgüter sicherzustellen. Mehr bezweckt die Gewerbeuntersagung nicht. Eine darüber hinausgehende „Bestrafung“ wäre mit dieser Norm nicht vereinbar. Wenn die Behörde diese Erwägungen anstellt, wird eine sachgerechte Ermessensentscheidung – ist der vorgeschlagene Stellvertreter als zuverlässig bekannt – im Regelfall zur Genehmigung des Antrags führen. In Ausnahmefällen – die freilich begründet werden müssen – kann die Stellvertretererlaubnis allerdings auch verweigert werden.

958 **Gleichheitswidriger Ermessensmissbrauch** liegt vor, wenn die Behörde gleichliegende Sachverhalte ohne ersichtlichen oder vernünftigen Grund verschieden behandelt. Am Beispiel des § 35 Abs. 2 GewO erwies sich bereits, dass eine sachgerechte pflichtgemäße Ermessensentscheidung in Einzelfällen durchaus nur zu einem einzigen rechtmäßigen Ergebnis führen kann, eben weil alle anderen Möglichkeiten sich als nicht sachgerecht erweisen, da sie dem Sinn und Zweck der anzuwendenden Norm widersprechen (**Ermessensreduzierung auf Null**). Über den Gleichheitssatz wird eine noch engere Bindung behördlicher Ermessensentscheidungen erreicht: Er hat zur Folge, dass die Verwaltung dann, wenn sie – sei es rein tatsächlich, sei es aufgrund von Verwaltungsvorschriften – ihr Ermessen in gleichgelagerten Fällen nach generellen Gesichtspunkten ausübt, sich selbst bindet und damit ihren Ermessensspielraum einschränkt. Nur noch in besonders gelagerten Fällen kann und muss die Behörde prüfen, ob sie nicht eine von der Verwaltungspraxis abweichende Entscheidung treffen will. Diese Selbstbindung greift allerdings nur ein bei Fallgestaltungen, bei denen alle im Rahmen des Ermessens zu berücksichtigenden Gesichtspunkte gleich liegen. Liegen sachliche Differenzierungsgesichtspunkte vor, ist die Abweichung mit dem Gleichheitssatz vereinbar. Aufgrund von Art. 3 GG kann man auch nicht verlangen, dass die Verwaltung einen Fehler wiederholt, den sie in einem anderen Fall gemacht hat. Einen Anspruch auf gesetzeswidrige Gleichbehandlung gibt es nicht („keine Gleichheit im Unrecht").

959 Sowohl die Stellvertretererlaubnis als auch damit verbundene Nebenbestimmungen können im individuellen Fall erteilt werden. Bei Ermessensvorschriften steht auch die Beifügung von Nebenbestimmungen im Ermessen der Behörde (§ 36 Abs. 2 VwVfG). Wenn die Verwaltung die Stellvertretererlaubnis erteilt, hat sie nach pflichtgemäßem Ermessen z.B. darüber zu entscheiden, ob und welche Auflagen mit ihr verbunden werden sollen.

960 Wird dem unzuverlässigen Unternehmer zur Auflage gemacht, dem Stellvertreter ein Jahreseinkommen von 100.000 € zu garantieren, sich selbst aber fortan im Tessin aufzuhalten, um Unabhängigkeit zu gewährleisten und Beeinflussung zu vermeiden, wird er – nach erfolglosem Vorverfahren – versuchen, die Auflage anzufechten. Das Verwaltungsgericht, das über die Begründetheit dieser Klage entscheidet, muss § 114 VwGO beachten. Die Auflagen sind nur daraufhin zu prüfen, ob Ermessensmissbrauch oder Ermessensüberschreitung vorliegt.

961 Die erste Auflage beruht auf der Erwägung, die Höhe des Gehaltes könne dazu beitragen, die persönliche Unabhängigkeit des Stellvertreters zu garantieren. Dieser Gedanke ist sicher sachgerecht. In welcher Höhe das Gehalt festgesetzt wird, bleibt der pflichtgemäßen Ermessensausübung überlassen: Bei einer Fabrik mit über 1000 Mitarbeitern reicht der Spielraum etwa von 80.000 bis 150.000 €. Innerhalb dieses Spielraums darf das Verwaltungsgericht nicht sein Ermessen an die Stelle des Ermessens der Verwaltung setzen.

962 Die zweite Auflage beruht auf der Erwägung, der Grad möglicher Beeinflussung mindere sich mit der räumlichen Entfernung. Auch diese Überlegung mag sachgerecht sein; die Behörde hat hier aber unzulässigerweise in

ein Grundrecht des Unternehmers eingegriffen und damit die ihr vom Gesetz gesteckten Grenzen verlassen. Sie hat ihr Ermessen überschritten: Art. 11 GG gibt allen Deutschen das Freiheitsrecht, das Bundesgebiet nicht zwangsweise verlassen zu müssen. Gegenüber deutschen Staatsangehörigen hat die Verwaltung keinerlei Abschiebungs- und Auslieferungsbefugnisse. Das Verwaltungsgericht wird daher die zweite Auflage als rechtswidrig aufheben.

III. Die Verpflichtungsklage

Mit der Verpflichtungsklage kann die Verurteilung zum Erlass eines ab- 963
gelehnten oder unterlassenen Verwaltungsaktes begehrt werden (§ 42 Abs. 1 VwGO).

Während man sich mit der Anfechtungsklage gegen den Erlass eines be- 964
lastenden Verwaltungsaktes wendet, weil man das Tätigwerden der Verwaltung für nicht gerechtfertigt hält, erstrebt man mit der **Verpflichtungsklage** den Erlass eines begünstigenden Verwaltungsaktes. In den meisten Fällen wird die Verpflichtungsklage erhoben, nachdem die Behörde einen Antrag auf Erlass des angestrebten Verwaltungsaktes abgelehnt hat. Bei der Ablehnung selbst, beispielsweise bei der Weigerung, die immissionsschutzrechtliche Genehmigung nach § 6 BImSchG zu erteilen, handelt es sich um einen belastenden Verwaltungsakt. Der betroffene Unternehmer, der die Genehmigung erstrebt, muss aber nicht etwa Anfechtungsklage erheben, um die Ablehnung aus der Welt zu schaffen und zugleich Verpflichtungsklage, um die begehrte Genehmigung zu erreichen. In einem solchen Fall genügt es, allein die Verpflichtungsklage zu erheben. Verurteilt das Gericht die Verwaltung zum Erlass des begehrten Verwaltungsaktes, ist damit automatisch der ablehnende Bescheid aufgehoben.

1. Zulässigkeit der Verpflichtungsklage

Derjenige Unternehmer, dem das Gewerbeaufsichtsamt die nach § 6 965
BImSchG erforderliche Genehmigung für sein genehmigungsbedürftiges Vorhaben nicht erteilt, wird – wenn er sich im Recht sieht – dagegen ebenso vorgehen wie der Student, der einen ablehnenden BAföG-Bescheid erhalten hat. Beide erstreben einen begünstigenden Verwaltungsakt; für beide kommt die Verpflichtungsklage vor dem Verwaltungsgericht in Betracht. Die Voraussetzungen, die für die Zulässigkeit einer derartigen Klage erforderlich sind, sind nahezu die gleichen wie bei der Anfechtungsklage:

(1) Es muss sich um eine **öffentlich-rechtliche Streitigkeit** nichtverfassungsrechtlicher Art handeln, die keinem anderen Gericht zugewiesen ist (§ 40 VwGO).
(2) Der Kläger muss bei der Verwaltung einen **Antrag** auf Erlass des Verwaltungsaktes gestellt haben. Diesem Antrag darf nicht stattgegeben worden sein.
(3) § 68 Abs. 2 VwGO schreibt ein **Widerspruchsverfahren** vor, wenn die Verwaltung den Antrag abgelehnt hat. Ebenso wie bei der Anfechtungsklage muss der Widerspruch fristgerecht, d. h. innerhalb eines Monats nach Ablehnung, eingelegt werden.

(4) Bei der Verpflichtungsklage nach Ablehnung des Verwaltungsaktes läuft – wie bei der Anfechtungsklage – nach Erlass des Widerspruchsbescheides gemäß § 74 VwGO eine **Klagefrist** von einem Monat. Wurde der Verwaltungsakt weder abgelehnt noch erlassen, so greift § 75 VwGO ein: Die Klage kann nicht vor Ablauf von drei Monaten seit dem Antrag auf Vornahme des Verwaltungsaktes erhoben werden, es sei denn, besondere Umstände des Einzelfalles gebieten eine kürzere Frist.

(5) Wie bei der Anfechtungsklage ist auch bei der Verpflichtungsklage gemäß § 42 Abs. 2 VwGO die Frage der **Klagebefugnis** zu prüfen. Der Kläger muss die Möglichkeit geltend machen können, durch die Ablehnung oder Unterlassung des Verwaltungsaktes in seinen Rechten verletzt worden zu sein.

966 Liegen diese Voraussetzungen vor, ist die Verpflichtungsklage zulässig; in den beiden Ausgangsbeispielen also dann, wenn Unternehmer und Student fristgerecht und erfolglos Widerspruch eingelegt und daraufhin fristgerecht Klage erhoben haben.

2. Begründetheit der Verpflichtungsklage

967 Ob die Verpflichtungsklage begründet ist, richtet sich nach § 113 Abs. 5 VwGO:

968 „Soweit die Ablehnung oder Unterlassung des Verwaltungsaktes rechtswidrig und der Kläger dadurch in seinen Rechten verletzt ist, spricht das Gericht die Verpflichtung der Verwaltungsbehörde aus, die beantragte Amtshandlung vorzunehmen, wenn die Sache spruchreif ist. Andernfalls spricht es die Verpflichtung aus, den Kläger unter Beachtung der Rechtsauffassung des Gerichts zu bescheiden."

969 § 113 Abs. 5 VwGO unterscheidet zwei Sachverhalte:

(1) Wenn die Angelegenheit **spruchreif** ist, hat das Gericht andere Befugnisse, als wenn
(2) sie noch **nicht spruchreif** ist.

970 Hinter dieser Terminologie verbirgt sich nichts anderes als die bereits bekannte Unterscheidung zwischen Ermessensverwaltung und gebundener Verwaltung. In beiden Beispielsfällen handelt es sich um **gebundene Verwaltung:** Die immissionsschutzrechtliche Genehmigung ist zu erteilen, wenn die Voraussetzungen des § 6 BImSchG erfüllt sind. Ausbildungsförderung muss gezahlt werden, wenn eigenes Einkommen oder das der Eltern gewisse Grenzen nicht überschreitet. Diese Sachverhalte gebundenen Verwaltungshandelns spricht § 113 Abs. 5 Satz 1 VwGO an: **Spruchreif** ist die Angelegenheit, falls feststeht, dass die Ablehnung oder Unterlassung des Verwaltungsaktes rechtswidrig ist. Wenn die Voraussetzungen des Bundes-Immissionsschutzgesetzes oder des Bundesausbildungsförderungsgesetzes vorliegen, hat der Bürger einen Anspruch auf Genehmigung oder Leistung, also auf einen begünstigenden Verwaltungsakt. Die Behörde, die trotz Vorliegen der gesetzlichen Tatbestandsmerkmale den beantragten Verwaltungsakt ablehnt, verletzt den Rechtsanspruch, den das Gesetz dem Kläger zubilligt. Das Gericht wird daher die Verpflichtung der Verwaltungsbehörde aussprechen, die beantragte Amtshandlung vorzunehmen. Die Sache ist spruchreif.

Wenn der abgelehnte oder unterlassene Verwaltungsakt hingegen im Ermessen der Verwaltungsbehörde steht, ist es dem Gericht verwehrt, sein Ermessen an die Stelle desjenigen der Verwaltung zu setzen. Lehnt das Gewerbeaufsichtsamt beispielsweise die Stellvertretererlaubnis gemäß § 35 Abs. 2 GewO mit der Begründung ab, der unzuverlässige Unternehmer sei als „Hinzugezogener“ ortsfremd und man werde sich glücklich schätzen, wenn er wieder von dannen ziehe, so ist dies ermessensfehlerhaft. Die Begründung ist ermessensmissbräuchlich, da sie angesichts des § 35 Abs. 1 und 2 GewO sachfremd ist. Damit steht zwar fest, dass die Ablehnung, den Betrieb durch einen Stellvertreter fortführen zu lassen, **so wie sie erfolgt ist,** rechtswidrig ist. Es ist aber noch keineswegs sicher, welchen Inhalt die ermessensfehlerfreie Entscheidung haben wird, da ja durchaus noch sachliche Gründe gegeben sein können, die die Ablehnung rechtfertigen. Da das Gericht sein Ermessen nicht an die Stelle des Ermessens der Behörde setzen darf, ist die Sache noch nicht spruchreif. Es greift die Regel des § 113 Abs. 5 Satz 2 VwGO ein. In einem solchen Fall, d. h. insbesondere bei einem Ermessensfehler, wird die Behörde verurteilt, „den Kläger unter Beachtung der Rechtsauffassung des Gerichts zu bescheiden“. Fehlende Spruchreife führt also keineswegs zur Abweisung der Klage! Im vorliegenden Fall wird das Verwaltungsgericht die Behörde verurteilen, über den Antrag des unzuverlässigen Unternehmers, der die Stellvertretererlaubnis beantragt hat, neu zu entscheiden. In den Gründen des Urteils wird das Gericht darlegen, dass die Ablehnung mit den von der Behörde genannten Gründen rechtswidrig ist. 971

IV. Vorläufiger Rechtsschutz

Wie alle anderen Rechtsstreitigkeiten kosten auch Verwaltungsprozesse viel Zeit. Der Weg durch alle drei Instanzen (Verwaltungsgericht, Oberverwaltungsgericht, Bundesverwaltungsgericht) dauert nicht selten mehrere Jahre. Aber selbst dann, wenn ein Prozess schon rechtskräftig in der ersten Instanz entschieden wird, sind viele Monate, oftmals über ein Jahr vergangen. Nicht selten geben sich die Prozessparteien deshalb mit dem Urteil des Verwaltungsgerichts zufrieden und verzichten darauf, die Berufungs- oder gar die Revisionsinstanz anzurufen. 972

Von größter praktischer Bedeutung ist daher die Frage, was während dieser Zwischenzeit aus dem angegriffenen belastenden bzw. aus dem erstrebten begünstigenden Verwaltungsakt wird. Zwei Möglichkeiten kommen in Betracht: 973

(1) Bis zur rechtskräftigen Klärung verbleibt es beim Rechtsstandpunkt der Behörde mit dem Ergebnis, dass der angefochtene Verwaltungsakt durchgesetzt bzw. der erstrebte Verwaltungsakt verweigert werden darf.
(2) Bis zur rechtskräftigen Klärung verbleibt es beim Rechtsstandpunkt des Bürgers mit dem Ergebnis, dass der angefochtene Verwaltungsakt nicht durchgesetzt bzw. der erstrebte Verwaltungsakt erteilt wird.

Diese extrem auseinanderliegenden Möglichkeiten verdeutlichen zugleich die immense Bedeutung, die der vorläufige Rechtsschutz im verwaltungsgerichtlichen Verfahren hat: 974

975 Wird die Ausübung eines Gewerbebetriebes wegen Unzuverlässigkeit nach § 35 Abs. 1 GewO untersagt, so bleibt dem Unternehmer, der sich gegen die Untersagungsverfügung wendet, nach dem ersten Lösungsvorschlag keine andere Wahl, als sich bis zur rechtskräftigen gerichtlichen Klärung nach einer anderen beruflichen Existenz umzusehen. Nach dem zweiten Lösungsvorschlag hingegen darf er sein Gewerbe so lange weiter ausüben, bis die Frage, ob die Untersagungsverfügung rechtmäßig oder rechtswidrig ist, gerichtlich geklärt ist.

976 Dieses Beispiel zeigt zugleich, welcher Möglichkeit grundsätzlich der Vorzug zu geben ist. Der Unternehmer, der nach vier Jahren gerichtlich bestätigt bekommt, dass die Untersagungsverfügung rechtswidrig war, da die Gewerbeaufsicht den Begriff „unzuverlässig" i.S.d. § 35 Abs. 1 GewO falsch ausgelegt hat, wird dem Begriff „Rechtsschutz" nur noch Hohn entgegenbringen können, wenn er seit Jahren seinen Betrieb aufgegeben hat und eine neue Existenz gründen musste. Der späte gerichtliche Sieg wäre für ihn wertlos, da die Konkurrenz seinen Marktanteil längst vereinnahmt hätte.

977 Insbesondere um einen effektiven, wirksamen Rechtsschutz zu gewährleisten, hat sich die Verwaltungsgerichtsordnung dann, wenn es um die Anfechtung eines Verwaltungsaktes geht, in § 80 VwGO im Regelfall für die zweite Möglichkeit entschieden. Wenn es um die Verpflichtung zum Erlass eines Verwaltungsaktes geht, greift hingegen § 123 VwGO ein. Die eben dargestellte Abgrenzung von § 80 und § 123 VwGO ergibt sich aus § 123 Abs. 5 VwGO.

1. Vorläufiger Rechtsschutz gegen belastende Verwaltungsakte nach § 80 VwGO

978 § 80 VwGO, eine der wichtigsten Bestimmungen des Gesetzes, bereitet trotz seines folgerichtigen Aufbaues Anfängern erfahrungsgemäß erhebliche Verständnisschwierigkeiten. Die **Regel** enthält § 80 Abs. 1 Satz 1 VwGO: „Widerspruch und Anfechtungsklage haben aufschiebende Wirkung." Die nachfolgenden Absätze betreffen Ausnahmen von der Regel.

979 **Aufschiebende Wirkung bedeutet grundsätzlich, dass der Verwaltungsakt nicht vollzogen werden darf.** Es ist der Behörde verwehrt, seinen Inhalt zu verwirklichen.

980 Wird gegen die Gewerbeuntersagung Widerspruch eingelegt, darf nach der Regel des § 80 Abs. 1 VwGO dem Unternehmer bis zur rechtskräftigen gerichtlichen Klärung die Ausübung des Gewerbes nicht untersagt werden.

981 Es gibt jedoch Fälle, in denen Widerspruch und Anfechtungsklage keine aufschiebende Wirkung haben. Diese sind abschließend in § 80 Abs. 2 VwGO geregelt.

982 Am wichtigsten ist dabei der Fall des § 80 Abs. 2 Nr. 4 VwGO: Die Verwaltungsbehörde kann die sofortige Vollziehung schriftlich anordnen. Bei der Anwendung dieser Vorschrift besteht die Gefahr, dass die Verwaltung das Regel-Ausnahme-Verhältnis des § 80 Abs. 1 und 2 VwGO – aufschiebende Wirkung ist die Regel, Fortfall der aufschiebenden Wirkung die Ausnahme – ins Gegenteil verkehrt. Dieser Versuchung hat der Gesetzgeber einen Riegel vorgeschoben: Nach § 80 Abs. 3 VwGO müssen für die sofortige Vollziehung besondere – öffentliche oder private – Interessen sprechen, die

schriftlich zu begründen sind. Die Begründung muss über die Begründung für den Erlass des Verwaltungsaktes hinausgehen: So könnte die sofortige Vollziehbarkeit bei einer Untersagung nach § 35 GewO nicht damit begründet werden, ein unzuverlässiger Gewerbetreibender stelle eine Gefahr für die Allgemeinheit dar. Dies ist ja gerade der Grund für die Verfügung nach § 35 GewO.

Auch dann, wenn die Ausnahme des § 80 Abs. 2 VwGO die Regel des § 80 Abs. 1 VwGO verdrängt, wenn also Anfechtung oder Widerspruch wegen § 80 Abs. 2 VwGO keine aufschiebende Wirkung haben, ist der betroffene Bürger nicht rechtsschutzlos. 983

Der Bürger, der trotz § 80 Abs. 2 VwGO erreichen möchte, dass sein Widerspruch bzw. seine Anfechtungsklage aufschiebende Wirkung hat, kann sich an das Verwaltungsgericht wenden. Die Möglichkeit dazu eröffnet ihm § 80 Abs. 5 VwGO, der den **vorläufigen gerichtlichen Rechtsschutz** regelt. Nach § 80 Abs. 5 VwGO kann das Verwaltungsgericht die aufschiebende Wirkung eines Rechtsmittels vorläufig anordnen bzw. wiederherstellen: 984

> „Auf Antrag kann das Gericht der Hauptsache die aufschiebende Wirkung in den Fällen des Absatzes 2 Nr. 1 bis 3 ganz oder teilweise anordnen, im Falle des Absatzes 2 Nr. 4 ganz oder teilweise wiederherstellen. Der Antrag ist schon vor Erhebung der Anfechtungsklage zulässig." (...) 985

Von überragender Bedeutung ist in der Praxis der Antrag auf Wiederherstellung der aufschiebenden Wirkung, nachdem die Verwaltung den sofortigen Vollzug nach § 80 Abs. 2 Nr. 4 VwGO angeordnet hat. Das Gericht hat in diesen Fällen nachzuprüfen, ob die sofortige Vollziehung im öffentlichen Interesse oder im überwiegenden Interesse eines der Beteiligten liegt. Das letzte Wort über die sofortige Vollziehung hat also nicht die Verwaltungsbehörde, sondern das Gericht. 986

Das öffentliche Interesse verlangt die sofortige Vollziehung des Verwaltungsaktes nicht, wenn die Anfechtungsklage offensichtlich begründet ist, der Verwaltungsakt also rechtswidrig ist. Es liegt niemals im öffentlichen Interesse, dass ein Verwaltungsakt, der offensichtlich keinen Bestand haben kann, vollzogen wird. Ist die Anfechtungsklage dagegen offensichtlich aussichtslos, liegt die sofortige Vollziehung im öffentlichen Interesse. 987

2. Vorläufiger Rechtsschutz nach § 123 VwGO

Auch bei der Frage, ob jemand einen ihn begünstigenden Verwaltungsakt beanspruchen kann, stellt sich das Problem des vorläufigen Rechtsschutzes. Wenn beispielsweise der unzuverlässige Unternehmer, dessen Antrag auf Stellvertretererlaubnis nach § 35 Abs. 2 GewO abgelehnt wurde, nach gut vier Jahren in letzter Instanz siegt, dürfte sich dies als weitgehend wertlos erweisen, wenn er seinen Betrieb so lange stilllegen musste. Um dies zu vermeiden, bestimmt § 123 Abs. 1 VwGO für die Übergangszeit: 988

> „Auf Antrag kann das Gericht, auch schon vor Klageerhebung, eine einstweilige Anordnung in bezug auf den Streitgegenstand treffen, wenn die Gefahr besteht, dass durch eine Veränderung des bestehenden Zustandes die Verwirklichung eines Rechts des Antragstellers vereitelt oder wesentlich erschwert werden könnte. Einstweilige Anordnungen sind auch zur Regelung eines vorläufigen Zustandes in bezug auf ein streitiges 989

Rechtsverhältnis zulässig, wenn diese Regelung, vor allem bei dauernden Rechtsverhältnissen, um wesentliche Nachteile abzuwenden oder drohende Gewalt zu verhindern oder aus anderen Gründen nötig erscheint."

990 Immer dann, wenn es darum geht, die Verwaltung vorläufig – d.h. bis zur rechtskräftigen gerichtlichen Klärung – zu einer Leistung zu verpflichten, greift § 123 VwGO ein. Der Unternehmer, dessen Antrag auf Stellvertretererlaubnis auch im Widerspruchsverfahren (§ 68 Abs. 2 VwGO) abgelehnt wurde, wird daher Verpflichtungsklage beim Verwaltungsgericht erheben und zugleich beim selben Gericht einen Antrag auf einstweilige Anordnung nach § 123 VwGO mit dem Inhalt stellen, ihm vorläufig zu erlauben, den Betrieb durch einen Stellvertreter fortführen zu lassen.

991 Fraglich bleibt lediglich, wann die beantragte Regelung nötig ist. Dies beurteilt sich nach den gleichen Grundsätzen wie bei § 80 Abs. 5 VwGO. **Nötig** ist die Regelung dann, wenn die Verpflichtungsklage **offensichtlich begründet** ist, **unnötig,** wenn sie offensichtlich **unbegründet** ist. Sind die Erfolgsaussichten unbestimmt, hat eine Abwägung zwischen öffentlichem und privatem Interesse stattzufinden.

992 Jedenfalls darf eine Maßnahme nach § 123 VwGO nur vorläufigen Charakter haben. Ein Antrag auf Erlass einer einstweiligen Anordnung, durch die die Hauptsache vorweggenommen würde, ist unzulässig. Das heißt, dass die einstweilige Anordnung nie das gewähren kann, was ein entsprechender Verwaltungsakt gewährt, sondern eben nur eine vorläufige Maßnahme ist.

Weiterführende Hinweise:

Beaucamp, Ermessen der Verwaltung: Frei? Pflichtgemäß? Intendiert? – Eine Bestandsaufnahme, JA 2006, 74;

Detterbeck, Allgemeines Verwaltungsrecht mit Verwaltungsprozessrecht, 11. Auflage, 2013;

Frenz, Die Anfechtungsklage, JA 2011, 433;

Schoch, Das verwaltungsbehördliche Ermessen, Jura 2004, 462;

Voßkuhle/Kaufhold, Der Verwaltungsakt, JuS 2011, 34.

Kapitel 34: Die Verwaltungsverfahrensgesetze

I. Verwaltungsverfahrensgesetze

Die angeführten Beispielsfälle aus dem Bundes-Immissionsschutzgesetz 993
und der Gewerbeordnung ließen sich anhand der jeweiligen Bestimmungen des einschlägigen Gesetzes entscheiden. Es gibt im Verwaltungsrecht jedoch eine ganze Reihe von immer wiederkehrenden allgemeinen Merkmalen, die in gleicher Weise auf den verschiedensten Gebieten, sei es im Gewerberecht, im Immissionsschutzrecht, im Polizeirecht oder bei der Ausbildungsförderung, auftauchen, ohne in diesen Gesetzen ausdrücklich geregelt zu sein. Dazu zählen beispielsweise die Begriffe des Verwaltungsermessens und des Verwaltungsaktes.

Diese allgemeinen Regelungen enthält das Verwaltungsverfahrensgesetz 994
des Bundes. Dieses Gesetz enthält neben Bestimmungen über das Verwaltungsverfahren eine gesetzliche Regelung des allgemeinen Verwaltungsrechts. So enthält § 35 VwVfG eine Definition des Verwaltungsakts und § 40 VwVfG eine Regelung über die Ausübung des Ermessens.

Im Anschluss an das Verwaltungsverfahrensgesetz des Bundes haben die 995
Parlamente aller Bundesländer ebenfalls Verwaltungsverfahrensgesetze erlassen; diese Gesetze sind weitestgehend inhaltsgleich mit dem Bundesverwaltungsverfahrensgesetz. Aus Vereinfachungsgründen wird in diesem Buch allein auf das Bundesverwaltungsverfahrensgesetz Bezug genommen.

Die Vorschriften des Bundes- und des Landesverwaltungsverfahrensge- 996
setzes sind allerdings nur dann anwendbar, wenn nicht in Einzelgesetzen des besonderen Verwaltungsrechts Spezialregelungen enthalten sind (§ 1 Abs. 1 VwVfG; vgl. z. B. § 21 BImSchG).

II. Rücknahme eines rechtswidrigen Verwaltungsaktes nach § 48 VwVfG

Zu den bedeutsamsten Regelungen des allgemeinen Verwaltungsrechts 997
zählen die in § 48 VwVfG kodifizierten Voraussetzungen, unter denen die Verwaltung befugt ist, einen von ihr erlassenen bestandskräftigen Verwaltungsakt wieder aufzuheben. Der Adressat eines Verwaltungsaktes kann nach Ablauf der Widerspruchsfrist in der Regel auch dann nicht mehr gegen den Verwaltungsakt vorgehen, wenn dieser rechtswidrig ist (**Bestandskraft**). Damit ist jedoch noch nichts darüber ausgesagt, welche Rechte der Verwaltung nach Erlass des Verwaltungsaktes zustehen. Für die Frage, ob die Verwaltung einen von ihr erlassenen Verwaltungsakt wieder aufheben darf, ist zunächst einmal die Unterscheidung bedeutsam, ob der aufzuhebende Verwaltungsakt rechtmäßig oder rechtswidrig sowie ob er begünstigend oder belastend ist.

Von dieser Unterscheidung ausgehend spricht man von der **Rücknahme** 998
eines **rechtswidrigen** und vom **Widerruf** eines **rechtmäßigen** Verwaltungsaktes. Beides steht unter dem gemeinsamen Oberbegriff der **Aufhebbarkeit** von Verwaltungsakten durch die Verwaltung.

1. Rücknahme eines rechtswidrigen begünstigenden Verwaltungsaktes

999 Die Rechtswidrigkeit eines begünstigenden Verwaltungsaktes kann auf vielerlei Ursachen beruhen: Die Genehmigung einer genehmigungspflichtigen Anlage, die den Vorschriften des § 6 BImSchG nicht genügt, kann auf Bestechung des entscheidungsbefugten Beamten oder schlicht auf einem Versehen beruhen; der zu hoch berechnete BAföG-Bescheid auf fehlerhafter Programmierung einer Computers oder auf einer unrichtigen Angabe im Antragsformular. In all diesen Fällen ist der begünstigende Verwaltungsakt rechtswidrig, da er den gesetzlichen Vorschriften widerspricht. Da der begünstigte Bürger keinen Grund hat, sich gegen die Maßnahme zu wenden, wird sie nach Ablauf der einmonatigen Widerspruchsfrist für ihn bestandskräftig. Wenn die **Verwaltung** ihren Fehler bemerkt, fragt es sich, ob im konkreten Fall das **Prinzip der Gesetzmäßigkeit der Verwaltung** die Rücknahme des rechtswidrigen Verwaltungsakts oder aber das **Prinzip der Rechtssicherheit und des Vertrauensschutzes** dessen Aufrechterhaltung gebietet.

1000 § 48 VwVfG hat zur Lösung des Konflikts zwischen Gesetzmäßigkeit und Vertrauensschutz eine detaillierte Regelung getroffen. Zunächst ist festzustellen, ob der Betroffene tatsächlich auf den Bestand des Verwaltungsaktes vertraut hat. Nur wenn dies der Fall ist, ist weiter zu prüfen, ob sein Vertrauen auch schutzwürdig ist. Entscheidend für die Zulässigkeit der Rücknahme eines begünstigenden Verwaltungsaktes ist dann eine Abwägung zwischen dem Rücknahmeinteresse des Staates einerseits und dem Vertrauensschutzinteresse des betroffenen Bürgers andererseits.

1001 Für den gutgläubigen BAföG-Empfänger bedeutet dies, dass er die überhöhten Beträge nicht zurückzahlen, sich von nun an jedoch mit dem gesetzmäßigen Bedarf zufriedengeben muss. Der rechtswidrige Bescheid wird also nicht ex tunc, d.h. mit Wirkung für die Vergangenheit, sondern nur ex nunc, mit Wirkung für die Zukunft, zurückgenommen. Ex tunc darf ein rechtswidriger begünstigender Verwaltungsakt nach der Rechtsprechung nur zurückgenommen werden, wenn das öffentliche Interesse an der Gesetzmäßigkeit der Verwaltung das Vertrauen des durch den Verwaltungsakt Begünstigten auf die Rechtsbeständigkeit der behördlichen Entscheidung überwiegt.

1002 Für das Beispiel einer rechtswidrig erteilten immissionsschutzrechtlichen Genehmigung bedeutet dies: Der Fall ist nach § 48 Abs. 3 VwVfG zu entscheiden: Die Genehmigung nach § 6 BImSchG gewährt keine Geld- oder Sachleistung und war auch nicht Voraussetzung dafür. Bei Bestechung des entscheidungsbefugten Beamten kann von schutzwürdigem Vertrauen keine Rede sein. Die Genehmigung kann ohne Entschädigung zurückgenommen werden. Anders mag die Rechtslage aber dann sein, wenn die rechtswidrige Genehmigung auf einem behördlichen Versehen beruhte, das der begünstigte Unternehmer nicht erkennen konnte.

1003 Wirtschaftsverwaltungs- und europarechtlich besonders aktuell ist die Frage, ob und unter welchen Umständen europarechtswidrige Beihilfen zurückverlangt werden können.

2. Rücknahme eines rechtswidrigen belastenden Verwaltungsaktes

Gegen die Rücknahme eines rechtswidrigen begünstigenden Verwaltungsaktes wird der Betroffene in aller Regel versuchen, sich zu wehren. Ganz anders ist die Interessenlage, wenn es um die Rücknahme eines ihn **belastenden** Verwaltungsaktes geht. Mit Ablauf der einmonatigen Widerspruchsfrist wird ein belastender rechtswidriger Verwaltungsakt für den Adressaten **unanfechtbar.** Nach Eintritt der Unanfechtbarkeit kommen Widerspruch und Anfechtungsklage nicht mehr in Betracht. Der Betroffene aber hat größtes Interesse daran, dass die Verwaltung den ihn belastenden rechtswidrigen Verwaltungsakt zurücknimmt. 1004

Der Unternehmer, der eine Auflage zur immissionsschutzrechtlichen Genehmigung hat unanfechtbar werden lassen, obgleich die von ihm eingereichten Unterlagen den Anforderungen des § 6 BImSchG genügen, wird seinen Anwalt bitten, alle rechtlichen Möglichkeiten auszuschöpfen, um die Verwaltung zur Rücknahme der rechtswidrigen, für ihn mit hohem finanziellen Aufwand verbundenen Auflage zu bewegen. 1005

Der Verwaltung wiederum ist daran gelegen, laufende Verfahren zum Abschluss zu bringen. In manchen Bereichen (Finanzen, Sozialversicherung) ist sie gezwungen, täglich Tausende von Verwaltungsakten zu erlassen. Wegen der Möglichkeit eines Widerspruchs bringt der Erlass noch keinen Abschluss. Es liegt daher im dringenden Interesse der Verwaltung, mit Eintritt der Unanfechtbarkeit zu einem endgültigen Abschluss zu kommen. 1006

Ein Lösungsansatz für diesen Interessenkonflikt zwischen Adressat und Verwaltung ergibt sich aus Sinn und Zweck des Widerspruchsverfahrens: Wer es versäumt, rechtzeitig gegen einen ihn belastenden rechtswidrigen Verwaltungsakt anzugehen, der hat die Konsequenzen zu tragen. Er muss den Anordnungen des Verwaltungsaktes Folge leisten. Da Gesetzmäßigkeit und Rechtssicherheit gleichrangige Verfassungsprinzipien sind, kann sich die Verwaltung nach Ablauf der Widerspruchsfrist auf letztere berufen. Die Verwaltung ist in der Regel berechtigt, nach Eintritt der Unanfechtbarkeit die Angelegenheit als abgeschlossen anzusehen und gegebenenfalls die Durchsetzung auch rechtswidriger Verwaltungsakte zu erzwingen. 1007

Von dieser Regel gibt es jedoch Ausnahmen. Falls die Behörde es für geboten hält, ist sie selbstverständlich befugt, trotz Unanfechtbarkeit einen rechtswidrig belastenden Verwaltungsakt zurückzunehmen. Nach § 48 Abs. 1 Satz 1 VwVfG kann sie einen solchen Verwaltungsakt auch nach Unanfechtbarkeit zurücknehmen. Sie hat darüber nach **pflichtgemäßem Ermessen** zu entscheiden. Bei der Ermessensentscheidung sind Rechtssicherheit und Gesetzmäßigkeit sowie die besonderen Umstände des Einzelfalles abzuwägen. 1008

Hat der Unternehmer im Beispielsfall aus Nachlässigkeit die Widerspruchsfrist versäumt, wird anders zu entscheiden sein, als wenn ihm kein Vorwurf gemacht werden kann, dass er die Rechtswidrigkeit der Auflage nicht erkannt hat. 1009

In **drei Ausnahmefällen** ist die Verwaltung nicht nur befugt, sondern sogar **verpflichtet,** nach Eintritt der Unanfechtbarkeit erneut zu entscheiden (§ 51 VwVfG): 1010

(1) Wenn der Betroffene geltend macht, dass sich die dem Verwaltungsakt zugrunde liegende Sach- oder Rechtslage nachträglich zu seinen Gunsten geändert hat. Diese Ausnahme leuchtet ohne weiteres ein: War die Auflage im Beispielsfall ursprünglich rechtmäßig, erfolgt jedoch im Nach-

hinein eine Gesetzesänderung, die vergleichbare Auflagen verbietet, wäre es unbillig, wenn sich die Verwaltung nicht mit den veränderten Gegebenheiten auseinandersetzte;

(2) wenn **neue Beweismittel** vorliegen, die eine dem Betroffenen günstigere Entscheidung herbeigeführt haben würden;

(3) wenn **Wiederaufnahmegründe** entsprechend § 580 ZPO gegeben sind. Ein derartiger **Restitutionsgrund** liegt etwa dann vor, wenn nachgewiesen werden kann, dass der Verwaltungsakt in strafbarer Weise zustande gekommen ist, z. B., wenn ein Konkurrent den entscheidungsbefugten Beamten bestochen hat.

III. Widerruf eines rechtmäßigen Verwaltungsaktes nach § 49 VwVfG

1011 Unproblematisch sind die Voraussetzungen, unter denen der Widerruf eines rechtmäßigen belastenden Verwaltungsaktes verboten ist. Er ist insbesondere dann ausgeschlossen, wenn gleich im Anschluss an den Widerruf ein neuer Verwaltungsakt gleichen Inhalts zu ergehen hätte.

1012 Nach dem Einkommensteuergesetz muss jeder, der ein bestimmtes Einkommen hat, besteuert werden. Ein rechtmäßiger Steuerbescheid darf nicht widerrufen werden, da die gesetzesgebundene Verwaltung sofort verpflichtet wäre, einen neuen belastenden Verwaltungsakt gleichen Inhalts zu erlassen.

1013 Diese unproblematische Variante des **Widerrufs eines rechtmäßigen belastenden Verwaltungsaktes** regelt § 49 Abs. 1 VwVfG:

1014 „Ein rechtmäßiger nicht begünstigender Verwaltungsakt kann, auch nachdem er unanfechtbar geworden ist, ganz oder teilweise mit Wirkung für die Zukunft widerrufen werden, außer wenn ein Verwaltungsakt gleichen Inhalts erneut erlassen werden müsste oder aus anderen Gründen ein Widerruf unzulässig ist."

1015 Beim **Widerruf eines rechtmäßigen begünstigenden Verwaltungsaktes** liegt die Interessenlage auf der Hand: Dem Individualinteresse des Begünstigten am Bestand des Verwaltungsaktes steht das Verlangen der Verwaltung gegenüber, die Begünstigung dann zu widerrufen, wenn ihr dies als Sachwalterin des öffentlichen Interesses dringend notwendig erscheint. In § 49 Abs. 2 ff. VwVfG ist der Widerruf des rechtmäßig begünstigenden Verwaltungsaktes geregelt.

1016 Vergleicht man diese Regelung mit § 21 BImSchG, in dem die Frage der Zulässigkeit des Widerrufs eines begünstigenden Verwaltungsaktes für die immissionsschutzrechtliche Genehmigung bereits normiert ist, erkennt man die nahezu wörtliche Übereinstimmung.

1017 Nach § 49 Abs. 3 VwVfG kann ein begünstigender Verwaltungsakt ausnahmsweise auch mit Wirkung für die Vergangenheit, also ex tunc, widerrufen werden, wenn der Betroffene eine mit der Geldleistung verbundene Auflage oder Verwendungsbestimmung nicht erfüllt hat. Sinn dieser Regelung ist die vereinfachte Aufhebbarkeit von Subventionsbescheiden bei nicht dem Subventionszweck entsprechender Verwendung der staatlichen Leistungen. Die Rückforderung der Subventionsleistungen richtet sich in diesem Fall nach § 49a VwVfG. Hiernach muss zunächst der ursprüngliche Subventionsbescheid aufgehoben werden. Anschließend kann die Behörde die Subventionsleistung durch Verwaltungsakt nach § 49a Abs. 1 VwVfG zurückfordern.

IV. Verwaltungsrechtliche Zusage

Ein gewerbliches Unternehmen muss – wie jedermann – seine Planungen häufig von dem Ergebnis behördlicher Entscheidungen abhängig machen, bis zu deren Erlass mitunter viel Zeit vergeht. In der Praxis sind deshalb die Fälle nicht selten, in denen bei der Verwaltung angefragt wird, um den Inhalt zukünftiger Entscheidungen – vorbehaltlich noch offener Punkte – bereits zuvor verbindlich zu erfahren. 1018

Lange Jahre war die Frage der Verbindlichkeit einer Zusage der Rechtsprechung überlassen. Durch das VwVfG wurde in dessen § 38 eine Regelung zumindest für einen Unterfall der Zusage getroffen, und zwar für die **Zusicherung**, die sich auf den Erlass oder Nichterlass eines Verwaltungsaktes bezieht. 1019

Eine Zusicherung bedarf zu ihrer Wirksamkeit der Schriftform; außerdem muss sie von der zuständigen Behörde erteilt sein. Zuständigkeit und Schriftform sind für die Zusicherung zwingende Wirksamkeitsvoraussetzungen; ein Verstoß gegen sie führt zur Unwirksamkeit. Weiterhin muss es sich um eine verbindlich gemeinte Erklärung handeln. Eine bloße Auskunft oder ein bloßes Inaussichtstellen von Leistungen kann keinen Anspruch auf Erlass oder Nichterlass eines Verwaltungsaktes begründen. Die Zusicherung darf darüber hinaus keine Zugeständnisse in Aussicht stellen, die aus materiellen Gründen rechtswidrig wären. Eine Zusicherung mit dem Inhalt, dass eine Baugenehmigung erteilt werden wird, obwohl das Bauwerk nicht die vorgeschriebenen statischen Voraussetzungen erfüllt, ist daher rechtswidrig. Nach § 38 Abs. 2 VwVfG sind die Regeln über die Wirksamkeit von Verwaltungsakten auf die Zusicherung entsprechend anzuwenden. Interessant ist hier insbesondere die analoge Anwendung von § 48 VwVfG, wenn eine Zusicherung rechtswidrig ist. Dies kann der Fall sein, weil zu beteiligende Behörden (z. B. nach § 36 BauGB) nicht mitgewirkt haben. Eine Zusicherung ist auch dann rechtswidrig, wenn sie einen Verwaltungsakt verspricht, für dessen Erlass die Voraussetzungen nicht vorliegen. 1020

Umstritten ist, ob die Zusicherung selbst ein Verwaltungsakt ist. Wegen § 38 Abs. 2 VwVfG, der die Regeln über den Verwaltungsakt für anwendbar erklärt, hat dieser Streit jedoch keine praktischen Auswirkungen. 1021

§ 38 VwVfG findet keine Anwendung auf die Zusage schlichten Verwaltungshandelns. Insofern besteht eine Gesetzeslücke; die Wirksamkeit dieser Zusage richtet sich nach den ungeschriebenen Grundsätzen des allgemeinen Verwaltungsrechts. Es muss also der befugte Beamte der zuständigen Behörde mit dem erkennbaren Willen, die Behörde binden zu wollen, gehandelt haben. Ein Anspruch auf das zugesagte Verwaltungshandeln besteht auch nur dann, wenn die Zusage nicht gegen ein gesetzliches Verbot verstößt. 1022

Weiterführende Hinweise:

Britz/Richter, Die Aufhebung eines gemeinschaftswidrigen nicht begünstigenden Verwaltungsaktes, JuS 2005, 198;
Ehlers/Kallerhoff, Die Rücknahme von Verwaltungsakten, Jura 2009, 823;
Ehlers/Schröder, Der Widerruf von Verwaltungsakten, Jura 2010, 503, 824;
Erichsen/Ebber, Das Wiederaufgreifen unanfechtbar abgeschlossener Verwaltungsverfahren gemäß § 51 VwVfG, Jura 1997, 109;
Krausnick, Grundfälle zu §§ 48, 49 VwVfG, JuS 2010, 594, 681, 778.

Kapitel 35: Die Vollstreckung von Verwaltungsakten

1023 Die meisten belastenden Verwaltungsakte befehlen dem Adressaten, entweder etwas zu zahlen (Steuerbescheid), etwas zu tun (einer Auflage nachzukommen) oder etwas zu unterlassen (Gewerbeuntersagung nach § 35 GewO). Falls der Adressat dem Befehl nicht freiwillig folgt, stellt sich die Frage nach der Durchsetzung des Befohlenen. Die zwangsweise Durchsetzung erfolgt im Wege der **Verwaltungsvollstreckung.**

1024 Die Verwaltungsvollstreckung unterscheidet sich grundsätzlich von der Vollstreckung privatrechtlicher Ansprüche. Gerade hier spielt die Eigenart des öffentlichen Rechts, das vor allem die Befugnisse des Hoheitsträgers zu Erlass und Durchsetzung einseitiger Anordnungen regelt, eine besondere Rolle. Derjenige, der einen privatrechtlichen Anspruch, beispielsweise auf Darlehensrückzahlung, durchsetzen will, muss vor einem ordentlichen Gericht auf Rückzahlung klagen. Erst wenn er ein obsiegendes Urteil erlangt hat, kann er aufgrund dieses Urteils den Gerichtsvollzieher beauftragen, Zwangsvollstreckungsmaßnahmen zu ergreifen. Ganz anders verhält es sich mit der Durchsetzung öffentlich-rechtlicher Ansprüche. **Die Verwaltungsbehörden sind befugt, von ihnen erlassene Verwaltungsakte selbst durchzusetzen.** Die Verwaltungsvollstreckung setzt kein gerichtliches Verfahren, sondern lediglich einen unanfechtbaren Verwaltungsakt oder einen solchen, bei dem Widerspruch und Anfechtungsklage keine aufschiebende Wirkung haben (§ 80 Abs. 2 VwGO), voraus (§ 6 Abs. 1 VwVG).

1025 Die Verwaltungsvollstreckung bedarf, da es sich bei jeder zwangsweisen Durchsetzung eines Verwaltungsaktes um einen belastenden Eingriff handelt, einer gesetzlichen Grundlage (Art. 20 Abs. 3 GG). Wird ein Verwaltungsakt durch eine Behörde des Bundes vollstreckt, gilt das Bundesverwaltungsvollstreckungsgesetz (VwVG) und das Gesetz über den unmittelbaren Zwang (UZwG). Wird der Verwaltungsakt durch Landesbehörden vollstreckt, gilt das jeweilige Landesrecht. Die Verwaltungsvollstreckungsgesetze der Länder haben im Wesentlichen den gleichen Inhalt wie das Bundesverwaltungsvollstreckungsgesetz. Alle Vollstreckungsgesetze unterscheiden zwischen der Vollstreckung öffentlich-rechtlicher Geldforderungen einerseits und der Erzwingung von Handlungen, Duldungen oder Unterlassungen andererseits.

I. Vollstreckung öffentlich-rechtlicher Geldforderungen

1026 Öffentlich-rechtliche Geldforderungen sind insbesondere Steuern, Gebühren und Beiträge. Sie können, da ein Rechtsmittel gegen einen Abgabenbescheid nach § 80 Abs. 2 Nr. 1 VwGO keine aufschiebende Wirkung hat, in der Regel bei Nichtzahlung rasch zwangsweise beigetrieben werden. Die Vollstreckung wird durch die **Vollstreckungsanordnung** eingeleitet. Diese ist zulässig, wenn drei Voraussetzungen vorliegen (§ 3 Abs. 2 VwVG):

(1) Es muss ein Verwaltungsakt, durch den der Schuldner zur Leistung aufgefordert wurde, ergangen sein.

(2) Die Geldforderung muss fällig sein.
(3) Seit Bekanntgabe des Bescheides bzw. nach Eintritt der Fälligkeit muss eine einwöchige Frist abgelaufen sein.

Erst wenn diese Voraussetzungen vorliegen, kann das **Vollstreckungsverfahren** eingeleitet werden, zuvor soll der Schuldner jedoch mit einer weiteren Woche Frist gemahnt werden (§ 3 Abs. 3 VwVG). Vollstreckt wird in das Vermögen des Schuldners, das notfalls durch Versteigerung verwertet wird, bis die öffentlich-rechtliche Geldforderung getilgt ist. 1027

II. Erzwingung von Handlungen, Duldungen oder Unterlassungen

Wesentlich problematischer als bei der Vollstreckung öffentlich-rechtlicher Geldforderungen ist die Rechtslage dann, wenn es darum geht, Handlungen, Duldungen oder Unterlassungen zu erzwingen. Verwaltungsakte, die ein Handeln oder ein Unterlassen vorschreiben, gibt es in nahezu allen Lebensbereichen: 1028

Dem Eigentümer eines baufälligen Hauses wird der Abriss befohlen; wer eine Spielhalle ohne Personalkonzession betreibt, wird aufgefordert, dieses zu unterlassen. 1029

Die Einleitung von Zwangsmaßnahmen setzt einen **vollstreckungsfähigen Verwaltungsakt** voraus. Dazu bestimmt § 6 VwVG: 1030

„(1) Der Verwaltungsakt, der auf die Herausgabe einer Sache oder auf die Vornahme einer Handlung oder auf Duldung oder Unterlassung gerichtet ist, kann mit den Zwangsmitteln nach § 9 durchgesetzt werden, wenn er unanfechtbar ist oder wenn sein sofortiger Vollzug angeordnet oder wenn dem Rechtsmittel keine aufschiebende Wirkung beigelegt ist. 1031
(2) Der Verwaltungszwang kann ohne vorausgehenden Verwaltungsakt angewendet werden, wenn der sofortige Vollzug zur Verhinderung einer rechtswidrigen Tat, die einen Straf- oder Bußgeldtatbestand verwirklicht, oder zur Abwendung einer drohenden Gefahr notwendig ist und die Behörde hierbei innerhalb ihrer gesetzlichen Befugnisse handelt.“

Mit der Ausnahme des Absatzes 2 wird denjenigen Situationen Rechnung getragen, in denen unmittelbar gehandelt werden muss: Stürzt ein Tankwagen um, und es droht Grundwasserverseuchung, muss die Behörde sofort eingreifen können, ohne zuvor den Eigentümer durch Verwaltungsakt zur Beseitigung der Gefährdung aufgefordert zu haben. 1032

Für die Erzwingung von Handlungen oder Unterlassungen stellt das Bundesverwaltungsvollstreckungsgesetz ebenso wie die entsprechenden Gesetze der Länder drei Zwangsmittel zur Verfügung, wobei der Verhältnismäßigkeitsgrundsatz nochmals besonders in § 9 Abs. 2 VwVG hervorgehoben wird. 1033

1. Ersatzvornahme

§ 10 VwVG lautet: 1034

„Wird die Verpflichtung, eine Handlung vorzunehmen, deren Vornahme durch einen anderen möglich ist (vertretbare Handlung), nicht erfüllt, so kann die Vollzugsbehörde einen anderen mit der Vornahme der Handlung auf Kosten des Pflichtigen beauftragen.“

2. Zwangsgeld

1035 § 11 Abs. 1 VwVG lautet:

„(1) Kann eine Handlung durch einen anderen nicht vorgenommen werden und hängt sie nur vom Willen des Pflichtigen ab, so kann der Pflichtige zur Vornahme der Handlung durch ein Zwangsgeld angehalten werden. Bei vertretbaren Handlungen kann es verhängt werden, wenn die Ersatzvornahme untunlich ist, besonders, wenn der Pflichtige außerstande ist, die Kosten zu tragen, die aus der Ausführung durch einen anderen entstehen."

3. Unmittelbarer Zwang

1036 Das schärfste Zwangsmittel, das in besonderem Maße unter dem Verfassungsgebot der Verhältnismäßigkeit steht, ist der unmittelbare Zwang.

1037 § 12 VwVG lautet:

„Führt die Ersatzvornahme oder das Zwangsgeld nicht zum Ziel oder sind sie untunlich, so kann die Vollzugsbehörde den Pflichtigen zur Handlung, Duldung oder Unterlassung zwingen oder die Handlung selbst vornehmen."

1038 Diese drei Zwangsmittel müssen, wenn nicht die Ausnahme des § 6 Abs. 2 VwVG eingreift, vor ihrer Anwendung schriftlich angedroht werden (§ 13 Abs. 1 VwVG). Wird der Verpflichtung innerhalb der Frist, die in der **Androhung** bestimmt ist, nicht nachgekommen, wird das geeignetste Zwangsmittel festgesetzt (§ 14 Satz 1 VwVG). Nach der **Festsetzung** wird das Zwangsmittel angewendet.

1039 § 15 VwVG bestimmt:

„(1) Das Zwangsmittel wird der Festsetzung gemäß angewendet.
(2) Leistet der Pflichtige bei der Ersatzvornahme oder bei unmittelbarem Zwang Widerstand, so kann dieser mit Gewalt gebrochen werden. Die Polizei hat auf Verlangen der Vollzugsbehörde Amtshilfe zu leisten.
(3) (...)."

Weiterführende Hinweise:

App, Einführung in das Verwaltungsvollstreckungsrecht, JuS 2004, 786;
Horn, Verwaltungsvollstreckung, Jura 2004, 447 und 597.

Kapitel 36: Subventions- und Vergaberecht

Der Staat kann auf verschiedene Weise gezielte Einflussnahme auf das Verhalten einzelner Wirtschaftssubjekte nehmen. Hier werden exemplarisch das Subventionswesen und die öffentliche Auftragsvergabe näher vorgestellt. 1040

I. Subventionen

Das nach Umfang und Bedeutung wohl wichtigste Mittel der Einzelsteuerung ist die Vergabe von Subventionen. 1041

1. Subventionsbegriff

Es wird zwischen Subventionen im weiten und im engen Sinne unterschieden. Unter **Subventionen im weiten Sinne** versteht man im Anschluss an § 12 StabG staatliche Geldleistungen und Steuervergünstigungen an die Wirtschaft und an private Haushalte, die zur Erreichung eines bestimmten, im öffentlichen Interesse liegenden Zweckes gewährt werden. Dieser weite Subventionsbegriff hat sich im Wirtschaftsverwaltungsrecht nicht durchsetzen können. Steuervergünstigungen werden ausgeklammert und traditionell dem Steuerrecht zugeordnet. 1042

Der **enge Subventionsbegriff**, der für die hier maßgeblichen Wirtschaftssubventionen interessiert, ist hinsichtlich des Leistungsgegenstandes und auch hinsichtlich des Adressatenkreises der Leistung enger. Er ist an § 264 Abs. 7 StGB (Subventionsbetrug) angelehnt und umfasst nur solche **staatlichen Leistungen aus öffentlichen Mitteln, die ohne marktadäquate Gegenleistung zur Förderung der Wirtschaft erbracht werden.** Nicht erfasst werden durch ihn Abgabenvergünstigungen oder die soziale Förderung Privater. 1043

Unter den Begriff der „Leistung aus öffentlichen Mitteln“ fallen dabei mannigfache Förderungsarten: z.B. Zuschüsse, verlorene Zuschüsse (also solche Geldleistungen, die vom Empfänger nicht mehr zurückzuzahlen sind), günstige Darlehen, Bürgschaften und Naturalsubventionen (wie der verbilligte Verkauf von Gewerbegelände durch die öffentliche Hand). 1044

2. Verfassungsrechtliche Subventionsproblematik

Zwar ist es einhellige Ansicht, dass die öffentliche Hand die Verfolgung wirtschaftspolitischer Ziele mit dem Mittel der Subventionierung verfolgen kann, umstritten ist jedoch, ob und inwieweit die Subventionierung unter den **Gesetzesvorbehalt** fällt. Eine beachtliche Minderheit im Schrifttum sieht in Art. 20 Abs. 3 GG ein Verfassungsgebot, jede Subventionierung dem Gesetzesvorbehalt zu unterwerfen. Vor allem die Judikatur geht indessen davon aus, Art. 20 Abs. 3 GG unterwerfe nur die Eingriffsverwaltung dem Gesetzesvorbehalt. Für die Subventionierung als Teil der Leistungsverwaltung reiche die Ausweisung der Mittel im Haushaltsplan als Rechtsgrundlage aus. 1045

1046 Übereinstimmung besteht allerdings darüber, dass die Subventionsbehörde als Teil der öffentlichen Verwaltung bei ihrer Tätigkeit unmittelbarer Grundrechtsbindung unterliegt. Wegen dieser Grundrechtsbindung besteht hinsichtlich der These der Unanwendbarkeit des Gesetzesvorbehaltprinzips eine wichtige Einschränkung. Denn nach der Rechtsprechung des Bundesverfassungsgerichts ist es Aufgabe des Gesetzgebers, die Entscheidungen, die wesentlich für die Verwirklichung eines bestimmten Grundrechts sind, selbst zu treffen (sog. „Wesentlichkeitstheorie").

1047 Unmittelbare Subventionen an Presseunternehmen dürfen nur auf der Grundlage eines materiellen Gesetzes vergeben werden, welches durch präzise Tatbestände die Voraussetzungen und Bedingungen der Hilfsmaßnahmen so eindeutig festlegt, dass für die Exekutive bei der Durchführung der Förderung kein Ermessenspielraum mehr bleibt. Andernfalls besteht die Gefahr, dass die Verwaltung von sich aus bestimmte Medien begünstigt und andere benachteiligt.

3. Verwaltungsrechtliche Subventionsproblematik

1048 Ebenfalls problematisch ist die Frage nach der verwaltungsrechtlichen **Handlungsform** bei der Subventionsvergabe. In Betracht kommt die Handlungsform des öffentlich-rechtlichen Vertrages oder des Verwaltungsaktes. Nach der sog. **Zwei-Stufen-Theorie** erfolgt die Subventionsvergabe in der Regel auf zwei rechtlichen Stufen: Auf der ersten Stufe entscheidet die Verwaltung über das „Ob" der Subventionsgewährung. Sie erlässt einen Subventionsbescheid, der als **Verwaltungsakt** i. S. d. § 35 VwVfG öffentlich-rechtlicher Natur ist. Auf der zweiten Stufe wird über das „Wie" der Subventionsgewährung entschieden. Hier werden die Modalitäten wie Verzinsung und Laufzeit der Subventionsgewährung geregelt, was durchaus auch durch einen **privatrechtlichen Darlehensvertrag** geschehen kann.

1049 Diese Betrachtungsweise hat insbesondere Auswirkungen auf die Rückabwicklung von Subventionsverhältnissen, wenn sich z. B. herausstellt, dass die Subvention zu Unrecht gewährt wurde. Geht man davon aus, dass die Subventionsvergabe durch einen öffentlich-rechtlichen Vertrag geregelt wird, müsste die Verwaltung bei der Rückabwicklung zunächst diesen Vertrag kündigen und dann auf Rückzahlung der Leistung klagen. Geht man dagegen davon aus, dass die Subvention durch Verwaltungsakt gewährt wird, kann die Verwaltung diesen nach §§ 48 f. VwVfG aufheben und gemäß § 49 a VwVfG einen Rückzahlungsbescheid erlassen, aus dem sie unmittelbar in das Vermögen des Subventionsempfängers vollstrecken kann. Gegen den Rückforderungsbescheid muss der Subventionsempfänger seinerseits gerichtlich vorgehen.

1050 Angesichts der vollstreckungsrechtlichen Vorteile, die für die Verwaltung in der Subventionsvergabe durch Verwaltungsakt liegen, wird sie im Zweifel diese Handlungsform und nicht die des öffentlich-rechtlichen Vertrages wählen.

1051 Ein **Rechtsanspruch** auf Subventionsgewährung besteht nur in wenigen gesetzlich geregelten Fällen. Im Regelfall steht der Verwaltung bei der Subventionsvergabe ein **Ermessen** zu, das jedoch durch Vergaberichtlinien, die unmittelbar keinen Subventionsanspruch begründen, beschränkt wird. Die Vergaberichtlinien sind Verwaltungsvorschriften, die für Bürger und Unternehmen weder Rechte noch Pflichten begründen, sondern lediglich als Dienstanweisung den handelnden Beamten binden. Dementsprechend hat der Subventionsbewerber nur ein subjektives Recht auf fehlerfreie Ermessensentscheidung, insbesondere auf gleichmäßige Anwendung der Vergaberichtlinien. Der Gleichbehandlungsgrundsatz des Art. 3 Abs. 1 GG kann dazu führen, dass aufgrund der Vergaberichtlinien oder der tatsächlichen Vergabepraxis eine Subvention bewilligt werden muss. So gewährleistet Art. 3 Abs. 1 GG, dass die Verwaltung von einer bisher eingehaltenen Vergaberichtlinie oder Vergabepraxis nicht ohne sachlichen Grund abweichen darf. Eine anderweitige Entscheidung wäre ermessensfehlerhaft. Der Subventionsbewerber erhält auf diese Weise einen Rechtsanspruch auf die Subventionsgewährung. Dieser Subventionsanspruch entfällt jedoch wieder, wenn die haushaltsmäßig bereitgestellten Mittel erschöpft sind, da die Entscheidung, wieviel Geld die Verwaltung ausgeben darf, vom Parlament als Haushaltsgesetzgeber getroffen werden muss.

4. Rechtsschutz

Wenn ein Unternehmer bei der Subventionsvergabe nicht berücksichtigt 1052
worden ist, kann er auf zwei Wegen gegen diese Entscheidung vorgehen. Er kann entweder gegen die Subventionierung seines Konkurrenten mit der verwaltungsgerichtlichen Anfechtungsklage angehen. Hierzu muss er jedoch klagebefugt sein (§ 42 Abs. 2 VwGO), d.h., grundsätzlich muss die Möglichkeit bestehen, dass er in seinen Rechten z.B. aus Art. 2 Abs. 1 GG (Wettbewerbsfreiheit) oder Art. 3 Abs. 1 GG (Wettbewerbsgleichheit) verletzt ist.

Der Unternehmer hat daneben die Möglichkeit, eine Verpflichtungsklage 1053
mit dem Ziel zu erheben, die Verwaltung zu verpflichten, auch ihm die Subvention zu gewähren. Auch hier erfordert die Klagebefugnis nach § 42 Abs. 2 VwGO, dass der Kläger geltend macht, dass durch die Nichtgewährung der Subvention die Möglichkeit einer Verletzung seiner Rechte besteht.

5. Subventionen und Europarecht

Durch die staatliche Unterstützung bestimmter Wirtschaftszweige kön- 1054
nen Wettbewerbsverzerrungen auch im europäischen Bereich entstehen, weil subventionierte nationale Güter billiger verkauft werden können als vergleichbare nichtsubventionierte Güter aus anderen EU-Ländern. Deshalb sind nach Art. 107 Abs. 1 AEUV **staatliche Beihilfen** – gleich welcher Art –, **die durch die Begünstigung bestimmter Unternehmen oder Produktionszweige den Wettbewerb verfälschen oder zu verfälschen drohen, mit dem Gemeinsamen Markt unvereinbar, soweit sie den Handel zwischen den Mitgliedstaaten beeinträchtigen.** Art. 107 Abs. 1 AEUV umfasst dabei nicht nur positive Leistungen, sondern auch solche Maßnahmen, die in verschiedener Form die Belastungen mindern, die ein Unternehmen normalerweise zu tragen hat. Auch Abgabenbefreiungen sind daher Beihilfen i.S.d. Art. 107 Abs. 1 AEUV.

1055 Art. 107 Abs. 2 AEUV schafft einen Katalog von **Ausnahmen** von dem grundsätzlichen Subventionsverbot: Danach sind Beihilfen, die aus sozialen Gründen an einzelne Verbraucher geleistet werden, zulässig, soweit sie nicht nach Herkunft der gekauften Ware differenzieren. Hierunter fällt etwa der subventionierte Verkauf billiger EU-Butter an Bedürftige. Hilfen zur Beseitigung von Schäden aus Naturkatastrophen sind ebenfalls zulässig. Art. 107 Abs. 3 AEUV stellt die Gewährung bestimmter weiterer Beihilfen in das **Ermessen** der Kommission. So kann die Förderung der wirtschaftlichen Entwicklung von Gebieten erlaubt werden, in denen der Lebensstandard außergewöhnlich niedrig ist (**regionale Beihilfe**). Des Weiteren können Beihilfen zur Förderung wichtiger Vorhaben von gemeinsamem europäischem Interesse oder zur Behebung einer beträchtlichen Störung im Wirtschaftsleben eines Mitgliedstaates ebenso genehmigt werden wie Strukturförderungen für einzelne Wirtschaftszweige, soweit sie nicht dem gemeinsamen Interesse der EU zuwiderlaufen (**sektorale Beihilfe**). Schließlich können durch den Rat mit qualifizierter Mehrheit weitere Beihilfen zugelassen werden.

1056 Art. 108 AEUV stellt der Kommission ein Verfahren zur Verfügung, um gegen unstatthafte Beihilfen vorzugehen. So überprüft die Kommission zum einen repressiv die bestehenden Beihilfen der Mitgliedstaaten, zum anderen müssen die Mitgliedstaaten die Kommission präventiv von geplanten Beihilfen in Kenntnis setzen, um die Vereinbarkeit einer Beihilfe mit dem Gemeinsamen Markt überprüfen zu lassen (sog. **Notifikationsverfahren**). Solange das Notifikationsverfahren nicht abgeschlossen ist, darf der Mitgliedstaat eine geplante Beihilfe nicht gewähren (**Sperrwirkung** oder auch **Durchführungsverbot**). Beihilfen, die gemäß Art. 107 AEUV unzulässig sind, sind durch den betreffenden Mitgliedstaat binnen einer bestimmten Frist aufzuheben oder umzugestalten. Kommt der Mitgliedstaat dem nicht nach, kann die Kommission oder jeder betroffene Mitgliedstaat unmittelbar den Gerichtshof der Europäischen Union anrufen.

6. Rückabwicklung gemeinschaftswidriger Subventionen

1057 Hat der Gerichtshof der Europäischen Union festgestellt, dass eine Subventionsauszahlung gegen Art. 107 AEUV verstößt, ist der auszahlende Staat gemäß Art. 260 AEUV **verpflichtet**, die Subvention zurückzufordern. Die Rückforderung richtet sich dabei nach nationalem Recht.

1058 Da der Subventionsbescheid ein rechtswidriger begünstigender Verwaltungsakt ist, muss die Verwaltung diesen nach § 48 VwVfG aufheben. Das Tatbestandsmerkmal der Rechtswidrigkeit ist dabei unionsrechtlich zu verstehen. Insoweit führt ein Verstoß gegen die materiellen Vorgaben des Art. 107 AEUV als auch ein Verstoß gegen die verfahrensrechtlichen Regelungen des Art. 108 AEUV zur Rechtswidrigkeit. Nach § 48 VwVfG ist eine rechtswidrig gewährte Begünstigung zurückzugewähren, wenn kein schutzwürdiges Vertrauen entgegensteht. Das Vertrauen ist in der Regel schutzwürdig, wenn der Begünstigte die gewährte Leistung verbraucht oder eine Vermögensdisposition getroffen hat. Das wird überwiegend der Fall sein. Nach diesem Grundsatz könnte eine Subvention daher nicht zurückgefordert werden.

Dieses Ergebnis bricht aber mit dem Unionsrecht. Schließlich bestimmt § 48 Abs. 2 Satz 2 VwVfG auch, dass das Vertrauen „unter Abwägung mit dem öffentlichen Interesse" schutzwürdig sein muss. Im Hinblick auf den „effet utile" (Art. 4 EUV) und den Anwendungsvorrang des Unionsrechts ist das nicht der Fall. 1059

II. Das Recht der öffentlichen Auftragsvergabe

Durch die Vergabe von Staatsaufträgen kann die Verwaltung das Wirtschaftsleben erheblich beeinflussen. Der Staat ist als Vertragspartner meist attraktiv, da die öffentliche Hand nicht insolvent gehen kann und gewaltige Summen für Infrastrukturmaßnahmen ausgibt. Die Wirtschaftsunternehmen sind daher an öffentlichen Aufträgen interessiert. 1060

1. Rechtliche Maßstäbe

Lange Zeit wurde die öffentliche Auftragsvergabe nur als **haushaltsrechtliches Problem** gesehen. Die Vergabe hatte sich entsprechend der Haushaltsgesetze des Bundes und der Länder vor allem am **Wirtschaftlichkeitsprinzip** zu orientieren. Den öffentlichen Auftrag bekam das Unternehmen, das das wirtschaftlich günstigste Angebot abgegeben hatte und das mit Fachkunde oder Zuverlässigkeit eine besondere Eignung aufwies. Dieses Vergabeverfahren enthält keine weiteren Einschränkungen; nach der haushaltrechtlichen Sichtweise tritt die Verwaltung bei der Auftragsvergabe wie ein Privater auf. Jedoch kann die Vergabe öffentlicher Aufträge kein rein privatrechtlicher Akt sein. Gerade weil die Auftragsvergabe der Verwaltung ermöglicht, die Wirtschaft erheblich zu lenken, und weil es für die Unternehmen eminent wichtig ist, dass sie an der öffentlichen Auftragsvergabe partizipieren können, wurde die Freiheit der Auftragsvergabe durch die Rechtsprechung eingeschränkt: „Willkürliche, d. h. mit dem Zweck der Beschaffung nicht zusammenhängende Beweggründe" der öffentlichen Hand erklärte der Bundesgerichtshof für unzulässig. 1061

Damit war die erste Einschränkung des Vergabehandelns geschaffen. Auch unter dem Einfluss europarechtlicher Vorgaben wurde das Vergaberecht grundlegend reformiert. Die Bedeutung der öffentlichen Auftragsvergabe für den Wettbewerb unter den Wirtschaftsunternehmen steht nun im Mittelpunkt des Vergaberechts. Mit dem Vergaberechtsänderungsgesetz vom 25. 9. 1998 wurde das Vergaberecht in dem Gesetz gegen Wettbewerbsbeschränkungen (GWB) verortet. Die §§ 97 bis 129b GWB in der Fassung der Bekanntmachung vom 15. Juli 2005 regeln das Vergaberecht als Teil des Wettbewerbsrechts. Neben den Regelungen im GWB ist die Vergabeverordnung (VgV) eine weitere wichtige Rechtsgrundlage des Vergaberechts. Von Bedeutung sind auch die Verdingungsordnungen für verschiedene Wirtschaftssektoren, wie z. B. die VOB/A als Verdingungsordnung für Bauleistungen. 1062

2. Das Vergabeverfahren

„§ 99 Abs. 1 GWB Öffentliche Aufträge 1063
(1) Öffentliche Aufträge sind entgeltliche Verträge zwischen öffentlichen Auftraggebern und Unternehmen über die Beschaffung von Leistungen, die Liefer-, Bau- oder Dienst-

leistungen zum Gegenstand haben, Baukonzessionen und Auslobungsverfahren, die zu Dienstleistungsaufträgen führen sollen."

1064 Ausschlaggebend ist nach §§ 100 Abs. 1, 127 GWB weiter, ob die **Schwellenwerte** für die Anwendung des Gesetzes gegen Wettbewerbsbeschränkungen erreicht werden. Diese betragen nach der Vergabeverordnung derzeit bei Bauaufträgen 4,845 Mio. € und bei sonstigen Aufträgen 125.000 €. Werden diese nicht erreicht, bleibt es bei der haushaltsrechtlichen Betrachtungsweise.

1065 Das Gesetz gegen Wettbewerbsbeschränkungen unterscheidet in § 101 zwischen vier Möglichkeiten der öffentlichen Auftragsvergabe: dem offenen Verfahren, dem nicht offenen Verfahren, dem Verhandlungsverfahren und dem wettbewerblichen Dialog. Das **offene Vergabeverfahren** läuft streng formalisiert in mehreren Schritten ab. Mit einer (europaweiten) **Ausschreibung** wird bekannt gegeben, dass ein öffentlicher Auftrag zu vergeben ist. Bis zu einer Frist sind die Unternehmen zur Abgabe eines Angebotes aufgefordert. Bei dem **nicht offenen Verfahren** wird öffentlich zur Teilnahme und dann aus dem Kreis der Bewerber eine eingeschränkte Anzahl von Unternehmen zur Angebotsabgabe aufgefordert.

1066 In dem Verhandlungsverfahren wendet sich der Auftraggeber mit oder ohne vorherige öffentliche Aufforderung zur Teilnahme an ausgewählte Unternehmen, um mit einem oder mehreren von ihnen zu verhandeln. Der wettbewerbliche Dialog findet hingegen statt bei besonders komplexen Aufträgen. Dies ist der Fall, wenn der Auftraggeber nicht in der Lage ist, die technischen, rechtlichen oder finanziellen Konditionen eines Vorhabens anzugeben. Das dynamische elektronische Verfahren (§ 101 Abs. 6 Satz 2 GWB) stellt keine eigene Vergabeart dar, sondern ein besonderes offenes Verfahren.

1067 Das offene Verfahren stellt nach § 101 Abs. 7 GWB das Regelvergabeverfahren dar.

3. Die Vergabeentscheidung

1068 Die Vergabeentscheidung ist an bestimmte gesetzliche Vorgaben gebunden. In § 97 Abs. 1 GWB ist der Grundsatz der Transparenz festgelegt. § 97 Abs. 2 GWB fordert die **Gleichbehandlung** aller Teilnehmer. § 97 Abs. 3 GWB sieht dabei eine **angemessene Berücksichtigung mittelständischer Unternehmen** vor. Schließlich verpflichtet § 97 Abs. 4 GWB den Auftraggeber, den Auftrag nur an **fachkundige, leistungsfähige und zuverlässige Unternehmen** zu vergeben und dabei **keine anderen Kriterien** zugrunde zu legen.

1069 Da die Auftragsvergabe nicht nur der Bedarfsdeckung dient, sondern auch wirtschaftslenkende Funktion hat, ist fraglich, ob **ausnahmsweise** auch **vergabefremde Zwecke berücksichtigt** werden können. So ist es für eine strukturschwache Region zur Bekämpfung von Arbeitslosigkeit ein Vorteil, regionale Unternehmen zu bevorzugen. Die Bekämpfung von Arbeitslosigkeit gehört nicht zu den Kriterien der Fachkunde, Leistungsfähigkeit und Zuverlässigkeit des § 97 Abs. 4 GWB. § 97 Abs. 4 Satz 2 GWB erlaubt jedoch, dass auch andere oder weitergehende Anforderungen an Auftragnehmer gestellt werden können, wenn ein förmliches Gesetz dies vorsieht und die vergabefremde Einbeziehung soziale, umweltbezogene und innovative Aspekte betreffen. Damit ist das nationale Recht relativ offen, was die Berücksichtigung vergabefremder Zwecke angeht. Das Europarecht ist hingegen restriktiver. In der Vergaberichtlinie von 2004 (RL 2004/18) sind aber Aspekte erkennbar, die auch die Zulassung nicht-ökonomischer Zwecke möglich erscheinen lässt. Schließlich hat auch der Gerichtshof der Europäischen Union die Bekämpfung der Arbeitslosigkeit als mögliches Vergabekriterium anerkannt.

Der Zuschlag wird auf das wirtschaftlichste Angebot erteilt, § 97 Abs. 5 **1070**
GWB.

Die Vergabeentscheidung kann durch **Vergabeprüfstellen** auf die Einhal- **1071**
tung der formellen und materiellen Regelungen des Vergabeverfahrens überprüft werden. Im Anwendungsbereich des Gesetzes gegen Wettbewerbsbeschränkungen steht den nicht berücksichtigten Bietern weiterhin ein **förmliches Rechtsschutzverfahren** zur Verfügung. § 107 Abs. 2 GWB eröffnet den Weg zu den Vergabekammern. Die Entscheidung der Vergabekammern kann mit der sofortigen Beschwerde zum Oberlandesgericht angegriffen werden.

Weiterführende Hinweise:

Finck/Gurlit, Die Rückabwicklung formell unionsrechtswidriger Beihilfen, Jura 2011, 87;
Hübbenet, von, Rückforderung von Subvention, JuS 2004, 795;
Kühling/el-Barudi, Grundzüge des Rechts der Wirtschaftsförderung, Jura 2006, 969;
Lux, Einführung in das Vergaberecht, JuS 2006, 969;
Raasch, Die Vergabe öffentlicher Aufträge als Instrument des Verwaltungshandelns, JA 2009, 199.

Kapitel 37: Übungsfälle zum 4. Teil

1072 **1. Fall:** Unternehmer X bekommt vom Bundeswirtschaftsministerium eine Subvention von 5 Mio. € zur Modernisierung seines Betriebes. Der Konkurrent K, der ebenfalls eine Subvention beantragt hat, wird wegen „Erschöpfung der Haushaltsmittel" abschlägig beschieden. Er meint nachweisen zu können, dass X aufgrund der Subventionsgelder einen Wettbewerbsvorteil erlange, der ihn, den K, zur Aufgabe oder zumindest zu langjährigen Verlusten zwinge.

a) Kann K mit Erfolg auf Subventionierung klagen?
b) Kann K den Subventionsbescheid, den X erhalten hat, mit Erfolg anfechten?
c) Kann X die Auszahlung der Subvention bis zur Entscheidung des Verwaltungsgerichts doch noch erreichen? Wie kann K sich dagegen wehren?

Prüfen Sie jeweils die Zulässigkeit und Begründetheit einer Klage vor dem Verwaltungsgericht.

1073 **a)** Erste Zulässigkeitsvoraussetzung ist das Vorliegen einer öffentlich-rechtlichen Streitigkeit nach § 40 Abs. 1 VwGO. Sowohl nach der **Subjektionstheorie,** die auf Über- und Unterordnung abstellt, als auch nach der **modifizierten Subjektstheorie** liegt eine öffentlich-rechtliche Streitigkeit vor, da bei entsprechendem Ansatz im Haushaltsplan allein ein Träger öffentlicher Verwaltung, der Bundeswirtschaftsminister, zur Vergabe der Mittel befugt ist. Diese öffentlich-rechtliche Streitigkeit ist auch keinem anderen Gericht zugewiesen.

1074 Die **Verpflichtungsklage** nach § 42 Abs. 1 VwGO wäre zulässig, wenn es sich bei dem Subventionsbescheid um einen **Verwaltungsakt** handelt, den Vorschriften der §§ 68 ff. VwGO Genüge getan und K gemäß § 42 Abs. 2 VwGO klagebefugt ist. Über die Vergabe von Subventionen wird durch Subventionsbescheid entschieden. Dabei handelt es sich um die Verfügung einer Verwaltungsbehörde auf dem Gebiet des öffentlichen Rechts, die einen Einzelfall rechtlich regelt. Es liegt also ein Verwaltungsakt i. S. d. § 35 VwVfG vor. Ein **Widerspruchsverfahren** braucht gemäß § 68 Abs. 1 Satz 2 Nr. 1 VwGO nicht durchgeführt zu werden, da es sich um einen Akt einer obersten Bundesbehörde handelt. K ist **klagebefugt,** da die Möglichkeit besteht, dass der ablehnende Bescheid seine Rechte, insbesondere auch das aus Art. 3 Abs. 1 GG abgeleitete Recht auf fehlerfreien Ermessensgebrauch, verletzt.

1075 Die Verpflichtungsklage vor dem Verwaltungsgericht ist damit **zulässig.**

1076 Die Klage ist nach § 113 Abs. 4 VwGO begründet, wenn die Ablehnung des Antrags auf Subventionierung rechtswidrig ist und K dadurch in seinen Rechten verletzt wird.

1077 Eine Verwaltungsbehörde darf nicht mehr Geld ausgeben, als ihr laut **Haushaltsgesetz** zusteht. Würde das Bundeswirtschaftsministerium über den Haushaltsansatz hinaus Mittel vergeben, handelte es gesetzwidrig. Dies ist damit zu begründen, dass dem Parlament die Budgethoheit zusteht. Nur das Parlament als unmittelbar demokratisch legitimierte Einrichtung ist befugt, über den Gesamtumfang von Staatsausgaben zu entscheiden. Die Ablehnung des Antrags des K ist mithin rechtmäßig. Die Verpflichtungsklage ist **nicht begründet.**

b) Für die Zulässigkeit der **Anfechtungsklage** gilt bis auf eine Ausnahme 1078
das gleiche wie bei der Verpflichtungsklage. Problematisch ist hier jedoch die **Klagebefugnis,** da K einen an X gerichteten Verwaltungsakt anficht, mithin nicht Adressat des Verwaltungsaktes ist. K ist nur klagebefugt, wenn er geltend machen kann, der an X gerichtete Subventionsbescheid verletze ihn in eigenen Rechten.

Entscheidend für die Klagebefugnis des K ist, ob er die Möglichkeit einer 1079
Rechtsverletzung geltend machen kann. Ob tatsächlich eine Rechtsverletzung vorliegt, muss wie sonst auch im Rahmen der Begründetheit geprüft werden. Da K geltend macht, er werde durch die Subventionierung des X zur Aufgabe oder zu langjährigen Verlusten gezwungen, besteht die Möglichkeit, dass er in seinen Rechten aus Art. 2 Abs. 1 und Art. 3 Abs. 1 GG verletzt wurde. Die Anfechtungsklage ist **zulässig.**

Begründet ist die Anfechtungsklage gemäß § 113 Abs. 1 VwGO, wenn 1080
die Subventionierung des X rechtswidrig und K dadurch in seinen Rechten verletzt ist. K wird in seinem Recht aus Art. 2 Abs. 1 GG i.V.m. Art. 3 Abs. 1 GG auf **Chancengleichheit** im Wettbewerb verletzt, wenn seine **Wettbewerbsfreiheit** grundlos eingeschränkt ist und ihm die Begünstigung des X keinen Spielraum mehr lässt, sich wirtschaftlich zu entfalten. Das Gericht wird daher Ermittlungen darüber anstellen, ob K tatsächlich einen wirtschaftlich schwerwiegenden Wettbewerbsnachteil erlitten hat. Wenn dem so ist, beeinträchtigt die Subventionierung des X seine Rechte aus Art. 2 Abs. 1 und Art. 3 Abs. 1 GG; sie ist dann rechtswidrig und die Klage ist **begründet.**

c) Bis zur Entscheidung des Verwaltungsgerichts kann die Behörde auf 1081
Antrag des X oder aus eigener Initiative die sofortige Vollziehung des Subventionsbescheides gemäß § 80a Abs. 1 Nr. 1 i.V.m. § 80 Abs. 2 Nr. 4 VwGO anordnen. K kann daraufhin entweder gemäß § 80a Abs. 1 Nr. 2 i.V.m. § 80 Abs. 4 VwGO beantragen, die Vollziehung wieder auszusetzen. Da die Behörde wohl kaum gewillt sein wird, ihre einmal getroffene Entscheidung zu revidieren, kann K sich gemäß § 80a Abs. 3 VwGO an das Gericht der Hauptsache wenden mit dem Antrag, die aufschiebende, d.h. die die Auszahlung einstweilen verhindernde Wirkung wiederherzustellen.

Widersetzt sich die Behörde dieser gerichtlichen Anordnung und zahlt 1082
trotzdem aus, so kann K analog § 80 Abs. 5 Satz 3 VwGO die gerichtliche Anordnung erwirken, dass dieser sog. „faktische Vollzug" wieder rückgängig zu machen ist.

2. Fall: Kraftfahrzeugmeister X betreibt seit 20 Jahren einen Reparaturbetrieb für Lkw. 1083
Sein 1954 erworbenes Betriebsgrundstück lag ursprünglich am Rande seiner Heimatstadt. Inzwischen ist es vollständig von Wohnblocks umgeben. Die vom Reparaturbetrieb ausgehenden Geräusche übersteigen die Richtwerte der TA-Lärm bei weitem.

a) Welche Maßnahmen kann die zuständige Behörde dagegen treffen, wenn nach dem Stand der Technik die Geräuschentwicklung auf das gesetzliche Höchstmaß reduzierbar ist?
b) Welche Maßnahmen kann sie treffen, wenn dies nicht der Fall ist?
c) Wie kann sich X gegen Maßnahmen nach a) und b) wehren?

a) § 24 Satz 1 i.V.m. § 22 Abs. 1 Nr. 1 und 2 BImSchG nennt zwei Vor- 1084
aussetzungen, unter denen die Behörde befugt ist, die erforderlichen An-

ordnungen zu treffen, um die Geräuschentwicklung auf das zulässige Höchstmaß zu reduzieren:

1085 1. Es muss sich um eine **nicht genehmigungspflichtige Anlage** handeln, die dem Bundes-Immissionsschutzgesetz unterfällt. Kraftfahrzeugreparaturbetriebe sind keine genehmigungspflichtigen Anlagen, da sie in der Rechtsverordnung über genehmigungsbedürftige Anlagen nicht aufgeführt sind. Nach § 3 Abs. 5 BImSchG werden von dem Gesetz aber darüber hinaus alle Betriebsstätten und sonstigen ortsfesten Einrichtungen erfasst. Ein Kraftfahrzeugreparaturbetrieb ist eine Betriebsstätte i. S. d. § 3 Abs. 5 BImSchG.

1086 2. Von der nicht genehmigungsbedürftigen Anlage müssen schädliche Umwelteinwirkungen ausgehen. Es geht um die Abwehr von Geräuschen. Geräusche sind gemäß § 3 Abs. 2 BImSchG Umwelteinwirkungen. Schädlich sind die Einwirkungen dann, wenn sie Gefahren, Nachteile oder Belästigungen herbeiführen. Die Schädlichkeitsgrenze ist durch die **TA-Lärm** konkretisiert. Die Betriebsgeräusche sind schädlich, da sie die Richtwerte der TA-Lärm bei weitem übersteigen. Die §§ 24, 22 BImSchG ermächtigen die Behörde, Maßnahmen zu treffen, die erforderlich sind, um die von dem Betrieb des X ausgehenden Emissionen auf das zulässige Höchstmaß zu reduzieren. Leistet X der behördlichen Anordnung nicht Folge, gibt § 25 Abs. 1 BImSchG der Behörde die Möglichkeit, die Anordnung zu erzwingen, wenn diese vollziehbar ist. Vollziehbar ist sie dann, wenn ihr **sofortiger Vollzug** nach § 80 Abs. 2 Nr. 4 VwGO angeordnet ist oder wenn sie, falls kein Rechtsbehelf (Widerspruch, Klage) eingelegt wurde, bereits unanfechtbar ist. In diesen beiden Fällen kann eine Stilllegungsverfügung erzwungen werden. Auch für § 25 Abs. 1 BImSchG gilt freilich der Grundsatz der Verhältnismäßigkeit: Zur Stilllegungsverfügung als dem schärfsten Eingriff darf erst gegriffen werden, wenn der beabsichtigte Erfolg mit anderen Mitteln, z. B. der Ersatzvornahme oder einem Zwangsgeld, nicht erreicht werden kann.

1087 **b)** Bisweilen ist es nach dem Stand der Technik unmöglich, Schutzmaßnahmen durchzuführen, durch die die von einem Betrieb ausgehenden Emissionen unterhalb der Schädlichkeitsgrenze gehalten werden können. Dies ist oftmals bei älteren gewerblichen Anlagen der Fall, die inzwischen immer mehr von Wohnhäusern umgeben sind. Wenn die vom Betrieb des X ausgehende Geräuschentwicklung auch bei Ausschöpfung aller technischen Möglichkeiten nicht auf einen zulässigen Stand reduziert werden kann, darf der Betrieb nach § 25 Abs. 2 BImSchG endgültig untersagt werden; allerdings nur dann, wenn die Emissionen Leben, Gesundheit oder bedeutende Sachwerte gefährden. Eine bloße Belästigung scheidet als ausreichender Verbotsgrund aus.

1088 Bei § 25 Abs. 2 BImSchG handelt es sich um eine außerordentlich harte Bestimmung, da die Stilllegung keinen Entschädigungsanspruch auslöst. Im Schrifttum ist denn auch umstritten, ob es sich bei dieser Bestimmung noch um eine verfassungsmäßige **Inhaltsbestimmung** nach Art. 14 Abs. 1 und 2 GG handelt.

1089 **c)** Wenn X mit einer Anordnung nach §§ 24 Satz 1, 22 Abs. 1 Nr. 1 und 2 BImSchG nicht einverstanden ist, muss er fristgemäß Widerspruch und Anfechtungsklage erheben. Dies genügt nach § 80 Abs. 1 VwGO in der Regel, um die Vollziehbarkeit der Anordnung gemäß § 25 BImSchG zu verhindern. Anders ist es dann, wenn die sofortige Vollziehung gemäß § 80 Abs. 2 Nr. 4 VwGO angeordnet wurde. In diesem Fall muss X beim Verwaltungsgericht **Wiederherstellung der aufschiebenden Wirkung** gemäß § 80 Abs. 5 VwGO beantragen. Der Antrag ist erfolgreich, wenn die angegriffene Verfügung offensichtlich rechtswidrig ist oder wenn das private Interesse des X, bis zur endgültigen gerichtlichen Klärung noch keine kostspieligen Aufwendungen machen zu müssen, das öffentliche Interesse an möglichst rascher Lärmminderung überwiegt. Diese Entscheidung wird das Verwaltungsgericht unter Berücksichtigung aller Umstände treffen.

Die gleichen Rechtsschutzmöglichkeiten hat X dann, wenn gemäß § 25 1090
Abs. 2 BImSchG die Stilllegung der Anlage angeordnet wird. Falls damit sogleich die Anordnung der sofortigen Vollziehung nach § 80 Abs. 2 Nr. 4 VwGO verbunden wird, wird ein Antrag nach § 80 Abs. 5 VwGO auf Wiederherstellung der aufschiebenden Wirkung in der Regel Erfolg haben. Das private Interesse daran, den Betrieb so lange fortführen zu können, bis über die Untersagung rechtskräftig entschieden ist, überwiegt das öffentliche Interesse an sofortiger Stilllegung schon deshalb, weil bei sofortiger Untersagung vollendete Tatsachen geschaffen werden: Stellt sich nämlich später die Unzulässigkeit der Stilllegung heraus, ist es in vielen Fällen nicht möglich, einen eventuell seit Jahren stillgelegten Betrieb wieder aufzunehmen.

3. Fall: Z betreibt seit 1990 ein Abbruch- und Abwrackunternehmen. Durch Verfügung 1091
vom 16. 1. 2011 untersagt ihm das Gewerbeaufsichtsamt die Ausübung des Gewerbes, weil er Sozialversicherungsbeiträge nicht abgeführt und Vereinbarungen über die Abtragung von Steuerschulden nicht eingehalten hat. Z legt fristgerecht Widerspruch ein. Die Untersagungsverfügung wird nicht für sofort vollziehbar erklärt; Z betreibt das Gewerbe weiter.
Über seine Anfechtungsklage wird im Sommer 2013 entschieden. Zu diesem Zeitpunkt hat Z dank eines unverhofften Lottogewinns seine Steuerschulden abgetragen und alle rückständigen Sozialversicherungsbeiträge bezahlt.
Prüfen Sie die Zulässigkeit und Begründetheit der Anfechtungsklage.

Eine öffentlich-rechtliche Streitigkeit i. S. d. § 40 Abs. 1 VwGO liegt vor, 1092
da es sich bei der Untersagungsverfügung um eine einseitig verbindliche Maßnahme eines Hoheitsträgers gegen Z handelt. Bei dieser Verfügung handelt es sich um eine konkrete, auf den Einzelfall bezogene behördliche Maßnahme, die in den Rechtskreis des Z zu seinem Nachteil eingreift, also um einen belastenden Verwaltungsakt. Als zulässige Klageart kommt daher – nach erfolglosem Widerspruchsverfahren – die **Anfechtungsklage** gemäß § 42 Abs. 1 VwGO in Betracht. Z ist auch **klagebefugt** i. S. d. § 42 Abs. 2 VwGO. Die Möglichkeit, dass die Verfügung seine Rechte verletzt, kann nicht ausgeschlossen werden, da er Adressat des belastenden Verwaltungsaktes ist. Die **Anfechtungsklage** ist daher **zulässig.**

Begründet ist die Anfechtungsklage gemäß § 113 Abs. 1 Satz 1 VwGO, 1093
wenn die Untersagungsverfügung rechtswidrig ist. Um dies entscheiden zu können, kommt es zunächst auf den Zeitpunkt an, der für die Beurteilung der Sach- und Rechtslage maßgebend ist. Als Faustregel gilt, dass bei Anfechtungsklagen auf die Sach- und Rechtslage beim Erlass des Verwaltungsaktes (bzw. des Widerspruchsbescheides) abzustellen ist, während es

bei der Verpflichtungsklage auf den Zeitpunkt der letzten mündlichen Verhandlung des Verwaltungsgerichts ankommt.

1094 Da es sich hier um eine Anfechtungsklage handelt, wäre sie – folgt man dieser Faustregel – unbegründet, denn die Verfügung war zum Zeitpunkt ihres Erlasses von § 35 Abs. 1 GewO gedeckt. Der nachträgliche Lottogewinn bliebe insoweit unberücksichtigt.

1095 Nun hatte das Bundesverwaltungsgericht allerdings von dieser Regel gerade bei § 35 Abs. 1 GewO eine Ausnahme gemacht. War die gewerberechtliche Unzuverlässigkeit zum Zeitpunkt der letzten mündlichen Verhandlung entfallen, wurde die Gewerbeuntersagung für die Zukunft aufgehoben. Die Anfechtungsklage war insoweit begründet.

1096 Mit seiner Entscheidung vom 2. 2. 1982 hat das Bundesverwaltungsgericht diese Rechtsprechung ausdrücklich aufgegeben. Es hat sich auch für den Fall der Anfechtung einer Gewerbeuntersagung auf den Standpunkt gestellt, dass für die Beurteilung der Rechts- und Sachlage allein der Zeitpunkt der Behördenentscheidung maßgeblich ist:

1097 „Der bisherigen Rechtsprechung des Bundesverwaltungsgerichts, wonach bei einer Anfechtung der Untersagungsverfügung die Untersagungsvoraussetzungen noch in der letzten mündlichen Verhandlung vorliegen müssen (vgl. z. B. BVerwGE 22, 16, 19; 28, 202, 205), ist durch die am 1. Mai 1974 in Kraft getretene Neufassung des § 35 Abs. 6 GewO die Grundlage entzogen worden. Nach dem nunmehr geltenden § 35 Abs. 6 GewO ist die Wiedergestattung der Gewerbeausübung von einem an die Behörde zu richtenden Antrag abhängig. Diese Antragserfordernis schließt es aus, die für die Wiedergestattung relevanten Umstände im laufenden Anfechtungsprozess zu berücksichtigen; denn muss das Verfahren nach Abs. 6 durch einen an die Behörde gerichteten Antrag eingeleitet werden, so kann es nicht ausreichen, wenn der Gewerbetreibende in dem Anfechtungsprozess wegen der Gewerbeuntersagung sein Begehren auf Wiedergestattung in einem an das Gericht gerichteten Schriftsatz Ausdruck gibt“ (BVerwG, DVBl. 1982, 694).

1098 Im konkreten Fall ist demnach die **Anfechtungsklage unbegründet.** Dem Z bleibt nur die Möglichkeit, einen Antrag auf Wiedergestattung an die zuständige Behörde zu richten und bei Ablehnung dieses Antrags die Wiedergestattung mit der Verpflichtungsklage zu erreichen. Auf die Tatsache, dass er die rückständigen Steuerschulden und Sozialversicherungsbeiträge aus dem Lottogewinn bereits bezahlt hat, kommt es dabei nicht so sehr an:

1099 „Was für eine Behebung wirtschaftlicher Schwierigkeiten gilt, muss nicht auch für die Bezahlung der Sozialversicherungsbeiträge gelten, mit der der Gewerbetreibende in Verzug geraten war. Die Tatsache, dass der Betrieb wieder wirtschaftlich leistungsfähig ist, hat für die Erforderlichkeit der Gewerbeuntersagung eine andere Bedeutung als die Tatsache, dass der Gewerbetreibende den Trägern der Sozialversicherung keine Beiträge vorenthält und mit keinen Sozialversicherungsbeiträgen mehr im Rückstand ist. Ein Gewerbetreibender, der Sozialversicherungsbeiträge seiner Arbeitnehmer den Versicherungsträgern vorenthalten hat, kann damit eine Unzuverlässigkeit offenbart haben, welche die Gewerbeuntersagung rechtfertigt. Dieser Untersagungsgrund fällt nicht schon mit der Zahlung der geschuldeten Beiträge weg. Durch die Tilgung der Schuld wird nicht die Tatsache aus der Welt geschafft, dass der Gewerbetreibende eine gesetzliche Pflicht, die ihm als Arbeitgeber oblag, verletzt hat. Es bedarf daher der Prüfung, ob er in Zukunft die Gewähr dafür bietet, dass er die Sozialversicherungsbeiträge ordnungsgemäß bezahlen werde.“ (BVerwGE 28, 202, 209 f.)

5. TEIL

HINWEISE FÜR DIE ANFERTIGUNG ÖFFENTLICH-RECHTLICHER ARBEITEN

I. Allgemeine Regeln für die Anfertigung einer Klausur

1. Auf der Arbeit müssen Vor- und Zuname sowie die Semesterzahl des Verfassers angegeben sein. Die Arbeit ist zu unterschreiben. 1100
2. Etwa ein Drittel jeder Seite soll als Rand freigelassen werden. Die Seiten sind zu nummerieren.
3. Die äußere Form soll ein möglichst sauberes Bild bieten. Durchstreichungen sollten nur ein Notbehelf sein. Das gleiche gilt für Einschübe.
4. Eine saloppe Ausdrucksweise ist unangebracht. Es interessiert auch nicht die persönliche Ansicht des Verfassers; also nicht: „Meines Erachtens ist das Vorgehen der Behörde rechtswidrig", sondern: „Deshalb ist das Vorgehen der Behörde rechtswidrig". Wendungen wie: „Es ist offensichtlich", „zweifelsfrei", „es liegt auf der Hand, dass" dienen oft – teilweise auch unbewusst – dazu, über das Fehlen einer überzeugenden Begründung hinwegzutäuschen.
5. Der Text der gestellten Aufgabe sowie der Wortlaut der einschlägigen Rechtsnormen ist mit aller Sorgfalt zu lesen. Man hüte sich davor, den Sachverhalt durch Unterstellungen zu manipulieren! Natürlich darf Selbstverständliches den Umständen oder der Lebenserfahrung entsprechend unterstellt werden. Nur ganz selten lässt der Sachverhalt zwei Möglichkeiten offen, die dann beide alternativ behandelt werden müssen. Es ist hingegen niemals erlaubt, eine Rechtsfrage alternativ zu beantworten. Der Verfasser muss sich stets für eine rechtliche Lösung entscheiden. Vor der eigentlichen Ausarbeitung sollte man auf jeden Fall eine kurze Lösungsskizze entwerfen, um sich eine Übersicht über die Probleme des Falles zu verschaffen.
6. Einer der häufigsten Fehler ist das Wiederholen des Falltextes und des Gesetzeswortlauts am Anfang der Arbeit in abgewandelten Formulierungen. Nur dann, wenn und soweit es im Einzelfall dem Verständnis der Darstellung dienlich ist, ist der Inhalt einer Norm wiederzugeben.
7. Der Verfasser soll in aller Regel die Rechtmäßigkeit bzw. Verfassungsmäßigkeit einer Norm oder einer Maßnahme überprüfen. Er soll nicht dazu Stellung nehmen, ob die Norm oder Maßnahme rechtspolitisch zweckmäßig ist.
8. Das (Zwischen-)Ergebnis hat am Schluss der (Zwischen-) Untersuchung zu stehen, nicht am Anfang. Dieser Aufbau entspricht dem in Übungsarbeiten anzuwendenden **Gutachtenstil.** Dieser ist dadurch gekennzeichnet, dass die Lösung einer jeden Frage in vier Schritten geschieht.
   Am Anfang steht die Frage, die beantwortet werden soll („Ist der Bund gemäß Art. 74 Nr. 11 GG zum Erlass eines Gesetzes, das den Beruf des

Kfz-Händlers regelt, zuständig?"). Im zweiten Schritt werden die Voraussetzungen genannt, von denen die Antwort abhängt („Dann müsste es sich um ein Gesetz auf dem Gebiet der Wirtschaft handeln"). Als nächstes wird festgestellt, ob diese Voraussetzungen erfüllt sind („Die Materie Recht der Wirtschaft gibt nach allgemeiner Ansicht eine umfassende Gesetzgebungskompetenz. Sie umfasst nicht nur die Organisation und die Rechtsbeziehungen zu den in Art. 74 Nr. 11 GG einzeln aufgeführten Wirtschaftszweigen, sondern dazu gehören auch alle das wirtschaftliche Leben und die wirtschaftliche Betätigung als solche regelnden Normen, wie z. B. Regeln über den Beruf des Kfz-Händlers"). Zum Schluss folgt die Antwort („Also ist der Bund auf diesem Gebiet zur Gesetzgebung befugt").
Es wird meist erforderlich sein, die in der Aufgabenstellung enthaltene Frage in eine Reihe von Unterfragen aufzuspalten („Ist das Gesetz verfassungsgemäß?" „Liegt ein Verstoß gegen Art. 12 GG vor? Ist ein Verstoß gegen Art. 14 GG gegeben?"), die oft ihrerseits wieder unterteilt werden müssen. Auf die Erarbeitung der richtigen Fragestellung ist größte Sorgfalt zu verwenden. Ein falscher Einstieg kann von vornherein den Weg zur richtigen Lösung völlig verbauen. Kennzeichnend für den in Übungsarbeiten unangebrachten **Urteilsstil** ist es, wenn vor Darlegung der Problematik festgestellt wird: „Das Gesetz ist nichtig, denn dem Bund fehlt die Gesetzgebungskompetenz aus folgenden Gründen: ..." Der reine Gutachtenstil hat allerdings oftmals den Nachteil, außerordentlich umständlich zu wirken. Wenn der Bearbeiter daher beispielsweise erkennt, dass die Verwaltungsqualität eines Eingriffs unproblematisch ist, kann er ruhig mit dem Satz beginnen: „Es handelt sich um einen Verwaltungsakt, da ..." Im Gutachtenstil müsste es heißen: „Es könnte sich bei dem Eingriff um einen Verwaltungsakt handeln. Dann müssten folgende Voraussetzungen gegeben sein: ..." Wenn schlichte Selbstverständlichkeiten durch den Gutachtenstil zu sehr aufgebläht würden, sollte man direkter formulieren.

9. Paragraphen oder Artikel werden in Absätze und Sätze unterteilt. In allen juristischen Arbeiten ist eine angeführte Norm so genau wie möglich zu bezeichnen. Man schreibt also nicht einfach § 24, sondern exakt § 24 Abs. 3 Satz 2.

II. Beispiel einer Klausur

1101 Es handelt sich um das Muster einer (vierstündigen) Klausur, wie sie in der Zwischenprüfung für Studierende der Wirtschaftswissenschaften gestellt werden kann. In Übungen für Juristen wird im Regelfall dem Bearbeiter nur ein Fall zur Bearbeitung gegeben. Bei Studierenden der Wirtschaftswissenschaften hat sich ein solches Vorgehen als unzweckmäßig herausgestellt, da es ihnen keine Möglichkeit lässt, auf dem für sie unsicheren Terrain des Öffentlichen Rechts eine schwache Einzelleistung auszugleichen.

Zwischenprüfungsklausur

1102 (1) Es ist ein Bundesgesetz zur Regelung des Berufs des Kfz-Händlers geplant. Es hat u. a. folgenden Inhalt:

§ 1: Eine Zulassung als Kfz-Händler wird nur erteilt, wenn der Bewerber ein abgeschlossenes Studium der Wirtschaftswissenschaften aufweist und nicht vorbestraft ist.

§ 2: Der Antrag auf Zulassung kann abgelehnt werden, wenn am beantragten Ort kein Bedürfnis für weitere Kfz-Händler besteht.

§ 3: Das Entgelt für Verkaufsauftragsgeschäfte über Gebrauchtwagen eines Neuwagenkunden richtet sich nach der in einer Anlage zum Gesetz abgedruckten Gebührenordnung.

Prüfen Sie dieses Gesetz auf seine formelle und materielle Verfassungsmäßigkeit.

(2) Nennen Sie die wichtigsten Organe der Union und deren Aufgaben.

(3) Wäre ein Gesetz zulässig, nach dem ab sofort das Studium der Wirtschaftswissenschaften auf 8 Semester beschränkt wird? Beachten Sie, dass dieses Gesetz auch für diejenigen gelten soll, die sich bereits im Studium befinden.

(4) Nehmen Sie Stellung zu folgenden Begriffen:

a) Gesamtwirtschaftliches Gleichgewicht (Art. 109 GG)
b) Drittwirkung der Grundrechte
c) Grenzen zulässiger Verfassungsänderung
d) Gesetz/Rechtsverordnung
e) Marktordnung

(5) Um die Vermögensbildung in Arbeitnehmerhand zu realisieren, plant die Bundesregierung, ein Gesetz im Bundestag einzubringen, demzufolge jeder gewerbliche Betrieb einen Betrag von 5% seines jährlichen Umsatzes zum Jahresende an seine Arbeitnehmer als Jahresbonus ausschütten soll. Wäre ein solches Gesetz formell und materiell verfassungsgemäß? Wie wäre es bei einem Betrag von 25%?

(6) Weinbauer A, der in der Pfalz konventionelle Silvaner- und Müller-Thurgau-Reben pflanzt, ärgert sich darüber, dass Weinbauer B, sein Nachbar, vom rheinland-pfälzischen Weinbauministerium für den Anbau von Gewürztraminer- und Riesling-Rebstöcken eine Subvention in Höhe von 22% des Anschaffungspreises erhält.

A möchte entweder ebenfalls eine Subvention erhalten oder aber erreichen, dass dem B die seinige gestrichen wird. Wird er Erfolg haben? Nehmen Sie insbesondere zu den Klagemöglichkeiten Stellung.

Frage 1

Formelle Verfassungsmäßigkeit: Das Gesetz ist dann formell verfassungsmäßig, wenn der Bund die Gesetzgebungskompetenz für das betreffende Gebiet hat. Das hier betroffene Gebiet ist das Recht der Wirtschaft. Durch Art. 74 Nr. 11 GG hat der Bund hierfür das konkurrierende Gesetzgebungsrecht. Die Voraussetzungen des Art. 72 Abs. 2 GG liegen ebenfalls vor. Das Gesetz ist also formell verfassungsgemäß. 1103

Materielle Verfassungsmäßigkeit: Das Gesetz ist dann materiell verfassungsmäßig, wenn sein Inhalt nicht einer Norm des Grundgesetzes widerspricht. Das geplante Gesetz über die Regelung des Berufs der Kfz-Händler könnte gegen die Berufsfreiheit (Art. 12 Abs. 1 GG) verstoßen.

§ 1: § 1 dieses Gesetzes enthält eine subjektive Zulassungsbeschränkung, da er die Zulassung zum Beruf von der Erfüllung bestimmter Qualifikationen durch den Bewerber abhängig macht. Eine subjektive Zulassungsbeschränkung ist nur dann zulässig, wenn der Schutz eines wichtigen Gemeinschaftsgutes dies erfordert, d.h. wenn es keine andere Möglichkeit gibt, dieses wichtige Gemeinschaftsgut zu schützen. Das zu schützende Allgemeingut könnte hier die Sicherheit der verkauften Autos und das Funktionieren des Geschäftsverkehrs sein. Das Studium der Wirtschaftswissenschaften zu verlangen ist aber ein viel zu strenges Mittel, um das Funktionieren des Geschäftsverkehrs zu gewährleisten. Um die Sicherheit der verkauften Autos zu gewährleisten, ist es ungeeignet. Die Sicherheit der verkauften Autos und das Funktionieren des Geschäftsverkehrs werden nicht durch jede Vorstrafe gefährdet. Die im Gesetz geforderten Qualifikationen für die Zulassung als Kfz-Händler sind also nicht erforderlich, teilweise sogar ungeeignet, um den Schutz der betroffenen Gemeinschaftsgüter zu gewährleisten. § 1 des geplanten Gesetzes stellt also einen Verstoß gegen Art. 12 Abs. 1 GG dar und ist somit **verfassungswidrig.**

§ 2: § 2 des geplanten Gesetzes ist eine objektive Zulassungsschranke, da er die Zulassung von Bedingungen abhängig macht, die nicht in der Person des Bewerbers liegen, sondern sich aus allgemeinen Umständen ergeben. Eine objektive Zulassungsbeschränkung ist nur dann zulässig, wenn eine sichere oder höchstwahrscheinliche Gefahr für ein überragendes Gemeinschaftsgut nicht anders abgewendet werden kann. Das überragende Gemeinschaftsgut könnte hier die Sicherheit der verkauften Autos sein. Die Sicherheit der verkauften Autos ist aber nicht schon dann gefährdet, wenn an einem Ort mehr Kfz-Händler arbeiten als zur Befriedigung der Nachfrage nötig sind; dies kann nur in ganz extremen Ausnahmefällen eines ruinösen Wettbewerbs eintreten. Die Regelung des § 2 ist aber auch schon deshalb nicht erforderlich, da in einem solchen Fall durch andere nachträgliche gesetzliche Maßnahmen (z.B. aufgrund von § 35 GewO) Abhilfe geschaffen werden kann. Das gewählte Mittel der objektiven Zulassungsbeschränkung ist also nicht erforderlich und verstößt gegen Art. 12 Abs. 1 GG. § 2 des geplanten Gesetzes ist daher ebenfalls **verfassungswidrig.**

§ 3: § 3 stellt eine Berufsausübungsregelung dar, da hier nur die Art und Weise der Ausübung des Berufes geregelt ist. Eine Berufsausübungsregelung ist immer dann zulässig, wenn sie sachlich gerechtfertigt erscheint. Die Festsetzung einer Gebührenordnung für Gebrauchtwagenkommissionsverkäufe kann dazu dienen, dass der Gebrauchtwagenhändler den Käufer auch über eventuelle Mängel und Nachteile des Autos informiert, da er nicht mehr an der Höhe des erzielten Kaufpreises interessiert ist. Auch Berufsausübungsregelungen unterfallen aber dem Übermaßverbot. Bei staatlich festgelegten Preisen handelt es sich um einen schwerwiegenden Eingriff in die Vertragsfreiheit, die für den Unternehmer durch Art. 12 Abs. 1 GG, für den Kunden durch Art. 2 Abs. 1 GG geschützt ist. Dieser Eingriff erscheint unverhältnismäßig, da sich der beabsichtigte Schutz der Käufer auch durch weniger schwerwiegende Maßnahmen, etwa ein gesetzliches Verbot des Haftungsausschlusses, erreichen lässt. Auch § 3 des geplanten Gesetzes ist daher **verfassungswidrig.**

Frage 2

1. Die Kommission. Sie arbeitet unabhängig von Weisungen der Einzelstaaten. Sie ist die Vertreterin des Unionsinteresses. Die Aufgaben und Befugnisse der Kommission (Art. 17 Abs. 1 AEUV) haben sowohl legislativen als auch exekutiven Charakter: Sie kontrolliert das Einhalten des Unionsrechts, ist an der Rechtssetzung beteiligt, übt die vom Rat übertragenen Durchführungsbefugnisse aus und ist zuständig für die Verwaltungstätigkeit und die Vertretung der Union nach außen. Sitz: Brüssel. 1104

2. Das Europäische Parlament. Seine Abgeordneten werden in allgemeiner und unmittelbarer Wahl gewählt. Wichtigste Aufgabe des Europäischen Parlaments ist die Kontrolle der Kommission. Über gewisse rechtsetzende Befugnisse verfügt es nur in den von den Verträgen vorgesehenen Fällen. Es ist außerdem beteiligt an der Besetzung der Organe und an der Festsetzung des Haushaltes. Sitz: Straßburg.

3. Der Rat. Der Rat setzt sich zusammen aus den weisungsgebundenen Mitgliedern der Einzelregierungen. Aufgabe des Rates ist die Ausfüllung der in den Verträgen festgelegten Ziele durch Richtlinien und Verordnungen und die Weiterentwicklung der Europäischen Union. Der Rat ist die Legislative der EU. Zu seinen Aufgaben zählen auch die Koordinierung der Politik, die Vertretung der Union nach außen, die Ausübung der Haushaltungsbefugnisse und die Mitwirkung bei der Besetzung der Organe.

4. Der Europäische Rat. Es handelt sich um ein vorwiegend politisches Organ. Er soll der Union die für ihre Entwicklung erforderlichen Impulse geben und die allgemein politischen Zielvorstellungen festlegen.

5. Der Gerichtshof der Europäischen Union. Der Gerichtshof ist zuständig für alle Rechtssachen, die das EU-Recht betreffen, soweit es sich um primäres oder sekundäres Unionssrecht handelt; soweit es um darüber hinausgehendes Recht der Europäischen Union geht, muss die Zuständigkeit des Gerichtshofs ausdrücklich eingeräumt sein. Er ist die Judikative der EU. Sitz: Luxemburg.

Frage 3

Die Beschränkung des Studiums der Wirtschaftswissenschaften wäre unzulässig, wenn sie gegen die Berufsfreiheit (Art. 12 Abs. 1 GG) verstoßen würde. Die Beschränkung der Dauer des Studiums ist eine sachlich gerechtfertigte Ausbildungsregelung und daher grundsätzlich verfassungsmäßig zulässig. Die Regelung bedeutet jedoch für alle, die bereits das Studium der Wirtschaftswissenschaften aufgenommen haben, einen belastenden Eingriff mit Rückwirkung. Da das Gesetz auf einen gegenwärtigen, noch nicht abgeschlossenen Sachverhalt, das Studium, für die Zukunft einwirkt, handelt es sich um eine unechte Rückwirkung. In solchen Fällen hat der Gesetzgeber im Rahmen einer Güterabwägung einerseits das Recht des Staates, die Gesetzgebung weiterzuentwickeln, andererseits aber auch das durch Art. 20 Abs. 3 GG garantierte Prinzip des Vertrauensschutzes zu berücksichtigen. Das Rechtsstaatsprinzip hat zur Folge, dass ein schutzwürdiges Vertrauen des Bürgers in den Fortbestand einer ihn begünstigenden Rechtsvorschrift deren Beseitigung unzulässig macht. Fraglich ist, inwieweit das Vertrauen der Studenten auf ein Studium ohne vorgeschriebene Höchstdauer schüt- 1105 zenswert ist. Da die bereits eingeschriebenen Studenten im Vertrauen darauf, mehr als acht Semester studieren zu können, ihr Studium entsprechend aufbauten und gestalteten, erscheint ihr Vertrauen schutzwürdig, so dass das Gesetz ohne Übergangsregelung für sie verfassungswidrig ist. Mit dem Vertrauensschutzprinzip ist es allenfalls vereinbar, die neue Regelung bereits auf die Erst- und Zweitsemester anzuwenden, da diese mehr Zeit haben, sich auf die neue Situation einzustellen, und aufgrund der öffentlichen Diskussion, die der Einführung einer Studienhöchstdauer voranzugehen pflegt, mit einer solchen Regelung rechnen mussten.

Frage 4

1106 a) Das gesamtwirtschaftliche Gleichgewicht umfasst die vier Komponenten Geldwertstabilität, Vollbeschäftigung, außenwirtschaftliches Gleichgewicht und stetiges und angemessenes Wirtschaftswachstum. Die Bundesregierung ist durch das Stabilitätsgesetz und Art. 109 Abs. 2 GG ausdrücklich zur Erstrebung dieses Gleichgewichts beauftragt worden, jedoch bestimmt Art. 109 GG nicht eine Vorrangstellung eines dieser vier Ziele, sondern sieht alle als gleichwertig an. Wenn die Verfolgung dieser Ziele gleichzeitig unmöglich ist, müssen und dürfen Regierung und Parlament entscheiden, welchem Ziel sie den Vorrang geben.

b) Drittwirkung der Grundrechte. Die Grundrechte sind grundsätzlich Abwehrrechte des Bürgers gegen den Staat. Sie können jedoch über die Generalklauseln des BGB (§§ 138, 242, 826) auch die Beziehungen zwischen Privaten beeinflussen. Die Grundrechte dienen dabei der inhaltlichen Konkretisierung der Generalklauseln und wirken so auf die Privatrechtsbeziehungen ein (sog. „Drittwirkung“).

c) Die Grenzen zulässiger Verfassungsänderung werden durch Art. 79 Abs. 3 GG bestimmt. Danach ist es unzulässig, die Gliederung des Bundes in Länder aufzuheben und die grundsätzliche Mitwirkung der Länder an der Gesetzgebung auszuschließen. Ferner darf eine Verfassungsänderung nicht die Grundsätze der Art. 1 (Menschenwürde) und 20 GG (demokratischer und sozialer Bundesstaat, Rechtsstaatsprinzip) berühren. Art. 79 Abs. 3 GG soll die wichtigsten Grundsätze der Verfassung schützen.

d) Gesetz und Rechtsverordnung ergänzen sich gegenseitig. Nach Art. 80 Abs. 1 GG muss die Ermächtigung zu einer Rechtsverordnung durch ein Gesetz erteilt werden, das gleichzeitig Inhalt, Zweck und Ausmaß der Ermächtigung bestimmt. Andererseits dient eine Rechtsverordnung dazu, die Ausführung eines Gesetzes rasch und flexibel geänderten Verhältnissen anzupassen. Ein Gesetz kann nur von der Legislative, also vom Bundestag unter Mitwirkung des Bundesrates, erlassen werden. Für Rechtsverordnungen ist dagegen die Exekutive, also Bundes- oder Landesregierung bzw. ein Bundesminister, zuständig. Beide, Gesetz und Rechtsverordnung, sind jedoch für alle Bürger gleich verbindlich. Sie sind Gesetze im materiellen Sinn. Unter formellem Gesetz hingegen versteht man die Rechtsnormen, die in dem durch das Grundgesetz bzw. die Landesverfassung vorgesehenen förmlichen Gesetzgebungsverfahren zustande gekommen sind (Gesetz im engeren Sinne).

e) Marktordnung ist eine staatliche Regelung der Beziehungen zwischen Anbietern und Nachfragern eines bestimmten Produktes oder einer Gruppe von Produkten oder einer Dienstleistung. Die Marktordnung beschränkt oder beseitigt die Vertragsfreiheit auf dem betroffenen Markt (z.B. Milchmarktordnung: Lieferpflicht der Milcherzeuger an eine zugewiesene Molkerei, Abnahmepflicht der Molkerei von den zugewiesenen Milcherzeugern, Lieferpflicht der Molkerei an zugewiesene Milchhändler, Bezugspflicht der Milchhändler von der zugewiesenen Molkerei, Verbot von Austauschbeziehungen zwischen nicht zugewiesenen Partnern). In der Marktordnung können Mindestpreise vorgeschrieben werden (z.B. Interventionspreise der EU-Agrarmarktordnung) oder die Preise ganz festgelegt werden. Ziel der Marktordnung kann z.B. die Sicherstellung der Versorgung sein oder die Sicherung der hygienischen Qualität und damit der Gesundheit der Bevölkerung.

Frage 5

Formelle Verfassungsmäßigkeit: Das geplante Gesetz betrifft das Recht 1107
der Wirtschaft. Nach Art. 74 Nr. 11 GG hat der Bund hierfür die konkurrierende Gesetzgebungskompetenz. Das geplante Gesetz ist also **formell verfassungsgemäß.**

Materielle Verfassungsmäßigkeit: Das geplante Gesetz zur Vermögensbildung könnte einen Verstoß gegen das Eigentumsrecht (Art. 14 GG) darstellen. Der Schutzbereich des Art. 14 GG umfasst alle vermögenswerten Rechte; darunter fällt auch das Recht am eingerichteten und ausgeübten Gewerbebetrieb. Weiter ist zu prüfen, ob eine Enteignung oder eine Inhalts- und Schrankenbestimmung vorliegt.

Hier geht es nicht um einen finalen Entzug von Eigentumspositionen. Folglich kann keine Enteignung, sondern nur eine Inhalts- und Schrankenbestimmung gemäß Art. 14 Abs. 1 Satz 2 GG vorliegen. Diese ist verfassungsgemäß, wenn sie verhältnismäßig ist.

Wenn man beachtet, dass ein Großteil aller deutschen Unternehmen eine Umsatzrendite von 1 bis 2% erzielt, muss ein gesetzgeberischer Eingriff, der von allen Unternehmen unterschiedslos eine Umsatzabgabe von 5% fordert, als verfassungswidriger Eingriff in die betriebliche Substanz angesehen werden. Der durch die Vermögensbildungsabgabe eintretende Kostendruck bedeutet für das einzelne Unternehmen insbesondere im Hinblick auf ausländische Konkurrenz eine unzumutbare Existenzgefährdung, die sich als unverhältnismäßig darstellt.

Das Abstellen auf den Umsatz des Unternehmens verstößt ferner gegen die im Gleichheitssatz des Art. 3 Abs. 1 GG enthaltene Verpflichtung des Gesetzgebers, Gleiches gleich und Ungleiches seiner Eigenart entsprechend verschieden zu behandeln. Für die Heranziehung der Betriebe müssen sachlich gerechtfertigte Anknüpfungsmaßstäbe gewählt werden. Der Umsatz als Bemessungsgrundlage der Vermögensbildungsabgabe stellt kein sachgemäßes Kriterium dar, da er keinerlei Aussagewert über die Ertragsstärke des Unternehmens besitzt. Somit verstößt eine Vermögensbildungsabgabe in Höhe von 5% wie auch erst recht von 25% des Umsatzes gegen Art. 14 i. V. m. Art. 3 Abs. 1 GG.

Frage 6

1108 Die Gewährung von Subventionen ist ein Verwaltungsakt, da allein ein Träger öffentlicher Verwaltung – der zuständige Landesminister – befugt ist, einseitig verbindlich die Entscheidung über die Gewährung einer Subvention zu treffen. Der Streit darüber ist ein öffentlich-rechtlicher Streit. Er ist auch nichtverfassungsrechtlicher Art, da nicht auf beiden Seiten ein Verfassungsorgan beteiligt ist. Also ist nach § 40 Abs. 1 VwGO der Verwaltungsrechtsweg gegeben. A kann nach Ablehnung seines Subventionsbegehrens oder nach Verweigerung der Aufhebung der Subvention des B vor dem Verwaltungsgericht klagen. Ein Widerspruchsverfahren findet nicht statt, da der Verwaltungsakt durch eine oberste Landesbehörde (Weinbauministerium) erlassen wurde (§ 68 Abs. 1 VwGO).

a) Subventionsbegehren des A: A kann durch Verpflichtungsklage nach § 42 Abs. 1 VwGO die Erteilung einer Subvention verlangen. Die Klage ist nach § 42 Abs. 2 VwGO zulässig, da A geltend macht, dass er durch die Nichtgewährung der Subvention in seinen Rechten verletzt ist (Benachteiligung gegenüber B).

A wird mit der Klage jedoch keinen Erfolg haben, da die Subvention nur für den Anbau von Gewürztraminer- und Riesling-Rebstöcken gewährt wird. Die Subvention gerade dieser Rebsorten erfolgt nicht willkürlich, sondern ist sachlich dadurch gerechtfertigt, dass durch eine Verbreiterung des Angebots an Rebstöcken die Konkurrenzfähigkeit und damit die Absatzchancen des Pfalzweines gefördert werden sollen.

b) Begehren des A, die Subvention des B zu streichen: A kann durch Anfechtungsklage nach § 42 Abs. 1 VwGO die Aufhebung der Subvention verlangen, wenn er geltend macht, dass er durch die Gewährung der Subvention an B in seinen Rechten verletzt wird (§ 42 Abs. 2 VwGO). Die Gewährung der Subvention an B bedeutet für A eine Belastung durch den Wettbewerbsvorteil seines Konkurrenten. A ist also in seinen Rechten verletzt, wenn die Subventionserteilung zu Unrecht erfolgt.

Die Subventionserteilung an B ist sachlich gerechtfertigt dadurch, dass sie der Verbreiterung des Angebots an Rebsorten dient und die Steigerung der Konkurrenzfähigkeit und Absatzchancen von Pfalzwein zum Ziel hat. Sie ist rechtmäßig, da in diesem Fall eine gesetzliche Grundlage für den Verwaltungsakt nicht erforderlich war. Bei der Subventionierung eines Weinbauern handelt es sich nicht um eine so wesentliche und so entscheidende Angelegenheit, dass sie nur vom Gesetzgeber entschieden werden dürfte. Die Anfechtungsklage des A wird also erfolglos sein.

Sachregister

Die Angaben verweisen auf die Randnummern.